Wilhelm Sauer

Archiv-Nr. 24 07 49

11891. Druck: A. W. Hayn's Erben, Berlin SO 36. Nr. VIII/99, 0. 06. 0513. 570.

INHALT

Hochverehrter Herr Sauer!

Es ist denen, die heute ihre Segenswünsche zu Ihrem siebzigsten Geburtstag darbringen, eine besondere Freude, Sie auf der Höhe Ihres Schaffens und in solcher Kraft und Frische zu sehen, daß es schwer ist, die Zahl Siebzig in bezug auf Ihr Alter zu glauben. Die Mitarbeiter an dieser Ihnen gewidmeten Festschrift, die dem Ihnen lebenslang verbundenen Verlag für das großzügige Zustandebringen des Werkes dankbar sind, stellen nur einen kleinen Kreis derer dar, die von Ihrer wissenschaftlichen Arbeit berührt und in Ihren Bann gezogen worden sind. Wir dürfen aber vielleicht beanspruchen, zum engeren Kreise zu gehören. Die Kriminalisten unter uns dürfen Sie schon von Ihrer ersten Arbeit an für sich in Anspruch nehmen. Die Prozessualisten weisen darauf hin, daß Sie Ihnen ebensolange durch praktische und immer bedeutender hervortretende wissenschaftliche Arbeit verbunden sind. Die Vertreter des Völkerrechtes dürfen Sie seit einiger Zeit, mindestens seit Ihrem jüngst erschienenen Buche über „Völkerrecht und Weltfrieden" ebenfalls als Fachgenossen ansprechen. Und die Rechtsphilosophen brauchen nur auf die ganze Weite Ihres Lebenswerkes zu blicken und die innerste Leidenschaft

Ihres Wirkens wahrzunehmen, um sich in besonderem Maße als die Ihren zu fühlen.

Aber wer wie Sie die Grundlagen der Wissenschaft und der Wissenschaften erforscht und dargestellt hat, reicht in seiner Bedeutung als Gelehrter und Lehrer weit über die juristischen Fachgebiete hinaus, die eben angedeutet wurden. Durch das, was Sie für die allgemeine Rechtslehre geleistet haben, sind Sie allen unseren Einzelfächern verbunden. Aber Ihr Werk macht an den Grenzen unserer Fakultät nicht Halt. Auch haben Sie nicht bloß die dem Juristen und vor allem dem Kriminalisten besonders wichtige Tatsachenwelt durchforscht. Sie haben es gewagt, die Gesamtheit der Wissenschaften als Ihr Arbeitsfeld zu betrachten und in einem unvergleichlich tätigen Leben zu erobern. Ein unübersehbarer Kreis von deutschen und ausländischen Gelehrten ist Ihnen daher verbunden und denkt Ihrer heute.

Besonders wohltuend wird Ihnen die Liebe und Dankbarkeit Ihrer vielen Schüler sein. Denn auch als akademischer Lehrer haben Sie weit und tief gewirkt. Hohen Idealen hingegeben, von sittlichem Hochsinn erfüllt, haben Sie immer wieder die Mahnung hinausgerufen, die in Ihren „Grundlagen der Wissenschaft und der Wissenschaften" steht: „Verloren ist jeder Tag, an dem der Mensch nicht den ewigen Werten nachjagt".

Möge Ihr Werk auch in dieser Zeit weiter wachsen und reiche Frucht bringen. Mögen Leben und Schaffen ewigen Lohn erringen.

Unsere Festgaben grüßen Sie als den Fachgenossen, den wir verehren, und als den Freund, der Sie durch Ihre warme, offene, bezwingende Herzlichkeit uns allen wohl geworden sind. So wenig wie untereinander sind diese Festgaben in allem Ihrem eigenen Werke gleich. Es hat für alle Mitarbeiter jene selbstverständliche vollkommene Freiheit bestanden, die Sie und wir als das Grundgesetz des wissenschaftlichen Forschens und akademischen Lebens aus der Ueberlieferung unserer Universitäten empfangen haben. Jeder trägt für seine Gabe die alleinige Verantwortung. Gemeinsam aber ist bei aller Verschiedenheit die gleiche herzliche Gesinnung, in der wir Sie an Ihrem siebzigsten Geburtstage grüßen.

Im Namen des Verlages und der Mitarbeiter

Arthur Wegner, Münster.

Das Begreifen der Eigentumsordnung als kriminalpolitisches Problem

Von Karl Peters

Der Diebstahl nimmt in den heutigen Notzeiten in noch viel stärkerem Maße als früher den ersten Platz unter den begangenen Delikten ein. Wilhelm Sauer hat in seiner Kriminalsoziologie[1]) seinem Wesen, seiner Begehungsform und Begehungsbewegung sowie seiner Behandlung eingehende Untersuchungen gewidmet. Unter den Bekämpfungsmaßnahmen räumt er gegenüber jüngeren und erstmaligen Dieben, die ja einen überaus großen Teil der Diebstahlskriminalität stellen, einen weiten Raum den erzieherischen Maßnahmen ein. Unter den Erziehungszielen erwähnt er die Achtung vor fremdem Eigentum.

Damit wird ein entscheidender Punkt von Sauer angeschnitten. Gerade bei der Kriminalität unserer Tage fällt es auf, in wie weitem Umfang der Täter den Blick und den Sinn für die sittliche Ordnung verloren hat. Es gilt das nicht nur für den Eigentumsbereich. Gleiche Beobachtungen können wir bei den Delikten wider das Leben machen. Die ungeheueren Ziffern der Abtreibung, die Vernichtung zahlreicher Menschen aus politischen, rassischen oder sonstigen Gründen, die Tötung Geisteskranker — all das zeigt, in welch erschreckendem Maß der Mensch das Wissen um den Wert des Lebens, um den Beruf des Menschen, seine Gottebenbildlichkeit und Gottausgerichtetheit verloren hat. Die bedenkenlose Leistung von Meineiden beweisen, in wie geringem Maß nur noch die Schwere dieses Delikts sowohl im Hinblick auf seinen religiösen Gehalt als auch seine staatliche Bedeutung verstanden wird. Es greift tatsächlich immer weiter eine Wertblindheit, eine Blindheit für die sittliche Ordnung um sich.

Um so schwerer sind die zu lösenden erzieherischen Aufgaben. Ja, man kann bezweifeln, ob hier überhaupt noch eine Erziehung des einzelnen hinreicht, ob nicht vielmehr eine Aufrüttlung der Gesellschaft erforderlich ist. Wie sehr der einzelne für seine Entwicklung und sein Verhalten als Persönlichkeit verantwortlich sein mag, so ist er doch im Gesellschaftsleben verwurzelt. Von ihr aus wird der Mensch, sofern er sich nicht durch innere Selbständigkeit auszeichnet, weitgehend geformt. Gerade der Rechtsbrecher ist aber in der Regel keine selbständige Persönlichkeit. Die Sicherheit

---

1) Sauer, Kriminalsoziologie 1933, S. 358—391.

der Rechtsgüter hängt vornehmlich von der Anerkennung durch die Gesellschaft ab. Die sittliche Bejahung des Gutes in der Gesellschaft ist die tragende Grundlage ihres ungestörten Bestandes. Wo in dem Allgemeinbewußtsein der Wert des Rechtsgutes in Frage gestellt ist, mindert sich auch dessen Sicherheit und rechtlicher Schutz. An Stelle einer selbstverständlichen Beachtung und Wertschätzung tritt die Ungewißheit, der Zweifel und die Auflockerung.

Die Aufgabe, der Gesellschaft Führung und Leitung zu bedeuten, könnte man als eine der ersten Funktionen des Strafgesetzes ansehen. Tatsächlich kommt dieser Zweckrichtung des Strafgesetzes eine wesentliche Bedeutung zu. Aber doch muß auch darauf hingewiesen werden, daß auch das Strafgesetz Ausdruck der gesellschaftlichen Auffassungen ist. Es beherrscht weniger die Gesellschaft, als daß es von der Gesellschaft beherrscht wird. Wohl vermag es gegen Auflockerungen der Ordnung zunächst Widerstand und Hemmungen zu bereiten. Ueber kurz oder lang aber muß es den neuen gesellschaftlichen Strömungen weichen, wenn diese eine gewisse Kraft erlangt haben. So kann man sehr deutlich am Wandel des Gesetzes die Entwicklungstendenzen innerhalb der Gesellschaft ablesen. Wer diese Tendenzen ablehnt, wird ihnen schwerlich dadurch Einhalt gebieten, daß er um das Gesetz kämpft. Notwendig ist vielmehr, um den Gesellschaftsgeist zu ringen.

Auch das läßt sich durch Einzelbeispiele belegen. Kennzeichnend ist der Weg, den das deutsche Eidesrecht gegangen ist. Die Beschränkung des Eides, die praktisch fast zu seiner Abschaffung wenigstens im Strafverfahren geführt hat, die Zulassung mildernder Umstände beim Meineid zeigen, daß der Gesetzgeber der Säkularisierung des Eides in breiten Schichten der Gesellschaft gefolgt ist. Ihm blieb das Wesen des Eides nicht weniger verschleiert wie großen Volksteilen. Ihm war der Meineid nur eine besondere Form der gerichtlichen Lüge. Daß bei der Unterstrafestellung der uneidlichen Aussage diese nach der Verordnung vom 29. 5. 1943 (vgl. § 156a) mit einer höheren Höchststrafe bedacht wurde als der Meineid, beweist nicht nur gesetzgeberische Unaufmerksamkeit, sondern Fehlen des Gespürs des Unterschiedes zwischen eidlicher und uneidlicher Aussage. Auch bei der Abtreibung zeigt sich deutlich die Umsetzung der gesellschaftlichen Minderbewertung der Frucht in die gesetzliche Tatbestandsfassung. Das Gesetz vom 18. Mai 1926 veränderte vor allem den Charakter des Delikts, indem es den Grundtatbestand von einem Verbrechen zu einem Vergehen umwandelte und damit die Möglichkeit der Verhängung von Geldstrafen eröffnete. Das künftige Fortbestehen des § 218 StGB. ist von dem Ergebnis des Ringens der widerstreitenden gesellschaftlichen Auffassungen abhängig. Allerdings kann auch der Jurist als solcher das Seine zu der Entwicklung beitragen. Die systematische Erfassung des Tatbestandes ist dabei keineswegs bedeutungslos. Auch in der Rechtslehre[2]) spiegelt sich freilich die Unsicherheit der Bewertung der Leibesfrucht wider.

Auf dem Gebiete des Eigentumsschutzes ist ebenfalls das Gesetz den gesellschaftlichen Forderungen gefolgt. Diese verlangten gegenüber der einseitigen Blickrichtung auf den Schutz des Rechtsgutes eine stärkere Berücksichtigung der allgemeinen sozialen Verhältnisse und der individuellen Lage des Täters. So brachte unmittelbar die Einfügung der Notdelikte (§§ 248a, 264 StGB.), die lebensmäßig häufige Vorgänge von den Grunddelikten trennte, aus ihnen Sonderdelikte machte, sie mit einem geringeren Strafrahmen versah und sie zu Antragsdelikten umwandelte, eine wesentliche Auflockerung des Eigentumsschutzes. Bedeutender noch ist der mittelbare Einfluß des § 27b StGB. und des § 153 StPO. Die zahlenmäßige Abnahme der Diebstahlsfälle in der Reichskriminalstatistik — besonders deutlich seit 1926, aber auch in den Jahren 1913 und 1914 sichtbar — ist wenigstens zu einem Teil auf die Reaktionsauflockerung zurückzuführen, denen diese Neuerungen entspringen[3]).

Aus alledem ist ersichtlich, daß der Gesetzgeber gesellschaftlichen Entwicklungen nicht entgegentritt, sondern nachfolgt. Nicht anders ist es mit der Rechtsprechung. Exner[4]) hat eindringlich den Zug zur Milde in der Strafzumessung der deutschen Gerichte bis zum Jahre 1931 dargetan. Ohne an dieser Tatsache Kritik zu üben — der Zug zur Milde ist, was die hier interessierenden Eigentumsdelikte angeht, tatsächlich berechtigt und begründet —, soll hier zunächst den Gründen nachgegangen werden[5]). Exner führt

---

[2]) Während Gerland, Lehrb. S. XVII. 469, 478, von Hippel, Lehrb. S. 192, Richard Schmidt, Grundr. 3. Aufl. S. 215, die Abtreibung unter den Tötungsverbrechen bringen, finden wir bei Liszt-Schmidt, Lehrb. 25. Aufl., S. 496, und Welzel, Grundr. 3. Aufl., S. 141, die Abtreibung von den Tötungsverbrechen durch die Körperverletzung und die Gefährdung von Leib und Leben getrennt.

[3]) Ueber die Kriminalitätsbewegung geben Auskunft: Roesner: Kriminalstatistik HdK. II. S. 44/45, Sauer, Kriminalsoziologie S. 375.

[4]) Exner, Studien über die Strafzumessungspraxis der deutschen Gerichte 1931.

[5]) Die schärfere oder mildere Tendenz der Strafpraxis ist übrigens nicht nur an der Strafzumessung abzulesen, sondern spiegelt sich auch im Schuldspruch (Hinüberwechseln bei verwandten Tatbeständen, schwerere oder leichtere Bejahung von Vorsatz oder Fahrlässigkeit, größere oder geringere Bereitschaft zu Freisprechungen) wider. Hier bedarf es noch eingehender Untersuchungen. Kennzeichnend scheint mir das Verhältnis von Mord und Totschlag. In immer stärkerem Maß neigen die Gerichte der Anwendung des Totschlags zu. Die durchschnittliche Kriminalitätsziffer bei Mord und Totschlag betrug in den Jahren: 1882—1891 0,39 u. 0,45; 1904—1913, 0,21 u. 0,46; 1921—1930 0,31 u. 0,74; 1928—1930 0,17 u. 0,68. Ein Beispiel für das Hinüberwechseln von Vorsatz in Fahrlässigkeit scheint mir bei den Eidesdelikten anzunehmen zu sein. Lehrreich sind die Zahlen bei Schmitz, Die Eideskriminalität im Landgerichtsbezirk Duisburg von 1906—1936 (Heft 10 der Untersuchungen zur Kriminalität in Deutschland),

die Strafzumessungsentwicklung auf zwei Gründe zurück: einmal auf die veränderte Auffassung von der Strafe, dann auf die veränderte Auffassung des Verbrechens[6]. Er weist zunächst auf die Erschütterung des Glaubens an die Freiheitsstrafe hin. Tatsächlich ist dieser Glaube sowohl von ihrem Sinne her als auch von ihrem Vollzuge her so sehr ins Wanken geraten, daß es heute als ein entschiedenes Bedürfnis empfunden wird, darüber nachzudenken, wie eine einschneidende Beschränkung der Freiheitsstrafe heute durchzuführen ist[7]). Ebenso zutreffend ist in Exners Schrift die Hervorhebung der weltanschaulich bedingten Veränderung in der Auffassung von Verbrechen und Strafe[8]). Er sieht den Einfluß des naturwissenschaftlichen und soziologischen Denkens auf die Strafzumessung. Er betont, daß die Psychologisierung der Strafzumessung zu einer immer milderen Beurteilung der Tat führe. Die Srafgewalt tritt dem Rechtsbrecher mit einem immer stärker werdenden Verständnis gegenüber.

Mit diesen von Exner gegebenen Erklärungen ist aber doch noch nicht alles gesagt. Als Drittes ist die Krisis der Rechtsgüterordnung anzuführen. Die Menschen erkennen nicht mehr die alte Ordnung an, es treten Wertverschiebungen ein, oder aber die alte Ordnung ist in solcher Weise gestört, daß sie nicht mehr die überzeugende Kraft wie ehedem hat. So ist auffallend das Zurücktreten der Zuchthausstrafen beim Meineid in den Jahren vor 1933 oder das Zurücktreten der langen Freiheitsstrafen bei dem Falscheid oder der eidesstattlichen Versicherung[9]). Lehrreich ist in der ge-

---

1941 (Zahlentafel 19). Die absoluten Zahlen betrugen bei Meineid und Falscheid in dem genannten Bezirk: 1906—1913 23 u. 14; 1924—1932 43 u. 33; 1933—1936 26 u. 3. Interessant ist es auch, das Verhältnis von einfacher Hehlerei (§ 259) und gewerbsmäßiger Hehlerei (§ 260) zu verfolgen. Infolge der absolut angedrohten Zuchthausstrafe sind die Gerichte überhaupt mit der Annahme gewerbsmäßiger Hehlerei recht zurückhaltend. Aber auch hier zeigt sich im Vergleich zu den Verurteilungen wegen einfacher Hehlerei ein immer stärkeres Zurückgehen der Verurteilungen wegen gewerbsmäßiger Hehlerei. Die Zahlen sind bei Sauer, Kriminalsoziologie S. 518 zu entnehmen.

[6]) Exner a. a. O., S. 25 ff.

[7]) Die Frage des Ersatzes der Freiheitsstrafe durch andere Maßnahmen. die Ernst Rosenfeld vor fast 60 Jahren bereits eingehend behandelte (Welche Strafmittel können an Stelle der kurzfristigen Freiheitsstrafe gesetzt werden, Berlin 1890), ist heute untersuchungsbedürftiger als je.

[8]) Exner a. a. O., S. 27.

[9]) Vgl. hierzu Hillmann, Die Eidesverletzungen im Landgerichtsbezirk Eisenach in den Jahren 1900—1936 (Untersuchungen zur Kriminalität in Deutschland Heft 3) 1939, S. 72 ff. Allerdings finden gegenüber der Gesamtentwicklung in Deutschland in einzelnen Bezirken Abweichungen statt. So war zwar auch im Landgerichtsbezirk Duisburg ein Sinken der Zuchthausstrafe in den Jahren 1924—1932 gegenüber den Jahren 1914 bis 1918 zu bemerken. Der Tiefstand der Verurteilung lag hier jedoch in den Jahren 1919—1923. Vgl. Schmitz a. a. O., Zahlentafel 19. Im Jahre 1933 setzte hier wie auch sonst regelmäßig eine Strafschärfung ein. Im

nannten Hinsicht auch der Ersatz der Freiheitsstrafe durch die Geldstrafe nach dem Geldstrafengesetz (jetzt § 27b). In der Verwendung der Geldstrafe bei der Abtreibung[10]), bei der Kuppelei und der widernatürlichen Unzucht[11]) zeigt sich deutlich ein Wandel in der Wertung der Straftaten bezüglich ihres allgemeinen Gehalts. Die Dinge stehen anders in der Ordnung wie früher.

Auch beim Diebstahl[12]) zeigt sich das Ueberwiegen der geringen Strafen (kurze Freiheitsstrafe, Geldstrafe). Man mag gerade beim Diebstahl zunächst geneigt sein, den stärkeren Gebrauch der kleineren Strafen nicht allzu tief im Grundsätzlichen zu suchen. Man könnte in ihm vornehmlich die Berücksichtigung der wirtschaftlichen Not und Bedrängnis sehen, in denen der Eigentumstäter oftmals steht. So richtig das auch sein mag, es erhebt sich aber auch hier die Frage, ob die Gründe der immer leichteren Beurteilung des Haupteigentumsdelikts nicht tiefer liegen. Sollte nicht auch hier wie bei den anderen angeführten Delikten eine Krisenerscheinung vorliegen?

Landgerichtsbezirk Münster dauerte übrigens die Senkung auch noch nach 1933 an. Das wird deutlich, wenn man auf die Ziffern bei den Meineidshaupttätern abstellt (1924—1932 bei 56,5%, 1933—1941 bei 28% Zuchthausstrafe). Vgl. hierzu Paul Josef Schweißthal, Die Eidesdelikte (Eine kriminalsoziologische Untersuchung unter besonderer Berücksichtigung der Kriminalität im Landgerichtsbezirk Münster von 1924—1941), Münster Diss. 1949. Diese von Sauer angeregte Arbeit ergänzt in beachtlicher Weise die bisherige Eidesliteratur.

10)

	Abtreibungsverurteilungen	Zuchthaus	Gefängnis	darunter weniger als 3 Monate	Geldstrafe
1925	7192	547	6600	3079	45
1929	3597	43	2666	1991	875
1930	3795	44	2489	1927	1242
1931	3889	47	2637	2050	1194
1932	4233	68	2831	2244	1321

Vgl. zur richterlichen Strafzumessung bei der Abtreibung auch Köhler, Wolfgang, Das Delikt der Abtreibung im Bezirk des Landgerichts Gera in den Jahren 1896 bis 1930 (Untersuchungen zur Kriminalität in Thüringen, Heft 3) 1935, S. 24 f.

11) Der Anteil der Geldstrafe betrug bei der Kuppelei in den Jahren 1923—1925 40,43% und in den Jahren 1930—1932 57,27%, bei der widernatürlichen Unzucht in den Jahren 1923—1925 21,87% und in den Jahren 1930—1932 22,26%. Die verhältnismäßige Zunahme der Geldstrafe bei der widernatürlichen Unzucht ist demnach unerheblich. Stärker ist hier dagegen die Zunahme der Gefängnisstrafe unter 3 Monate (1923—1925: 50,03%, 1930—1932: 54,04%). Bei der Kuppelei fielen infolge der starken Zunahme der Geldstrafe die Anteilsziffern der kurzen Gefängnisstrafe von 40,43% auf 33,52%.

12) Vgl. hierzu die Zahlen bei Pitschel, Die Praxis in der Wahl der Geldstrafe, Krim. Abh. Heft VIII, 1929, S. 31 ff.

Ob diese Vermutung zutrifft oder nicht, kann dahingestellt bleiben. Heute ist jedenfalls die Krise ganz offenbar. Es fehlt nicht nur das tiefere Eigentumsverständnis ganz allgemein, es trägt vielmehr auch die Eigentumsordnung schwere Krankheitszeichen in sich. Vor ihnen dürfen wir die Augen um so weniger verschließen, als ohne ihr Erkennen der Umfang der Eigentumsdelikte und die Unbekümmertheit in ihrer Begehung nicht zu verstehen ist, aber auch — namentlich den jungen und den erstmaligen Tätern — das Verstehen der Eigentumsordnung nicht vermittelt werden kann. Ohne die Hinführung zum Erleben und Begreifen der Eigentumsordnung ist eine Bekämpfung des Umfangs der Eigentumsdelikte zur Erfolglosigkeit verurteilt. Dieses notwendige kriminalpolitische Ziel ist aber so gut wie unerreichbar, solange die Eigentumssicht gestört und die Eigentumsordnung selbst wesentlichen Mängeln unterliegt.

Der Hinweis auf die Mängel der Eigentumssicht und der Eigentumsordnung enthält zugleich die positive Bejahung einer Eigentumsordnung als solcher. Damit ist allerdings noch nichts Entscheidendes darüber gesagt, welcher Art diese Eigentumsordnung zu sein hat, insbesondere bleibt die Frage nach einer Gemein- oder Privat- oder gemischten Eigentumsordnung offen. Ein eindeutiges Bild einer ein für allemal geltenden Eigentumsordnung der Idee nach aufzustellen, wird nicht möglich sein. Die richtige Eigentumsordnung hängt von den Umständen der jeweiligen Zeit ab. Freilich läßt sich einiges aus der Natur des Menschen mit zwingender Gewißheit sagen: es gibt ein notwendiges Eigentumsrecht des einzelnen Menschen, es gibt darüber hinaus ein zulässiges Eigentumsrecht des einzelnen Menschen. Die Notwendigkeit und die Erlaubtheit des Privateigentums ist naturrechtlich begründet[13]).

Der Mensch — sieht man von Ausnahmegestalten ab — bedarf zur Entfaltung seiner Persönlichkeit des Sachbesitzes und der Sachverfügung. Er bedarf dessen, um sein äußeres Leben in menschenwürdiger Weise zu führen, er bedarf dessen aber auch, um seine inneren Anlagen zu entfalten und zur menschlichen Vervollkommnung

---

[13]) Grundsätzliches zum Eigentumsbegriff vgl. etwa bei: Wilhelm Sauer, Lehrb. der Rechts- und Sozialphilosophie S. 270, Petraschek, System der Rechtsphilosophie S. 365 ff., Paul Jostock, Grundzüge der Soziallehre und Sozialreform 1946, S 113 ff., Rommen, Die ewige Wiederkehr des Naturrechts, 2. Aufl. 1947, S. 236 ff. Zur Eigentumslehre von Thomas von Aquin vgl. Linhardt, Die Sozialprinzipien des hl. Thomas von Aquin 1932, S. 201 ff. Für die katholische Auffassung sind grundlegend die Rundschreiben Leos XIII. („Rerum novarum"), Pius' XI. („Quadragesimo anno"), Pius' XII. (Ansprache zur 50-Jahr-Feier von Rerum novarum am 1. Juni 1941 und die Weihnachtsbotschaft 1942 (abgedruckt in „Gerechtigkeit schafft Frieden" — Reden und Enzykliken von Pius XII.). Eingehend befaßt sich mit den Eigentumsfragen: Welty, Christlicher Sozialismus in „Die neue Ordnung" 1, S. 39 ff., 132 ff., vgl. auch Walter Dirks, Die Stunde der Armut in „Frankfurter Hefte" 2. Jahrg. S. 541 ff. (1947).

zu gelangen. Er bedarf dessen, um seine Freiheit zu wahren und sich dagegen zu sichern, in eine persönlichkeitszerstörende Abhängigkeit zu geraten. Die Notwendigkeit des Eigentums ergibt sich aber nicht nur aus individuellen Gründen, sondern auch aus sozialen. Der einzelne bedarf des Eigentums auch, um sich an der gegenseitigen Förderung von Mensch zu Mensch beteiligen zu können.

Das Eigentum des Menschen ist daher an sich nicht etwas Willkürliches, erst von der menschlichen Ordnung Geschaffenes. Es steht vielmehr untrennbar verbunden mit seinem Lebensziel als Persönlichkeit. Es ist begründet durch die natürlichen Belange des einzelnen, seiner Familie, seiner sozialen Gemeinschaft und der Menschheit überhaupt. So gesehen ist das Eigentum weniger ein Sachenrecht als ein Persönlichkeitsrecht.

Der Eingriff in das berechtigte Eigentum ist daher mehr als nur ein Zerstören und Verwandeln materieller Beziehungen, sondern zugleich ein Antasten der Persönlichkeitssphäre. In der Achtung des Eigentums liegt die Achtung der Persönlichkeit des Eigentümers.

Es wird heute kaum einem Eigentumstäter der persönliche Bezug vor Augen stehen. Das gilt ganz besonders von dem Jugendlichen. Der Täter sieht regelmäßig nur den Gegenstand. Seine Einstellung unterscheidet sich im Grundsätzlichen freilich nicht allzusehr von der allgemeinen Sicht.

Ist das Eigentum eine naturrechtlich begründete Institution, so kann sie von Menschenhand nicht willkürlich angetastet werden. Damit ist eine Ordnung und Regelung des Eigentums durch den Staat zum Zwecke des Gemeinwohls keineswegs ausgeschlossen. Sie kann sogar im Hinblick auf die später noch zu behandelnde Doppelseitigkeit des Eigentumsrechts durchaus geboten sein. Unzulässig ist aber der willkürliche Eingriff, der Eingriff in das berechtigte Eigentum, der dazu dient, über die Beherrschung der Materie die Persönlichkeit zu beengen oder gar zu vernichten. Ein fortdauerndes willkürliches Eingreifen in das Eigentum, namentlich wenn es unter dem Schein des Rechts erfolgt, verschleiert den Blick für seinen inneren Wert, macht es zu einer aushandelbaren Ware. Jeder Eingriff in die Natur der Dinge rächt sich durch Sinnverschleierung. Wir erlebten die Entziehung von Eigentum aus rassischen oder politischen Gründen. Der Krieg machte viele — namentlich auch noch nicht gefestigte jugendliche Menschen — zu Zeugen schweren Eigentumsbruchs, bei dem nur allzuoft die innere Ablehnung fehlte. Das „Organisieren" wurde weithin mit Wohlgefallen betrachtet. Auch die Nachkriegszeit brachte rücksichtslose Eigentumsbeeinträchtigungen. Falsche Eigentumsauffassungen und propagandistische Aeußerungen verwirrten die Begriffe. Die psychologischen Auswirkungen dieser Tatsachen dürfen nicht unterschätzt werden.

Hinzu kommt die von uns allen miterlebte Eigentumszerstörung durch die Ereignisse der Kriegs- und Nachkriegszeit. Die Vernichtung von Milliardenwerten häufig in wenigen Augenblicken und das Schwinden ganzer Eigentumsbereiche einzelner, der Familien oder Gesamtheiten machten die Unbeständigkeit des materiellen Besitzes klar. Wer mit dem nackten Leben davongekommen war, sah trotz Verlustes seiner Habe das Wesentliche gerettet. Die Materie, ihr Besitz und rechtliches Haben, schien demgegenüber bedeutungslos. Dazu kommt um der Selbsterhaltung willen die Selbstberuhigung, die den materiellen Dingen nur einen geringen Rang zumaß. Diese Wertminderung traf aber auch die Ordnung als solche. Die unermeßlichen Eigentumszerstörungen berührten und zersetzten die allgemeine Eigentumsordnung aber auch insofern, als sie scheinbar wahllos den einen trafen, während der andere verschont blieb. Damit wurde die Ordnung des noch erhaltenen Eigentums in sich zweifelhaft.

Dazu kam der für viele Menschen unerträgliche Mangel an den unmittelbar notwendigsten Gütern. Zur Befriedigung augenblicklicher Not wurden häufig in moralisch und rechtlich einwandfreier Weise Eigentumseingriffe vorgenommen. Aber selbst Handlungen zur Behebung echter Notstände tragen die Gefahr der Verschiebung der Grenzen in sich. Sehr schnell sind diese selbst für den Juristen und Moralisten schwer erkennbaren Grenzen überschritten. Vielen gelang nicht mehr das Halten an den Schranken. Damit ergab sich aber eine weitere Auflockerung der Eigentumsvorstellungen.

Diese zum Teil infolge der Zeitverhältnisse außerordentlichen Umstände würden nicht von allzu großer Bedeutung sein, wenn die Eigentumsordnung nicht in sich gestört wäre. Die innere Berechtigung erlangt das konkrete Eigentum nur unter der Voraussetzung des gerechten Erwerbs und des gerechten Gebrauchs. Die Funktion des Eigentums besteht in der Gewährleistung der Vervollkommnung des Menschen. Das Eigentum, das dem Menschen zu dienen bestimmt ist, macht aber den Menschen vielfach selbst zum Eigentum, sowohl den Eigentümer als auch den durch die Sachherrschaft beherrschten Menschen. Der Satz: „Eigentum ist Diebstahl" hätte niemals entstehen und Verbreitung finden können, wenn nicht Menschen bedenkenlos unter Ausnutzung menschlicher Kraft und Arbeit Eigentum gesammelt hätten, wenn nicht der Eigentumserwerb weitgehend zur Entpersönlichung großer Massen geführt hätte. Der unredliche Erwerb von Eigentum springt um so deutlicher in unserer Zeit in die Augen, als zahllose Menschen trotz ehrlichen Arbeitswillens und redlichen Bemühens immer tiefer in die Eigentumslosigkeit und damit die Entpersönlichung versinken. Hortung, Preistreiberei, Schwarzhandel und Steuerhinterziehung führen auf der einen Seite zur Eigentumshäufung und auf der anderen

Seite zur Armut. Der aufdringliche unredliche Eigentumserwerb trübt das Empfinden für den redlichen Eigentumserwerb und damit für die Eigentumsordnung als solche.

Weitgehend ist der Sinn für die verpflichtende Kraft des Eigentums verlorengegangen. Vielen erscheint als das Wesen des Eigentums die ungestörte und ungebundene Sachherrschaft. Die Bezogenheit des Eigentums auf den Mitmenschen ist weitgehend nicht mehr lebendig. Es fehlt das Bewußtsein, daß der Mensch nur Verwalter der ihm vom Schöpfer gegebenen Materie ist, daß ihm das Eigentum als persönliche Habe auch der Mitmenschen wegen verliehen ist. Das Eigentum ist in den Herrschaftsbereich des menschlichen Egoismus gelangt. Ausdruck dafür ist die Vergnügungssucht, die Verschwendung, die ungebundene Befriedigung persönlicher Bedürfnisse.

Je bedrückendere Verhältnisse dem gegenüberstehen, um so mehr schwindet der Glaube an der Berechtigung einer Eigentumsordnung, in der sich solche Dinge vollziehen. Dabei spielt die Tendenz zur Verallgemeinerung mit. Hinzu kommt die Verbitterung, der Haß und der Neid. Eigenen unberechtigten Wünschen und Trieben wird bald das Tor geöffnet. Entschuldigungen sind schnell bei der Hand, um noch etwa vorhandene Hemmungen zu beseitigen. So ist der Sprung in das Eigentumsdelikt leicht gemacht.

Der entscheidende Mangel der modernen Eigentumsordnung ist aber ihre Exklusivität. Wenn das Eigentumsrecht, und zwar das private Eigentumsrecht, ein natürliches Recht des Menschen ist, so hat j e d e r Mensch einen Anspruch auf Eigentum. Das zur Entfaltung der Persönlichkeit notwendige Eigentum kann jeder verlangen. Was notwendiges Eigentum ist, steht nicht ein für allemal fest. Der Begriff ist relativ. Unter welchen Umständen die Persönlichkeitsentfaltung vor sich gehen kann, hängt von der zivilisatorischen und kulturellen Entwicklung in weitem Umfang ab. Daß aber zahlreiche Menschen weder wohnungsmäßig noch nahrungsmäßig noch bekleidungsmäßig noch sonst in ihren äußeren Lebensbedingungen noch in der Lage sind, nicht zu vermassen und nicht zu entpersönlichen, ist unbestreitbar. Millionen Menschen leben außerhalb einer geregelten Güterordnung. Es fehlt ihnen nahezu alles, um ein menschenwürdiges Dasein zu führen, um auch nur in bescheidenster Weise gesichert in die Zukunft zu sehen und krisenfest dazustehen.

Der heutige Umfang der Not macht uns für Situationen hellsichtig, die es nicht erst seit heute gibt. Wer für die Eigentumsordnung streitet, darf nicht die Doppelseitigkeit dieser Ordnung übersehen. Neben dem Recht des Eigentümers, der seine Habe gerecht besitzt und gebraucht, steht der Eigentumslose, der nicht besitzt, was ihm als Mensch zukommt. Das Stehen des Menschen außerhalb der Eigentumsordnung ist von weittragenden seelischen, geistigen und materiellen Folgen. Es kommt zur Verkümmerung der Persönlichkeit, zur Apathie, zur Verzweiflung am Recht, zur Glaubenslosigkeit gegenüber der rechtlichen Ordnung, zum Aufbegehren gegen die Träger der sie benachteiligenden Ordnung[14]). Die Erschütterung des Rechtsbewußtseins ist die Folge der gestörten Eigentumsordnung[15]). Wer nicht mehr in der Ordnung steht, empfindet nicht mehr deren Verbindlichkeit. Er erlebt nur noch die Macht des Stärkeren, der er sich nicht mehr aus dem Empfinden für die Rechtlichkeit als vielmehr nur aus dem Gedrücktsein in der Machtlosigkeit unterwirft. Mit der Eigentumsordnung bricht aber auch die Familienordnung oftmals auseinander. Damit fehlt der Wachsboden für den jungen Menschen, dem die notwendigen Grundlagen einer gesunden Entwicklung nicht mehr gegeben sind.

Die Bedeutung, die die Eigentumslosigkeit für die Kriminalität hat, ist umstritten[16]). Zuweilen scheint jedoch die Armut und die wirtschaftliche Not zu niedrig angesetzt zu werden. So sieht Exner[17]) zwar durchaus die sittengefährdenden Auswirkungen der Not, jedoch meint er: „Wichtiger als die Wirtschaftslage ist die Gesamtatmosphäre, in welcher der Jugendliche aufwächst, eine Erziehung, die dem Heranwachsenden Werte zu zeigen imstande ist, die höher stehen als sein geliebtes Ich und die ihm zur Befriedigung seiner Lebenslust und Lebensneugier andere Wege weist als die, welche ihm durch Kino und Schundliteratur geläufig sind". Sicherlich kommt es auf den Grad der Wirtschaftsnot an. Sie hat aber heute doch weitgehend einen solchen Umfang angenommen, daß eben die Gesamtatmosphäre vergiftet ist[18]). Wir werden jedenfalls in Zukunft in stärkerem Maß als bisher es mit dem „eigentumslosen

---

[14]) Sehr Wesentliches zur Psychologie der Armut bringen die Untersuchungen von Hildegard Hetzer, Kindheit und Armut 2. Aufl. 1937; Lisbeth Franzen-Hellersberg, Die jugendlichen Arbeiterinnen, Tübingen 1932.

[15]) Ueber das „Rechtsbewußtsein" des Rechtsbrechers vgl. die Ausführungen bei Wulffen, Kriminalpsychologie 1925, S. 241 ff.

[16]) Ueber die Beziehungen der Wirtschaftsverhältnisse zur Kriminalität vgl. Ernst Roesner HdK. II, S. 1079, mit eingehender Behandlung des Standes der Meinungen und umfangreichem Schrifttumsverzeichnis.

[17]) Exner, Kriminalbiologie 2. Aufl., S. 242, 278.

[18]) Wie soll beim Fehlen eines Heimes, beim Mangel des notwendigsten Raums, beim Nichtvorhandensein von Einrichtungsgegenständen, Kleidung und Wäsche in genügendem Umfang und beim Fehlen ausreichender Nahrungsmittel eine jugendfördernde Atmosphäre entstehen? Besonders verhängnisvoll ist der Wohnraummangel und die sich daraus ergebende Familienzerstörung. Zum Wohnungsproblem neuerdings Gerhard Hartstang, Die Wohnungsnot und ihre Bedeutung für die Jugendverwahrlosung und Jugendkriminalität, Diss. Münster 1949 mit eingehenden Schrifttumsangaben. Vgl. auch Luise Dammer, Familien im Bunker, Jugendwohl 1948, S. 19. Ueber frühere Verhältnisse aufschlußreich Gustav Vogel, Das Milieu des rheinisch-westfälischen Industriegebiets im Hinblick auf seine Kriminalität, med. Diss. Münster 1938.

Eigentumstäter" zu tun haben, wobei bemerkt sein mag, daß uns dieser wegen der Breite der Not sichtbarer und deutlicher vor Augen steht als bisher[19]).

Das Problem der Eigentumslosigkeit ist aber nicht nur für das Werden und Verhalten des Eigentumslosen von Bedeutung, vielmehr dürfen die Fernwirkungen auf die Formung der Eigentumsauffassung und Eigentumsachtung überhaupt nicht übersehen werden.

Die Behandlung des „eigentumslosen Eigentumstäters" bringt sowohl vom Standpunkt der Strafzumessung als auch dem der Kriminalpolitik und Kriminalpädagogik aus gewisse Verlegenheit. Wurzelt doch hier oft genug die Kriminalität in dem Entziehen seiner natürlichen Rechte, ja geradezu in seiner Entrechtung. Liegt hier doch ein objektives Versagen und nicht selten sogar ein Verschulden der strafenden Gesellschaft selbst vor[20]).

Der Mangel der Berücksichtigung der Rechte des Eigentumslosen rechtfertigt aber nicht den Einbruch des Täters in die Eigentumsordnung. Ein Recht zur Selbsthilfe ist nur in dem engen Rahmen der gesetzlich oder gewohnheitsrechtlich anerkannten Rechtfertigungsgründe gewährt. Als solche kommen Notwehr, der Notstand des § 904 BGB. und unter Umständen übergesetzlicher Notstand[21]) in Betracht. Aber die Rechtfertigungsgründe treffen

[19]) Einzelfälle aus früherer Zeit bei Schurich, Lebensläufe vielfach rückfälliger Verbrecher 1930 (Heft X d. kriminalistischen Abhandlungen). Unter den 30 Eigentumstätern (Fall 24 betrifft einen Sittlichkeitsverbrecher) sind nur 6, die aus offenbar ärmlichen Verhältnissen stammen. Schurich sieht nur in zwei Fällen die ungünstigen Verhältnisse für ausschlaggebend an. Dieses Ergebnis hängt mit der Auswahl der Fälle zusammen, die auf die Sicherungsverwahrung ausgerichtet ist. Daher sind die Fälle mit seelischen, geistigen und charakterlichen Defekten beim Täter und seinen Angehörigen besonders häufig. Milieugeschädigte sind bei dem von Schurich herangezogenen Material von vornherein weniger zu erwarten gewesen.

[20]) Mitversagen und Mitschuld der Allgemeinheit lassen Versagen und Schuld des einzelnen in einem milderen Licht erscheinen. So erscheint auch das Eintreten der Heiligen für die gehenkten Verbrecher verständlich und billigenswert. Vgl. dazu Hans Christoph Heinerth, Die Heiligen und das Recht, Freiburg 1939, S. 52.

[21]) Man nehme folgenden Fall: Ein schlecht untergebrachtes junges Flüchtlingsehepaar erwartet ein Kind. Es gelingt dem Paar nicht, von den wohlhabenden Quartiersleuten, den amtlichen Stellen und freien Organisationen Windeln zu bekommen. Nur Lumpen sind vorhanden, die für das Kind benutzt werden können. Eines Tages sieht der Vater eine große Anzahl von Windeln von seinen Quartiersleuten zum Trocknen aufgehängt. Er nimmt davon einige wenige für sein Kind. Aus der Aneignung dieser Windeln macht er auch keinen Hehl. § 904 BGB. trifft nicht zu, da keine Gefahr vorliegt. Da man in dem Verhalten der Quartiersleute eine fortdauernde Beleidigung sehen kann, kann man Notwehr annehmen. Würden die Windeln einem Dritten gehören, so ergibt sich das Problem der Güterabwägung (übergesetzlicher Notstand). Es steht hier Sachherrschaft gegen Menschenwürde. — Die heutige Lage der Flüchtlinge hat zur Empfehlung

nicht das Hintergründige. Sie liegen in der gegenwärtigen Not begründet. Es geht aber um mehr als nur um die Behebung einer Notlage, es handelt sich vielmehr um die Beseitigung eines Unrechts. Grundsätzlich besteht kein Recht zur Selbsthilfe, zur Beschaffung des beanspruchbaren Eigentums durch eigene Maßnahmen, die einen Tatbestand des Strafrechts erfüllen[22]).

Der Bejahung eines solchen Rechts widerstrebt die notwendige Ordnung innerhalb der Gemeinschaft. Diese ist ein Gemeingut, ohne die eine soziale Gemeinschaft nicht bestehen kann. Es handelt sich bei ihr um mehr als nur um ein formelles Gut, das hier einem materiellen Rechte entgegenträte. Vielmehr enthält auch die Ordnung als solche materielle Werte. Die Ordnung ist gegründet auf Sicherheit, Achtung und Vertrauen. Sie schließen Selbsthilfe und Gewaltakte aus.

Selbsthilfe des Eigentumslosen würde Zerstörung der Eigentumsidee bedeuten. Um selbst Sachherrschaft zu erlangen, kann man nicht fremde Sachherrschaft aus eigener Machtvollkommenheit mißachten. Man kann nicht bei anderen stören, was man selbst für sich in Anspruch nimmt. Man kann nicht seiner Persönlichkeit wegen der anderen die Achtung versagen. Persönlichkeitsmißachtung wäre aber ein solcher Eigentumserwerb. Freilich könnte man meinen, dieser Einwand träfe nur zu, wenn der andere auch die Achtung verdiene. Darüber aber kann der einzelne kein sicheres Urteil fällen. Es ist für ihn in aller Regel weder die Berechtigung des fremden Eigentumserwerbs noch der gerechte Gebrauch des Eigentums durch den andern überprüfbar. Diese Fragen sind schwer zu entscheiden und kaum zu übersehen. Ein Richter in eigener Sache würde jedenfalls der denkbar schlechteste Beurteiler sein.

Mag der Eigentumslose auch ein natürliches Recht auf Eigentum haben, so richtet es sich doch — jedenfalls rechtlich — nicht gegen eine bestimmte Person[23]), sondern nur gegen die Gesellschaft und ihre Organisation, den Staat. Diesen liegt die Durchführung einer gerechten Eigentumsordnung ob, die jedem das Lebensnotwendige und der Würde Entsprechende zukommen läßt. Das Mittel der Durchsetzung dieser Rechte ist der verfassungsrechtliche oder verwaltungsrechtliche Weg. So kann sich der Eigentumslose nicht auf ein Recht berufen, wenn er in die Eigentumssphäre des anderen eingreift, sofern nicht ein besonderer Rechtfertigungsgrund vorliegt.

---

besonderer Strafbestimmungen für Flüchtlinge geführt. Davor kann nicht dringend genug gewarnt werden. Es kommt alles darauf an, die Flüchtlinge nicht auszusondern, sondern einzubürgern. Notwendig wäre allerdings eine entschiedenere Anwendung der bestehenden Bestimmungen, namentlich der §§ 185, 330 c StGB.

[22]) Vgl. zu dem Notproblem von Weber, Vom Diebstahl in rechter Hungersnot MDR. 1947, S. 73.

[23]) Vgl. zu dem Problem eines subjektiv-rechtlichen Anspruchs Jostock a. a. O., S. 125 (verneinend).

Ebensowenig kann sich der Täter über eine besondere Notlage hinaus auf einen Entschuldigungsgrund (§ 54 StGB.) berufen. Ihn treffen daher die Vorschriften über den Diebstahl, seine qualifizierten oder priviligierten Formen. Der Besonderheit der Verhältnisse können, sofern es sich nicht um ein Verbrechen handelt, Staatsanwaltschaft und Gericht nach § 153 StPO. (Einstellung wegen Geringfügigkeit) Rechnung tragen. Ob ein Verbrechen vorliegt, hängt allein von der Erfüllung des Tatbestandes ab. Die besondere persönliche Lage ändert im Bereich der Eigentumsdelikte auch bei der Annahme mildernder Umstände nicht den Deliktscharakter[24]). Wo es nicht zur Einstellung kommt, kann „das Recht auf Eigentum" des eigentumslosen Täters nur bei der Strafbemessung berücksichtigt werden. Als Strafmilderungsgründe kommen im Hinblick auf die Stellung zur Eigentumsordnung bei den Eigentums- und Vermögensdelikten in Betracht: die unverschuldete oder nicht voll verschuldete falsche Einstellung zur Eigentumsordnung überhaupt, der unredliche Eigentumserwerb und ungerechte Eigentumsgebrauch des Eigentümers und das Fehlen des eigenen Eigentums. Voraussetzung ist, daß diese Umstände für die Eigentumsverletzung in irgendeiner Weise ursächlich sind. Die Ursächlichkeit kann angenommen werden, wenn nicht Anhaltspunkte dafür vorliegen, daß sich der Täter gegen die Eigentumsordnung überhaupt wendet, daß er sich außerhalb der gerechten Ordnung zu stellen gewillt ist, daß er sich am Eigentum vergeht ohne Rücksicht auf Berechtigung oder Nichtberechtigung. Es sind das die Menschen, die gegen jede Ordnung stehen. Bei ihnen spielen die gesellschaftsbedingten Faktoren keine oder keine entscheidende Rolle.

Die Zahl dieser echten Eigentumsfeinde ist vermutlich nicht allzu groß. Der Mensch hat in der Regel den Wunsch, in der Ordnung zu leben. Die Erziehungsaufgabe besteht darin, dieses zutiefst vorhandene Sehnen aufzuspüren und zu verlebendigen. Wie aber kann der Sinn für die Ordnung erweckt werden?

Der Gedanke, durch Verschärfung der Strafgesetze und der Strafzumessung Abhilfe zu schaffen, wäre verfehlt. Die generalpräventive Kraft der Strafe wird leicht überschätzt. Die Rechts-

---

[24]) Ueber den Stand der Auffassungen zur konkreten oder abstrakten Betrachtungsweise bei der Ermittlung des Deliktscharakters vgl. Schönke, Kom. 3. Aufl. zu § 1 II, ferner Engisch SJZ. 3 Sp. 660 ff.; Niethammer, DRZ. 1947, S. 100. Die Lösung läßt sich nur von der gesetzlichen Systematik und Methodik aus lösen. Daraus ergibt sich, daß die Entscheidung nicht einheitlich sein kann. Dem Aufbau des StGB. und der StPO. entspricht die abstrakte Betrachtungsweise. Ein schwerer Diebstahl unter mildernden Umständen ist daher ein Verbrechen. Beruhen dagegen die Bestimmungen auf der neuen Formungsgrundlage (z. B. § 267 n. F. StGB., KriegswirtschaftsstrafVO. usw.), so ist die konkrete Betrachtungsweise geboten.

geschichte beweist, daß schwere Strafen keine nachhaltige abschreckende Wirkung auf die Umwelt ausüben[25]). Nicht von der Strafhöhe, sondern von der Sicherheit des Funktionierens des Strafverfolgungsapparates sind vorbeugende Wirkungen zu erwarten. Gerade aber bei den Eigentumsdelikten wird bekanntlich nur ein ganz geringer Bruchteil der Taten und der Täter durch die Strafverfolgung erfaßt. Die Erhöhung der Strafen würde aber auch schon deswegen den Eigentumsgedanken nicht stärken können, weil sie nur das Empfinden ungerechter Behandlung und einseitigen Besitzschutzes erzeugen würde, wenigstens solange nicht eine Aenderung der sozialen Verhältnisse eintritt.

Die Hinführung zur Achtung der Eigentumsordnung setzt die Beachtung der natürlichen Forderungen voraus. In einer Gesellschaft, in der diesen in weitem Umfang nicht entsprochen wird, wird auch von dem Straffälligen keine andere Einstellung zu erwarten sein. In ihm spiegelt sich die gesellschaftliche Grundhaltung wider. Er kann eben nicht isoliert von der Gesellschaft betrachtet werden. Er wächst aus ihr hervor und wird von ihr getragen. Bei ihm findet jedoch die kriminelle Grenzüberschreitung statt.

Die Erziehung kann daher nicht allein beim Rechtsbrecher einsetzen. Sie allein genügt ebensowenig wie der Versuch, den Jugendlichen zu erziehen, wenn ihre Ungezogenheit das Gegenstück elterlicher Ungeordnetheit darstellt. Voraussetzung jeglichen Erziehungserfolgs ist die Glaubhaftmachung des Erziehungsziels. Der zu Erziehende muß spüren, daß ihm kein Phantom vorgegaukelt wird, sondern daß er zu einer wirklichen echten Lebensordnung hingeführt wird.

Soll dem Rechtsbrecher — vor allem dem jugendlichen, kritisch gegenüber der Gesellschaft eingestellten Rechtsbrecher — die Eigentumsordnung als ein wahrer menschlicher Wert, als etwas Unantastbares hingestellt werden, so muß die Eigentumsordnung sowohl in der Entstehung als auch im Gebrauch des konkreten Eigentums gerecht sein. Wo das Bild des gesellschaftlichen Lebens maßgeblich durch unredlichen Eigentumserwerb und Eigentumsgebrauch geprägt wird, ist die gesunde Einstellung zum Eigentum erzieherisch

---

[25]) Sehr zutreffend bringt das Schiller in seiner akademischen Antrittsrede: „Was heißt und zu welchem Ende studiert man Universalgeschichte?" zum Ausdruck, indem er sagt: „Seitdem die Gesetze zu der Schwäche des Menschen heruntersteigen, kam der Mensch auch den Gesetzen entgegen. Mit ihnen ist er sanfter geworden, wie er mit ihnen verwilderte; ihren barbarischen Strafen folgen die barbarischen Verbrechen allmählich in die Vergangenheit nach. Ein großer Schritt zur Veredlung ist geschehen, daß die Gesetze tugendhaft sind, wenn auch gleich noch nicht die Menschen. Wo die Zwangspflichten von den Menschen ablassen, übernehmen ihn die Sitten. Den keine Strafe und kein Gewissen zügelt, halten jetzt die Gesetze des Anstandes und der Ehre in Schranken.

nicht herbeiführbar. Auch hier springt das Schlechte und Verwerfliche, das Kranke und Niedrige, obwohl zahlenmäßig vielleicht viel geringer, stärker und aufdringlicher ins Auge als der schlichte und redliche Eigentumserwerb und Eigentumsgebrauch.

Schließlich kann der Sinn für die Eigentumsordnung nur dort geweckt werden, wo der Mensch sie persönlich in seinem eigenen Bereich erlebt hat. Es wird gerade bei der Erziehung verwahrloster und krimineller Jugendlicher immer wieder betont, in wie starkem Maß ihnen das Gespür für sittliche Forderungen abgeht. Erzieher beklagen sich immer wieder, daß man zu den Jugendlichen in ethischen Fragen nur allzuoft wie in einer fremden Sprache spricht. Diese Tatsache beruht auf dem Fehlen des Erlebens der Werte. Es gilt das ganz allgemein, für die materielle Ordnung nicht weniger als für die sexuelle. Einer Prostituierten, die niemals hochstehende sittliche Werte in der Familie, in ihrer kleinen Umwelt oder in der Gesellschaft als geübte Werte erlebnismäßig erfaßt hat, ist das Empfinden verschüttet. Es wird lange Zeit dauern, bis der auf ihrer Seele lastende Schutt fortgeräumt ist. Die gleiche Verschüttung findet häufig beim Eigentumstäter, namentlich dem jungen Täter, statt.

Erst dann wird es möglich, dem Rechtsbrecher das Verwerfliche und Ungeordnete seines Verhaltens nahezubringen, wenn man ihn aus der verwerflichen Ungeordnetheit, in der er zu leben gezwungen ist, herausführt. „Menschen ohne Eigentum" kann man erst dann den Sinn und den Wert der Eigentumsordnung klar machen, wenn man sie nicht mehr unberechtigterweise aus dieser Ordnung ausschließt. Damit wird die Herstellung einer naturgeforderten Eigentumsordnung, die jedem das Lebensnotwendige, seiner Würde als Menschen Entsprechende gibt, aus einem bloßen sozialpolitischen zu einem kriminalpolitischen Problem. Wohnungsfrage, Siedlungsproblem[26]), Lastenausgleich, die Frage der Gewährung von Besitz und Verfügungsrecht[27]) an hinreichender Habe, das Problem der Herstellung der Krisenfestigkeit der Familie sind Grundfragen der Kriminalpolitik.

Wir sehen hier unabwendbare Forderungen vor uns, von deren Verwirklichung es abhängt, ob unserer Eigentumsordnung die ihr

---

[26]) Auf die Frage der rechtlichen Gestaltung des Verfügungsrechts im einzelnen kann hier nicht eingegangen werden. Entscheidend ist, ob die Rechtsform dem einzelnen die hinreichende Unabhängigkeit, Selbständigkeit und Sicherheit gewährt. Dazu wird es in erster Linie eines echten Eigentums im Rechtssinne bedürfen. Doch ist in gewissem Umfang auch die Möglichkeit von Ersatzformen (z. B. Erbpacht) nicht auszuschließen.

[27]) Es gehört zu den starken Erlebnissen, wenn man etwa die Gelegenheit findet, ein Siedlungswerk wie das von Nikolaus Ehlen in Velbert kennenzulernen. Hier kann man die Aufstiegsmöglichkeiten von Familien aus früher „asozialen Wohnungen" eindringlich kennenlernen.

zukommende Sicherheit und Beruhigung gewährt werden kann. Diese Forderungen richten sich an die Gesellschaft und ihre Organisationen (Kirche, Staat, freie Zusammenschlüsse). Sie sind nicht an nationale Grenzen gebunden. Sie richten sich aber mit der gleichen Eindringlichkeit an jeden einzelnen. Es wäre ein verhängnisvoller Irrtum zu glauben, daß es bei der Herbeiführung sozialer Wandlungen nur oder in erster Linie auf die gesellschaftlichen Organisationen ankäme. Die praktische Hilfe und die Formung der Allgemeinauffassung hängt weitgehend vom einzelnen ab. Wie das Gesellschaftsbild sich den Menschen des Alltags darbietet, wird zum größten Teil durch das Verhalten und die Einstellung des einzelnen bestimmt. Der Aufbau der sittlichen Ordnung erfolgt im wesentlichen von unten nach oben, d. h. vom einzelnen her zur Gesellschaft. Daraus folgt die Verantwortung, die jeder einzelne nach Maßgabe seiner sittlichen und materiellen Möglichkeiten trägt.

Wie der einzelne sein Eigentum erwirbt und gebraucht, wie er dem anderen, namentlich dem Eigentumslosen entgegentritt, ist für das Eigentumserlebnis vieler anderer, die mit seinem Lebenskreis in Berührung kommen, oftmals von entscheidender Bedeutung. Hier stehen wir an den Grenzen des Handelns in der rechtlichen Ordnung und berühren den Bereich des Reinsittlichen und darüber hinaus des Religiösen schlechthin, von dem aus die letzte Lösung überhaupt erst geschehen kann[28]).

Die Wechselwirkung von Gesellschaft - Einzelner - Rechtsbrecher sind kriminalpolitisch von grundlegender Bedeutung. Der Kriminalpädagoge, der diese Beziehungen erkennt, wird sich der Schwäche seiner Situation unter den derzeitigen Verhältnissen bewußt sein. Es ist ihm nicht leicht gemacht, die Achtung vor dem Eigentum im Eigentumstäter zu entwickeln. Ihm ist die Aufgabe gegeben, dem Rechtsbrecher, so wie er ist, die Verhältnisse, so wie sie sind, verständlich zu machen. Er kann auf die notwendigen Wandlungen im Gesellschaftsleben nicht erst warten. Er muß sich darum bemühen aufzuzeigen, warum auch in einer gestörten Ordnung die Verletzung des Eigentums nicht gestattet werden kann. Er wird versuchen, dem Rechtsbrecher den Sinn und den Wert einer gerechten Eigentumsordnung aufzuzeigen. Er wird in ihm den Blick für die Tatsache zu öffnen suchen, daß viele Menschen das Eigen-

[28]) Ueber das Verhältnis von Recht und überrechtlicher Ordnung vgl. neuerdings Fritz von Hippel, Zum Verhältnis von Jurisprudenz und Christentum in der Festgabe für Radbruch: Beiträge zur Kultur- und Rechtsphilosophie 1948, S. 21 ff., Günther Küchenhoff, Naturrecht und Christentum 1948, ferner meine Abhandlungen: Christentum und Strafrecht in „Die Kirche in der Welt" 1. Jahrg., S. 215 ff., Liebe und Gerechtigkeit in Karl Borgmann, Anruf und Zeugnis der Liebe 1948, S. 38 ff., Recht und Liebe in „Jugendwohl", 29. Jahrg. (1947), S. 2 ff.

tum aus gerechtem Erwerb in gerechtem Gebrauch inne haben und um die gerechte Ordnung ernstlich bemüht sind. Er wird ihm die Schwierigkeiten einer Geordnetheit unter den Menschen klarzumachen bemüht sein. Er wird die sittliche Fehleinstellung des Rechtsbrechers und die Ungeeignetheit seines Weges zur Herbeiführung gerechter Verhältnisse darlegen. Er wird nicht zuletzt versuchen müssen, den Sinn des Lebens auch in einer dem natürlichen Rechte widerstrebenden Zustand, ja den Sinn der Armut zu erwecken. Freilich, er wird sich der geringen Aussichten seines Beginnens bewußt sein: sind es doch meist geistig und seelisch geschwächte Menschen, Menschen mit verschüttetem Empfinden, denen er eine Haltung anempfiehlt, die eine sittliche Höhe voraussetzt. Wird ein solcher Mensch die Eigentumsordnung begreifen?

Der Kampf um die Wahrheit im Strafverfahren

Von Oberlandesgerichtspräsident Professor Dr. E. Niethammer*

Der Beschuldigte, der Verteidiger, die Zeugen, der Sachverständige, der Staatsanwalt und der Richter kämpfen in dem Kampf um die Wahrheit, der das Strafverfahren erfüllt. Keiner von diesen Kämpfern ist der Wahrheit so tief verpflichtet wie der Richter. Der Beschuldigte hat ein ernstes Anliegen daran, daß die Wahrheit an den Tag komme, nur, wenn und soweit er unschuldig ist. Die Pflicht des Verteidigers, zur Enthüllung der Wahrheit beizutragen, wird dadurch beschränkt, daß er dem Beschuldigten Beistand schuldet. Der Beitrag, den die Zeugen leisten, ist Stückwerk. Ihr Zeugnis und das Gutachten des Sachverständigen bilden nur einen Teil der Mittel, die der Richter so zu gebrauchen hat, daß er ein richtiges Bild des zu beurteilenden Lebensvorgangs in sich gestalte. Der ständige Beruf der Anklage und die Abhängigkeit von der obersten Justizverwaltungsbehörde üben auf den Staatsanwalt einen Einfluß aus, der im Kampf um die Wahrheit nicht schaden muß, aber schaden kann. Der Richter allein arbeitet in voller Freiheit an der Erforschung der Wahrheit. Er allein trägt die volle Verantwortung dafür, daß alles geschehe, was dem Sieg der Wahrheit dienen mag. Die Erklärungen der Beteiligten binden ihn nicht. Nur sein Gewissen leitet ihn in dem Kampf, in dem er als Führer mitkämpft. Menschenkenntnis, Lebenserfahrung, Besonnenheit, Geduld, Mitgefühl, strenge Selbstzucht, leidenschaftlicher Drang nach Erkenntnis, Uneigennützigkeit und Furchtlosigkeit sind die Eigenschaften, deren er bedarf, um seiner Aufgabe gerecht zu werden. Die Macht des Richters ist groß. Leben, Freiheit, Ehre und Vermögen des Beschuldigten hängen von seinem Spruch ab.

Die Strafverfahrensordnung gibt in einem schwerfälligen Satz das Ziel an, nach dem der Kampf um die Wahrheit strebt:

> „Gegenstand der Urteilsfindung ist die in der Anklage bezeichnete Tat, wie sie sich nach dem Ergebnis der Verhandlung darstellt."

In einem nicht minder mangelhaften Satz sagt sie über den Weg aus, der zum Ziel führt:

> „Ueber das Ergebnis der Beweisaufnahme entscheidet das Gericht nach seiner freien, aus dem Inbegriff der Verhandlung geschöpften Ueberzeugung."

Wird der wesentliche Kern herausgeschält und schlicht dargeboten, so erklären die beiden Sätze folgendes: Der Richter muß die Tat finden. Er findet sie, indem er durch seine Wahrnehmungen in der Verhandlung eine mit überwältigender Kraft wirkende Vorstellung der Tat erringt. Also antworten jene Sätze auch auf die

Frage: „Was ist Wahrheit?" Nicht die Wirklichkeit, sondern ein eindrucksvolles, glaubensstarkes Bild der Wirklichkeit. Eine Wirklichkeit an sich gibt es für den Menschen nicht. Jeder Mensch lebt unter dem Gebot: „Die Welt, sie war nicht, eh' ich sie erschuf!" Nur in der Vorstellung eines Menschen taucht ein Anschein der Wirklichkeit auf. Jede Vorstellung eines Menschen hebt sich von der jedes anderen Menschen auch dann ab, wenn beide glauben, in ihr dasselbe Stück Wirklichkeit zu erfassen.

In der Tat, die zu finden dem Richter aufgegeben ist, stellt sich ein Stück Vergangenheit vor, das mit seinen Folgen in die Gegenwart hereinragt und Erwartungen für die Zukunft hervorruft. Also ist der Richter Geschichtsforscher. Der Stoff, an dem er, die Mittel, mit denen er arbeitet, und die Wirkung seiner Arbeit unterscheiden den Richter vom großen Geschichtsforscher. Aber im Wesen der forschenden Tätigkeit, in der Freiheit und in der Pflicht, nichts zu versäumen, was das Dunkel durchleuchten kann, gleicht der Richter dem großen Geschichtsforscher. Beide ergreift ein Ruf, der aus dem Jenseits kommt. Die Wahrheit ist gleich der Liebe, dem Glauben, der Gerechtigkeit, der Reinheit und der Schönheit ein überirdischer Wert. Nicht der Mensch hat diesen Wert geschaffen. Gott hat ihn dem Menschen gegeben.

Die zuvor dargelegten, tragenden Gedanken bereiten den Boden, von dem aus die Frage erörtert werden kann, was der Gesetzgeber zu leisten habe, damit er innerhalb seines Machtbereichs für einen gerechten Ausgang des Kampfes um die Wahrheit sorge. Es ist nicht Aufgabe des Gesetzgebers, einen Satz des Inhalts aufzustellen, daß der Richter seine ganze Kraft einsetzen und alle tauglichen und zulässigen Mittel gebrauchen müsse, um die Tat zu finden, die Wahrheit zu erkennen. Denn dieses vornehmste Gebot, das alle gesetzlichen Vorschriften durchdringt, steht über dem Gesetz. Ihm gegenüber ist der Gesetzgeber nicht Herr, sondern Knecht. Er begeht einen Fehler, wenn er einen solchen Satz so kundgibt, als beruhe er auf seinem Willen und als stehe es ihm frei, den Satz zu widerrufen oder irgendwie einzuschränken. Dagegen liegt es dem Gesetzgeber allerdings ob, im Einklang mit jenem höchsten, übergesetzlichen Gebot vorzuschreiben, wie der Richter bei der Vernehmung von Zeugen und Sachverständigen sowie gegenüber Beweisanträgen der Beteiligten zu verfahren habe.

Demnach wendet sich die Betrachtung der weiteren Frage zu, ob und inwiefern der Gesetzgeber gefehlt habe, indem er seinen Machtbereich überschritt oder innerhalb seines Machtbereichs die von ihm getroffenen Vorschriften nicht so gestaltete, daß sie den Kampf um die Wahrheit förderten.

Der Gesetzgeber war, als er die StPO. verfaßte und vor dem Jahr 1933 änderte, so weise, bescheiden und demütig, daß er die Grenzen seines Machtbereichs wahrte. Der Oberste Gerichtshof des

Reichs aber erinnerte in dieser Zeit immer wieder an die vor dem Gesetz gegebene, allumfassende und unabdingbare Aufklärungspflicht. Er wies darauf hin, daß ihr Bestehen im § 155 Abs. 2 sowie in anderen Vorschriften der StPO. anerkannt sei, und ermahnte die Gerichte, in Treue gegenüber jenem vornehmsten Gebot, von Amts wegen alles zu tun, was zur Erforschung der Wahrheit notwendig ist. Erst im Gesetz vom 28. 6. 1935 gab der Gesetzgeber die Zurückhaltung auf, die er vorher geübt hatte. Er übernahm den angeführten Satz aus der Rechtsprechung des Reichsgerichts als § 244 Abs. 2 in die StPO. Das Vorgehen des Gesetzgebers erklärte sich damit, daß er von einer rein diesseitigen Weltanschauung eingenommen war und deshalb nicht Maß hielt. Die Wirkung des Fehlers war verhängnisvoll. Nach außen hin entstand der falsche Eindruck, als ob im neuen § 244 Abs. 2 ein Gesetz vorliege, das der Gesetzgeber, der es geschaffen hatte, wieder aufheben oder ändern könne. Andererseits verführte der Gesetzgeber sich zu dem falschen Glauben, daß der § 244 Abs. 2 als sein eigenes Werk ihn nicht binde, daß er vielmehr die Macht habe, in der Vorschrift über das Beweisrecht der Beteiligten von dem darin ausgesprochenen großen Gebot abzuweichen und die strenge Pflicht nach dem Vorbild einer Notverordnung durch ein „freies Ermessen" des Richters abzulösen.

Die Vorschrift über das Beweisrecht der Beteiligten entwickelte sich in folgendem Gang: Der Entwurf der StPO. wollte an die Vorschrift, nach der es eines Gerichtsbeschlusses bedarf, wenn ein Beweisantrag abgelehnt werden soll oder wenn die Vornahme einer Beweishandlung eine Aussetzung der Hauptverhandlung erforderlich macht, eine für das Verfahren vor allen Gerichten gültige Vorschrift des Inhalts anschließen, daß das Gericht den Umfang der Beweisaufnahme bestimme, ohne hierbei durch Anträge, Verzichte oder frühere Beschlüsse gebunden zu sein. Die vorgesehene Vorschrift sollte dem Gedanken Geltung und Ausdruck verleihen, daß die Entschließung des Richters darüber, wie weit er in der erforschenden Tätigkeit vorzudringen habe, nicht von einem äußeren Verfahrensvorgang, sondern allein von dem ungeschriebenen, immer und überall durchgreifenden Gebot der Aufklärung bis zur Erschöpfung des letzten Aufklärungsmittels abhänge. Die Reichstagskommission aber befürchtete eine ungerechtfertigte Beschränkung der Anklage und der Verteidigung in der Durchführung des Beweises. Auf ihre Anregung wurde die einschlägige Vorschrift — § 244 in der ursprünglichen Fassung, § 245 in der Fassung vom 22. 3. 1924 — bereichert und gegliedert. Sie ging, nachdem sie durch die Gesetze vom 22. 12. 1925 und 27. 12. 1926 abermals geändert worden war, aus der Arbeit des Gesetzgebers in einer Gestalt hervor, der ein klarer Gedanke zugrunde lag: Die Pflicht zur Wahrheitserforschung sollte für den Richter in allen Sachen maßgebend sein, gleichviel, welchen Gegenstand sie haben und vor welchem Gericht sie verhandelt werden. In den Verhandlungen vor dem Amtsrichter, den Schöffengerichten und den Landgerichten, die eine Uebertretung betreffen oder auf erhobene Privatklage erfolgen, sollte nur die Aufklärungspflicht den Ausschlag geben. In den Verhandlungen außerhalb der zuvor bezeichneten Grenzen aber sollte der Richter verbunden sein, die Beweisaufnahme in Rücksicht auf Anträge, Verzichte oder frühere Beschlüsse noch weiter auszudehnen, als die Aufklärungspflicht es gebietet. Er sollte insbesondere gehalten sein, die Beweisaufnahme auf die herbeigeschafften Beweismittel selbst dann zu erstrecken, wenn sie zur weiteren Aufklärung nicht mehr beizutragen vermochte. Nur wenn feststand, daß das Beweisverlangen die Verschleppung des Verfahrens bezweckte, oder wenn der Staatsanwalt und der Angeklagte ihr Einverständnis erklärt hatten, sollte es dem Richter erlaubt sein, von der Erhebung einzelner, zur weiteren Aufklärung nicht dienlicher Beweise abzusehen.

Also achtete der Gesetzgeber die Unverbrüchlichkeit und Unbeschränkbarkeit des großen Gebots erschöpfender Aufklärung bis in das Jahr 1931 hinein. Erst als der rücksichtslose Streit aufrührerischer Parteien den Reichstag außer Stand gesetzt hatte, seine gesetzgeberische Aufgabe zu erfüllen, trat ein schlimmer Wandel ein. Eilfertig und unbedacht ausgearbeitete Notverordnungen setzten sich über den Ernst jenes Gebots hinweg. Der § 4 des Kap. III im Achten Teil der RPräsVO. zur Sicherung von Wirtschaft und Finanzen und zum Schutz des inneren Friedens vom 8. 12. 1931 ging voran, beanspruchte aber Geltung nur in einem engbegrenzten Rahmen. Der Art. 3 § 1 des Kap. I im Ersten Teil der RPräsVO. über Maßnahmen auf dem Gebiet der Rechtspflege und Verwaltung vom 14. 6. 1932 folgte nach. Er stellte folgenden Satz, aus der Vorschrift über den Gebrauch der in der Hauptverhandlung vorhandenen Beweismittel losgelöst, als allgemein gültig auf:

> „In der Verhandlung vor dem Amtsrichter, dem Schöffengericht und vor dem Landgericht in der Berufungsinstanz bestimmt das Gericht nach freiem Ermessen den Umfang der Beweisaufnahme, ohne hierbei durch Anträge, Verzichte oder frühere Beschlüsse gebunden zu sein."

Nun war erstmals die Rede davon, daß einzelne Gerichte teils im ersten Rechtszug, teils im Berufungsverfahren nach „freiem Ermessen" darüber entscheiden, ob ein angebotener oder sonst in Frage stehender Beweis zu erheben sei oder nicht. Nun wurde erstmals unter der Ueberschrift „Vereinfachung und Ersparnisse" versucht, die Strenge des das Strafverfahren beherrschenden Gebots zu mildern. Die Gerichte nahmen die neue Vorschrift mit Widerstreben auf. Ihnen dünkte es unerträglich, daß es zweierlei Beweisrecht geben sollte, ein starkes für die schweren Strafsachen, ein weiches für die kleinen und die mittleren Strafsachen. Tat es not, den Verbrauch von Arbeitskräften oder Geldmitteln zu beschränken, so konnte die Strafverfahrensordnung doch nichts an dem einsparen, was der Wahrheit gebührte. Wenn nicht immer alles geschah, was die Ergründung der Wahrheit fördern konnte, so war die tatsächliche Unterlage des Urteilsspruchs nicht gesichert. Obwohl solche Bedenken in der Rechtsprechung laut wurden, folgte das Gesetz zur Aenderung von Vorschriften des Strafverfahrens und des Gerichtsverfassungsgesetzes vom 28. 6. 1935 doch dem Vorbild der VO. vom 14. 6. 1932. Es gab dem § 245 Abs. 1 Satz 1 die Fassung, in der er bis zum 6. 9. 1939 galt:

„In Verhandlungen vor dem Amtsrichter, dem Schöffengericht und dem Landgericht in der Berufungsinstanz darf das Gericht einen Beweisantrag ablehnen, wenn es nach seinem freien Ermessen die Erhebung des Beweises zur Erforschung der Wahrheit nicht für erforderlich hält."

Das Gesetz von 1935 verletzte das Beweisrecht der Beteiligten und mittelbar die Aufklärungspflicht noch mehr, als das zuvor durch die Verordnung von 1932 geschehen war. Das Gesetz barg einen neuen unlösbaren Widerspruch in sich. Inwiefern sollte ein Unterschied im Verfahren vor den verschiedenen Gerichten innerlich gerechtfertigt, wie sollte er durchführbar sein, da doch das jetzt ins Gesetz aufgenommene höchste Gebot allen Gerichten in allen Verhandlungen mit derselben unerbittlichen Strenge entgegentrat und es nicht gestattete, daß sie ein ihnen angezeigtes Beweismittel allein um deswillen ungebraucht ließen, weil sie glaubten, keinen Erfolg vom Gebrauch erwarten zu können? Die Aufklärungspflicht mußte doch allgemein bestimmt, sie durfte nicht von dem durch die Besonderheit des einzelnen Falls beeinflußten „Dafürhalten" des Gerichts abhängig gemacht werden. Was sollten die Worte bedeuten, mit denen der neue § 245 Abs. 1 Satz 1 das Ergebnis des freien Ermessens beschrieb? In der neuen Fassung lautete die Vorschrift so, als ob das Gericht nur dann einen Fehler im Verfahren beginge, wenn es den Fehler bewußt wollte.

Der Gesetzgeber schritt desungeachtet auf der abschüssigen Bahn fort. Neue Gedanken über den Zweck des Strafrechts wirkten auf ihn ein. Um ihnen zu genügen, mußte vor allem dafür gesorgt werden, daß das Strafverfahren rasch vor sich gehe. Dem Richter mußte die Möglichkeit geboten werden, eine Sache nach Eingang der Anklageschrift unverzüglich zu erledigen. Die Sorge um Wahrheit und Gerechtigkeit verlor demgegenüber an Gewicht. Als der Krieg ausbrach, schloß der Gesetzgeber die zerstörende Entwicklung ab, indem er den § 245 StPO. durch den § 24 der VO. über Maßnahmen auf dem Gebiet der Gerichtsverfassung und der Rechtspflege vom 1. 9. 1939 ersetzte. Die neue Vorschrift lautete:

„Das Gericht kann einen Beweisantrag ablehnen, wenn es nach seinem freien Ermessen die Erhebung des Beweises zur Erforschung der Wahrheit nicht für erforderlich hält."

Der Vorzug der Einfachheit, Einheitlichkeit und Folgerichtigkeit des neuen Gesetzes leuchtete ein. Die Bedenken gegen seine Brauchbarkeit erhoben sich jetzt, da ihm Geltung für alle Gerichte in allen Verhandlungen zukam, um so stärker. Es gab ein einfaches Mittel, zu prüfen, ob die Vorschrift begründet war und wie sie wirkte. Sie erteilte dem Gericht eine Ermächtigung. Stellt ein Gesetz ein Gebot oder eine Ermächtigung auf, so errichtet es damit immer zugleich ein Verbot. Der Sinn der Ermächtigung oder des Gebots enthüllt sich, wenn das in der Ermächtigung oder dem Gebot enthaltene Verbot durch Verwandlung von der bejahenden in die verneinende Form erhoben wird. Für den § 24 der ersten VereinfachungsVO ging aus der verwandelnden Arbeit folgendes Verbot hervor:

„Das Gericht darf einen Beweisantrag nicht ablehnen, wenn es nach seinem freien Ermessen die Erhebung des Beweises zur Erforschung der Wahrheit für erforderlich hält."

Das Verbot war sinnlos. Die Ermächtigung nahm an der Sinnlosigkeit teil. Der bewußte Verstoß gegen die Aufklärungspflicht, der das Verbrechen der Rechtsbeugung nach § 336 StGB. in sich schließt oder sich ihm annähert und je nach der Sachlage mit einem Verbrechen der Verfolgung eines Unschuldigen nach § 344 oder der Begünstigung im Amt nach § 346 StGB. verbunden ist, kommt im Leben überhaupt nicht oder kaum jemals vor. Dagegen ist die auf Mangel an Sorgfalt oder auf Rechtsirrtum beruhende, unbewußte Verletzung der Aufklärungspflicht oder des Beweisrechts ein Fehler, der im Strafverfahren oft begangen wird, ja geradezu der häufigste und schädlichste Fehler. Er besteht darin, daß das Gericht einen Beweisantrag ablehnt, weil es die Erhebung des Beweises zur Erforschung der Wahrheit nicht für erforderlich hält, während sie doch erforderlich ist. Diesen Fehler muß die Vorschrift bekämpfen, die das Gericht so wie der § 24 der ersten VereinfachungsVO. daraufhin anspricht, wie gegenüber einem Beweisantrag zu verfahren sei. Also konnte die Vorschrift nicht den auf keinen verständlichen Zweck gerichteten Sinn haben, der sich ergäbe, wenn auf die Worte „nach seinem freien Ermessen für erforderlich hält" ausschlaggebendes Gewicht zu legen wäre. Der Schluß aus dieser Erwägung war zwingend. Jene Vorschrift mußte so aufgefaßt werden, daß der Richter sie in dem allein sinnvollen Gehalt anzuwenden hatte, dem ein klarer Ausdruck mit folgenden Worten hätte verliehen werden können und sollen:

„Das Gericht kann einen Beweisantrag ablehnen, wenn die Erhebung des Beweises zur Erforschung der Wahrheit nicht erforderlich ist."

Damit war die für den Kampf um die Wahrheit unentbehrliche innere Uebereinstimmung der Aufklärungspflicht mit dem Beweisrecht der Beteiligten hergestellt.

Hier tritt nun der Fehler hervor, der dem Obersten Gerichtshof vorzuwerfen ist. Es ist schon oft und wird noch oft geschehen, daß der Gesetzgeber sich verirrt. Dann hat der Oberste Gerichtshof die vornehme Pflicht, den Gesetzgeber von seinem Irrtum zurückzurufen, das mißratene gesetzgeberische Werk brauchbar zu machen. Das Reichsgericht hat in dieser Weise wiederholt mit dem Erfolg eingegriffen, daß auch der Gesetzgeber sich mit dem Eingriff abfand. Die § 67 Abs. 3 StGB. (Olshausen Anm. 12), § 164 Abs. 6 StGB. (Olshausen Anm. 20) und § 34 StPO. (Löwe-Rosenberg Anm. 1) mögen als Beispiele erwähnt werden. Die Berichtigung des § 24 der ersten VereinfachungsVO. wäre leicht gewesen. Das Reichsgericht hätte sie mit der ihm eigentümlichen Kraft und Klarheit vollzogen, wenn nicht zu der hier in Betracht kommenden Zeit — im Spätjahr 1939 — der inzwischen eingetretene Wandel in seiner Zusammensetzung nachteilig gewirkt hätte. Zwar entschied der zweite Strafsenat, der immer mit besonderer Sorgfalt um die Wahrung der großen Grundsätze des Verfahrensrechts bemüht war, im Urteil vom 6. 11. 1939 (HRR. 1940 Nr. 211) noch dahin, daß die Ablehnung eines Beweisantrags mit einer Begründung, die das Beweisergebnis vorwegnimmt, ungeachtet des § 25 der VereinfachungsVO. als eine Verletzung des Gesetzes gerügt werden könne, weil die Ablehnung eines Beweisantrags mit der angegebenen Begründung auch nach § 24 der VO. nicht gerechtfertigt wäre. Dann aber wich der Oberste Gerichtshof zurück. Er vermehrte das Uebel, statt es abzuwenden. Der erste Strafsenat gab im Urteil vom 17. 11. 1939 (RGSt. **74** 147) folgende Ansicht kund: Der § 24 der VO. lasse das freie richterliche Ermessen darüber entscheiden, ob ein ausreichendes Beweisergebnis für die Bildung der richterlichen Ueberzeugung schon vorliege oder ob und inwiefern es dazu noch einer weiteren Beweiserhebung bedürfe; im Gegensatz zur früheren Regelung bedeute es dabei auch keinen Verfahrensverstoß, wenn der Richter das Ergebnis einer von einem Beteiligten beantragten Beweiserhebung vorwegnehme; eine solche Vorwegnahme liege im Sinn des § 24 der VO.; diese Vorschrift befasse sich nur gegenüber förmlichen Beweisanträgen mit einer Einzelheit, die auch in den Bereich des § 244 Abs. 2 StPO. hineingehöre, nämlich damit, unter welchen Voraussetzungen der Tatrichter von einer weiteren Aufklärung durch Erhebung noch weiterer Beweise absehen dürfe; der § 24 der VO. stehe also nicht in einem Gegensatz zum § 244 Abs. 2 StPO., sondern im Einklang mit ihm. Der vierte Strafsenat aber legte im Urteil vom 15. 12. 1939 (HRR. **1940** Nr. 483) seine Meinung zu den §§ 24 und 25 der VereinfachungsVO. folgendermaßen dar: Grundsätzlich entscheide das Ermessen des Tatrichters darüber, ob er eine weitere Aufklärung für nötig halte und sich einen Erfolg davon verspreche, daß er von Amts wegen weitere Beweise erhebe; ein die Aufhebung eines Urteils begründender Verfahrensverstoß liege nur vor, wenn der Tatrichter sich bei der Ausübung des Ermessens von einer unrichtigen Rechtsansicht leiten lasse oder sein Ermessen mißbrauche. Derselbe Senat stellte dann noch im Urteil vom 9. 1. 1940 (IV 828/39) folgenden Rechtssatz auf: „Die sogenannte Vorwegnahme des Beweisergebnisses ist nach § 24 der VO. nicht mehr verfahrenswidrig." Spätere Urteile des vierten Strafsenats vom 19. 11. 1940 (RGSt. **75** 11) und des ersten Strafsenats vom 24. 9. 1943 (RGSt. **77** 199) suchten zwar einem Mißbrauch der „großen Machtfülle", die der § 24 der VO. dem Gericht gebe, zu begegnen, hielten aber doch grundsätzlich daran fest, daß das Gericht auf Grund dieser Vorschrift befugt sei, über das Endergebnis der Beweisaufnahme nach seiner Ueberzeugung zu entscheiden, indem es einzelne Teile der Verhandlung, bevor sie beendet ist, abschließend würdige.

Den Urteilen des ersten und des vierten Strafsenats konnte folgendes entgegengehalten werden: Das Reichsgericht hat schon in dem frühen Urteil vom 6. 2. 1880 (RGSt. **1** 189) die dem Antragsteller ungünstige Vorwegnahme des Beweisergebnisses, also die Ablehnung eines Beweisantrags aus dem Gedanken heraus, der Beweis könne und werde doch nicht gelingen, als mit der Aufklärungspflicht des Richters schlechterdings unvereinbar verboten. Es hat das Verbot nicht auf ein Gesetz, sondern auf die allgemeine Erfahrung gestützt, die sich nicht nur im Strafverfahren, sondern überall im Leben, in allen Gebieten des Rechts und der Verwaltung, in jeder wissenschaftlichen Forschung, im geschäftlichen Verkehr und im gesellschaftlichen Umgang durchsetzt. Haben die Angaben von Zeugen oder sonstige Beweise irgendwelcher Art die Vorstellung eines Menschen von einer Tatsache so eingenommen, daß er an ihre Wahrheit glaubt, so kann doch — das lehrt jene Erfahrung — ein neu aufkommendes Beweismittel das in dem Menschen gegebene, für zuverlässig erachtete Bild wider Erwarten ändern, Fehler oder Lücken aufdecken. Der Oberste Gerichtshof hat deshalb das Verbot der Vorwegnahme des Beweisergebnisses immer wieder in Erinnerung gebracht (RGSt. **21** 227; RG. JW. **1927** S. 3056 Nr. 19, **1930** S. 934 Nr. 45) und in seinem unablässigen Bemühen um Einheitlichkeit, Sicherheit und Stärke des Beweisrechts (RGSt. **64** 432, **65** 304 und 330) oft hervorgehoben, daß das Gericht angesichts der nach der Erfahrung des Lebens stets möglichen unerwarteten Aenderung des Bilds, in dem sich der zu beurteilende Lebensvorgang vorstellt, dem Angeklagten den auf eine erhebliche Tatsache gerichteten, mit einem brauchbaren Beweismittel angebotenen Gegenbeweis auch dann nicht abschneiden dürfe, wenn es meint, seine Ueberzeugung von einem für den Schuldspruch ausreichenden Sachverhalt auf die durchgeführte Beweisaufnahme stützen zu können. Insbesondere hat der fünfte Strafsenat sich in dem grundlegenden Urteil vom 18. 3. 1913 (RGSt. **47** 104) zur Unzulässigkeit der Vorwegnahme des Beweisergebnisses bekannt. In diesem Urteil schildert der Senat das, was dem Bericht eines Zeugen eigentümlich ist. Anknüpfend daran erklärt er folgendes:

„Aus dem Wesen des Zeugenbeweises folgt, daß der Richter gegenüber dem Antrag auf Vernehmung eines Zeugen, insbesondere eines Gegenzeugen den Wert des zu benutzenden Beweismittels in der Regel nicht von vornherein sicher beurteilen, zu einem abschließenden Urteil darüber vielmehr erst gelangen kann, wenn er den Zeugen in der verfahrensrechtlich bestimmten Form gehört hat. Darauf gründet sich der Satz, daß ein beantragter Zeugenbeweis über eine erhebliche Tatsache erhoben werden muß und nicht mit der Begründung abgelehnt werden darf, durch das Verhandlungsergebnis insbesondere durch andere Zeugen sei schon das Gegenteil der zu beweisenden Tatsache bewiesen."

Ebenso ist das Schrifttum einhellig für das Verbot der Vorwegnahme des Beweisergebnisses eingetreten. Aus der Fülle der in Betracht kommenden Aeußerungen mag diejenige Belings (Lehrbuch § 75 VIII 3 b S. 380 ff.) angeführt werden:

„Eine Ablehnung eines Beweisantrags ist keinesfalls um deswillen zulässig, weil die bisherige Beweisaufnahme schon das Gegenteil ergeben habe, die Sache in diesem Sinne schon genügend aufgeklärt sei oder weil — im Grund auf dasselbe hinauslaufend — dem Beweismittel, auch wenn sich nach ihm der Beweissatz bestätige, nicht geglaubt werden würde. Denn das wäre unzulässige Vorwegnahme der Beweiswürdigung hinsichtlich eines dem Gericht noch unbekannten Beweismittels und zugleich voreiliger Abschluß der Beweiswürdigung hinsichtlich der bisherigen Beweismittel, die möglicherweise bei Benützung weiterer Beweismittel ganz anders ausfallen würde."

Schließlich tritt die Unhaltbarkeit einer am Wortlaut haftenden Auslegung des § 24 der VereinfachungsVO. auch dann scharf hervor, wenn das Für und Wider nach der im § 337 StPO. festgelegten Aufgabe des Revisionsgerichts untersucht wird. Rügt der Beschwerdeführer einen Fehler im Verfahren, so ist das Revisionsgericht grundsätzlich berechtigt und verpflichtet, die Frage, ob das Verfahrensrecht mit der Folge eines Einflusses auf das Urteil verletzt sei, in der Weise zu prüfen, daß es nicht etwa nur die Gründe des angefochtenen Urteils heranzieht, sondern den Verfahrensvorgang in freien Ermittlungen — insbesondere an Hand der Akten — feststellt. Von diesem Grundsatz finden nur bestimmte, hier nicht zutreffende Ausnahmen statt. Die Feststellung des Revisionsgerichts kann, wenn der Beschwerdeführer gesetzwidrige Ablehnung eines Beweisantrags geltend macht, ergeben, daß die Aufnahme des Beweises, dessen Erhebung die Strafkammer abgelehnt hat, eine vom Urteilsspruch abweichende Entscheidung hätte begründen können. Darf nun das Revisionsgericht oder muß es sogar in einem solchen Fall das angefochtene Urteil auf die offenbare Gefahr der Ungerechtigkeit hin mit der Begründung aufrechterhalten, zwar sei es möglich oder wahrscheinlich, daß der verurteilte Angeklagte hätte freigesprochen oder der freigesprochene Angeklagte hätte verurteilt werden müssen, wenn der beantragte Beweis erhoben worden wäre; aus den Gründen des angefochtenen Urteils gehe jedoch hervor, daß die Strafkammer die Aufnahme des Beweises nach ihrem freien Ermessen zur Erforschung der Wahrheit nicht für erforderlich gehalten habe; im Sinn des § 24 der VO. sei also nicht fehlerhaft verfahren worden? Für den Richter versteht sich die Verneinung dieser Frage von selbst. Das Revisionsgericht, das sich in der geschilderten Lage von der Aufhebung des angefochtenen Urteils durch derartige Erwägungen abhalten ließe, spräche nicht Recht, sondern Unrecht.

Insgesamt sind die Gründe, aus denen der Oberste Gerichtshof und die Rechtslehre es vom Inkrafttreten der StPO. ab bis in das Jahr 1939 hinein als mit dem höchsten Gebot des Strafverfahrensrechts unvereinbar bezeichnet haben, einen Beweisantrag mit der Begründung abzulehnen, daß das Gegenteil von dem feststehe, was der Antragsteller behaupte und beweisen wolle, so stark, daß sie durch die im Spätjahr 1939 gewandelte Rechtsprechung nicht erschüttert werden.

Ein solcher Widerspruch hat sich mahnend und warnend vernehmen lassen (Löwe-Rosenberg StPO. 19. Aufl. zweiter Nachtrag „Neues Strafverfahrensrecht" 1940 S. 224 ff.). Er mag da und dort gewirkt haben. Doch nicht überall. Der Abfall des Reichsgerichts hatte furchtbare Folgen, die sich aber, da ihm die Zuständigkeit im ersten Rechtszug — abgesehen von den Sonderfällen der §§ 3 und 8 des Gesetzes vom 16. 9. 1939 — genommen war, nicht in seinem Geschäftsbereich, sondern in dem anderer Gerichte, vornehmlich des Volksgerichtshofs vollzogen. Niemand kann die Menge Menschen ausfinden, denen die vom Obersten Gerichtshof gebilligte Vorwegnahme des Beweisergebnisses zum Verhängnis, zur Ursache einer unverdienten Todesstrafe oder langen und schweren Freiheitsstrafe geworden ist. Die Geheime Staatspolizei, die sich zum Herrn über die Vorbereitung der öffentlichen Klage in politischen Sachen aufgeworfen hatte, verstand es trefflich, die zur Belastung dienenden Umstände zu ermitteln, zu häufen und mit überzeugender Kraft darzustellen. Belastende Zeugen waren beigebracht. In der Regel lag auch ein irgendwie erreichtes Geständnis, schriftlich niedergelegt, vor. Wenn der Angeklagte in der Hauptverhandlung das Geständnis bestritt oder widerrief und Beweis für Tatsachen anbot, die ihn entlasten konnten, so kam er gegen die drückende Wucht der Belastung nicht auf. Die Entscheidung über seinen Beweisantrag hing nicht mehr davon ab, ob die Erhebung des Beweises, vom strengen Gebot der Aufklärungspflicht aus gesehen, zur Erforschung der Wahrheit erforderlich war, sondern nur noch davon, ob das Gericht sie in Rücksicht auf die Lage des einzelnen Falls nach seinem freien Ermessen für erforderlich hielt. Die Aufklärungspflicht war locker, das Beweisrecht war brüchig geworden.

Inzwischen haben die Länder neue Vorschriften über die Aufklärungspflicht des Gerichts und das Beweisrecht der Beteiligten erlassen. Der § 24 der VereinfachungsVO. vom 1. 9. 1939 gilt nicht mehr. Die landesrechtlichen Vorschriften weichen voneinander ab Ein Teil von ihnen hat die §§ 244 und 245 StPO. in der Fassung des Gesetzes vom 28. 6. 1935 mit wenigen Aenderungen übernommen. In einigen kehrt die Erklärung, daß das Gericht in den Verhandlungen vor dem Amtsrichter, dem Schöffengericht und dem Landgericht in der Berufungsinstanz einen Beweisantrag ablehnen dürfe, wenn es nach seinem freien Ermessen die Erhebung des Beweises zur Erforschung der Wahrheit nicht für erforderlich hält, wieder, in anderen ist sie beseitigt. Die Rechtszersplitterung ist auf die Dauer unerträglich. Eine einheitliche Regelung muß baldmöglichst erstrebt werden. Sie gilt es, so vorzubereiten, daß die Aufklärungspflicht in voller Strenge wiederhergestellt und daß das Beweisrecht ihr unterworfen wird.

Die bisherigen Ausführungen ergeben dazu folgendes: Das Gesetz muß die Aufklärungspflicht als vor ihm bestehend anerkennen, darf sie aber nicht so aussprechen, als ob sie auf dem Gesetz beruhe. Da die Aufklärungspflicht in allen Verhandlungen vor allen Gerichten für das Beweisrecht maßgebend ist, kann ein Unterschied nicht statthaben, der ein ungeschmälertes Beweisrecht nur für die Verhandlungen vor der Strafkammer im ersten Rechtszug und vor einem höheren Gericht gewähren, für die Verhandlungen vor dem Amtsrichter, dem Schöffengericht und der Strafkammer als Berufungsgericht aber versagen würde. Kein Gericht darf ermächtigt werden, einen Beweisantrag mit der Begründung abzulehnen, daß es die Erhebung des Beweises nach seinem freien Ermessen zur Erforschung der Wahrheit nicht für erforderlich halte, also keinen Anlaß habe, durch den Gebrauch des für eine erhebliche Tatsache angebotenen brauchbaren Beweismittels nachzuprüfen, ob nicht doch ein Irrtum in seine Vorstellung eingedrungen sei. Der starke Antrieb zur erschöpfenden Aufklärung, zur äußersten Mühe im Ringen um Wahrheit muß dadurch wieder aufgerichtet werden, daß das Erforderlichsein den Ausschlag für die Entscheidung über einen Beweisantrag gibt.

Herrscht die Aufklärungspflicht wieder in voller Strenge, so bedarf es keiner Vorschrift des Inhalts, daß die Beweisaufnahme auf die sämtlichen vorgeladenen Zeugen und Sachverständigen sowie auf die herbeigeschafften Beweismittel erstreckt werden müsse. Die von der Reichstagskommission vorgebrachte Sorge, die den Anstoß zur Aufnahme einer solchen Vorschrift gegeben hat, ist in einer über siebzig Jahre währenden Rechtsanwendung als unbegründet dargetan. Der Zwang, Beweis für eine schon bewiesene Tatsache durch die Vernehmung weiterer Zeugen allein um deswillen zu erheben, weil die Zeugen in der Hauptverhandlung anwesend sind, hat keinen rechten Sinn. Er führt zu einer unnützen Belastung der Verhandlung und zu ärgerlichen Machtkämpfen mit den Beteiligten, die auf ihrem Schein beharren, auch wenn er keinen Inhalt mehr hat.

Schließlich ist auch eine Vorschrift, in der die einzelnen Gründe für die Ablehnung eines Beweisantrags als unzulässig oder unbegründet nach dem Vorbild des Gesetzes vom 28. 6. 1935 aufgezählt werden, als verfehlt auszuschalten. Aufgeblähte Vorschriften, die eine reiche Fülle von Möglichkeiten so anführen, als ob nur sie in Betracht kommen, und nach der Erfahrung des Lebens doch nicht erschöpfend sein können, sind im sachlichen Recht ärgerlich und im Verfahrensrecht schädlich. Die Einzelarbeit, die jene im Jahr 1935 neu aufgenommene Vorschrift leistet, ist Aufgabe des Obersten Gerichtshofs, nicht des Gesetzgebers. Der Stoff für die Arbeit erwächst in den Gerichtssälen eindrucksvoller als in den Amtsstuben der Ministerien. Dem Richterspruch ist es besser als dem Gesetz gegeben, die Gründe für die Ablehnung eines Beweisantrags sachgemäß zu ordnen und klar auszudrücken. Nicht neue Erkenntnis, sondern die Armut an eigenen Gedanken und die Sucht, mehr zu scheinen als zu sein, die das verfahrensrechtliche Gesetz vom 28. 6. 1935 mit dem am selben Tag erlassenen sachlichrechtlichen Gesetz teilte, waren ursächlich dafür, daß das erstere Gesetz die Ergebnisse der höchstrichterlichen Rechtsprechung aufnahm und in seltsamer Unordnung darbot.

Folgt man den zuvor ausgesprochenen Erwägungen, so drängt sich eine schlichte, befreiende, klärende und festigende Lösung auf. Die Gerichte werden sie dankbar empfangen. Folgende einfache Vorschriften anerkennen die über dem Gesetz stehende Aufklärungspflicht und bestimmen das Beweisrecht nach der Aufklärungspflicht:

§ 244

Nach der Vernehmung des Angeklagten wird Beweis aufgenommen.

§ 245

Das Gericht gibt einem Beweisantrag statt, wenn die Erhebung des Beweises die Erforschung der Wahrheit fördern kann. Andernfalls lehnt es den Antrag durch Beschluß ab.

Jetzt öffnet sich der Raum für die Erörterung der weiteren Frage, ob der Gesetzgeber den Kampf um die Wahrheit im Strafverfahren durch die Vorschriften über die Mittel der Wahrheitserforschung erleichert oder erschwert habe und was insoweit vorzusehen sei, um etwa vorgefallene Fehler zu beheben. Die Frage ist nicht leicht zu beantworten. Denn in den seit dem Jahr 1933 erlassenen Vorschriften vereinigen sich gesunde, fortschrittliche Gedanken, die aus den Beratungen der amtlichen Kommission zur Erneuerung des Strafverfahrensrechts in den Jahren von 1936 bis 1938 herrühren, mit verkehrtem Streben, das seinen Ursprung in einer irregeleiteten Weltanschauung hat. Dazu mag hier schon hervorgehoben werden, daß die auf der dritten VereinfachungsVO. vom 29. 5. 1943 beruhende, im § 251 StPO. n. F. festgelegte Neuregelung des Beweises mit Urkunden nicht zu beanstanden ist sowie daß der Streit darüber, ob die Vernehmung des Verhörsbeamten über die Aussage eines Zeugen, der das Zeugnis in der Hauptverhandlung berechtigterweise verweigert, sich mit dem Verbot des § 252 StPO. vereinbaren lasse und ob dem Verhörsbeamten bei seiner Vernehmung die Niederschrift über die Aussage des früher vernommenen

Zeugen durch Verlesen vorgehalten werden dürfe (RGSt. **70** 6, **72** 221), in der Rechtsprechung ausgetragen werden muß, durch den Gesetzgeber aber nicht entschieden werden kann.

Fragwürdig erscheinen dagegen die gesetzgeberischen Eingriffe in den Beweis durch Zeugen, die im Jahr 1933 begonnen und bis in das Jahr 1943 angedauert haben. Um sie richtig zu würdigen, tut es not, die Quelle zu erschließen, aus der sie geflossen sind. Der Gedanke an Gott war den Machthabern, die das deutsche Reich und Volk ins Verderben gestürzt haben, ein Aergernis. Da sie der Diesseitigkeit verfallen und unfähig waren, sich jenseitig gebunden zu fühlen und in der Gebundenheit zu glauben, zu hoffen und sich zu scheuen, da ihr Rühmen und Versprechen unwahrhaftig war und ein grenzenloser Machtdünkel sie beherrschte, ertrugen sie die Vorstellung nicht, daß ein hoher ewiger Geist über dem vergänglichen Menschenleben walte, jede Lüge durchschaue und jede irdische Macht beuge und richte. Wie sehr der Wille, Gott los zu werden, auch im Gesetzgeber wirksam war, zeigte ein Vorgang in einer Sitzung jener Kommission. Der inzwischen verstorbene erste Vorkämpfer der diesseitigen Weltanschauung fand sich nur ungern mit dem Zugeständnis ab, daß der Eid als ein Mittel zur Erforschung der Wahrheit bei der Vernehmung eines Zeugen beibehalten werde, erklärte aber, jedenfalls dürfe künftighin nicht mehr bei Gott als dem Allwissenden und Allmächtigen geschworen werden. Ein anderes Mitglied der Kommission entgegnete nachdrücklich, daß ein solcher Vorschlag dem Empfinden des deutschen Volkes widerspreche und den Eid entkräfte. Doch war der Eid damals schon stark zurückgedrängt worden. Er wurde später noch mehr in den Hintergrund geschoben.

Die einschlägigen Vorschriften der StPO. waren ursprünglich auf dem Grundsatz aufgebaut, daß jeder Zeuge vereidigt werden müsse. Von diesem Grundsatz fanden nur engbegrenzte Ausnahmen statt. Verboten war die Vereidigung von Zeugen, die zur Zeit der Vernehmung das sechzehnte Lebensjahr noch nicht vollendet oder wegen mangelnder Verstandesreife oder wegen Verstandesschwäche von dem Wesen und der Bedeutung des Eids keine genügende Vorstellung haben, die nach den Bestimmungen der Strafgesetze unfähig sind, als Zeugen eidlich vernommen zu werden, und die wegen der den Gegenstand der Untersuchung bildenden Tat als Teilnehmer, Begünstigter oder Hehler verdächtig oder verurteilt sind. Standen Zeugen zum Beschuldigten in einem Familienverhältnis, das sie berechtigte, das Zeugnis zu verweigern, so hing es vom richterlichen Ermessen ab, ob sie unvereidigt zu vernehmen oder zu vereidigen seien. Die im Januar 1933 neu gebildete Reichsregierung griff auf Grund des Ermächtigungsgesetzes vom 24. 3. 1933 bald in diesen Rechtszustand ein. Am 24. 11. 1933 beschloß sie zugleich mit dem Ausführungsgesetz zum Gesetz gegen gefährliche Gewohnheitsverbrecher das Gesetz zur Einschränkung der Eide im Strafverfahren. Im Vorspruch und in der amtlichen Begründung verbarg sie den zuvor gekennzeichneten tieferen Beweggrund unter dem heuchlerischen Vorbringen, daß ihr daran liege, „dem Eid die seinem Wesen und seiner Heiligkeit entsprechende Bedeutung wieder zu verleihen". Das Verbot der Vereidigung wurde aufrechterhalten. Der neue § 61 StPO. erlaubte dem Gericht unter gewissen Voraussetzungen nach seinem Ermessen von der Vereidigung abzusehen. Jugendliches Alter kam unter den Voraussetzungen vor. Das Verhältnis zum Beschuldigten, auf dem das Recht zur Verweigerung des Zeugnisses beruht, fand Rücksicht wie im früheren Recht. Während nach diesem Recht jeder Zeuge die Auskunft auf Fragen verweigern konnte, deren Beantwortung ihm selbst oder einem Angehörigen die Gefahr strafgerichtlicher Verfolgung zuziehen würde, jedoch vereidigt werden mußte, wenn er Auskunft gab, nahm die neue Vorschrift das Recht zur Verweigerung der Auskunft auf die gefährlichen Fragen unter die Voraussetzungen der Abstandnahme von der Vereidigung auf. Sie erweiterte jenes Recht überdies, indem sie auch die Auskunft, die zur Unehre gereichen würde, begünstigte. Endlich brachen neue Rechtsgedanken in den Voraussetzungen durch, die der § 61 unter den Nrn. 2, 5 und 6 anführte. Nach der Nr. 2 konnte das Gericht beim Verletzten, seinem Verlobten und Ehegatten sowie seinen Angehörigen von der Vereidigung absehen. Dieselbe Macht stand dem Gericht nach der Nr. 5 zu, wenn alle Mitglieder des Gerichts die Aussage für unerheblich oder für offenbar unglaubhaft hielten und wenn nach ihrer Ueberzeugung auch unter Eid eine erhebliche oder eine wahre Aussage nicht zu erwarten war, ferner nach der Nr. 6, wenn der Staatsanwalt, der Angeklagte und der Verteidiger auf die Vereidigung verzichteten. Für das Verfahren wegen einer Uebertretung und für das Privatklageverfahren schrieb der § 62 besonders vor, daß Zeugen nur vereidigt werden, wenn das Gericht es wegen der Bedeutung der Aussage oder zur Herbeiführung einer wahren Aussage für notwendig hält. Jene neuartigen Vorschriften des § 61 aber bewährten sich nicht. Sie riefen Ungleichheit, Unsicherheit, Unruhe, Streit, Aerger und Kränkung in reichem Maß hervor.

Als dann der Gesetzgeber in der StrafangleichungsVO. vom 29. 5. 1943 die uneidliche falsche Aussage dem Eid als gleichwertig an die Seite stellte, ja jene in den Rechtsfolgen zunächst sogar höher bewertete als diesen, ging er zugleich noch gründlicher gegen den Eid im Strafverfahren vor. Im neuen § 59 Satz 1 StPO. sprach er den Grundsatz aus, daß das Gericht nach pflichtmäßigem Ermessen darüber entscheide, ob ein Zeuge zu vereidigen sei. Das Verbot der Vereidigung wahrte den alten Bestand. Die Sondervorschrift für das Verfahren wegen einer Uebertretung und für das Privatklageverfahren fiel weg. Seitdem ist die Nichtvereidigung der Zeugen zur

Regel, die Vereidigung zur Ausnahme geworden. In den Gerichtssälen ist nur noch wenig die Rede von Gott. Nur hin und wieder erinnert noch die Abnahme eines Eids daran, daß der Zeuge das Unrecht, das er mit einem falschen Zeugnis begeht, vor dem Allmächtigen und Allwissenden zu verantworten hat und daß er sündigt, wenn er sich vermißt, die Wahrheit einer unwahren Aussage unter Anrufung Gottes zu beteuern.

Nur wer diese Verweltlichung des Strafverfahrens als einen Teil der allgemeinen Verweltlichung des Menschenlebens ansieht, kann ermessen, welch schwerer Verlust eingetreten ist, wie tief Ernst, Feierlichkeit, Würde und Wert gesunken sind. Nur er vermag den Weg zur Hilfe zu weisen.

Seit dem Beginn des achtzehnten Jahrhunderts ist die Menschheit zu Errungenschaften vorgeschritten, die früher unvorstellbar waren und geeignet wären, das Leben zu erleichtern und zu verschönern. Sie sind mehr zum Fluch als zum Segen geworden. Denn das Verhältnis des Menschen zu Gott kam darüber in Unordnung. Der Mensch nahm Schaden an seiner Seele. Das Weltgeschehen bewegt sich demzufolge unter grauenvollen Zerstörungen zwangsläufig auf einen Abgrund zu, in dem der abendländischen Kultur Vernichtung droht. Was unter dem Anschein rechtlichen Verfahrens geschehen ist und geschieht, trägt die Merkmale der Unbarmherzigkeit, Grausamkeit und Unmenschlichkeit und steht in schroffem Gegensatz zu der „Gerechtigkeit, die vor Gott gilt". Mißtrauen, Neid, Haß und Rachsucht bringen die Völker gegeneinander auf. Dieselben Leidenschaften stören die Gemeinschaft innerhalb des einzelnen Volks. Jeder trachtet danach, daß er die eigene Macht wahre und mehre, die Macht des anderen niederhalte oder schwäche. Um Macht handelt es sich auch in den großen Beratungen, die sich bemühen, mittels einer äußeren Regelung den Frieden innerhalb der Volksgemeinschaft zu sichern und für die wechselseitigen Beziehungen der Völker dauerhaft herzustellen. So gesehen bleibt der Menschheit nur übrig, sich in die Zwangsläufigkeit des Weltgeschehens zu ergeben und in Not und Angst auf das Ende zu warten, das durch weitere noch grauenhaftere Zerstörungen hindurch schrecklich bevorsteht. Doch leuchtet eine letzte Hoffnung über dem Dunkel. Eine seelische Umkehr kann noch retten. Wenn der Mensch die Flucht vor Gott aufgibt, wenn er zu Gott heimfindet, Gott in jedem menschlichen Werk achtet, ihm gehorcht, dann wird der Wille zur Macht durch den Willen zur Wahrheit und Gerechtigkeit gebändigt. Dann ist der Mühe um inneren und äußeren Frieden ein Erfolg gewiß.

Wer an einen solchen inneren Wandel nicht zu glauben, auf ihn nicht zu hoffen vermag, liefert sich dem Fatalismus und Nihilismus aus. Für ihn hat es keinen Zweck, noch irgendwie über die jetzt erörterte Frage nachzudenken. Er sieht gelassen dem entgegen, daß jede im Strafverfahrensrecht bereitete Ordnung als ein kleines Stück der großen Lebensordnung dem Untergang verfallen ist. Wer aber glaubt und hofft, fühlt die Pflicht, sich über erkennbare Mißgriffe des Gesetzgebers auf dem hier in Betracht kommenden Gebiet und darüber zu besinnen, wie jenes kleine Stück in eine bessere, der gebesserten großen Lebensordnung entsprechende Gestalt gebracht werden könne. Wehrt ein wieder erstarktes Bewußtsein der Verantwortlichkeit vor Gott das drohende Unheil ab, dann müssen auch das Strafrecht und das Strafverfahrensrecht an der Rückkehr zur Gottesfurcht und damit zum Gottvertrauen teilhaben. Im sachlichen Recht muß ein angemessen weiter Abstand zwischen dem Meineid und der falschen uneidlichen Aussage eingelegt werden. Im Verfahrensrecht aber tut es not, die Gebundenheit an Gott vornehmlich da deutlich und wirksam zu machen, wo sie in der Hauptverhandlung zur Erscheinung kommt, also im Eid des Zeugen.

Schon eine nüchterne Betrachtung, die sich dem äußeren Verlauf zuwendet, zeigt die Verkehrtheit der neuen Regelung. Die Vorschrift des § 59 Satz 1 StPO. ist freilich leicht zu handhaben. Sie ermöglicht die glatte und unangreifbare Erledigung einer bedeutsamen Frage. Die Sitzungsniederschrift schildert das, was insoweit geschieht, regelmäßig mit den kargen Worten: „Von einer Vereidigung wurde abgesehen" oder „Der Zeuge blieb unvereidigt". Aber die Glätte und Unangreifbarkeit schadet. Sie wird der Aufklärungspflicht nicht gerecht und zieht Rechtszersplitterung und Rechtsunsicherheit nach sich. Ein gewissenhafter Zeuge bemüht sich allerdings auch dann, wenn seine Vereidigung nicht in Aussicht steht, darum, daß er wahrheitsgemäß aussage. Allein der Eid hat doch als ein starkes Mittel zur Erforschung der Wahrheit eine große Bedeutung. Er treibt zur äußersten Aufmerksamkeit, Anspannung, Selbstzucht und Besonnenheit an. Eine Minderheit der Richter erkennt und achtet das. Sie hält deshalb an der Vereidigung fest. Also hängt es von der Eigenart des Richters ab, wozu er sich entschließt Unter gleichen Umständen nimmt der eine Richter dem Zeugen den Eid ab, der andere nicht. Das Verfahren im ganzen ist uneinheitlich. Insbesondere aber schließt der § 59 Satz 1 StPO. das Revisionsgericht von jeder Einwirkung aus, während ihm doch die Sorge für Rechtseinheit und Rechtssicherheit obliegt. Denn die maßgebende Vorschrift gewährt — der Absicht des Gesetzgebers entsprechend — keinen Anhalt für den Vorwurf, daß das Gericht eine Rechtsnorm über das Verfahren durch die Nichtvereidigung eines Zeugen verletzt habe. Jede so begründete Rüge scheitert ohne weiteres am Einwand der Ermessensfreiheit.

Noch viel schlimmer ist jedoch die innere Armut, die sich über die Hauptverhandlung in Strafsachen ausbreitet, seit der Eid zufolge der Preisgabe des Eideszwangs zu einer Seltenheit geworden ist. Eine gerichtliche Verhandlung, in der über das Leben, die Freiheit, die Ehre oder das Vermögen eines Menschen entschieden wird, darf nicht auf die Ebene eines alltäglichen Geschäfts vor einer Behörde absinken. Sie muß sich von einem solchen Geschäft deutlich absondern, über es erhöhen. Dazu bedarf sie der Feierlichkeit, die ihrem Gegenstand angemessen ist. Der Einfluß der Form auf den Inhalt kann nicht hoch genug angeschlagen werden. Die ernste, würdige, feierliche Form ergreift jeden, der als Angeklagter sich zu verantworten oder als Zeuge zu berichten oder als Kläger, Richter oder Verteidiger mitzuwirken hat. Sie bringt eindringlich zum Bewußtsein, daß Ernstes geschieht und von jedem erwartet wird, der berufen ist, in dem ernsten Lebensvorgang irgend etwas zum gewollten Endergebnis, dem auf Wahrheit und Gerechtigkeit aufgebauten Richterspruch beizutragen. Die Ergriffenheit durch die Form wirkt auf den Angeklagten und auf einen Zeugen oft so ein, daß er innerlich umkehrt und demzufolge auch in seiner Aussage der Wahrheit mehr als früher entgegenkommt. Den Richter läßt sie niemals unberührt. Die große Feierlichkeit der Hauptverhandlung in Strafsachen aber ist der Eid des Zeugen. Gott wird angerufen. An seine Allwissenheit und Allmacht wird erinnert. Wer immer in den Kampf um die Wahrheit, der in der Hauptverhandlung ausgetragen wird, an irgendeiner Stelle als Kämpfer eingeordnet und gottesfürchtig oder wenigstens nicht seelisch abgestumpft ist, empfindet die Mahnung tief, die sich im besonderen an ihn richtet, daß er nämlich der Wahrheit als einer Gabe, die Gott verliehen hat, und als einem Auftrag, den Gott erteilt hat, treu diene.

Die zuvor dargelegten Erwägungen begründen das Verlangen, daß der Eideszwang wiederhergestellt werde. Das Verbot der Vereidigung, das aus der ursprünglichen Fassung der StPO. unverändert in den jetzigen § 60 übergegangen ist, muß erhalten bleiben. Ein Absehen von der Vereidigung kann unter bestimmten Voraussetzungen zugelassen werden, ohne daß die Aufklärungspflicht vernachlässigt wird. Doch wäre es verfehlt, sie wie im § 61 StPO. in der Fassung des Gesetzes vom 24. 11. 1933 so zu beschreiben, daß eine Vielzahl tatsächlicher Möglichkeiten aneinandergereiht wird. Eine solche Aufzählung von Fällen läßt stets ungewollte Lücken bestehen. Auch führt sie zu Entgleisung und Ungereimtheit. Vielmehr gilt es, maßgebende Rechtsgrundsätze aufzustellen. Dem Obersten Gerichtshof bleibt es überlassen, die Folgerungen im einzelnen zu ziehen. Er hat diese Arbeit erfolgreich geleistet, als er die Gründe für die Ablehnung eines Beweisantrags bezeichnete. Er wird mit derselben Arbeit auch auf dem hier zu ordnenden Gebiet Erfolg haben.

Demnach werden folgende Vorschriften vorgeschlagen:

§ 59

Die Zeugen werden, soweit das Gesetz nichts anderes bestimmt, in der Hauptverhandlung vereidigt, und zwar einzeln und nach ihrer Vernehmung.

§ 60

Das Gericht sieht von der Vereidigung ab
1. Bei Personen .... usw. .... verurteilt sind.

§ 61

Das Gericht kann von der Vereidigung absehen,
1. wenn das Zeugnis auch ohne Eid vollen Glauben verdient,
2. wenn dringend zu besorgen ist, daß der Zeuge vorsätzlich falsch schwören würde.

§ 62

Das Absehen von der Vereidigung bedarf in den Fällen der §§ 60 und 61 eines mit Gründen versehenen Gerichtsbeschlusses.

Indes kommt es für den guten Ausgang des Kampfes um die Wahrheit im Strafverfahren weniger auf das Gesetz, sondern viel mehr auf den Richter an. Ein kluger und getreuer Richter verfolgt und erreicht das Ziel, mag auch das Gesetz, das er als Werkzeug gebraucht, mangelhaft sein. Doch muß er in den Anforderungen an sich selbst größte Strenge üben. Der hohe Wert des Rechts wird in der Gegenwart noch nicht gebührend geschätzt. Das Recht leidet noch Not. Gewalt und Nützlichkeit drängen es noch zurück. Nur die Stärke des Richters kann die Schwäche des Rechts ausgleichen und allmählich beheben. Lauterkeit und Tapferkeit sind die Tugenden, die den Richter stählen. Die Furcht vor einem Schaden, den er leiden könnte, wenn er seinem Gewissen folgt, darf ihn niemals anfechten. Er muß insbesondere immer dessen eingedenk bleiben, daß er den Weg, der zur Erkenntnis der Wahrheit führen kann, bis zum letzten Schritt zurückzulegen hat, daß er nicht vorzeitig innehalten, nicht überheblich auf einer vorgefaßten Meinung beharren, sich nicht verschließen darf, wenn ihm ein neues Beweismittel begegnet, das einen Irrtum in seiner Vorstellung aufzudecken vermag. Der Richter, der das Beweisergebnis vorwegnimmt, handelt gewissenlos.

Der Dekalog als Grundlage der Verbrechenssystematik

Von Hellmuth von Weber

Die Systematik des besonderen Teils unseres StGB. ist anerkanntermaßen unbefriedigend und stellt ein vielerörtertes Problem bei der wissenschaftlichen Bearbeitung des Strafrechts und für den Gesetzgeber bei der Reform des StGB. dar. Die richtige Anordnung hat nicht nur formale, sondern ontologische Bedeutung: systematische Unklarheit des Gesetzes ruft eine Fülle von Streitfragen hervor[1]). Die Einteilungskategorien geben Aufschluß über die Auffassung des Gesetzgebers vom Wesen der Verbrechen[2]). Die Geschichte der Verbrechenssystematik läßt uns Einblick tun in die historische Entwicklung des Strafrechts selbst. Ein meist übersehenes Stück dieser geschichtlichen Entwicklung darzulegen, ist vielleicht eine angemessene Gabe für den Jubilar, der den Wert und die Bedeutung der Systematik zu lehren nicht müde wurde: „Alle Erkenntnis ist systematische Erkenntnis"[3]).

Die Geschichte der Verbrechenssystematik ist Gegenstand verschiedener Untersuchungen gewesen[4]). Soweit dabei auf die Rechtsgüterordnung abgestellt ist, ist freilich der Ueberblick verengt, denn damit ist die Frage nach dem Kriterium für die Kategorisierung vorabentschieden. Nun ist zwar heute die Einteilung nach dem verletzten Rechtsgut das herrschende, wenn auch selbst im StGB. nicht ausnahmslos durchgeführte Prinzip. Aber in der geschichtlichen Entwicklung haben sich auch andere mögliche systematische Ordnungen durchgesetzt. Wie es zur Herrschaft des Rechtsgutsprinzipes gekommen ist, gerade darauf hofft diese Untersuchung etwas Licht werfen zu können.

Das Bedürfnis nach systematischer Ordnung der Verbrechenstatbestände setzt eine gewisse Höhe der Rechtskultur voraus. In

---

[1]) So richtig Wach in VDA VI, S. 19.

[2]) Vgl. Gallas, Zur Kritik der Lehre vom Verbrechen als Rechtsgutverletzung in Festschrift für Gleispach, 1936, S. 50.

[3]) Sauer, Juristische Methodenlehre, 1940, S. 171.

[4]) Insbesondere sind zu nennen: Philipsborn, Die Klassifikation der einzelnen strafbaren Handlungen, 1906; Würtenberger, Das System der Rechtsgüterordnung in der deutschen Strafgesetzgebung seit 1532 (= Strafr.Abh. H. 326), 1933, sowie die Jenaer Diss. von Heinz Schröter, Das System der Rechtsgüterordnung in der deutschen Strafrechtswissenschaft von der Carolina bis zu den Territorialgesetzen des 18. Jahrhunderts, 1936.

den älteren deutschen Rechtsquellen, etwa dem Sachsenspiegel, fehlt sie für das Strafrecht noch völlig. Erst mit der Carolina wird in Deutschland eine Verbrechenssystematik erreicht[5]). Das römische Strafrecht, in dem sich keine feste Folge der Delikte herausgebildet hatte[5a]), fand seine zusammenfassende Darstellung in lib. 47 und 48 der Digesten. Der oberste Einteilungsgesichtspunkt war hier ein prozessualer: Scheidung in delicta privata und publica. Innerhalb dieser beiden Gruppen lehnte sich die Anordnung an die Ueberlieferung der Gesetzgebung an und war damit notwendig unsystematisch. Auch der Codex hielt sich im lib. IX im wesentlichen an diese Einteilung. Auf dieser Grundlage ist auch die Lehre zu keiner befriedigenden Systematik gekommen. Entweder folgte man, wie es noch Harprecht, Theodoricus oder Anton Matthäus getan haben, der Ordnung der Pandekten oder man griff, wie Julius Clarus, zu dem Aushilfsmittel der alphabetischen Ordnung.

Auch das kanonische Recht bringt eine Zusammenfassung des Strafrechts im 5. Buche der Dekretalen, aber weder diese noch gar Gratian bieten ein vollständiges System der kirchlichen Strafvergehen[6]). Doch ist in den Dekretalen wenigstens eine dem Sammler bewußte Ordnung in der Gruppierung der strafrechtlichen Titel unverkennbar, die sich teils an den Codex Justinians teils an den Dekalog als Vorbild hält[7]). Diese Ordnung geht zurück auf Bernhard von Pavia[8]), dessen um 1190 verfaßtes Breviarium extravagantium[9]), wie für das Dekretalensystem überhaupt, so auch für die Titelfolge des Liber V, abgesehen von einigen späteren ergänzenden Einschüben, maßgebend wurde[10]). Er stellt die Verbrechen gegen Gott vor die Verbrechen gegen die Menschen und von diesen die Unzuchtsdelikte unmittelbar hinter die Tötungsdelikte. In seiner bald darauf geschriebenen Dekretalensumme führt er selbst diese Anordnung auf den Dekalog zurück[11]).

---

[5]) Ueber die Systematik der CCC vgl. Würtenberger a. a. O., S. 13 ff.

[5a]) Vgl. Mommsen, Römisches Strafrecht, 1899, S. 535 f.

[6]) Vgl. Hinschius, System des katholischen Kirchenrechts, 5. Bd., 1893, S. 232 ff., 963.

[7]) So Richter-Dove, Lehrbuch des kath. u. evangel. Kirchenrechts, 7. Aufl. 1874 (8. Aufl., bearbeitet von Kahl, 1886) § 220, Anm. 1.

[8]) Diese Erkenntnis und ihre Begründung verdanke ich der freundlichen Unterrichtung durch Herrn Kollegen Heyer.

[9]) Bernardi praepositi Papiensis Breviarium extravagantium (Compilatio prima decretalium): Quinque compilationes antiquae, recogn. Aem. Friedberg (1882), S. 1 ff.

[10]) Bei Bernhard von Pavia folgen sich in Liber V: Tit. IX De his qui filios occiderunt. Tit. X De homicidio voluntario vel casuali. Tit. XI De torneamentis. Tit. XII De clericis pugnantibus in duello. Tit. XIII De adulteriis et stupro. Ihnen entsprechen bei Gregor IX. die Tit. X, XII, XIII, XIV, XVI.

[11]) Bernardi Papiensis Summa decretalium, ed. E. A. Th. Laspeyres, 1860, S. 218, 227. Dort heißt es zu Liber V Tit. IX „Post illa crimina, quae committuntur in Deum, restat agere de his, quae committuntur in hominem,

Dieses Einteilungsprinzip bleibt für die späteren der Dekretalenordnung folgenden Darstellungen des kirchlichen Strafrechts wirksam und für solche bei den Kanonisten bis in die neueste Zeit üblich. Dagegen tritt es z. B. in den das Institutionensystem Justinians nachahmenden, seit 1563 oft aufgelegten Institutiones iuris canonici des Johannes Paulus Lancelottus in den Hintergrund. Zwar erwähnt er es noch an einer Stelle[12]: „Criminum autem quaedam divinae majestatis laesionem continent: quaedam vero et hominibus damnum irrogant. Quae Deum principaliter laedunt, haec ferme habentur, simonia, haeresis, schisma, apostasia, sortilegium, maledicentia, sacrilegium. Hominibus vero laesionem inferunt, homicidium, adulterium, stuprum, rapina, furtum, usura, falsum, injuriae . . .". Dies entspricht der Zweiteilung des Dekalogs und in der 2. Tafel auch der Reihenfolge der Gebote, wobei freilich das 4. Gebot ausgelassen ist. Aber in der folgenden Darstellung wird diese Reihenfolge nicht eingehalten.

Im 15. Jahrhundert gewann der Dekalog zunehmende Bedeutung für die systematische Ordnung der ethischen Gebote. Vollzog sich ursprünglich die Gewissenserforschung für die Beichte nach den 8 (später 7) Lastern (saligia), so werden jetzt die 10 Gebote herangezogen[13]. Das führte zu einer Zuteilung der einzelnen Sünden auf diese, welche bei der Gleichsetzung von Sünde und Verbrechen die Uebernahme in die Strafrechtssystematik vorbereitete.

In der Theologie der Reformatoren kommt nun dem Dekalog eine zentrale Stellung für die Erkenntnis des von Gott geoffenbarten Naturrechts, der lex divina, zu[14]. Auf ihn lassen sich alle Sätze des positiven Rechtes zurückführen; Aufgabe der Obrigkeit ist es, in Anpassung an die gegebenen Verhältnisse Ausführungsgesetze zu den 10 Geboten zu erlassen[15]. Der Dekalog umfaßt dabei das gesamte Recht einschließlich des Kirchen-, Ehe-, Eigentums- und Prozeßrechtes; aber beim Charakter seiner Gebote tritt naturgemäß das Strafrecht in den Vordergrund. Er ist ein Katalog der Verstöße gegen die gottgewollte Ordnung.

---

in quibus, quia homicidium gravius reputatur, de ipso dicendum est" und zu Tit. XIII „Quia in decalogo Mosaico post homicidium statim moechia i. e. adulterium prohibetur, recte post tractatum de crimine homicidii de adulterio agendum videtur.

[12]) In Liber IV De accusationibus, denunciationibus et inquisitionibus, Tit. II a. E.

[13]) Vgl. Fr. Falk, Drei Beichtbüchlein nach den zehn Geboten, 1907, F. W. Battenberg, Beichtbüchlein des Magisters Johannes Wolff (Lupi), 1907, Albert M. Koeniger, Die Rätsel des Romanischen Pfarrhoftores in Remagen, 1947, S. 103 u. Anm. 364, auch Troeltsch, Die Soziallehren der christlichen Kirchen und Gruppen (= Ges. Schr. Bd. I), S. 494 Anm. 225.

[14]) Vgl. Troeltsch a. a. O., S. 494 ff.

[15]) Vgl. hierzu Bohatec, Calvin und das Recht, 1934, insbes. S. 95 ff. B. stellt dort auf S. 100 auch einschlägige Stellen aus Melanchthon zusammen.

Stimmen in dieser Grundeinstellung auch die beiden Richtungen der Reformation überein, so zeigen sich doch in der juristischen Auswertung gewisse Unterschiede[16]. Für die lutherische Theologie ist zwar der Dekalog auch Richtschnur des Rechtslebens, aber im Vordergrund steht doch seine ethische Bedeutung[17]. Melanchthons Auslegung des Dekalogs in den Loci Theologici[18] ist wesentlich auf die Feststellung der Sünden und der gottgefälligen Werke gerichtet. Wenn auch Melanchthon ähnlich wie Calvin im 4. Gebot alle Mißachtung der Obrigkeit, im 6. Gebot jede Unsittlichkeit, im 7. Gebot jeden Verstoß gegen die Eigentumsordnung enthalten sieht, so macht sich doch nur der Jurist Calvin Gedanken über die Zulässigkeit und die Grenzen einer solchen ausdehnenden Interpretation; er handelt davon ausführlich in der Institutio religionis Christianae[19]. Die Lösung findet er im Zurückgehen auf die summa — wir würden heute sagen: den Grundgedanken — des Gesetzes, den man durch Besinnung auf seine Ursache oder Absicht ermittelt. Gott hat aber, um die Abscheulichkeit des Verstoßes unseren Herzen, die gern beschönigen möchten, eindringlich vor Augen zu führen, seine schwerste Form (caput) im Dekalog ausdrücklich genannt, die die leichteren Verstöße mitumfaßt[20]. Die Auslegung des Dekalogs liegt daher auch in der Folge den calvi-

[16] Vgl. hierzu auch Troeltsch a. a. O., S. 643 f., S. 657 ff.

[17] Erwähnung verdient an dieser Stelle das 1575 geschriebene, wiederholt aufgelegte, 1607 von Lonicerus auf Veranlassung von Sigismund Feyrabend und Johann Fichard auch ins Lateinische übersetzte Theatrum historicum des Pfarrers Andreas Hondorffius. Nach dem Vorbild klassischer Geschichtsschreiber verarbeitet H. hervorragende Beispiele von Tugend und Laster zu loci communes, wobei er sie nach den 10 Geboten ordnet. Alle Gedanken und Taten der Menschen seien am Gebot der Gottes- und Nächstenliebe zu messen: „ideoque omnia ea iuxta decem praecepta decalogi iudicari, ipsius pietatis, qua legem naturae individuam habet comitem, exigit ratio." Da nun H. bei den einzelnen Geboten die Befolger und Verletzer behandelt, werden von ihm viel Straftaten hervorgehoben, so z. B. im 2. Gebot außer Gotteslästerung auch die Zauberei, im 7. Gebot Diebstahl, Raub, Wucher u. a. Beim 8. Gebot handelt er von der Tortur und beklagt ihre Gefährlichkeit.

[18] Vgl. Corp. Ref. vol. 21, S. 690 ff.

[19] Er sagt dort lib. II cap VIII n 8 (hier zitiert nach der Uebersetzung von Otto Weber, Bd. I, 1936, S. 401): „Daß man also bei einer verständigen Auslegung des Gesetzes über die Wörter hinausgehen darf, liegt auf der Hand; aber wie weit das möglich ist, bleibt dunkel; wenn nicht irgendein Maß und Ziel gesetzt wird." Vgl. a. die Aphorismi des Joh. Piscator, Loc. VIII, aph VIII f.

[20] Petrus Martyr hat in seinen Loci communes (2. Aufl. Zürich 1580; Locorum Cl. 2 c 3) § 21 n 2 dem Gedanken folgende Form gegeben: „In Decalogo summa tantum proponitur, eaque pinguior et crassior, in qua intelligere debemus omnes eius partes. Caput et summa furtorum est πλεονεξια: quemadmodum in voluptatibus turpioribus, exprimitur tantum adulterium, sub quo species omnes immunditiae comprehenduntur. Et quod attinet ad idolatriam, interdicitur omne genus falsi cultus: cum tantum exprimatur is qui crassior est"

nischen Theologen viel mehr am Herzen als den lutherischen; sie ist bei jenen auch juristisch weit ergiebiger[21]).

Materiell enthält der Dekalog in der 1. Tafel die Pflichten gegen Gott, die Gebote der Gottesverehrung, in der 2. Tafel die Pflichten gegen die Menschen, das Gebot der Nächstenliebe. Bei aller grundsätzlichen Uebereinstimmung ergeben sich aber auch in der Zuordnung der Delikte gewisse Unterschiede. Rein äußerlich ist die Verschiedenheit der Zählung der Gebote. Indem Calvin das 1. Gebot nach Luthers Katechismus in 2 Gebote zerlegt und andererseits das 9. und 10. Gebot zu einem Gebot zusammenfaßt, enthält bei ihm die 1. Tafel 4 statt 3, die 2. Tafel 6 statt 7 Gebote. Sowohl Calvin wie Melanchthon stellen den Meineid als Entheiligung des Namens Gottes zur 1. Tafel. Während aber Melanchthon dem 8. Gebot keine Erheblichkeit für das Strafrecht beimißt, zählt Calvin[22]) hierhin (dem 9. Gebot seiner Rechnung) Beleidigung, üble Nachrede und falsche Anschuldigung. Das 10. Gebot ist auch für ihn ohne selbständige strafrechtliche Bedeutung.

Diese Systematisierung des Rechtes, und zwar teils des gesamten Rechtes, teils des Strafrechtes insbesondere, wird von den protestantischen Juristen übernommen. Obwohl die Führung durchaus bei den calvinischen Theologen gelegen hatte, ist es doch ein lutherischer Jurist, Oldendorp[23]), der in seiner Juris naturalis isagoge von 1539 den ersten Versuch in dieser Richtung macht. Oldendorp ist sich bewußt, damit eine Neuerung einzuführen[24]). Er sieht im Dekalog die Zusammenfassung des Naturrechts und die Quelle des gesamten Rechts. Deshalb erläutert er die einzelnen Gebote; es bildet z. B. das 2. Gebot die Grundlage des Eidesrechtes, das 4. die des Personen-, das 8. die des Prozeßrechtes. Das 9. und 10. Gebot haben bei ihm keine selbständige Bedeutung, sondern wiederholen und erklären die vorausgehenden Gebote.

Der Versuch Oldendorps fand, obwohl auch Melanchthon selbst in seiner Collatio actionum Atticarum et Romanarum der Ordnung

---

[21]) Vgl. hierzu außer Calvin selbst in der Institutio und im Kommentar zu Exodus (Corp. Ref. 52, Sp. 209 ff.) und Petrus Martyr insbes. Wolfgang Musculus Dusanus, Loci communes sacrae theologiae, Tit. XII: De praeceptis Decalogi, Andreas Rivetus, Praelectiones pleniores in Cap XX Exodi (in Opera Theologica Bd. 1, S. 1221 ff.), Hieronymus Zanchius, Opera theologica tom 4, Lib. 1 cap XI ff. De Decalogo, von Lutheranern Johannes Gerhard, Loci Theologici, tom 3 Loc I De Lege Dei, M. Chemnitius, Loci Theologici, tom 2, De Lege Dei cap. 7.

[22]) a. a. O., n 47 f.

[23]) Ueber ihn vgl. Erik Wolf, Große Rechtsdenker, 2. Aufl. 1944, S. 129 ff.

[24]) So sagt er a. a. O. in Tit. V zum 8. Gebot: Pauci autem id (sc. die naturrechtliche Grundlage des Prozeßrechtes im 8. Gebot) animadverterunt, quia relegatae prorsus erant a scholis iurisperitorum hae tabulae, admissis potius immensis Baldi et aliorum commentariis. Videbatur enim ad theologos pertinere nec quicquam conferre ad iurisprudentiam decalogus."

des Dekalogs folgte[25]), in der Wittenberger Juristenschule zunächst keinen Widerhall. Wohl aber finden wir dieselbe Systematik nun bei calvinischen Juristen, und zwar zuerst in der Christianae jurisprudentiae epitome 1586 von Konrad von Heresbach[26]). Es geht ihm dabei aber nicht nur um eine neue Ordnung des Rechtsstoffs, sondern auch um eine Reform des Rechtsinhalts. Gott als aeternus praetor, so führt er in der Einleitung dieser Schrift aus, hat im Dekalog ein edictum perpetuum gegeben, dessen Erklärung den Theologen gebührt, dessen Kenntnis den Juristen für wahre Jurisprudenz nötig ist. Er hofft, daß ein neuer Justinian die heute verderbte Justiz durch Zurückführung auf die Quellen reformieren werde. Nach ihm ist Grundlage des ius ad personas das 5.[27]), des ius ad res das 8. und des ius ad actiones das 9. Gebot. Im einzelnen erläutert H. die 10 Gebote und fügt jeweils in einem besonderen Abschnitt die leges succedaneae et appendices ad edictum hinzu. Er ordnet ein beim 1. Gebot die Ketzerei, beim 2. Zauberei, beim 3. Gotteslästerung und Meineid, beim 6. jede körperliche Schädigung des anderen, also außer Tötung auch iniuria, beim 7. Gebot Unsittlichkeiten im weitesten Sinn, so auch Trunkenheit und Luxus, beim 8. Gebot die mendicantes validi, beim 9. Gebot das crimen falsi mit allen seinen Spielarten, beim 10. den Schutz des Hausfriedens, einschließlich Brandstiftung und Grenzverrückung[28]).

Die Systematik des Dekalogs wurde sodann vielfach bei den Schriftstellern zugrunde gelegt, die aus dem neuerwachten Interesse für das mosaische Gesetz heraus dieses im Vergleich mit dem geltenden Rechte der Zeit, insbesondere dem römischen Rechte darstellten[29]). Wir heben hervor die 1632 erschienene Collatio Legum Mosaicarum forensium et Romanarum, Canonici item et Saxonici jurium des Philipp Zepper, eines Sohnes[30]) des Herborner Superintendenten Wilhelm Zepper, der in anhaltischen Diensten stand. Nach Darstellung der Lehre von der heutigen Geltung des Mosaischen Gesetzes, dessen Kenntnis für den praktischen Juristen notwendig

---

[25]) Corp. Ref. 16, 593.

[26]) Vgl. über ihn Hans Petri, Staatsrecht und Staatslehre bei Konrad von Heresbach (Diss. Bonn) 1938, insbes. S. 17 ff.

[27]) Zählung nach Calvin!

[28]) Diese Systematik hat auf Joachim Hopper, der unter dem Einfluß von Heresbach steht (vgl. Petri a. a. O., S. 19 f.) und dessen Schrift Sedvardus sive de vera jurisprudentia nicht nachgewirkt. Dort wird zwar im Rahmen der Erörterung des Mosaischen Rechts der Dekalog als Grundlage der lex Mosaica moralis angesehen (Lib. 2 Tit. 16), aber nicht der Ordnung der Darstellung des Rechtes im übrigen zugrunde gelegt, auch nicht beim Strafrecht im 12. Buch, bei dem H. sich an Einteilungen des römischen Rechtes anschließt.

[29]) Ueber diese Literatur vgl. zusammenfassend Samuel Stryk, Leges Forenses Mosaicae cum Jure Romano Collatae, 2. Aufl. 1748 (1. Aufl. 1744), der selbst der Systematik der Institutionen folgt.

[30]) Vgl. Zedlers Universallexikon unter Philipp Zepper.

sei[31]), stellt er im Hauptteil die politischen Gesetze Moses nach der Ordnung des Dekalogs dar[32]).

Bildete bei diesen Schriftstellern der Dekalog die Grundlage für die Ordnung des gesamten Rechtsstoffes, so wurde dieses Prinzip nun auch für die Verbrechenssystematik fruchtbar. Hierbei hat nun die Gesetzgebung den Vortritt. Vorbildlich wurden die Kursächsischen Konstitutionen von 1572. Denn wenn auch ihr 4. Teil, der „von Peinlichen Fällen" handelt, keine Kodifikation des Strafrechts ist, so werden doch die in ihm behandelten Delikte in der Reihenfolge des Dekalogs aufgeführt[33]). Auf Gotteslästerung (I) und Zauberei (II) folgen die Tötungsdelikte (III—XVIII) einschließlich Wegelagerung (XIII), Befehdung (XIV—XVI), Mordbrand (XVII) und Weidevergiftung, sodann die Sittlichkeitsdelikte, beginnend mit Ehebruch (XIX—XXXI), und endlich der Diebstahl einschließlich Untreue (XXXII—XLI), an den sich die Ehrenbeleidigung anschließt (XLII—XLVI). Es paßt nicht ganz in diese Systematik, wenn der Widerstand gegen das Friedensgebot der Obrigkeit (XLIII) unter den Vorschriften über das Injurieren, die Meineidsstrafe auf Urfehdebruch (XLVIII) hinter einer Vorschrift über Landesverweisung (XLVII) aufgenommen ist; doch besteht in beiden Fällen ein sachlicher Zusammenhang.

Bekanntlich sind die Vorschriften der kursächsischen Konstitutionen auch und besonders in ihrem 4. strafrechtlichen Teile für die spätere partikulare Gesetzgebung vielfach vorbildlich gewesen. Aber auch in der Systematik sind diese ihnen vielfach gefolgt, nachdem sie die Lücken in den Konstitutionen entsprechend der Ordnung des Dekalogs ausgefüllt hatten.

Am bedeutsamsten ist unter den partikularen Gesetzen hinsichtlich der Systematik das 5. Buch des Kurpfälzischen Landrechts von 1582, revidiert 1610[34]), das bei starker Anlehnung an die Carolina im Inhalt doch in dessen Anordnung völlig von ihr abweicht[35]). Die ersten drei Titel behandeln Gotteslästerung, Zauberei und Meineid, also die Delikte gegen die 1. Tafel des Dekalogs. Es folgen in Tit. 11—15 die Delikte gegen die Obrigkeit (4. Gebot):

---

[31]) Er sagt in der Praefatio: „Ethnicorum leges et jus civile ex fonte legis divinae, moralis et forensis, fluxisse et hausta esse, veritati historicae convenit. Ideoque hodie juri civili operam danti eius scientia necessaria erit."

[32]) In Liber 4 u. 5: leges forenses „quae in harmoniae formam ad ordinem praeceptorum decalogi rediguntur".

[33]) So schon richtig Würtenberger a. a. O., S. 96 f. Im übrigen übergeht W. die hier in Betracht kommende Gesetzgebung, da er nach den Kursächsischen Konstitutionen gleich den Codex Juris Bavarici criminalis von 1751 und die Theresiana von 1776 behandelt.

[34]) Vgl. darüber v. Wächter, Gemeines Recht Deutschlands, 1844, S. 56 ff.

[35]) Vgl. die am Schluß angefügte synoptische Uebersicht.

crimen laesae majestatis, Münzfälschung, Verräterei, Aufruhr[36]), Austreten und Befehden. Ausführlich behandelt werden sodann in Tit. 16—29 die Formen des Totschlags einschließlich Abtreibung und Aussetzung, in Tit. 30—41 die Sittlichkeitsdelikte, beginnend mit Ehebruch, Tit. 42—63 Diebstahl einschließlich Veruntreuung und Hehlerei. Hier liegt der Anschluß an das 5.—7. Gebot auf der Hand. Es folgen sodann: Brandstiftung (Tit. 64), Wasser- und Weidevergiftung (Tit. 65), Gefangenenbefreiung (Tit. 68), endlich Vorschriften über Versuch, Lückenausfüllung und Strafvollstreckung (Tit. 69 und 70), die offenbar den Rest darstellen, der im Dekalog nicht unterzubringen war.

Die Systematik der kurpfälzischen Halsgerichtsordnung hat Schule gemacht. Sie ist selbstverständlich übergegangen in ihre Tochterrechte, die badischen Landrechte[37]). Ihre Wirkung reicht aber darüber hinaus. Die Tatsache, daß sie sich nicht auf den Dekalog als leitenden Grundsatz ihrer Anordnung beruft, erleichterte dabei die Uebernahme der Systematik in den katholischen Ländern, denen dieses Prinzip fremd war. Andererseits führte sie dazu, daß prinzipwidrige Veränderungen an ihr vorgenommen wurden, welche den ursprünglichen Grundgedanken verwischen. So stellte z. B. schon das Baden-Durlach'sche Landrecht hinter die Münzfälschung unter dem Gesichtspunkt der Fälschung die Fälschung von Brief und Siegel, Maß und Gewicht, obwohl nur jene, nicht diese als Form des crimen laesae majestatis, als Delikt gegen die Obrigkeit und damit gegen das 4. Gebot angesehen werden konnte.

Die Systematik der kurpfälzischen Malefizordnung ist insbesondere vorbildlich gewesen für das Preußische Landrecht von 1620. Inhaltlich hat dieses nur begrenzte Teile aus ihm übernommen[38]), auch steht es wesentlich höher in seiner Ausführlichkeit und juristischen Durcharbeitung. Aber in der Anordnung der Delikte folgt es ihm weitgehend[39]). Das trifft vor allem zu für die Deliktsgruppen, während innerhalb dieser häufig Umstellungen erfolgt sind. Es wird in ihm aber auch die befolgte Systematik durch die Zusammenfassung der Einzeldelikte zu Gruppen viel deutlicher; hier beginnt nun freilich sich das Preußische Landrecht schon vom Dekalog zu entfernen, indem es einmal die Delikte gegen die 1. Tafel und das 1. Ge-

---

[36]) Hier betont Tit. 14 den Zusammenhang: „So jemand einen Aufruhr . . . anrichtet, der sündiget hart wider die Obrigkeit, der Gott untertänig und gehorsam zu sein geboten."

[37]) Vgl. a. Wächter a. a. O., S. 58 ff.

[38]) Vgl. darüber Curt Elwenspoek, Ueber die Quellen des im Landrecht für das Herzogtum Preußen von 1620 enthaltenen Strafrechts, 1908 (= Straf.Abh. H. 89).

[39]) Die synoptische Gegenüberstellung im Anhang macht das unmittelbar anschaulich; auch Pligg, Bemerkungen zu dem Strafrechte des Landrechts für das Herzogtum Preußen von 1620, ZStW. 43, S. 20, hat das schon gesehen.

bot der 2. Tafel des Dekalogs unter dem Titel „Von Laster beleidigter Majestät" zusammenfaßt und nach dem Titel vom Diebstahl weitere Titel (Von Verfälschungen, Von Schmähungen, Von zugefügtem Schaden, Von unbenannten Peinlichen Fällen und Strafen) aufführt, die nur lose[40]) oder gar keine Beziehung zum Dekalog haben. So weit aber das Preußische Landrecht dem Dekalog folgt, wird diese Abhängigkeit von ihm auch betont. So heißt es gleich in Tit. 4 Art. 1, der von der Gotteslästerung handelt, in § 1: „Dieweil von Gott dem Allmächtigen unserem Schöpfer und Seligmacher in den 10 Geboten, denen ein jeder Mensch bei seiner Seelen Seligkeit zu gehorsamen schuldig, auch in den geschriebenen Kaiserlichen Rechten und anderer guter Polizei- und Landsordnung bei Poenen und Strafen gesetzt und verboten, daß der göttliche Name durch keinen Menschen vergebens, unnützlich oder üppig geführt, sondern alle Gotteslästerung verhütet und vermieden werden solle", und auch bei den übrigen Delikten wird häufig das göttliche Recht angezogen: so bei der Zauberei[41]), beim Aufruhr, wo die Worte der Kurpfälzischen Malefizordnung wiederholt werden[42]), beim Totschlag[43]), bei den Sittlichkeitsdelikten, wo ihm der Vorrang vor dem kaiserlichen Recht zugesprochen wird, ja sogar beim Diebstahl[44]).

Auch das preußische allgemeine Landrecht von 1721 behält bei aller inhaltlichen Ueberarbeitung die Systematik des 6. Buches des Landrechtes von 1620 mit geringfügigen Aenderungen[45]) bei. Auch

[40]) Die Verfälschung wird als eine Art des Diebstahls angesprochen. Es heißt Tit. 8, Art. 1 § 1: „Es ist auch eine geschwinde heimliche Art zu stehlen, wenn man aus falschem, boshaftigem und fürsetzlichem Gemüte ein Ding verfälschet und also einer den andern unter einem falschen Scheine betrüget."

[41]) Tit. 4 Art 2 § 1: „Alldieweil die Zauberei . . . nicht allein in gemeinen geschriebenen Kaiserlichen Rechten, sondern auch in Göttlicher Schrift zum höchsten verboten ist, in Anmerkung, daß die Göttliche Majestät (wie oblaut) nicht allein durch Fluchen und Schwören, welches zwar zum höchsten billig zu bejammern, sondern noch höher verletzt und geunehrt wird, wann der Mensch gar abfällt und sich aus desselbigen Bund tut, darin er bei der heiligen Taufe genommen worden, und mit dem Satan wissentlich verbindet."

[42]) Vgl. oben Anm. 36.

[43]) Tit. 5 Art. 1 § 1: „Wiewohl Gott der Herr, auch das Gesetz der Natur und alle Rechte zum höchsten und bei gleicher Strafe verbieten, daß niemand den anderen totschlagen oder entleiben soll." Vgl. a. ebenda § 17 (error in persona) = Art VI P IV der Kursächsischen Konstitutionen „als der hierinnen wider Gottes Gebot ohne Zweifel gehandelt und nicht verneinet werden mag, daß es ein Totschlag sei".

[44]) Tit. 7 Art. 1 § 1: „Diebstahl, die allergemeinste Missetat, ist in allen Rechten verboten."

[45]) Landfriedensbruch (zum Teil) und Befehdung ist aus dem Titel der Majestätsbeleidigung in den des Totschlags übernommen. Umstellungen haben innerhalb der einzelnen Titel, so insbes. bei den Formen des Diebstahls, den Sittlichkeitsdelikten u. a. m. stattgefunden. Meineid steht jetzt vor der Zauberei, wohl im Zusammenhang mit der veränderten Auffassung

hier wird auf das Gebot Gottes wiederholt verwiesen, doch tritt als systematischer Einteilungsgrund die Schwere der Delikte mehr hervor. So heißt es bei der Gotteslästerung (Tit. 5 Art. 1 § 1): „Nachdemalen unter allen Lastern und Mißhandlungen, welche in den Göttlichen Gesetzen prohibieret sind, die Beleidigung der Göttlichen Majestät vor das erste, größte und schwerste zu achten . . . . Gleichwie aber die Gotteslästerung, das Fluchen und Schwören und andere wider das erste Gebot Gottes laufende Taten nicht gleich, sondern auf mancherlei Weise begangen werden . . .".

Der Gedanke, der Ordnung des Dekalogs in der Strafgesetzgebung zu folgen, setzte sich aber auch unabhängig vom Vorbild der Kursächsischen Konstitutionen und der Kurpfälzischen Halsgerichtsordnung durch. Einige Territorialgesetze zeigen in seiner Ausführung soviel Selbständigkeit, daß wir bei ihnen eine eigenständige Verwirklichung annehmen müssen. Da ist einmal die Nassau-Katzenellenbogische Polizeiordnung von 1615[46]), welche sich auf die von ihr im 1. Teil befolgte Anordnung auch im Text bezieht[47]). Sie sagt in der Einleitung: „So haben wir nicht unratsam zu sein ermessen, dieselbe in zwei Teil zu teilen und das erste nach der Ordnung der Gebote Gottes des Herrn auszuführen . . .". Die 4 Gebote der 1. Tafel sind in § 1—20 zusammengefaßt; es werden dort behandelt: Ketzerei, Zauberei, Teufelsbund und Wahrsagen, Gotteslästerung, Entheiligung des Sabbats. Die Gebote der 2. Tafel sind einzeln ausgeführt. Unter dem 5. Gebot werden nicht nur die Pflichten der Eltern gegenüber den Kindern (Abhaltung vom Betteln § 22) und der Kinder gegenüber den Eltern behandelt, sondern auch der Ungehorsam gegen die Obrigkeit, insbesondere der Aufruhr (§ 25) und die Pflichten der Dienstherren und Dienstboten. Das 6. Gebot wird sehr weit aufgefaßt[48]). Es fallen darunter Totschlag, Selbstentleibung, Körperverletzung, Schmähung (die auch unter das 9. Gebot gehört, vgl. a. § 111), Ausfordern, Abtreibung (§§ 33—54). Das 7. Gebot beginnt mit Strafvorschriften gegen übermäßiges Trinken, Spinnstuben und Fastnachtereien; erst dann

---

über deren Realität. Die Behauptung Abeggs in Versuch einer Geschichte der Strafgesetzgebung und des Strafrechts der Brandenburgisch-Preußischen Lande, 1835, S. 121, daß das Landrecht im System der CCC folge, ist unrichtig.

[46]) Sie wurde in einem 2. Druck von 1711 neu aufgelegt.

[47]) So heißt es etwa unter § 33: „Sonsten aber zum sechsten Gebot zu schreiten, dieweil dasselbe nicht von dem wirklichen Totschlag allein zu verstehen, sondern hierin aller Haß, Neid, Mißgunst und Rachgier, Schlägerei, Zorn und eigen Tatshandlungen verboten, dargegen aber die Liebe des Nächsten, Sanftmut, Geduld und Barmherzigkeit geboten und von uns erfordert wird" oder unter § 55: „Gleich wie aber gegen dies vorgehende sechste Gebot heutiges tags vielfältig gesündigt wird, also bezeugt auch leider die tägliche Erfahrung, daß gegen das Siebente in viele Wege gehandelt . . .

[48]) Vgl. Anm. 47.

folgen (bis § 77) die Sittlichkeitsdelikte. Unter das 8. Gebot sind alle Delikte gegen Eigentum und Vermögen gestellt (§§ 79—110)[49], darunter auch „alle Falschheit" (§ 90), einschließlich der Münzfälschung (§ 100), ferner Wucher, Vorkauf, Müßiggang. Unter dem 9. Gebot (§§ 111—113) werden die Famosschriften hervorgehoben. Beim 10. Gebot (§ 114—116) werden nicht nur seine allgemeine Bedeutung für den inneren Gehorsam hervorgehoben, sondern auch bestimmte Handlungen ihm unterstellt: Trachten nach anderer Dienstboten und Lehngüter u. a.

Ein lutherisches Gegenstück zu dieser aus calvinischem Geiste erwachsenen Polizeiordnung bildet die Landesordnung Herzog Ernst des Frommen von Sachsen-Gotha von 1666, die im Teil 2 Cap. 4 „Von Bestrafung unterschiedener Laster und Mißhandlungen" die systematische Ordnung der Delikte nach dem Dekalog wiederum in andrer Weise durchführt. Es folgen sich: Tit. 1 Gotteslästerung, Fluchen und Meineid, 2. Zauberische Händel, 3. Halsstarrige Entheiligung des Sabbats, 4. u. 5. Ungehorsam gegen hohe und niedrige Obrigkeit, Meuterei und Ungehorsam der Kinder gegen ihre Eltern, 6.—9. Totschlag, Befehdung, Ausfordern und Balgen, Schlägerei, 10.—16. Ehebruch, Notzucht, Blutschande, Hurerei, unzüchtige Reden, Verlassung des Ehegatten, Vollsaufen, Nachtschwärmerei u. andre Völlerei, Mummerei; 17.—19. Diebstahl, Raub, Hehlerei, 20. Wucher, 21. Vorkauf, 22. Münzfälschung, 23. Spitzbuben, Zigeuner u. ä., 24. Bankrott, 25. Verzug der Handwerker, 26. Famosschriften.

Endlich können wir hierhinstellen das Ius Danicum des Königs Christian des V. von 1683[50]), das in seinem 6. Buch „De Delictis" ebenfalls unverkennbar der Ordnung des Dekalogs folgt, ohne sich in der Ausführung einem der behandelten Gesetze als Vorbild anzuschließen. Es enthält in 22 Kapiteln:

Cap. I: De Haeresi, blasphemia et magia
II: De Juramentis, atque Execrationibus
III: De Profanatione Feriarum
IV: De crimine laesae Majestatis
V: De liberorum in Parentes et Conjugum Delictis
VI: De homicidio
VII: De mutilatione et vulneratione
VIII: De provocationibus ad certamen et Duellis
IX: De domestica ecclesiastica, Judiciali, iter facientium atque arantium Pace

[49]) § 79 „Dieweil dann in diesem Gebot nicht allein der Diebstahl . . . verboten wird, sondern unter dem Wort Stehlen alle böse Tücke und Anschläge, mit welchen man seines Nächsten Gut, auch unter dem Schein des Rechts, an sich zu bringen untersteht, verstanden werden".

[50]) Hier angeführt nach der lateinischen Uebersetzung von Weghorst 1698.

X: De damno ex armis alienis illato et de pauperie
XI: de damno ex casu fortuito et improviso
XII: de defensione necessaria
XIII: de stupro
XIV: de violentia ac vi publica
XV: de rapina
XVI: de latrocinio
XVII: de furto
XVIII: de crimine falsi
XIX: de crimine incendii atque ericeti ustione
XX: de pecude occisa aut vulnerata
XXI: de injuria
XXII: de uxore, liberis aut famulis corruptis

In der partikularen Gesetzgebung der protestantischen Territorien herrscht die systematische Anordnung der Verbrechen nach dem Dekalog durchaus vor. Wie sehr sie selbstverständlich geworden war, dafür ist vielleicht nichts so bezeichnend, als daß man den Dekalog gar nicht zu nennen brauchte, wenn man sich in einem Gesetz auf ihn bezog. So ist ein Fürstlich Altenburgisches Mandat vom 12. 3. 1722, das Unzuchtsdelikte behandelt, überschrieben: „Die ewige Gerichtsräumung derjenigen, so contra sextum delinquiret, betreffend". Bemerkenswert ist auch, daß nach einer Mitteilung, die Heil gibt, beim endlichen Rechtstag in Leipzig der Ankläger bei der förmlichen Anklage zunächst das Gebot Gottes nannte, dem der Angeklagte durch seine Tat zuwidergehandelt habe[51]).

Eine Rückwirkung dieser Systematik auf katholische Territorien blieb nicht aus; wir können sie auch in den habsburgischen Ländern beobachten[52]). Hatte sich die Land- und Peinlich Gerichtsordnung des Fürstentums Steyer 1574 in Teil 1 Art. 71 ff. auch in der Reihenfolge der Delikte ganz der Carolina angeschlossen, so befolgten die Ferdinandea[53]), die peinliche Gerichtsordnung in Oesterreich unter der Enns von 1656 und ihr folgend die Landgerichtsordnung Leopold I. für Oberösterreich von 1675, eine andere Systematik. Sie beginnt zwar ebenfalls mit der Gotteslästerung, doch folgt dann Zauberei, Crimen laesae majestatis humanae, Totschlag in seinen verschiedenen Formen (Titel 62—72), Sittlichkeitsdelikte (Titel 73—82), Mordbrand (Titel 83), Diebstahl (Titel 84—86).

---

[51]) Christian Jacob Heil, Iudex et Defensor in processu inquisitionis, ed. nov. Hildburghausen 1755, S. 480 f.

[52]) Vgl. zum Folgenden auch Hoegel, Geschichte des Oesterreichischen Strafrechtes, 1. H. 1904, Rittler, Lehrbuch des österreichischen Strafrechts, I, 1933, S 13 f. Horrow, Grundriß des österreichischen Strafrechts Bd. 1, 1. Hälfte, 1947, S. 22 ff.

[53]) Horrow a. a. O., S. 33, hebt hervor, daß ihre besondere Bedeutung in der erstmaligen systematischen Bearbeitung des materiellen Strafrechts liegt.

Bis hierher ist die Ordnung des Dekalogs, abgesehen von Titel 83, gewahrt. Nunmehr folgen Delikte des falsum, darunter auch im Gegensatz zur protestantischen Auffassung, Meineid und Urfehdebruch (Titel 91 und 92), sodann Schmachschriften, stellionatus, plagium, Gefangenenbefreiung, Schädliche Leute. Eine weitere Annäherung an die am Dekalog orientierte Systematik[54]) bringt die Peinliche Halsgerichtsordnung Josef I. von 1707 für Böhmen, Mähren und Schlesien. Nicht nur sind hier die Delikte gegen Gott um Ketzerei und Abfall vom Glauben vermehrt, sondern auch der Meineid zu ihnen gestellt, der Mordbrand ist als Brandlegerei und Absagerei den Totschlagsdelikten angeschlossen, und die Diebstahlsdelikte sind ausgeweitet, so daß sie jetzt nicht nur den Menschenraub, sondern u. a. auch Vorkauf, Wucher, Bestechlichkeit der Richter, Amtsveruntreuung umfassen. Die Gruppe der nicht oder nicht sicher im Dekalog unterzubringenden Delikte vermindert sich deshalb. Sie umfaßt jetzt noch: Schmähschriften, Grabschänder, Bruch des Amtsgeheimnisses, Hausfriedensbruch, Widerstand, Grenzverfälschung. Diese Systematik unterscheidet sich von der der oben behandelten protestantischen Malefizordnungen nicht mehr wesentlich; sie ist auch noch in der Theresiana festgehalten, nur daß dort die Delikte gegen die guten Sitten und die Ehrbarkeit vor die Delikte gegen Leib und Leben gestellt sind.

So groß die Bedeutung der Systematik nach dem Dekalog für die Gesetzgebung und damit für die Praxis gewesen ist, so wenig tritt sie in der gleichzeitigen Strafrechtsliteratur hervor. Hier folgte man vielfach der überlieferten Ordnung der Pandekten oder schloß sich in Kommentaren der Legalordnung an (so Gobler, Remus usf. bis zu Kress und Böhmer der CCC, Berlich u. a. den Kursächsischen Konstitutionen), ohne sich viel Gedanken über die befolgte Ordnung zu machen. Immerhin gewann auch hier der neue Ordnungsgedanke Raum. Ein erster Anklang findet sich bei Althusius. In seiner Dicaeologica, einer methodischen Betrachtung des gesamten Rechtes, in der ein ansehnlicher Teil dem Strafrecht gewidmet ist[55]), unterscheidet er recht gekünstelt delicta generalia und specialia, je nachdem ob mit der Tat das „jus tam dominii quam obligationis conven-

---

[54]) Wenn Hoegel a. a. O., S. 59, meint, daß sich die Josefina von der Ferdinandea in Inhalt und Anlage wesentlich unterscheide und sich mehr der Carolina nähere, so trifft letzteres für die Systematik der Delikte sicher nicht zu.

[55]) Ueber das 1617 erschienene Werk vgl. Stintzing, Geschichte der deutschen Rechtswissenschaft I, S. 472 ff. u. Gierke, Joh. Althusius, S. 41 ff. Das Strafrecht ist enthalten in Liber I Pars V De delictis; es umfaßt ein gutes Fünftel des Buches und bietet ein vollständiges System des Strafrechts. Bemerkenswert ist, daß ihm ein „Allgemeiner Teil" („de generalibus adfectionibus delictorum") vorausgeschickt wird. Ihm — und nicht Theodoricus (so Schaffstein in Gerichtssaal 101, S. 43) — kommt hierin die Priorität zu.

tionalis" oder nur eines von ihnen verletzt wird. Diese delicta generalia zerfallen in 2 Arten: alieni juris ademptio vel proprii juris alienatio illicita. Und bei der ademptio teilt er nun danach ein, ob die Tat der Liebe zu Gott und damit der 1. Tafel des Dekalogs oder der Liebe zum Nächsten und der 2. Tafel widerspricht. Doch erfaßt er damit nur einen kleinen Teil der Delikte: bei jenem das crimen laesae majestatis divinae einschließlich der daemonomania, bei diesem falsum (einschließlich simulatio und calumnia) und vis, sowie einige Verstöße gegen Treu und Glauben. Die Masse der Delikte, darunter auch homicidium, furtum u. a. fallen als delicta specialia aus dieser Einteilung heraus.

Der nächste in der Reihe ist Hugo Grotius. Er folgt in seinem Jus belli ac pacis bei der Einteilung der strafbaren Handlungen dem Dekalog[56]). Da er die Strafbarkeit der Delikte gegen Gott nicht mehr anerkennt, werden die Gebote der 1. Tafel für ihn nur bei der Frage, ob ihre Uebertretung einen Krieg rechtfertigen könne, wichtig; hier folgt er ihrer Ordnung[57]). Für die Bestrafung kommen die Gebote der 2. Tafel in Betracht, die das Verhältnis zum Nebenmenschen betreffen[58]). Für die Einteilung der Delikte verweist er auf den Dekalog: „Possunt haec ipsa subtilius dividi, sed quem iudicavimus ordinem Deus in decalogo secutus est. Nam parentum nomine, qui naturales sunt magistratus, etiam alios rectores par est intelligi, quorum auctoritas societatem humanam continet: sequitur interdictio homicidii: deinde matrimonii sanctio, inhibitis adulteriis: tum furta et falsimoniae: loco ultimo delicta inconsummata, Inter causas autem abstrahentes (sc. a delinquendo) non debet poni tantum qualitas eius quod directe fit, sed et eius quod secuturum probabile est, ut in incendio et perfosso aggere multorum summae calamitates et mortes etiam spectandae sunt"[59]).

Aber auch für die Systematik Carpzovs in seiner Practica ist der Dekalog bedeutsam geworden. Sie hat einer befriedigenden Erklärung Schwierigkeiten bereitet, da Carpzov selbst sich über seine Systematik nicht ausspricht[60]). Wenn Carpzov ihm auch nicht in der Reihenfolge der Gebote gefolgt ist, so bilden diese doch den ordnenden Gesichtspunkt für die Gruppenbildung.

---

56) Das hat schon Philipsborn a. a. O., S. 72 f. richtig gesehen.

57) a. a. O. Cap XX § 45.

58) a. a. O. § 30 n 1. „Versamur enim non in quibusvis peccatis; sed in iis, quae respectum habent extra peccantem".

59) a. a. O. § 30 n 2.

60) Ich kann jetzt mein Versprechen einlösen, den Nachweis für diese These zu führen, die ich in meinem Bonner Kriegsvortrag „Benedict Carpzov", 1944, aufgestellt habe; sie hat, soweit ich sehe, Zustimmung gefunden (vgl. Eb. Schmidt, Einführung in die Geschichte der deutschen Strafrechtspflege 1947, § 140). Ueber die bisherigen Erklärungsversuche vgl. A. Philipsborn, Die Klassifikation der einzelnen strafbaren Handlungen, 1906, S. 66 ff., Schröter a. a. O., S. 44 ff.

Für das Verständnis von Carpzovs Anordnung ist es wichtig, sich zu verdeutlichen, zu welchen Gruppen er selbst die einzelnen Delikte gerechnet hat. An der Spitze steht das homicidium mit allen seinen Unterarten. Es nimmt allein die Quästionen 1—34 ein. Es folgt das crimen fractae pacis publicae; die Wahrung des Landfriedens ist vornehmste Aufgabe der Fürsten (qu 35 n 1). Er wird auch durch Befehdungen (qu 37 n 1) und durch Brandstiftung (qu 38 n 1) gebrochen. Indem auch andere Formen der vis publica, auch wenn sie nicht sämtliche Voraussetzungen des Landfriedensbruches erfüllen (qu 40 n 1 ff) hier mit behandelt werden, umfaßt diese Deliktsart die qu 35—40. Hieran schließt sich in qu 41—43 das crimen laesae majestatis humanae, das schwerste aller Delikte, das gegen Menschen begangen werden kann (qu 41 n 1). Falschmünzerei ist eine seiner Formen (qu 42 n 1). Unter der Sammelbezeichnung crimen laesae majestatis divinae werden in den letzten Quästionen des 1. Bandes die Delikte gegen Gott erörtert: Ketzerei, Störung des Gottesdienstes (qu 44 n 51 ff), Gotteslästerung, Meineid, Zauberei und Teufelspakt[61]).

Der 2. Band der Practica enthält nur 2 Deliktsgruppen: die Fleischesverbrechen, beginnend mit dem Ehebruch (qu 51—76), und den Diebstahl. Diese 2. Gruppe ist nun freilich sehr weit gezogen und umfaßt außer den verschiedenen Formen des Diebstahls, zu denen qu 83 u. a. auch Holzfrevel, Grabschändung, Grenzverrückung und Wilderei, qu 85 Unterschlagung und Untreue rechnen, nicht nur den Wucher und das crimen falsi, die geradezu als Arten des Diebstahls bezeichnet werden, sondern auch das crimen iniuriarum (qu 94 ff). Hier ist die Verbindung freilich nur lose. Sie wird dadurch hergestellt, daß dieses Delikt nicht nur an Schwere dem Diebstahl und dem crimen falsi vergleichbar, sondern daß der Täter auch als Ehrendieb anzusprechen sei[62]). Damit entspricht die Anordnung im 2. Bande dem 6. und 7. Gebot[63]) des Dekalogs. Dagegen

[61]) Vgl. a. qu 45, n 1 = qu 44 n 50: „non solum per haeresin, sed et per praevaricationem, apostasiam, simoniam, blasphemiam, sortilegium, incantationem et id genus similia, crimen laesae Majestatis Divinae committi, dictum . . ."

[62]) qu 94 n 1: „Haec (sc. existimatio) cum laedatur verbis injuriosis. non minus atque furto patrimonium, unde vulgo injurians fur honoris, ein Ehrendieb, appellitari solet" . . .

[63]) Daß diese Erklärung der Anordnung gerade beim furtum auch der Auffassung der Zeit entsprach, beweist die von Frauenstädt in ZStW. 26, S. 54 und Lindgen, Die Breslauer Strafrechtspflege usw., 1939, S. 16 f. angeführte Aufschrift der Handschrift der Sammlung Breslauer strafrechtlicher Schöffensprüche von Dr. P. Schroer: „Dieses .. Volumen .. hat nach Anleitung Carpzovii die Delikte contra septimum Praeceptum Decalogi und handelt de crimine furti, sacrilegii, rapinis, crimine falsi, de iniuriis verbalibus et realibus, de famoso libello, de infamia in Handwerkssachen.

ist im 1. Band die Reihenfolge gerade verkehrt. Qu 44—50 behandeln die Verstöße gegen die 1. Gesetzestafel, qu 35—43 die gegen das 4. Gebot, wobei freilich die Beziehung auf die Obrigkeit beim Landfriedensbruch etwas künstlich hergestellt ist, die ersten 34 Quästionen die Verletzungen des 5. Gebots. Für die Gründe dieser Umkehrung sind wir bloß auf Vermutungen angewiesen.

Abhängig von Carpzov auch in der Systematik der Delikte ist Frölich von Frölichsburg, der aber die Ordnung des 1. Buches der Practica umgekehrt hat, so daß sich nunmehr wieder die Reihenfolge der 10 Gebote ergibt. Doch ist eine Abhängigkeit vom Dekalog weder im Text erkennbar gemacht noch wohl auch dem Verfasser bewußt. Im Beginn der Darstellung der einzelnen Delikte[64]) spricht sich F. über die zu befolgende Ordnung aus. Er zieht der alphabetischen Ordnung des Julius Clarus eine Ordnung vor, bei der die gleichartigen Delikte zusammenstehen, z. B. die Fleischesdelikte, ohne daß aber eine Regel angegeben werden könne, welches Delikt dem anderen vorzusetzen sei. Er beginnt mit der Gotteslästerung als der schwersten Uebeltat, die mit Worten begangen wird, und schließt daran als andere Laster verletzter göttlicher Majestät Zauberei, Ketzerei, Apostasie, Meineid[65]), Urfehdebruch. Es folgt dann das Laster beleidigter weltlicher Majestät, das zuweilen in Perduellion ausschlägt, einschließlich der Münzfälschung[66]), Landfriedensbruch[67]), Diffidation[68]) und Brandstiftung, beginnend mit Mordbrand. Das 2. Buch behandelt in 21 Titeln, den Selbstmord einschließend, die verschiedenen Formen des Totschlags. Nur hier findet sich einmal im Anschluß an Julius Clarus ein Hinweis auf Gottes Wort, indem der Totschlag als ein Greuel vor Gott und in Göttlichen Rechten schwer verboten[69]) bezeichnet wird. Das 3. Buch behandelt die Fleischesverbrechen, das 4. Buch endlich den Diebstahl in allen Formen, sowohl den eigentlichen wie den uneigentlichen („weitschichtigen")[70]), wie z. B. Untreue, Fundunterschlagung sowie die dem Diebstahl verwandten Delikte, wie Raub, abigeatus, Grenzverrückung, falsum, Wucher. Es schließen an

---

[64]) Commentarius in Kaiser Karls V. und des H. Röm. Reichs Peinliche Halsgerichtsordnung, 1. Buch, 2. Traktat, 2. Tit. Einl.

[65]) Hier beruft er sich für die Unterstellung auf Carpzov.

[66]) a. a. O. Tit. 9.

[67]) Tit. 10 Einl. „Dieweilen durch Brechung des öffentlichen Landfriedens das gemeine Wesen sehr bewegt und beeinträchtigt wird, auch andurch Leib und Leben, Ehre und Gut verloren gehet . . .". Als erfordert die Ordnung, dieses Laster allhier kürzlich zu erklären.

[68]) Tit. 11 Einl. „Durch die Absagerei und Befehdung . . . wird auch der offene Frieden gebrochen, ja jeweilen das Crimen laesae Majestatis begangen".

[69]) a. a. O. Tit. 1 Einl.

[70]) So beim crimen expilatae hereditatis im 10. Tit.

Stellionat und wie bei Carpzov, doch ohne Versuch, die Verbindung mit dem Diebstahl herzustellen, Injurien und Schmähschriften.

Schon in der theologischen Literatur hatte man sich Gedanken über den Sinn der Anordnung der Gebote im Dekalog gemacht. Man sah sie nicht als zufällig, sondern als der Bedeutung der Gebote entsprechend an: die Pflichten gegen Gott stehen in der 1. Tafel vor den Pflichten gegen die Menschen in der 2. Und innerhalb dieser steht die Obrigkeit vor dem Privatmann, das Leben vor Familie und Eigentum. Die Anordnung des Dekalogs gewann damit erhebliche materielle Bedeutung für die Strafzumessung. Es war ein wichtiges Argument für die Mindesthöhe einer Strafe bei einer bestimmten Tat, daß die Uebertretung eines im Dekalog nachgeordneten Gebotes mit dieser bedroht sei. So schließen die Consultationes Saxonicae auf die Zulässigkeit der Todesstrafe bei bloßem Teufelsbündnis ohne Schadenszauber trotz Art. 109 CCC aus folgender Erwägung[71]: „Soll nun die Zauberei, so den Menschen zu Schaden und Nachteil also secundae tabulae zuwider gebraucht wird, poena mortis gestraft werden, so sollte je solche greuliche abnegatio verae et Christianae religionis, horrenda professio diabolica et detestabilis blasphemia, et deformatio nominis ac Majestatis divinae, billig nicht gelinder, wo nicht härter gestraft werden, secundum ea, quae severissime praecipiuntur (2. Mos. 22, V. 17, 3. Mos. 20, V. 27). Und ebenso stützt sich die Forderung der Todesstrafe für Ehebruch mit darauf, daß dieser Verstoß gegen das 6. Gebot zwischen dem 5. und 7. Gebot stehe, deren Uebertretung — Totschlag und Diebstahl — ebenfalls mit dem Tode gesühnt werde.

Der geoffenbarten Anordnung wurde mithin ein rationaler Gedanke unterlegt; sie wurde befolgt nicht nur, weil sie von Gott gegeben, sondern auch weil sie vernünftig war. Die Schwere der Delikte aber wurde bestimmt nach dem Werte des angegriffenen Gutes. Das war ursprünglich keineswegs selbstverständlich. Noch Calvin war geneigt, den Grundgedanken der einzelnen Gebote im Laster zu sehen, also sie auf den Charakter oder die Motive des Täters zu beziehen[72]. Aber auch er stellt natürlich die Gottesverehrung vor das Verhalten zum Nächsten. Je mehr die Offenbarung für die Gestaltung des Rechtes im Bewußtsein der Zeit zurücktrat, um so selbständigere Bedeutung mußte die Schwere der Delikte für ihre Anordnung gewinnen; sie aber bestimmt sich nach dem durch die Tat verletzten Interesse, nach dem geschützten

---

[71]) Frider Mindanus, Cons. Sax. Lib 5 qu 3 n 5.

[72]) So sagt er etwa a. a. O., n 47 bei der Auslegung des 9. Gebotes: „Und wie er (d. h. Gott) in den vorigen Geboten Härte, Unkeuschheit und Habgier (nämlich die unrechte Gesinnung) untersagte, so verbietet er zweifellos hier auch die Verschlagenheit.“

Rechtsgut. An der Schwelle des Uebergangs steht Samuel Pufendorf. Er hat von Grotius die Einteilung der Delikte nach dem Dekalog übernommen[73]); bei ihm kommt auch die 1. Tafel wieder zu Ehren. Auch ist er sich des Zusammenhanges mit dem Dekalog[74]) durchaus bewußt. Aber doch ist für ihn der eigentliche Einteilungsgrund Größe und Wert des angegriffenen Rechtsgutes. So bildet er 3 Gruppen: Angriffe auf Gott, Angriffe auf das Menschengeschlecht und die staatliche Ordnung, Angriffe auf den einzelnen Menschen. Bei der 3. Gruppe folgen sich Angriffe auf das Leben und den Leib, auf die Familie, deren Grundlage die Ehe ist, auf das Eigentum, und zwar ebenso unmittelbare wie mittelbare Angriffe, endlich auf die Ehre[75]).

Damit aber war nun ein neues Einteilungsprinzip gewonnen, das, sobald man sich von der Bindung an den Dekalog löste, zu neuen Gruppierungen der Delikte führen konnte und mußte. Ansätze dazu konnten wir schon in der Gesetzgebung bei der Uebernahme einer nach dem Dekalog ausgerichteten Systematik auf ein anderes Gesetz beobachten. Diese Lösung wurde dadurch erleichtert, daß die meisten dieser Gesetze den grundlegenden Ordnungsgedanken ja nicht aussprechen. So kam es auch, daß man ihn selbst bei diesen Gesetzen später oft nicht mehr erkannte, sondern glaubte, die Anordnung sei nach der Schwere der Delikte erfolgt[76]). Im 18. Jahrhundert wird durch Umstellungen und Einschübe die dekalogische Ordnung in Gesetzgebung und Literatur immer mehr verwischt, bis sie nicht mehr kenntlich ist. An ihre Stelle tritt die Ordnung nach

[73]) De jure naturae et gentium, 1682, l. VIII cap III § 18. Vgl. dazu Philipsborn, a. a. O., S. 73.

[74]) Darüber, daß für ihn der Dekalog noch durchaus Grundlage der lex naturalis ist, vgl. auch seine Polemik gegen Hobbes ebenda lib. VIII, cap I §§ 3 u. 4.

[75]) „Inter ista porro objecta uti nobilitate immensum excellit Deus O. M. ita merito prae ceteris maxime detestanda habetur actio, quae directe in ipsius contumeliam tendit. . . . Proximum ab his gradum obtinent, quae universam hominum societatem tangunt: post quae publicum civitatis ordinem perturbant. Inde sequuntur delicta, quae singulos homines tangunt. Ubi in foro civili primo loco statuitur vita, quae est fundamentum omnium bonorum temporalium; tum membra non vitalia, citra quorum usum vita nisi miserrima trahi non potest; quae pro nobilitate sui usus aestimantur. Sequuntur illa delicta, quae familias privatorum, quarum fundamentum est matrimonium, perturbant maculantve. Etsi Philo Judaeus (de decalogo, et de specialibus legibus) praeceptum de adulterio anteponat praecepto de homicidio. Post, quae perdunt aut avertunt alias res expetibiles, vitae necessitatibus aut commoditatibus inservientes; idque vel directe, vel indirecte dolo malo causam damni dando. Denique quae famam aut existimationem civilem destruunt."

[76]) Bezeichnend dafür ist die Dissertation von Daniel Horn unter Georg Gisbert Glöckner, Differentiae Juris communis et Electoralis Palatini circa Criminalia, 1671. So sagt er th. 24, daß nach der Dreiheit der Delikte gegen Gott folge das gegen die weltliche Majestät, das schwerste

der Größe des verletzten Rechtsgutes[77]), die nach sozialen oder moralischen Maßstäben bemessen wird. Dieses Prinzip aber war in der dekalogischen Ordnung vorgebildet. Seine wenigen Kategorien waren für die Zuordnung aller Delikte ungenügend. Hatte man zunächst versucht, recht gewaltsam alle Delikte in ihnen unterzubringen, so bildete man nun neue Gruppen im Hinblick auf solche Rechtsgüter, die im Dekalog nicht berücksichtigt sind. Aber die durch den Dekalog vorgezeichnete und durch ihn entwickelte Methode der Systembildung wurde beibehalten. Hier liegen mithin die Wurzeln des modernen, freilich nicht mehr unbestrittenen „Rechtsgutsdenkens".

Die Entwicklung der Verbrechenssystematik beleuchtet so auch ein Stück des Weges unserer Strafrechtsgeschichte. Sie macht wieder einmal den Einfluß der Reformation deutlich. Die Annahme liegt nahe, daß mit der Systematik des Dekalogs auch sein materieller Gehalt, so wie er in der protestantischen Theologie herausgebildet wurde, Einzug in das Strafrecht hielt. Dieser Einfluß endete nicht mit dem Aufkommen des Naturrechts. Es übernimmt ohne Zögern die überlieferte Tradition. Aber indem es sie nicht mehr auf die Autorität der Bibel, sondern auf die Vernunft stützte, schuf es die Möglichkeit neuer Entwicklungen, die von den überlieferten Bindungen des Mosaischen Rechtes wegführten.

Verbrechen gegen Menschen. Beim Uebergang von den Totschlags- zu den Sittlichkeitsdelikten heißt es th. 45: „Post vitam nihil carius habetur quam bona existimatio, nihilque magis commendatur, quam pudicitia, quae eripitur per stuprum, atque adulterium, quod natura turpe est." Und ähnlich wird dann in th. 56 das Vermögen als nächstwertvollstes Gut bezeichnet.

[77]) Vgl. hierzu Philipsborn a. a. O., S. 74 ff., Schröter a. a. O., S. 58 ff.

Anhang

CCC	Kurpfälzische Malefizordnung v. 1582	Landrecht des Herzogtums Preußen von 1620, 6. Buch
		Tit. IV Von Laster beleidigter Majestät
a. 106	8. Titel Erstlich von Lästerung göttlicher Majestät	a. 1 Von Mißhandlung und Beleidigung göttlicher Majestät: und wasser gestaldt die Gottslesterung zu strafen
a. 109	9. „ Strafe der Zauberei	a. 2 Von Straff derer, so mit Zauberei und Wahrsagen umgehen
a. 107/108	10. „ Strafe des Meineides	a. 3 Von Straff des Meineids
—	11. „ Vom Laster beleidigter weltlicher Majestät	(fehlt)
a. 111	12. „ Von falschen Münzern und derselben Strafe	a. 4 Von Straff derjenigen, so Aufruhr im Volk machen
a. 124	13. „ Strafe der Verräterei	a. 5 Von Straff der Verräterei
a. 127	14. „ Strafen derjenigen, so Aufruhr im Volk machen	a. 6 Von Straff der Münzfälscher und auch dero, so ohne habende Freiheit münzen
a. 128/129	15. „ Von Strafen derjenigen, so boshaftiglich austreten, die Leut befehden oder denselbigen absagen	a. 7 Von Straff derjenigen, so die Leut böslich befehden oder denselbigen etwas abdrängen
		Tit. V Von Totschlage und derselben Strafe
a. 137	16. „ Von Strafe des Totschlags	a. 1 Von fürsetzlichem und mutwilligen Totschlag
a. 137	17. „ Von Strafe des Mords	ebenda § 5
—	18. „ Ob einer Geld ausgäbe oder annähme, einen umzubringen	ebenda § 10
a. 130/134	19. „ Strafe deren, so den Leuten mit Gift vergeben	a. 2 Von Totschlag, da einer mit oder durch Gift und Zauberei umgebracht
a. 131	20. „ Strafe deren, so ihre Eltern, Kinder, Ehegemächt oder nächste Freund, heimlich oder öffentlich umbringen	a. 3 Vom Totschlag nächstverwandter Blutsfreunde

CCC	Kurpfälzische Malefizordnung v. 1582	Landrecht des Herzogtums Preußen von 1620, 6. Buch
a. 133	21. Titel Strafe derjenigen, so schwangern Weibern Kinder abtreiben	ebenda § 6
a. 132	22. „ Strafe der Weiber, so ihre Kinder gefährlicher Weise von sich legen	ebenda § 7
—	23. „ Vom Totschlage, so durch Hilfe und Anreizung geschieht	(= a. 1 § 2)
—	24. „ Wann die Oberkeit oder Gerichtspersonen oder deroselben bestellte Diener über gebotenen Frieden oder sonst geschlagen oder verwundet würden	(= a. 1 § 19 u. Tit. IX a. 2 § 4)
a. 148	25. „ Wann ihrer viel einen in einem Auflauf oder Hader zu Tod schlagen, wie der Täter zu erkündigen und die Strafe anzulegen	(= a. 1 § 12)
	26. „ Wann etliche einen totzuschlagen sich fürsetzlich verglichen und denselben also umbracht hätten, wie es zu halten	(= a. 1 § 13)
—	27. „ Von verbotenem Provozieren und Ausfordern, auch Strafe desselben	(= a. 1 § 18)
a. 147	28. „ Wann einer geschlagen wird und stirbt und man zweifelt, ob er eben von den Wunden, Streichen oder Stichen, so man an ihm funden hat, gestorben sei oder nicht, wessen man sich dann zu verhalten	(= a. 1 § 20)
a. 149	29. „ Von Besichtigung des Entleibten vor der Begräbnus	(= a. 1 § 21)
(a. 146)	(fehlt)	a. 4 Von denen, welche Totschlags halben zu entschuldigen

CCC	Kurpfälzische Malefizordnung v. 1582	Landrecht des Herzogtums Preußen von 1620, 6. Buch
(a. 139 ff.)	(fehlt)	a. 5 Von einem solchen Totschlag oder Entleibung, so von einem geschieht zu Beschützung seiner selbst Person, seiner Güter, auch seines Namens und guten Leumundes, welches mit einem Wort ein Notwehr genannt wird
(a. 150)	(fehlt)	a. 6 Von unversehenlichem fürfallendem Totschlag
	(64. Tit.)	a. 7 Von Mordbrennern
	(65. Tit.)	a. 8 Wie die Vergiftung der Weide und Wasser zu strafen
		Tit. VI Von Ehebruch, weiblicher Ehrenberaubung, Hurenwirtschaft und Kupplerei, Blutschande: item unnatürlicher und sodomitischer Sünde, auch von Frauen oder Jungfrauen Raube
a. 120	30. Titel Von Strafe des Ehebruchs	a. 1 Von Ehebruch
a. 121	31. „ Vom Laster zweifacher Ehe	ebenda § 5
	(35.—39. Tit.)	a. 2 Von gemeiner Hurerei und weiblicher Ehrenberaubung
a. 117	32. „ Von Strafe der Blutschande und anderer Vermischung derer Personen, so mit naher Blutsfreund- oder Schwägerschaft einander verwandt	a. 3 Von Blutschändung oder Blutschande und derselben Strafe
	(41. Tit.)	a. 4 Von Hurenwirtschaft, Koplerey und derselben Strafe
a. 116	33. „ Strafe der Unkeuschheit, so wider die Natur geschieht	a. 5 Von unnatürlicher und sodomitischer Sünde
a. 118	34. „ Von der Strafe des Weiberraubes oder Entführung Frauen und Jungfrauen	a. 6 Von Frauen oder Jungfrauen Raube oder Entführung und derselben Strafe
a. 119	35. „ Von der Notzucht	(a. 2 § 3)

CCC	Kurpfälzische Malefizordnung v. 1582	Landrecht des Herzogtums Preußen von 1620, 6. Buch
—	36. Titel So ein Mägdlein, welches unter 12 Jahren ist, geschändet würde	(a. 2 § 4)
—	37. „ Wenn ein Vormund seine Pflegetochter zu Fall brächte	(a. 2 § 5)
—	38. „ Wann ein gefangen Weibsbild von dem Turmhüter, so auf die Gefängnis bestellt, beschlafen würde	(a. 2 § 7)
—	39. „ Wann ein törichte oder sinnlose Person beschlafen wird	(a. 2 § 6)
—	40. „ Ob sich einer berühmt, er oder ein anderer haben ehrlich Frauen oder Jungfrauen beschlafen und sich dessen nichts erfindet	(Tit. IX, a. 1 § 10)
a. 122/123	41. „ Strafe der Verkuppelung, Hurenwirtschaften, und Lenocinii, so um schändlichen bösen Gewinns willen geschieht	(a. 4)
		Tit. VII Von Diebstahl und derselben Strafe
a. 157	42. „ Vom Diebstahl in gemein und desselbigen Strafe	a. 1 Von Diebstahl in gemein und derselben Straff
a. 161/162	43. „ Von Dieben so ein oder mehrmals Diebstahls halben ergriffen und einkommen	
—	44. „ Von Diebstahl, so von vielen Dieben sämtlich begangen	
a. 159	45. „ Vom Diebstahl, so mit Einsteigen oder Einbrechen geschieht	
	(49. Tit.)	a. 2 Von jungen Dieben
	(50. Tit.)	a. 3 Von Diebstahl, aus Armut oder Hungersnot etc. begangen

CCC	Kurpfälzische Malefizordnung v. 1582	Landrecht des Herzogtums Preußen von 1620, 6. Buch
	(56. Tit.)	a. 4 Von Diebstahl der Hausgenossen
	(61. Tit.)	a. 5 Von denen, welche die Wache halten und gestohlen Gut mit empfangen und participieren
—	46. Titel Von Stehlen in Feuersnöten	a. 6 Von Diebstahl der Kirchen, Hospitäler oder anderer heiliger Orte
(—)	(fehlt)	a. 7 Von Straf derer; welche die Toten aufgraben oder sie an dem Galgen bestehlen oder von den Gerichten nehmen
a. 171 ff.	47. „ Von Bestehlung der Kirchen, Klausen, Hospitalien und Almosenhäuser	a. 8 Vom Diebstahl in Feuersnöten
—	48. „ Von Viehe Stehlen und Hinwegtreiben	(fehlt)
a. 164	49. „ Von jungen Dieben	(a. 2)
a. 166	50. „ Von Diebstahl aus Armut oder Hungersnot begangen	(a. 3)
	(53. und 54. Tit.)	a. 9 Von Strafe derer, so fruchtbare oder gesetzte Bäume abhauen oder verderben; desgleichen Würzgarten, Kräuterei und anderes aus den Gärten oder sonst dieblich entwenden
(—)	(fehlt)	a. 10 Von Bienen Stehlen
(—)	(fehlt)	a. 11 Von Strafe des, so den Pflug bestiehlt oder beraubt
—	51. „ Von Wildbretdieben	a. 12 Von Strafe der Fischdieben
a. 169	52. „ Von Fischdieben	a. 13 Von Wildprätdieben
a. 168	53. „ Von Holzdieben	(a. 9)
a. 167	54. „ Von Felddieben	(a. 9)
—	55. „ Von der Wächter und Nachthüter Diebstahl	(fehlt)
—	56. „ Von Diebstahl der Ehehalten und Gesindes	(a. 4)

CCC	Kurpfälzische Malefizordnung v. 1582	Landrecht des Herzogtums Preußen von 1620, 6. Buch
—	57. Titel Von denen, die in ihrer Amtsverwaltung von demjenigen, so ihnen vertrauet, abtragen und stehlen	a. 14 Von vertrautem Gut und denen, die ihrer Amtsverwaltung von demjenigen, so ihnen vertrauet, abtragen und stehlen
—	58. „ Von Diebstahl der Boten	ebenda § 2
a. 170	59. „ Von Diebstahl eines zu treuen Händen hinterlegten oder deponierten Gutes	ebenda § 3
—	60. „ Ob ein Dieb allein auf sein Bekänntnis am Leben zu strafen sei	(fehlt)
vgl. a. 177	61. „ Von Hülf, Rat, Beistand, auch Mitnießung des Diebstahls	(a. 5)
—	62. „ Von denen, welche Dieben Unterschleif geben und sie samt dem Diebstahl wissentlich hausen und herbergen	a. 15 So jemand wissentlich gestohlen Gut kauft
—	63. „ So jemand wissentlich gestohlen Gut kauft	a. 16 Von denen, welche Uebeltätern und Dieben Unterschleif geben und sie samt dem Diebstahl wissentlich hausen und herbergen
a. 125	64. „ Strafe der Brenner	(Tit. 5 a. 7)
—	65. „ Strafe derjenigen, so Wasser oder Weide vergiften	(Tit. 5 a. 8)
		Tit. VIII Von Verfälschungen
(a. 112)	(fehlt)	a. 1 Vom Falsch, so in Worten, mit der Schrift oder der Tat geübet wird
(a. 113)	(fehlt)	a. 2 Von Strafe der Fälscher mit Gewicht, Maß, Wage, Ellen und Kaufmannschaft
(a. 114)	(fehlt)	a. 3 Von Strafe derjenigen, die fälschlich und betrüglich Undermärkung, Reinigungsmal oder Markstein verrücken und die Reene umpflügen

CCC	Kurpfälzische Malefizordnung v. 1582	Landrecht des Herzogtums Preußen von 1620, 6. Buch
		Tit. IX Von Schmähungen die einem durch andere mit Anlegung der Hand Tat, als mit Schlagen und Verwundung, oder mit Worten oder Schriften begegnen
—	66. Titel Vom Durchstechen der Dämme oder Deiche	(Tit. X a. 3)
—	(fehlt)	a. 1 Von Schmähungen mit Worten
—	(fehlt)	a. 2 Von Verletzung mit der Tat
a. 110	67. „ Von Schmachschriften und Gemälden	a. 3 Von Schand- und Famosschriften
—	(fehlt)	a. 4 Von der Schmach und Injuri Klag, item, wie und wann dieselbig erlösche
		Tit. X Von zugefügtem Schaden
—	(fehlt)	a. 1 Von Schaden in gemein, an einigem Dinge oder am Leibe zugefügt
—	(fehlt)	a. 2 Von Schaden durch ausgeworfene und ausgestoßene Dinge
—	(66. Tit.)	a. 3 Von Durchstechen der Dämme oder Teich; item von Brunnen, Gruben und Keller graben
(a. 136)	(fehlt)	a. 4 Wann einem Schaden durch eines andern Tier oder Viehe beschicht
a. 180	68. „ Strafe derjenigen, so den Gefangenen aushelfen oder dieselben mit Gewalt der Obrigkeit oder deroselben Dienern abtringen	(Tit. I, a. 5 §§ 3, 5, a. 6 § 12)

CCC	Kurpfälzische Malefizordnung v. 1582		Landrecht des Herzogtums Preußen von 1620, 6. Buch	
			Tit. XI	Von unbenannten peinlichen Fällen und Strafen; item, wie es mit der Landesverweisung zu halten, auch endlich von Scharfrichtern
a. 178	69. Titel	Wes sich unsere Malefizrichter in Fällen unterstandener, doch nicht vollbrachter Miß- und Uebeltaten auch denen, so in dieser Ordnung nicht sonderlich versehen, zu verhalten		(fehlt)
	70. „	Von etlichen Fällen, so sich vor und nach der Exekution und Vollziehung der Endurteil zutragen und begeben, wie es damit zu halten	a. 1	Von unbenannten peinlichen Fällen und Strafen, so sich vor und nach der Exekution und Vollziehung der Endurteil zutragen
		(fehlt)	a. 2	Wie es mit der Landesverweisung zu halten, auch wie diejenigen zu strafen, so auf ein Urfehd verweiset und doch ein oder mehrmal wiederkommen
		(70. Tit.)	a. 3	Vom Nach- oder Scharfrichter und desselben Amt und Lohn

Die Gerichtsbeisitzer oder Gerichtszeugen (stumme Schöffen) in den partikularen Gerichtsverfassungen des 18. und 19. Jahrhunderts

Von Dr. Eduard Kern, Professor in Tübingen

Nach der Peinlichen Gerichtsordnung Karls des V. gehörte zu einem gehörig besetzten Gericht außer dem Richter eine Anzahl Schöffen, deren Zahl nach der Aufgabe verschieden war Zur Urteilsfindung gehörten je nach der Schwere der Sache 4 oder 7—8 Schöffen. Sie hatten allerdings in Wirklichkeit nicht mehr viel zu sagen; denn entweder war der Richter Rechtsverständiger, dann beherrschte er das ganze Gericht, oder war er es nicht, dann kam es zur Aktenversendung; der endliche Rechtstag, an dem der Richter die Schöffen nach dem Urteil fragte und bei dem die Schöffen sogar als alleinige Urteilsfinder erschienen, war in beiden Fällen eine reine Form. Schöffen wurden aber nicht nur zur Urteilsfindung, sondern auch zu Untersuchungshandlungen benötigt (Art. 46 und 47); und zwar mußten bei der peinlichen Frage und bei den maßgebenden Geständnissen zwei Schöffen zugegen sein, entsprechend der alten deutschen Rechtsauffassung, wonach nicht nur das urteilfällende Gericht, sondern auch das Untersuchungsgericht eine Mehrzahl von Personen darstellen mußte. Diese Schöffen konnten nachher auch als Urteilsfinder mitwirken. Wenn der Beklagte am endlichen Rechtstag die Tat leugnete, die er vordem in ordentlicher beständiger Weise bekannt hatte, so sollten die zwei Schöffen, die seine (ihm damals verlesene und von ihm bestätigte) Urgicht (d. h. sein maßgebendes Geständnis) gehört hatten, auf ihre Eide gefragt werden, ob sie die verlesene Urgicht gehört haben (Art. 91). Diese Schöffen wurden neben dem Gerichtsschreiber zugezogen (Art. 181). Sie waren wichtige Urkundspersonen, die aber nachher auch bei der Urteilsfindung beteiligt waren. Einfluß auf den Inhalt der Fragen oder auf die Art der Vernehmung, insbesondere auf die Art der Folterung, hatten sie nicht.

In der Gesetzgebung des ausgehenden 18. und des 19. Jahrhunderts bis zu den Reichsjustizgesetzen finden sich mehrfach Beisitzer ohne Stimmrecht, die als „Beisitzer" oder „Gerichtsbeisitzer" oder aber als „Gerichtszeugen" bezeichnet werden. (Der Ausdruck „stumme Schöffen" oder „Horcher" findet sich in den Rechtsquellen dieser Zeit nicht[1]). Sie sind weder Richter noch Schöffen im alten Sinn, auch nicht Schöffen mit nur beratender Stimme; sie sind auch nicht Gerichtsschreiber, da sie meist neben einem Gerichtsschreiber tätig sind und nur selten an dessen Stelle treten können. Sie sind auch keine Tatzeugen, sondern Feierlichkeitszeugen, die den ordnungsmäßigen Gang des Verfahrens und die Richtigkeit des Vernehmungsprotokolls bestätigen sollen.

Diesen Figuren der Strafgerichtsverfassung ist bisher nur wenig Beachtung geschenkt worden. Das kann mit der untergeordneten Rolle zusammenhängen, die diese Männer spielen, die ja keinen Einfluß auf die Entscheidung haben. Sie verdienen aber doch eine gewisse Beachtung, schon um der Frage willen, ob wir es hier mit einem einheitlichen Rechtsinstitut zu tun haben oder ob diese Gerichtszeugen verschiedene Wurzeln haben oder sich aus einer Wurzel heraus zu verschiedenen Instituten entwickelt haben. Damit hängt die andere Frage zusammen, ob wir es hier durchweg mit verkümmerten Schöffen zu tun haben oder ob nicht auch andere Rechtsgedanken in diesen Gerichtszeugen verkörpert sind, z. B. der Gedanke, daß der Richter der Kontrolle bedarf, daß aber der Gerichtsschreiber nicht die geeignete Person ist, diese Kontrolle auszuüben.

A

Zur Beantwortung dieser Fragen soll zunächst einmal das Quellenmaterial zusammengestellt werden, ohne daß dieses Anspruch auf Vollständigkeit erheben kann.

I. Dabei haben wir zunächst die alllgemeine Gerichtsbarkeit (dann die Militärgerichtsbarkeit) zu untersuchen.

1. Im österreichischen Recht zeigt sich folgendes Bild:

a) Nach der Theresiana von 1768 Art. 20 § 3 muß in den Städten und Märkten, wo geordnet zusammengesetzte Halsgerichte sich befinden, jede Inquisition mit einem Richter und zwei Beisitzern vorgenommen werden; auf dem Land muß bei den obrigkeitlichen Halsgerichten der Landgerichtsverwalter oder ein Oberamtmann mit zwei verständigen, vom Halsgericht zu benennenden Männern als Beisitzern und dem Gerichts- oder Amtsschreiber, und falls der Landgerichtsverwalter selbst (an Stelle eines Gerichtsschreibers) das

[1]) Der Ausdruck „stumme Schöffen" kommt in den Rechtsquellen überhaupt nicht vor; für den Ausdruck „Horcher" gibt es nur einige ältere Fundstellen, z. B. 1370 Erfurt U. B. II, 471; 1506 G. W. III, 376. Der „schweigende Vogt" und der „schweigende Schultheiß" finden sich vereinzelt; der erstere z. B. Siegburg W. G. 137, der letztere im Weistum von Viersen 1555.

Protokoll besorgt, derselbe mit zwei Beisitzern die Inquisition führen. Die Beisitzer sind also nicht Protokollführer. Während der die Inquisition führende Richter rechtskundig sein muß, brauchen es die Beisitzer bei der Inquisition nicht zu sein. In § 6 ist gesagt: „Da die Wichtigkeit der Sache nicht zuläßt, das ganze Inquisitionsgeschäft, somit Leib und Leben, Ehre und Gut des Menschen einem einzigen Mann anzuvertrauen, so ist es notwendig, daß neben dem inquirierenden Richter noch zwei Personen als Beisitzer zugezogen werden, welche allen Inquisitionshandlungen persönlich beizuwohnen haben. Zumalen aber diese Beisitzer, da sie allein zur Inquisition, aber nicht zur Urteilsfindung gebraucht werden, nur als Zeugen anzusehen sind, so ist es eben nicht erforderlich, daß diese der peinlichen Gerichtsordnung kundig und hierzu eigens beeidigt werden, sondern es ist an dem genug, daß sie bekannt ehrliche und verständige Männer sind, so gut man sie jeglichen Orts haben kann." Ihre Aufgabe besteht lediglich darin, daß sie auf alles, was bei der Inquisitionsverhandlung vorgeht, ihr fleißiges Aufmerken tragen; sie sollen darauf acht haben, daß bei der Inquisition, insbesondere wenn die Aussage des Inquisiten und der Zeugen verlesen wird, alles „ohne Verdacht und aufrichtig" zugehe; dessen sind sie gleichs anfangs bei ihrer Zuziehung „zu erinnern". Im Gegensatz zur PGO. wirken diese Gerichtszeugen bei der Urteilsfindung nicht mehr mit.

b) Nach dem österreichischen Strafgesetzbuch von 1803 Art. 257 soll das Protokoll über die Untersuchungshandlungen den Beisitzern der gepflogenen Taterhebung nochmals vorgelesen, im Fall sie dabei etwas zu bemerken hätten, solches im Text nachgebessert, das ganze aber von allen unterschrieben werden. Nach Art. 299 und 370 soll das Protokoll über die Vernehmung des Beschuldigten vom Verhörten bestätigt und am Ende die Unterschrift oder das Handzeichen des Verhörten von den dem Verhör beiwohnenden Gerichtsbeamten und Beisitzern mit ihrer Unterschrift bestätigt werden. — Zum ordentlich besetzten Gericht, das das Urteil fällt, wird nach Art. 418 die Versammlung von wenigstens drei Männern, welche von dem Obergericht in Kriminalsachen für fähig erklärt worden sind, also von drei Berufsrichtern, und zwei beeidigten Beisitzern nebst einem Gerichtsschreiber erfordert. Ob die Beisitzer stimmberechtigte echte Schöffen sind, ist nicht sicher erkennbar; der Umstand, daß sie beeidigt werden müssen, spricht nicht zwingend dafür. — Im Standrecht (Art. 520) wirken keine Beisitzer mit.

2. Nach der preuß. Kriminalordnung von 1805 § 34 gehören zu einem vollbesetzten Kriminalgericht ein Richter und ein vereidigter Protokollführer; zu (Kriminalaktuaren und) Protokoll-

führern sollen der Rechte kundige Subjekte gewählt werden, die geprüft und verpflichtet sind, auch Auskultatoren und Referendare. In Ermangelung eines vereidigten Protokollführers müssen zwei unbescholtene, des Lesens und Schreibens kundige Männer als Gerichtsbeisitzer bei den Verhandlungen zugezogen werden (§ 41). Diese sind (§ 42) jedesmal dahin besonders zu vereidigen, daß sie auf den Hergang der gerichtlichen Verhandlungen, bei welchen sie zugezogen waren, und darauf, daß diese Verhandlungen so niedergeschrieben werden, wie sie sich wirklich ereignet haben, genau acht haben, auch das Protokoll nicht anders, als wenn sie dessen Inhalt diesem wahren Hergang der Sache gemäß finden, mit ihrer Unterschrift bekräftigen wollen. Diesem Eid gemäß sind sie schuldig, mit aller Aufmerksamkeit dahin zu sehen, daß dasjenige, was die Personen, welche vernommen werden, angeben oder aussagen, ohne fremden Zusatz und Weglassung getreu und vollständig im Protokoll niedergeschrieben werde. Der besonderen Beeidigung bedarf es nicht, wenn die zugezogenen Gerichtsbeisitzer ein für allemal dazu verpflichtet werden (§ 42). Die Unterlassung der Vorschriften wegen Besetzung des Gerichts zieht allemal die Ungültigkeit der Verhandlungen nach sich. Bei Augenschein kann der Aktuarius u. U. den Richter vertreten; es muß aber dann ein vereidigter Protokollführer oder Gerichtsbeisitzer zugezogen werden (§ 46).

Im preuß. Recht sind also Beisitzer nur nötig, wenn kein Protokollführer mitwirkt, und zwar gewöhnlich zwei; beim Augenschein genügt einer; sie werden beeidigt.

3. Das bayerische Strafgesetzbuch von 1813 (Zweiter Teil: Von dem Prozeß in Strafsachen) kennt Gerichtsbeisitzer nur im Standrecht, das bei Aufruhr usw. zusammentritt, nicht auch im ordentlichen Verfahren. Das „Standrecht" ist in Art. 441—456 geregelt; diese Bestimmungen sind formell erst im Jahre 1919 aufgehoben worden. Nach Art. 445 muß das Standrecht mit fünf Richtern, zwei Gerichtsbeisitzern und einem beeidigten Aktuar besetzt sein. Zu Richtern werden drei im Kriminalrichteramt bewährte Männer aus einem kollegialen Stadt- oder Appellationsgericht und zwei Offiziere, wenigstens vom Rang eines Hauptmanns, bestimmt. Die Gerichtsbeisitzer haben kein Stimmrecht, wie sich aus Art. 453 ergibt, wonach zu einer Verurteilung eine Mehrheit von vier Stimmen gegen eine erforderlich ist (Art. 452, wonach bei der Abstimmung „ein jeder Beisitzer seine Stimme abzugeben hat", meint diese Gerichtsbeisitzer damit nicht). Nach Art. 445 soll über die standrechtlichen Verhandlungen ein ordentliches Protokoll geführt werden, das von allen, die dem Standrecht beiwohnen — also auch von den Gerichtsbeisitzern — zu unterschreiben

ist. Das ist die einzige Aufgabe der Gerichtsbeisitzer, die demnach im wesentlichen Statisten sind.

4. Ueber die Gerichtszeugen in Sachsen berichtet Carl Heinrich Wachsmuth „Versuch einer systematischen Darstellung der Patrimonial-Gerichtsverfassung. Nach gemeinen und sächsischen Rechten", 1809 (§§ 112 ff.). Hiernach gehören in allen Fällen, in denen die Gesetze die Besetzung des Gerichts mit mehreren Personen, außer dem eigentlichen Richter, fordern, auch die Schöppen mit zum Gericht als Beisitzer; sie haben aber gleichwohl keine Stimme bei den Beschlüssen des Gerichts, noch weniger ein richterliches Amt oder Gerichtsbarkeit. Sie sind bloße Zuhörer, daher sie auch „stumme Schöffen" genannt werden. Ihr Amt besteht darin, daß sie auf alles, was in ihrem Beisein vor Gericht verhandelt wird, genau acht haben, so daß sie den eigentlichen Vorgang der Sachen auf Erfordern eidlich bestärken können; auch haben sie die Protokolle, wenn sie dem wahren Hergang der Sache gemäß abgefaßt und sowohl ihnen wie den Interessenten vorgelesen sind, mit zu unterschreiben. Das gilt sowohl bei den staatlichen Gerichten wie bei den Patrimonialgerichten. — Wachsmuth fährt fort: „Sie sind insofern gleichsam des Richters Zeugen, nach der Regel: ne unius iudicis quantaecumque auctoritatis verbo credatur. caput 28 X de testibus."[2]) Die Begründung der Einrichtung deckt sich mit den in der Theresiana angegebenen Gründen.

Die Gerichtszeugen verwalten ein öffentliches Amt, aber kein gerichtliches; (s. o.), sie sind zu vereidigen. Zwei solcher Zeugen genügen. Im Patrimonialgericht wird die Gegenwart der Gerichtspersonen (das sind eben diese „Schöppen", „stumme Schöffen", „Zeugen des Richters") erfordert:

a) in Kriminalfällen, bei Untersuchung solcher Verbrechen, wo es zu einer Leibes- oder Lebensstrafe kommen kann;

b) in Sachen der streitigen Gerichtsbarkeit bei gerichtlichen Verhandlungen, wenn die Parteien das Protokoll nicht selbst unterschreiben können und wollen;

c) bei Testamenten (hier genügt einer).

Diese Gerichtspersonen entsprechen den Zeugen, die bei Aufnahme eines öffentlichen Testaments als Solennitätszeugen zuzuziehen sind und das Protokoll mit zu unterschreiben haben (BGB. §§ 2233, 2243 Abs. 3, jetzt Testaments-G. vom 31. Juli 1938 §§ 6 ff., 12, 16 Abs. 4).

5. In Holstein sind noch zu Anfang des 19. Jahrhunderts neben den Dingvögten und Urteilsfindern auch „Beisitzer" oder „Bürgen" tätig gewesen, die bloß zur feier-

[2]) Das Zitat stammt aus dem corpus juris canonici: Decret. Greg. IX lib. II Tit. XX de test, et att. c. 28 (Innocentius III).

lichen Hegung und Eröffnung des Gerichtes gedient haben (Kuhn, Heinrich, Zur Geschichte der Volksgerichte in Holstein, Mannheim 1926).

6. In Württemberg hat sich die alte Schöffenverfassung unter vollem Stimmrecht der Schöffen bis zu den Reichsjustizgesetzen erhalten.

a) Nach dem Organisationsedikt von 1818 § 22 besteht das Oberamtsgericht als erkennendes Gericht aus dem Oberamtsrichter, aus einem rechtsgelehrten Aktuar, der zugleich die nächste entscheidende Stimme hat, und aus wenigstens 12 ordentlichen Beisitzern (mit Stimmrecht), die zu jeder Sitzung geladen werden und von denen mindestens drei anwesend sein müssen. Die Oberamtsgerichte sind aber auch Untersuchungsgerichte, sie sind in diesem Fall mit dem Gerichtsvorsitzenden (in minder bedeutenden Fällen dem Gerichtsaktuar) und zwei Gerichtsbeisitzern besetzt, die — wie nach der Carolina — nachher auch Mitglieder des erkennenden Gerichts sein können.

b) Die württembergische Strafprozeßordnung vom 22. 6. 1843 erfordert zu einem förmlich besetzten Untersuchungsgericht die Gegenwart des Untersuchungsrichters und zweier Gerichtsbeisitzer. Der Angeschuldigte kann in bezirksgerichtlichen (also den leichteren) Straffällen einen dieser „Gerichtszeugen" aus der Zahl der Gerichtsbeisitzer wählen und in kreisgerichtlichen (den schwereren) Straffällen einen Gerichtsbeisitzer als dritten Gerichtszeugen bezeichnen (Art. 47). Die Beisitzer werden nicht nur zur Vernehmung des Angeschuldigten, sondern auch zu der Vernehmung der Zeugen zugezogen. — Die förmliche Besetzung des Untersuchungsgerichts ist bei allen gerichtlichen Handlungen nötig, welche die Begründung eines Beweises zum Zweck haben. Wird eine Handlung dieser Art von einem nicht förmlich besetzten Gericht vorgenommen, so ist die Handlung gerichtlich nichtig, d. h. das Protokoll nicht verwertbar (Art. 48). — Zur Gültigkeit gehört auch, daß der Untersuchungsrichter den Richtereid geschworen hat und daß die Gerichtszeugen als solche vereidigt sind; „doch kann der Mangel der Vereidigung eines Gerichtszeugen durch nachfolgende Ablegung des Eides gehoben werden" (Art. 49). Der Untersuchungsrichter hat das Protokoll selbst zu führen (er kann es aber auch einem Gehilfen in die Feder sagen) (Art. 50). Alle Verhörs- und Augenscheinsprotokolle müssen am Schluß von sämtlichen gegenwärtig gewesenen Mitgliedern des Gerichts (also auch von den Gerichtsbeisitzern) und von den vernommenen Personen unterschrieben werden.

Die württ. Strafprozeßordnung enthält einen besonderen Abschnitt „Von den Gerichtszeugen" (Art. 57—61). Die Gerichtsbeisitzer (Gerichtszeugen) werden nach einer bestimmten Reihenfolge zu den Verhandlungen beigezogen; sie sollen möglichst in einer und derselben Strafsache nicht wechseln. Bei einem auswärtigen Termin können statt der Gerichtsbeisitzer zwei Mitglieder des Gemeinderats zugezogen werden. In höchst dringlichen Fäken bleibt dem Untersuchungsrichter vorbehalten, andere rechtliche Männer (statt der Gerichtsbeisitzer oder Gemeinderatsmitglieder) beiwohnen zu lassen, die aber auf ihre Pflichten zu beeiden sind. Die Gerichtszeugen haben die Verpflichtung, auf den Hergang der Verhandlung und darauf, daß alles vollständig und treu niedergeschrieben werde, genau zu achten, auch das Protokoll nur, wenn sie dessen Inhalt dem Verlauf der Sache gemäß finden, mit ihrer Unterschrift zu bekräftigen (Art. 59). Nach einer Anmerkung von Knapp zu diesem Artikel „versteht sich von selbst, daß die Gerichtszeugen sich jeder Einmischung in die Verhandlungen durch Fragen an den Angeschuldigten, Zusprechen zum Geständnis usw., zu enthalten haben". Bei Beanstandung des Protokolls haben die Gerichtszeugen, jedoch in Abwesenheit der Verhörten[3]), bescheiden Vorstellungen zu machen und wenn solche unbeachtet bleiben, entweder der höheren Behörde unmittelbar ihre Bedenken anzuzeigen oder die Aufnahme der letzteren in das Protokoll zu verlangen, welches solchenfalls unverweilt dem Obergericht vorzulegen ist. Auch sind die Gerichtszeugen befugt, die Unterzeichnung des Protokolls zu verweigern, wenn die Aufnahme ihrer Einwendungen in dasselbe Widerspruch findet. Hierüber müssen sie bei ihrer Vereidigung ausdrücklich belehrt werden (Art. 60). Sie haben bei Strafe die Amtsverschwiegenheit gewissenhaft zu beachten (Art. 61).

Auch zum Augenschein muß der Untersuchungsrichter zwei Beisitzer (Gerichtszeugen) zuziehen (Art. 90). Ebenso erfordert die Haussuchung die Gegenwart des Untersuchungsrichters und zweier Gerichtszeugen; außerhalb des Amtssitzes kann in minder wichtigen Fällen dem Bürgermeister (Schultheiß) aufgetragen werden, zwei Gemeinderäte als Urkundspersonen zu bestimmen.

Nach Abschluß der Untersuchung erfolgt das Schlußverfahren; es findet bei minder schweren Fällen vor dem Untersuchungsgericht, in schweren Fällen vor dem Kreisgericht statt. Vor dem Untersuchungsgericht haben die Beisitzer nicht mitzureden; vor dem Kreisgericht wirken überhaupt keine Gerichtszeugen mit, sondern nur Gerichtsmitglieder mit vollem Stimmrecht. Im Schlußtermin vor dem Kreisgericht hat der Untersuchungsrichter die von ihm auf Grund der Protokolle entworfene Darstellung dem Angeklagten vorzuhalten. Eine Beweisaufnahme vor dem erkennenden Gericht — und damit eine Wiederholung der Beweiserhebung — findet nicht statt. Die Beweisaufnahme ist also rein mittelbar. Daraus ergibt sich die Bedeutung der

---

[3]) also wie in der preuß. MStGO. s. u.

Akten und damit auch der Gerichtszeugen, die für die Richtigkeit des Akteninhalts mit verantwortlich sind.

Die Gerichtszeugen sind aber nicht nur im Vorverfahren nötig, sondern auch bei der Urteilsverkündung. In den schweren Straffällen soll das Urteil, unmittelbar nachdem es in geheimer Beratung gefällt ist, in Gegenwart des Staatsanwalts des Angeschuldigten und seines Verteidigers in öffentlicher Sitzung des Kreisgerichts (also ohne Beisein von Gerichtszeugen) verkündet werden; in anderen Straffällen aber ist das Urteil dem Angeschuldigten durch den Untersuchungsrichter in Gegenwart zweier Gerichtszeugen ungesäumt zu verkünden (Art. 366 f.). Auch wenn ein Todesurteil zu vollziehen ist, so wird dasselbe — das vor der Verkündung dem König vorgelegt war — gleich nach seinem Eintreffen in Gegenwart des Untersuchungsrichters und zweier Gerichtszeugen dem Verurteilten eröffnet.

Nach der württ. Strafprozeßordnung von 1843 sind die Gerichtszeugen also reine Urkundspersonen bei der Untersuchung und bei der Urteilsverkündung; bei der Entscheidung wirken sie nicht mit; vor dem Kreisgericht sind sie überhaupt nicht da.

c) Auch das 25 Jahre später erlassene württembergische Gerichtsverfassungsgesetz vom 13. 3. 1868 (Reg. Bl. S. 205) kennt noch die Gerichtszeugen. Die Motive zu diesem Gesetz erklären, daß die Protokollführung von dem verhandelnden Richter besorgt werden könne. Auch bei Verhandlungen vor dem Kollegium sei ein Gerichtsschreiber entbehrlich, weil zwar nicht der Vorsitzende, aber der zweite rechtsgelehrte Richter das Protokoll führen könne. Damit falle das Bedürfnis eines eigenen Gerichtsschreibers bei jedem Oberamtsgericht weg. Zur Ausübung einer Kontrolle gegenüber dem die Voruntersuchung oder Instruktion bei verschlossenen Türen vornehmenden Beamten wäre der Gerichtsschreiber ohnehin wenig geeignet gewesen, jedenfalls weniger als die zu diesem Zweck von unserem bisherigen Recht getroffene Einrichtung. Deshalb glaube der Entwurf auch jetzt der Zuziehung von Gerichtsbeisitzern als Urkundspersonen den Vorzug geben zu müssen, um so mehr, als er überhaupt dem Grundsatz huldige, das bürgerliche Element (also das Laienelement) überall da im Gerichtsorganismus zu verwenden, wo ihm eine angemessene Stellung gegeben werden könne.

Nach dem württembergischen GVG. selbst kommen die Gerichtsbeisitzer (= Gerichtszeugen) nur bei den Oberamtsgerichten (nicht auch bei den höheren Gerichten, den Kreisgerichten) vor. Jedes Oberamtsgericht ist mit einem rechtsgelehrten Vorstand (dem Oberamtsrichter), einem oder mehreren weiteren rechtsgelehrten Richtern (Justizassessoren) und einer Anzahl von Schöffen besetzt; außerdem sind ihm Gerichtszeugen beigegeben (Art. 4). Diese leisten Dienst als Urkundspersonen und erhalten dafür Gebühren (Art. 5 Abs. 3). Das Oberamtsgerichtskollegium besteht aus dem Oberamtsrichter, einem Gerichtsassessor und drei Schöffen (also keinem Gerichtszeugen). Protokollführer ist in der Regel der Justizassessor (Art. 7). Bei Dienstleistungen außerhalb des Gerichtssitzes können die Gerichtszeugen durch den Ortsvorsteher oder durch Gemeinderäte ersetzt werden.

Für die Gewinnung der Gerichtszeugen gilt dasselbe wie für Schöffen (Art. 36 ff., 49, 51, 56, 63); sie müssen also schöffenbar sein. Die Gerichtszeugen sind aus den am Gerichtssitz wohnenden Personen zu wählen. Sie müssen ebenso wie die Schöffen öffentliches Vertrauen genießen und die äußere Unabhängigkeit besitzen. Die Gerichtszeugen können nicht gleichzeitig Schöffen sein. Sie werden, wie die Schöffen, nach einer im voraus bestimmten Reihenfolge zur Dienstleistung einberufen. Ihre Tätigkeit ist in der Strafprozeßordnung von 1843 geregelt. Die „Gerichtszeugen" oder „Gerichtsbeisitzer" des württ. Rechts sind also nach wie vor bloße Urkundspersonen bei der Untersuchung.

7. Die letzten Ausläufer der Gerichtszeugen finden wir in den Reichsjustizgesetzen.

So bestimmt die Zivilprozeßordnung § 759, daß der Gerichtsvollzieher, wenn er bei einer Vollstreckung Widerstand findet und wenn in der Wohnung des Schuldners weder der Schuldner selbst noch eine zur Familie gehörige oder in der Familie dienende erwachsene Person gegenwärtig ist, zwei erwachsene Zeugen oder einen Gemeinde- oder Polizeibeamten als Zeugen zuzuziehen habe. Eine Begründung geben die Motive nicht.

Die Strafprozeßordnung § 105 Abs. 2 gibt eine ähnliche Bestimmung. Wenn eine Haussuchung ohne Beisein des Richters oder des Staatsanwalts stattfindet, so sind, wenn dies möglich ist, ein Gemeindebeamter oder zwei Mitglieder der Gemeinde (die aber nicht Polizei- oder Sicherheitsbeamte sein dürfen) zuzuziehen. Zur Begründung sagen die Motive (Hahn, Motive 128), es könne über die Gesetzlichkeit des Verfahrens zwischen dem Beamten und dem Betroffenen eine Meinungsverschiedenheit hervortreten; es diene daher ebensosehr zur Aufrechterhaltung der Ordnung wie als Bürgschaft für eine strenge Beobachtung des Gesetzes, wenn eine oder zwei achtbare Gemeindepersonen der Durchsuchung beiwohnen.

Auch die Bestimmung des § 486 II RStPO., wonach der Gemeindevorstand des Ortes, an dem eine Hinrichtung stattfindet, zu der Hinrichtung zwölf Personen aus den Vertretern oder aus achtbaren Mitgliedern abzuordnen habe, gehört noch in diesen Zusammenhang. Diese Personen sind aber keine unentbehrlichen Zeugen des Aktes gewesen. Die Bestimmung ist 1935 aufgehoben worden.

II. Gerichtszeugen, die zur Kontrolle des die Untersuchung führenden Richters dienen, finden wir auch im Militärstrafverfahren des 19. Jahrhunderts, insbesondere in der preußischen Militärstrafgerichtsordnung vom 3. April 1845 Nach diesem Gesetz teilen sich die Militärgerichte in untersuchende und erkennende. Bei den erkennenden Gerichten gibt es keine Gerichtsbeisitzer. Die Untersuchungsgerichte bestehen aus einem Auditeur als Inquirenten und einem oder zwei zur Untersuchung kommandierten Offizieren. §§ 46 f. treffen genaue Bestimmungen, welchen Rang diese Offiziere haben müssen. Sie müssen die Eigenschaften vollgültiger Zeugen haben (§ 55). Ohne dringende Veranlassung darf im Lauf der Untersuchung kein Wechsel in der Person der dazu kommandierten Offiziere stattfinden (§ 56). Wenn die Vorschriften über die Besetzung des Untersuchungsgerichts bei einer Verhandlung, aus welcher ein Grund zur Entscheidung hergenommen ist, verabsäumt worden sind, so ist die gesprochene Erkenntnis nichtig. Die Beisitzer sind ablehnbar.

Die zu den Untersuchungsgerichten kommandierten Offiziere haben für die Erhaltung der militärischen Ordnung während der Verhandlung zu sorgen und auch dahin zu sehen, daß die Aussagen genau in die von ihnen mitzuunterschreibenden Protokolle aufgenommen werden und der Inhalt derselben überhaupt mit dem wirklichen Hergang übereinstimmt (§ 83). Hat ein Offizier Erinnerungen zu machen, so hat er diese dem Inquirenten in Abwesenheit des zu Vernehmenden mitzuteilen. Falls sich der beisitzende Offizier und der Inquirent nicht einigen, kann der Offizier verlangen, daß seine Erinnerung am Schluß des Protokolls aufgezeichnet wird; er hat dem Gerichtsherrn hiervon Anzeige zu machen (§ 84 Abs. 1). Die Beisitzer haben aber nicht nur diese Ueberwachungsaufgabe, sondern sie können auch auf den Inhalt der Vernehmungen Einfluß üben. Wenn es nämlich auf die genaue Kenntnis und richtige Würdigung militärischer Verhältnisse ankommt, so müssen die zur Untersuchung kommandierten Offiziere in Verbindung mit dem Inquirenten dahin wirken, daß der militärische Gesichtspunkt dabei festgehalten und der zu Vernehmende veranlaßt werde, über die ihnen (den Gerichtsbeisitzern) zur Ermittlung des richtigen militärischen Standpunkts erheblichen Umstände sofort vollständige Auskunft zu erteilen. —

Diese „Untersuchungsgerichte" sind bis zur MStGO. von 1898, also bis 1. 1. 1900, tätig gewesen.

In der MStGO. liegen die Ermittlungen ausschließlich in der Hand des Kriegsgerichtsrats, der bei Vernehmungen und Augenscheinseinnahmen einen Gerichtsschreiber, notfalls eine andere geeignete Person (die gemäß § 10 MStGO. zu verpflichten ist), zuziehen muß.

In der Novemberrevolution von 1918 hat sich das Mißtrauen gegen die Militärjustiz auch darin gezeigt, daß die V. vom 5. 12. 1918 betr. die einstweilige Aenderung der MStGO. (RGBl. 1422) bestimmte, daß bei Untersuchungshandlungen einem der gewählten Vertrauensleute (also einem Soldatenratsmitglied) auf Verlangen gestattet werden müsse, zugegen zu sein. Diese Bestimmung hat nach der Aufhebung der Militärgerichtsbarkeit durch das Gesetz vom 17. August 1920 nur noch bei der Marine praktisch werden können und ist auch dort wohl bald nicht mehr angewandt worden. Formell sind die Vertrauensleute erst durch das zweite Gesetz zur Aenderung des Wehrgesetzes vom 20. 7. 1933 (RGBl. I, 526) weggefallen.

B

Dem Schrifttum über Strafgerichtsverfassung und Strafverfahren in der zweiten Hälfte des 18. und zu Anfang des 19. Jahrhunderts sind diese Erscheinungen nicht unbekannt. So spricht Meister in seiner „Vollständigen Einleitung zur peinlichen Rechtsgelehrsamkeit in Deutschland" (1. Band Göttingen 1764) davon, daß es drei Arten von Schöppen gebe: die Volksrichter im Sinne der CCC, die gelehrten Beisitzer in Schöppenstühlen und die Schöppen auf dem Lande, die sowohl in der freiwilligen Gerichtsbarkeit tätig sind (z. B. bei Schätzungen) wie auch als „Zeugen ohne Stimmrecht" oder als „Horcher" bei Vernehmungen, Tortur und anderen gerichtlichen Handlungen in peinlichen Fällen, wie auch bei Eröffnung der Urteile, dem Richter beisitzen.

Quistorp (Grundsätze des peinlichen Rechts, 4. Auflage 1789) berichtet (II. Teil § 563), daß man sowohl in den Städten wie auf dem Lande die Beisitzer in peinlichen Gerichten noch heutigen Tages Schöpfen nenne, daß diese aber mit den ehemaligen Schöpfen in keiner Weise übereinstimmen, da sie keine Urteile mehr sprechen, sondern meistenteils „nur der Feierlichkeit des Geschehens wegen" in den peinlichen Gerichten gegenwärtig sind, und daß sie keinen Schöffeneid leisten.

Grolmann (Grundsätze der Criminalrechtswissenschaft, 1. Aufl. Gießen 1798) teilt mit, daß die Schöppen, welche bei einem förmlichen peinlichen Gericht dem Richter zur Seite sitzen sollen, aufgehört haben, Urteilsfinder zu sein und nur noch des Beweises und des gerichtlichen Glaubens wegen da sind, „auch kommen an manchen Orten sog. stumme Schöppen oder Hörcher oder Wechselschöppen vor", und in seiner 4. Auflage Gießen 1825 sagt er: „wenn noch heutigen Tages Schöppen vorkommen, so sind sie neben den (rechtsgelehrten) Gerichtsbeisitzern nur der Formalität wegen, sonst aber zur Erhöhung des öffentlichen Glaubens erforderlich.

Aehnlich äußert sich Stübel, Das Criminalverfahren in den deutschen Gerichten, 1811, §§ 408 ff.: Schöffen, die das Urteil finden, gibt es heute nicht mehr; die Beisitzer seien bloß öffentlich angestellte Zeugen der Kriminalverhandlungen; sie sollen die Zuverlässigkeit und Rechtlichkeit des Verfahrens begründen; zugleich sei mit ihrer Gegenwart eine Vermehrung der Feierlichkeit beabsichtigt. Die Vorschriften der PGO. seien nicht auf sie anwendbar. Insbesondere sei der Schöppeneid für diese stummen Schöppen nicht angemessen. Für die Verpflichtung der Beisitzer sei es genügend, wenn sie geloben, daß sie Recht und Gerechtigkeit handhaben und darauf bedacht sein wollen, daß niemand Unrecht widerfahre.

Abegg spricht in seinem Lehrbuch des gemeinen Kriminalprozesses (Königsberg 1833) davon, daß ungelehrte Richter nicht mehr vorkommen, daß aber Schöffen als Urkundspersonen, Feierlichkeitszeugen (sog. stumme Beisitzer, Horcher) vorkommen, welche eine Art Ersatz für den Mangel der Oeffentlichkeit gewähren und nur für die Richtigkeit und Vollständigkeit der protokollarischen Aufzeichnung der in ihrer Gegenwart vorgenommenen Handlungen verantwortlich sind (vgl. die oben erwähnte Preuss. Criminalordnung § 41).

C

Aus dem hier vorgetragenen Material ergibt sich folgendes:

I. Die Beisitzer in den Untersuchungsgerichten und die nicht stimmberechtigten, nur noch zur Erhöhung der Feierlichkeit oder zu einer praktisch bedeutungslosen Beaufsichtigung der Hauptverhandlung dienenden stummen Beisitzer in den erkennenden Gerichten (die besonders deutlich in den bayerischen Standgerichten und in den holsteinischen Gerichten in die Erscheinung getreten sind) haben ihre gemeinsame Wurzel in der PGO., derzufolge ein Teil der Urteilsfinder—mindestens zwei—schon bei der Inquisition zugegen sein mnß.

II. 1. Aber nur die nicht stimmberechtigten Beisitzer in den erkennenden Gerichten—die übrigens im 19. Jahrhundert nur noch ganz selten vorkommen — sind bedeutungsloses Beiwerk, auch wenn sie das Sitzungsprotokoll unterschreiben müssen; sie werden daher meist auch nicht mehr vereidigt, jedenfalls nicht mit dem Schöffeneid.

2. Die anderen Gerichtsbeisitzer oder Gerichtszeugen dagegen sind wichtige Urkundspersonen, die der Beaufsichtigung des die Untersuchung führenden Richters dienen (besonders eingehend ist

die Mitwirkung von Offizieren im Untersuchungsgericht in der preußischen MStGO. von 1845 geregelt; dort haben die Beisitzer auch Einfluß auf die Vernehmung).

a) Diese Einrichtung der Gerichtszeugen hing mit der Schriftlichkeit des Verfahrens und der Mittelbarkeit der Beweisaufnahme zusammen: bei diesem Verfahren war der Akteninhalt die Urteilsgrundlage, und es mußte daher die Gewähr geschaffen werden, daß der Akteninhalt auch unbedingt zuverlässig zustande kam. Nachdem aber mit dem reformierten deutschen Strafprozeß der Schwerpunkt des Verfahrens in die Hauptverhandlung vor dem erkennenden Gericht verlegt worden war und sich die unmittelbare Beweisaufnahme vor diesem Gericht durchgesetzt hatte, haben die Akten des Vorverfahrens ihre Bedeutung als Urteilsgrundlage und damit auch die bei der Untersuchung zugezogenen Personen (die Gerichtszeugen) ihre Bedeutung im wesentlichen verloren. Dazu kam, daß man zur Zeit der Reichsjustizgesetze — im Gegensatz noch zu den Motiven des württembergischen Gerichtsverfassungsgesetzes von 1868 — die Mitwirkung eines Gerichtsschreibers bei Vernehmungen nicht mehr als eine den Richter herabwürdigende, für ihn kränkende Beaufsichtigung ansah, sondern als eine wertvolle Unterstützung, so daß man nicht mehr statt des Gerichtsschreibers oder gar neben diesem noch besondere Urkundspersonen für erforderlich hielt.

Der Gedanke der preußischen Kriminalordnung, daß man in Ermangelung eines Gerichtsschreibers zwei Urkundspersonen beiziehen müsse, hat sich in der abgeschwächten Weise erhalten, daß in Ermangelung eines Gerichtschreibers eine andere zu beeidigende Person zuzuziehen ist (StPO. §§ 187 f., 169; MStGO. vom 29. 9. 1936 §§ 22, 104 Abs. 3). Dadurch wird der alten Forderung ne unius iudicis verbo credatur Rechnung getragen.

Die RStPO. bringt einem richterlichen Protokoll — bei dem notwendigerweise ein vereidigter Urkundsbeamter oder ein anderer für den einzelnen Fall vereidigter Protokollführer mitgewirkt und das Protokoll mitunterschrieben hat (StPO. 187 f.) — mehr Vertrauen entgegen als einem polizeilichen Protokoll, bei dem außer dem vernehmenden Polizeibeamten keine zweite Person als Urkundsperson mitgewirkt hat (sondern allenfalls als Schreibhilfe). Denn nach § 254 RStPO. können in der Hauptverhandlung Erklärungen des Angeklagten, die in einem richterlichen Protokoll enthalten sind, zum Zweck der Beweisaufnahme über ein Geständnis verlesen werden; dasselbe kann geschehen, wenn ein in der Vernehmung des Angeklagten hervortretender Widerspruch mit der früheren Aussage nicht auf andere Weise ohne Unterbrechung der Hauptverhandlung festgestellt werden kann. Ein polizeiliches Protokoll über die

Vernehmung des Angeklagten kann dagegen nicht verlesen werden[4]). Dieses erhöhte Vertrauen, das gestattet, eine im Vorverfahren gemachte, in einem gerichtlichen Protokoll festgelegte Aussage des Angeklagten durch Verlesung des Protokolls zur Urteilsgrundlage zu machen, hängt sicher ursprünglich nicht ausschließlich damit zusammen, daß hier der Vernehmende ein Richter (und nicht ein Polizeibeamter) war, sondern auch damit, daß bei diesem Protokoll außer dem Vernehmenden auch noch ein vereidigter Urkundsbeamter oder ein anderer Protokollführer als des Richters Zeuge mitgewirkt und das Protokoll mit unterschrieben hat. — Für das ordentliche Strafverfahren war durch die Verordnung zur weiteren Vereinfachung der Strafrechtspflege vom 13. 8. 1942 Art. 6 bestimmt, daß ein Schriftführer in der Hauptverhandlung nur noch mitwirkt, wenn es der Vorsitzende für erforderlich hält. Man konnte diese Bestimmung auf Vernehmungen im Vorverfahren entsprechend anwenden[5]). In einem solchen Falle fehlte bei einem richterlichen Protokoll des Richters Zeuge. An der Verlesbarkeit des Protokolls änderte das aber nichts. — Diese Vereinfachungen sind jetzt wieder fallen gelassen worden.

b) Soweit die Gerichtszeugen als Vertreter der Oeffentlichkeit anzusehen waren, wurden sie entbehrlich, je mehr das Vorverfahren nichtöffentlich (ja nicht einmal mehr parteiöffentlich) wurde, und je mehr der Grundsatz der Volksöffentlichkeit der Hauptverhandlung anerkannt wurde; sie konnten nur noch in den Fällen Sinn haben, in denen die Oeffentlichkeit ausgeschlossen war. —

So sind die Gerichtsbeisitzer oder Gerichtszeugen im Verlauf des 19. Jahrhunderts in Deutschland immer mehr entbehrlich geworden und mit den Reichsjustizgesetzen — im Militärstrafverfahren mit der MStGO. von 1898 — verschwunden.

Daß in der Zwangsvollstreckung und bei Zwangsmaßnahmen im Strafprozeß noch Zeugen zugezogen werden, hat seinen guten Sinn; um Gerichtszeugen handelt es sich aber bei diesen Zeugen nicht. Das gleiche gilt für die Zeugen der Strafvollstreckung, die eine gewisse Oeffentlichkeit im Vollstreckungsverfahren darstellen.

Die Gerichtsbeisitzer oder Gerichtszeugen gehören somit in allen ihren verschiedenen Aufgaben heute in Deutschland der Geschichte an.

---

[4]) So ausdrücklich RGStr. 67, 255 vom 22. 6. 1893.

[5]) Auch im bürgerlichen Rechtsstreit wird die gleichlautende, schon 1924 eingeführte Bestimmung des § 163 ZPO., die vom Sitzungsprotokoll handelt, unbestritten auch auf Verhandlungen vor dem beauftragten oder ersuchten Richter angewandt; das wird damit begründet, daß für solche Vernehmungen nicht mehr verlangt werden dürfe als für das Sitzungsprotokoll.

Der Begriff der Rechtslücke

Eine analytische Studie zu Wilhelm Sauers Methodenlehre

Von Prof. Dr. Karl Engisch, Heidelberg.

Man konnte in neuerer Zeit in dem Maße, in dem der Positivismus als unzulänglich und der liberale Rechtsstaat als überlebt angesprochen wurde, auch die Ansicht hören, Begriff und Problem der „Rechtslücke" seien antiquiert; denn nur vom Standpunkte des liberalistischen Gesetzespositivismus könne die Rechtsordnung „Lücken" haben. Wilhelm Sauer, der stets ein offenes Auge für die Lage der Dinge hatte, bemerkt denn auch in seiner 1940 erschienenen großen und gehaltreichen „Juristischen Methodenlehre": „Das Lückenproblem ist ein eigentliches und beliebtes Thema des Positivismus". Denn „‚Lücken' gibt es nur in der abstrakten positiven Rechtsordnung, sei es im Gesetz oder im Gewohnheitsrecht oder im Gerichtsrecht"[1]). Da nun Sauer selbst kein Positivist ist, sollte man glauben, die ganze Frage sei mit diesen Bemerkungen für ihn erledigt. Aber Sauer widmet gerade den „Lücken" eine eingehende und subtile Untersuchung. Offenbar sieht auch er das Lückenproblem noch nicht als „erledigt" an. Auch für ihn gibt es noch Lücken, und zwar eben in den Fällen, „in denen das Gesetz schweigt, während gerade für einen vorliegenden Sachverhalt eine Rechtsnorm erwartet wird"[2]). Ersichtlich beruht dabei der Lückenbegriff auf einer Spannung von Gesetz und Recht. „Echte Lücken sind stets und nur legislatorische Lücken", dagegen gibt es keine Lücken im „Recht überhaupt"[3]). Die Unterscheidung von Gesetzes- und Rechtslücken ist allerdings nicht neu[4]), sie erhält aber immer wieder neue und andere Be-

---

[1]) Juristische Methodenlehre § 34 a I 1, S. 281 und I 4, S. 282.

[2]) a. a. O. III, S. 283.

[3]) a. a. O. III, S. 284 und I 2, S. 281; vgl. auch I 4, S. 281/2.

[4]) Schon Zitelmann hat in seiner berühmten Rektoratsrede über „Lücken im Recht", 1903, S. 9 erklärt: „Wenn, was richtig ist, der Richter jede Lücke ausfüllen muß, und wenn das, womit sie ausgefüllt wird, notwendig ebenfalls wieder Recht ist, so kann man auch sagen ...., das Recht sei ein lückenloses Ganzes, nur das Gesetz habe Lücken." Aehnliche Wendungen findet man dann bei Stammler, Theorie der Rechtswissensch., 1911, S. 641 ff., 651/2; Brütt, Kunst der Rechtsanwendung, 1907, S. 74; Kornfeld, Soziale Machtverhältnisse, 1911, S. 123; Heck, Gesetzesauslegung und Interessenjurisprudenz, 1914, S. 162/3; Huber, Recht und Rechtsverwirklichung, 1925, S. 352, und neuestens noch bei Riezler, Das Rechtsgefühl, 2. Aufl., 1946, S. 169/70 Anm. 74. Namentlich bei den früheren Aeußerungen dieser Art wird man aber feststellen können, daß das Recht hierbei nur als eine logische Erweiterung des Gesetzes angesehen wird. Z. B. sagt Brütt a. a. O., man könne zwei Arten von Rechtslücken unter-

deutung, und zwar gerade bei Sauer und überhaupt in der Gegen die Bedeutung, mit gegen den Positivismus gekehrter Spitze Recht gegen das Gesetz zu stärken. Stünden wir nämlich auf e: extrem gesetzespositivistischen Standpunkt[5]), so fielen Gese und Rechtslücke zusammen. Denn Gesetz und Recht gelten hi als dasselbe. Gibt es aber für den Positivismus außerhalb des setzes kein Recht, so kann es eigentlich für ihn weder Gese noch Rechtslücken geben[6]), denn wo das Gesetz „schweigt", da finden wir uns im „rechtsleeren Raum", und das ist wieder e anderes als das Vorhandensein von „Lücken", wie gerade auch S erkennt und betont[7]). Höchstens „kritisch", also de lege fer können wir hier noch von „Lücken" sprechen, indem wir es einen vom Gesetzgeber (nicht dagegen vom Richter) zu behebe Fehler ansehen, daß die Gesetze „schweigen" und damit e Sachverhalt in den rechtsleeren Raum fallen lassen. Sind nicht „Lücken" und „Fehler" auch wieder streng zu unterschei Stellt man aber, wie dies auch Sauer[8]) tut, beide in Gegensat

scheiden, „einmal solche, welche sich in der Summe der Einzelentschei gen eines positiven Rechts finden, und zweitens solche, welche auch in Rechtssystem vorhanden sind, das durch reine Logik ohne Zuhilfen eines außerhalb des positiven Rechts existierenden Prinzips aus den Re normen gebildet worden ist". (Fraglich sei nur das Vorhandensein Rechtslücken der letzteren Art.) Die logische Erweiterung des Ges zum Recht geschieht nach älterer Auffassung in erster Linie durch Anal Hier erhebt sich dann aber die Frage, ob eigentlich dieses durch Ana gefundene Recht nicht auch noch Gesetzesrecht ist. Jedenfalls wird Begriff der „Gesetzeslücke" selbst noch verschieden gedeutet, dabei weise so, daß die Möglichkeit einer Gesetzesanalogie im Grunde die nahme einer „Gesetzeslücke" ausschließt. So sagt auch Huber a. a S. 354, eine Gesetzeslücke liege nur dann vor, „wenn für einen gegeb Fall das Gesetz keinen Rechtssatz enthält, der direkt oder auf dem V der Analogie zur Anwendung gebracht werden dürfte". Abweicl Sauer, S. 281 und Riezler a. a. O. Auch das Gewohnheitsrecht wird fig noch zum „Gesetz", genauer zum positiven Recht geschlagen, gemäß eine „Gesetzeslücke" dort nicht angenommen, wo das Gewohnh recht aushilft. So wieder Huber, S. 352, ferner Brütt, S. 83, und Sauer, S. 281. Man findet aber auch die engste Auffassung vertr kraft deren wir von einer Gesetzeslücke überall dort sprechen dürfen das gesatzte Recht eine „erwartete" Antwort schuldig bleibt. S. z Heck a. a. O., S. 162 f., und Reichel, Gesetz und Richterspruch, S. 97/8. Am zweckmäßigsten erscheint mir der Sprachgebrauch, wo „Gesetzeslücke" soviel wie Lücke des positiven Rechts bedeutet unter schluß der Analogie, die bereits Lückenausfüllung ist. Ebenso anschei Sauer.

[5]) Wir lassen dahingestellt, ob er je in Reinkultur vertreten w und nicht vielmehr aus Gründen einer einfacheren Polemik als „I typus" konstruiert worden ist.

[6]) S. z. B. Henkel, Strafrichter und Gesetz, 1934, S. 42: „Im Ge gebungsstaat muß .... das Dogma der Lückenlosigkeit der Gesetzge herrschen".

[7]) a. a. O. I 3, S. 281.

[8]) a. a. O. II 3 und 4, S. 283.

wird man auch von dieser Seite her auf den Gedanken geführt, daß gerade der Gesetzespositivismus zur Annahme einer „Lückenlosigkeit", „Vollständigkeit", „Geschlossenheit" der gesetzlichen Rechtsordnung hindrängt. „Kritische Lücken" sind gar keine Lücken, sondern eben Fehler. Wie soll und kann dann aber das Lückenproblem noch ein positivistisches Problem heißen? Und doch rühmen sich neuere Rechtssysteme gern der Abkehr vom Lückenbegriff zugleich mit der Abkehr vom „formalen Gesetzespositivismus", zu dem der liberale Rechtsstaat entartet sei. Verstehen läßt sich das alles nur so, daß im Zeichen der Hinwendung zum „übergesetzlichen Recht" bei Annahme des Vorhandenseins von Gesetzeslücken diese nun nicht als Brachfelder eines rechtsleeren Raums, sondern als Ansiedelungsgebiete des ungeformten Rechts angesehen werden. In diesem Sinne konnte z. B. Maunz sagen[9]: „War die Idee von der Lückenlosigkeit des Rechts im Gesetzmäßigkeitsstaate eine Fiktion . . ., so kann man in einem Staate, in dem das staatlich gesetzte Recht nicht die einzige Erscheinungsform des Rechts ist, mit viel größerer Berechtigung von einer Geschlossenheit des Rechts sprechen; denn aus der Gesamtheit der volklichen Lebensordnung läßt sich auch eine gesetzlich nicht geregelte Frage lösen". Damit stehen wir bei jener Spannung von Gesetz und Recht, die auch Sauer vor Augen hat und die ihn zu seiner Unterscheidung von Gesetzes- und Rechtslücken, zugleich zur Behebung jener und Ablehnung dieser veranlaßt. Das Ergebnis wäre also, daß „positivistisch" nur jene in Reinkultur kaum anzutreffende Gleichsetzung von Gesetzes- und Rechtslücke gescholten werden könnte, die aber dann folgerichtig unter Zuhilfenahme des Begriffs des „rechtsleeren Raums" und Ausscheidung der kritischen Lücken zu einer Art von Geschlossenheitsdogma, d. h. zur Leugnung echter Lücken, führen müßte, während die von Sauer vertretene gegenwartsnahe Lehre vom Verhältnis von Gesetz und Recht — die in ihren Grundzügen als bekannt vorausgesetzt und in ihren verschiedenen Spielarten nicht untersucht werden kann[10]) — nur insofern Lücken in Frage stellen kann, als sie diese als bloß vorläufige „Gesetzeslücken" ansieht, die durch das übergesetzliche Recht ausgefüllt werden und darum nicht „Rechtslücken" heißen dürfen.

---

[9]) Neue Grundlagen des Verwaltungsrechts, 1934, S. 18/9.

[10]) Da hier nur der Lückenbegriff geklärt werden soll, muß die ins Uferlose führende Frage nach dem bestimmteren Gehalt jenes das Gesetz zugleich transzendierenden und durchdringenden Rechts aus dem Plan unserer Untersuchung ausgeschieden werden. Sauer selbst arbeitet hier mit seinem „juristischen Grundgesetz", das gebietet, mehr Nutzen als Schaden zu stiften. Natürlich ist die Frage nach dem Lückenbegriff nur eine Vorfrage, aber auch nur über sie, nicht über die Hauptfrage der Prinzipien der Lückenergänzung kann eine kurze Abhandlung geschrieben werden.

Aber sofort stellen sich auf dieser Grundlage weitere Fragen ein. Wie läuft nun die Grenze zwischen dem vom Gesetzgeber vernachlässigten, jedoch vom „Recht überhaupt" beherrschten Gebiete einerseits und dem „rechtsleeren Raum" andererseits? Ist denn die Rechtsordnung, soweit sie ihre Herrschaft erstreckt, wirklich „geschlossen", lassen sich nicht auch echte „Rechtslücken" denken? Und wie ist der Begriff der heute allgemein anerkannten „Gesetzeslücke" genauer zu fassen? Mit diesen Fragen wollen wir uns in dieser Wilhelm Sauer gewidmeten Festgabe in enger Fühlungnahme mit seinen Darlegungen im Lückenkapitel der „Juristischen Methodenlehre" näher befassen.

Wir beginnen zweckmäßig mit der Frage nach der genaueren Bestimmung des Begriffs der „Gesetzeslücke". Anmerkungsweise konnten wir bereits darauf hinweisen, daß es eine Frage terminologischen Beliebens ist, ob wir von „Gesetzeslücken" auch dort sprechen, wo Gewohnheitsrecht oder Analogie zur Lückenausfüllung bereitstehen. Wir kommen mit Sauer in der Terminologie überein, wenn wir die „Gesetzeslücken"[11]) bei Vorhandensein von Gewohnheitsrecht leugnen, bei Möglichkeit eines Analogieschlusses dagegen bejahen. Gewohnheitsrecht schließt Lücken aus, Analogie schließt sie zu. Allerdings ist zuzugeben, daß bei der unsicheren Grenze zwischen „Auslegung" und „Analogie", die bekanntlich von dem nicht immer eindeutigen „Wortsinn" abhängig ist, auch der Begriff der Gesetzeslücke ins Fließen kommt. Aber der Natur der Sache gemäß sind in unserem Problembereich schließlich alle Grenzen flüssig, auch z. B. die Grenze zwischen „Analogie" und „allgemeinen Rechtsgrundsätzen", die in Ermangelung von Analogieschlüssen öfters zur Lückenausfüllung herangezogen werden[12]), desgleichen die Grenze zwischen lückenergänzender Verweisung des Gesetzes auf „allgemeine Rechtsgrundsätze" oder auf „Wissenschaft und Praxis" einerseits und lückenhindernder gesetzlicher Regelung durch „Generalklauseln", Ermessensvorschriften, Wertformeln, „normativ" durchsetzte Tatbestände und unbestimmte Begriffe andererseits. Dennoch stimme ich Sauer auch darin bei, daß eben die letztgenannten Regelungen, so unbestimmt sie sein mögen, doch Regelungen sind und darum Lücken nicht aufkommen lassen, während jene gesetzlichen Verweisungen auf Rechtsprinzipien bzw. Theorie und

---

[11]) Genauer hätte es zu heißen: „Lücken des positiven Rechts", wir sprechen dennoch der Einfachheit halber von „Gesetzeslücken". Als „Gewohnheitsrecht", das Lücken ausschließt, kann auch nur ein solches in Betracht kommen, das bestimmtere, gesetzesähnliche Regeln liefert, nicht allgemeinste Rechtsgedanken oder gar Ermächtigungen an den Richter zur Lückenausfüllung, die man auch gelegentlich auf Gewohnheitsrecht gegründet hat.

[12]) Dies haben auch die Gesetze verschiedentlich explizite empfohlen, z. B. das Pr. ALR.Einl. § 49, das Ital. ZGB. 1865, der Entw. I BGB. § 1, der Cod. jur. can. 1917 can. 20, Art. 38 des Statuts des st. Intern. Ger.Hofs.

Praxis keine Regelungen bedeuten, sondern Lücken voraussetzen und nur Richtlinien zu deren Ausfüllung geben[13]). Speziell die Ueberlassung der Lösung eines besonderen Problems an „Wissenschaft und Praxis" kann man als Hauptfall der sogenannten „gewollten" oder „bewußten" Lücken ansprechen[14]). Wenn z. B. der Gesetzgeber für den untauglichen Versuch in den Motiven zum StGB. ausdrücklich erklärt hat, daß die gesetzliche Regelung der Streitfrage seiner Strafbarkeit mangels genügenden Austrags der Kontroverse in der Wissenschaft habe unterbleiben müssen, so bedeutet dies das unumwundene Eingeständnis des eigenen Versagens und bewußte Resignation. Keinesfalls ist also die gewollte bzw. bewußte Lücke ein innerer Widerspruch, wenn auch ungewollte und unbewußte Lücken überwiegen mögen. Die einzelnen Arten der letzteren näher zu behandeln, wird hier nicht nötig sein[15]). Die wohl wichtigste Ein-

---

[13]) Sauer a. a. O. II 1, S. 282. Er spricht hier unter Berufung auf Zitelmann, jedoch nicht in Uebereinstimmung mit dessen Sprachgebrauch von „unechten Lücken". Wie Sauer und der Text in der Sache auch Weigelin, Die Lücken im Recht, Iherings Jahrb. 88, 1939, S. 8. Abweichend z. B. Heck a. a. O., S. 162. Dieser arbeitet mit einem viel zu weiten Lückenbegriff, wenn er als „Lücken" alle Fälle einer wertenden Gebotsbildung durch den Richter ansieht, S. 161 f., auch S. 173 f. Wenn auch die meisten Lückenfälle eine richterliche Wertung erforderlich machen, so sind doch nicht alle Fälle erforderlicher richterlicher Wertung Lückenfälle (unzulässige Konversion!). Somlo, Jur. Grundlehre, 1917, S. 380, Anm. 1 bemerkt, daß nach Heck der Gesetzestext einem Gewebe vergleichbar werde, das nur noch aus Löchern bestehe. Aber Somlos eigener Lückenbegriff (a. a. O., S. 404, 409) ist auch noch zu weit: er nimmt eine Lücke überall an, wo sich das Recht „ohne vorherige Ergänzung durch den Anwendenden nicht anwenden läßt". Was heißt hierbei „Ergänzung"?

[14]) Heck, S. 162; Reichel, S. 94; Weigelin, S. 5 ff.; Sauer III 5. S. 285/6. Ich gehe der Frage nicht nach, wieweit „gewollt" und „bewußt" dasselbe bedeuten. Mit Leichtigkeit kann man sich hier in das Gestrüpp verlieren, in das die strafrechtliche Vorsatzlehre geraten ist. Das lohnt sich hier nicht.

[15]) Zu den ungewollten Lücken gehören überwiegend auch die „Kollisionslücken", die Sauer überhaupt nicht zu den Lücken gezählt wissen will. Er meint a. a. O. II 2, wo eine Ueberschneidung mehrerer einander widersprechender Normen vorliege, da liege das Gegenteil einer Lücke nämlich ein „doppeltbesetzter Raum" vor. Die Kollision sei nach den Regeln der „Idealkonkurrenz" oder der „Gesetzeskonkurrenz" im Sinne der Bevorzugung einer der kollidierenden Normen zu beheben. Natürlich kann von Kollisions l ü c k e n nur dort die Rede sein, wo sich einander widersprechende Gesetzesvorschriften gegenseitig dergestalt aufheben, daß keine vor der andern den Vorzug genießt. Das mag innerhalb einer Rechtsordnung selten genug vorkommen. Es ist aber nicht undenkbar. Man braucht sich nur das in neuerer Zeit wahrnehmbare Neben- und Gegeneinanderregieren und -Normensetzen mehrerer im selben Rechtsbereich Legitimität beanspruchender Gewalten zu vergegenwärtigen. Somlo a. a. O. legt den Kollisionslücken sogar besondere Bedeutung bei, weil „an der Möglichkeit von Widersprüchen innerhalb einer Rechtsordnung die Theorie der logischen Geschlossenheit des Rechts zerschellt". (Näheres

teilung bezieht sich auf das zeitliche Verhältnis der Gesetzes- und der Lückenentstehung. Während Heck[16]) hier „primäre", d. h. schon bei der Entstehung des Gesetzes vorhandene und „sekundäre", d. h. erst durch eine Aenderung der Verhältnisse nachträglich aufkommende Lücken unterscheidet und als Hauptgruppe unter den ersteren die „Anschauungslücken" heraushebt, die das Uebersehen von möglichen Lebensfällen seitens des Gesetzgebers bedeuten[17]), gelangt Sauer[18]) zu noch subtileren Einteilungen, indem er bei den „primären Lücken" im Sinne Hecks noch den Gesichtspunkt der Entschuldbarkeit bzw. Unentschuldbarkeit des „Uebersehens" heranzieht. Die interessanteste Frage in diesem Zusammenhang ist wohl die, ob unter sekundären Lücken nur solche zu begreifen sind, die durch eine Aenderung der tatsächlichen Verhältnisse, insbesondere durch technische Fortschritte entstehen, oder auch solche, die sich durch geänderte Wertungen ergeben, wie sie sich z. B. für manche ärztliche Eingriffe: kosmetische Operationen, medizinisch oder ethisch oder gar sozial indizierte Schwangerschaftsunterbrechungen, in neuerer Zeit eingestellt haben. Heck[19]) zählt die Wertanschauungen selbst zu den tatsächlichen Verhältnissen, die sich im Laufe der Zeit ändern können, und sieht daher die Lücken auf Grund gewandelter Wertung als sekundäre Lücken an. Sauer[20]) dagegen scheint sie zu den entschuldbaren primären Lücken rechnen zu wollen. So oder so ergeben sich aber „ungewollte" bzw. „unbewußte" Lücken aus einer Verschiebung der wertenden Stellungnahme. Das ist aber von größter Bedeutung für den Lückenbegriff selbst. Denn es zeigt sich hier, welchen Anteil die Wertung schon an der Feststellung und nicht erst an der Ausfüllung der Gesetzeslücken hat. Immer wieder findet man schon lange in den Definitionen des Lückenbegriffs hervorgehoben, daß für die Lücke der Mangel einer (nach unserer heutigen Anschauung) „vernünftigen", „verständigen", „sachgemäßen", „angemessenen", „passenden"

a. a. O., S. 400/1, 410 ff.) S. auch Heck, S. 179/80; Enneccerus, Lehrb. des bürgerl. Rechts I, § 53 I 3, und meine Einheit der Rechtsordnung, 1935, S. 50, 84 mit weiterer Literatur. Gegen die Kollisionslücken aber auch Weigelin, S. 24 f.

[16]) a. a. O., S. 168/9, 173 ff., 176 ff.

[17]) Leicht ergeben sich solche Anschauungslücken aus fehlerhaften Disjunktionen. Beispiele: Alle Vertragsverletzungen stellen sich entweder als verschuldete Unmöglichkeit oder als schuldhafte Verzögerung der Leistung dar (dabei werden die positiven Vertragsverletzungen übersehen). Oder: Als persönliche Beweismittel kommen nur Parteiaussage, Zeugnis oder Gutachten in Betracht (Uebersehen des „Beweismittlers", zu welchem etwa Goldschmidt, Der Prozeß als Rechtslage, 1925, Anm. 2288).

[18]) a. a. O. III, S. 284 ff. Auf die besondere Namengebung gehe ich nicht ein.

[19]) a. a. O., S. 178/9.

[20]) a. a. O. III 2.

Regelung charakteristisch ist[21]). In neuerer Zeit hat dann Larenz in Anlehnung an Binder das Verhältnis von Lückenfeststellung und Bewertung untersucht und ist zu dem Ergebnis gekommen, daß „wir zur Feststellung einer Gesetzeslücke immer nur auf Grund einer Bewertung des Gesetzes gelangen" und daß wir dabei nicht nur auf die „immanenten Wertungen des Gesetzes", sondern eventuell auch auf die „Rechtsidee" abheben müssen[22]). Daher kann „mit der Wandlung oder richtiger der Erneuerung und Vertiefung unseres Gemeinschafts- und Rechtsbewußtseins ein Gesetz sehr wohl nunmehr als lückenhaft erscheinen, das vorher nicht als ergänzungsbedürftig empfunden wurde". Ganz in der gleichen Richtung bewegen sich die Gedanken Sauers, wenn er sagt: Die Lücke ist „ein Mangel in der rechtlichen, insbesondere in der gesetzlichen Normierung. Wie es (konkrete) Fehlurteile gibt, so gibt es (abstrakte) Fehlgesetze. . . Das Problem der Lücke setzt daher ein Werturteil über die positiven Rechtsnormen voraus"[23]). Oder wenn er an der eingangs zitierten Stelle die echte Lücke als Schweigen des Gesetzes bei Erwartung einer Rechtsnorm kennzeichnet und dann fortfährt: „Diese ‚Erwartung' ist eine besondere Art der rechtlichen Wertung; ihr Maßstab ist das ‚Normale' . . . jener Maßstab, der als juristisches Grundgesetz bezeichnet wird"[24]). In der Tat: wäre die Nichtregelung des Rechtsirrtums im geltenden StGB. eine „Lücke", wenn wir seine Nichtberücksichtigung, also die Alleinerheblichkeit des Tatirrtums nicht für eine Ungerechtigkeit halten würden? Oder wäre die Nichtregelung der ethischen (früher auch der medizinischen) Indikation der Schwangerschaftsunterbrechung eine Lücke, wenn wir nicht die Bestrafung einer solchen Unterbrechung als Abtreibung für einen Mißgriff erachten würden?[25]) Andererseits finden wir aber in der Literatur vielfach Lücke und „Mangel" (als kritische Bewertung des Gesetzes) scharf getrennt, z. B. bei Bierling, Elze, Herrfahrdt, Ehrlich und Burckhardt, und

---

[21]) S. z. B. Stammler, Theorie d. Rechtsw., 1911, S. 641; Danz, Einführung in die Rechtsprechung, 1912, S. 87 f.; Reichel a. a. O., S. 92 ff.; Jung, Arch. ziv. Pr. 118, 1920, S. 107; Binder, Phil. d. Rechts, 1925, S. 914/5, 977 ff., 983 f.; Isay, Rechtsnorm und Entscheidg., 1929, S. 223; E. Fuchs, Was will die Freirechtsschule?, 1929, S. 15; Stoll, Juristische Methode, 1934, S. 18.

[22]) Gegenstand und Methode des völk. Rechtsdenkens, 1938, S. 14 ff. mit Beispielen.

[23]) a. a. O. I, S. 280/1. S. auch gleich danach unter I 1, S. 281.

[24]) a. a. O. III, S. 283/4.

[25]) Eine gewisse gesetzliche Regelung der medizinischen Indikation lag übrigens auch vor dem Gesetz zur Verhütung erbkranken Nachwuchses vor in Gestalt der Notstandsbestimmung des § 54 StGB. Aber auch diese Regelung, die nur der seelischen Bedrängnis des unmittelbar Bedrohten oder eines Angehörigen, nicht den sachlichen Notwendigkeiten, wie sie sich für den Arzt ergeben können, Rechnung trug, wurde als unzulänglich und „lückenhaft" empfunden.

zwar in dem Sinne, daß es Lücken nur vom Standpunkt des lückenhaften Rechtes selbst und seiner immanenten Wertungen geben kann[26]). Um bei unseren Beispielsfällen zu bleiben: Nur dann könne die Nichtregelung des Rechtsirrtums im StGB. eine Lücke heißen, wenn der Gesetzgeber selbst bei Schaffung des StGB. eine Regelung für notwendig gehalten, aber doch — etwa aus Unvermögen — nicht gegeben habe[27]). Andererseits: wenn der Gesetzgeber bei Schaffung des StGB. allen Indikationen der Schwangerschaftsunterbrechung, abgesehen von den Fällen des Notstandes nach § 54, abgeneigt gewesen sei, so liege eben auch in den Fällen einer ethisch oder medizinisch angezeigten Schwangerschaftsunterbrechung strafwürdige Abtreibung und keineswegs eine Lücke vor, wie wir ja auch heute noch keine Lücke darin erblicken, daß die soziale Indikation der Schwangerschaftsunterbrechung nicht anerkannt ist. „Mängel", „kritische Lücken", „rechtspolitische Lücken" seien keine echten und eigentlichen Lücken. Wird aber auf diese Weise der Begriff der „echten Lücke" nicht zu sehr eingeschränkt, nämlich geradezu auf die vom Gesetzgeber bewußt offengelassenen Lücken?[28]) Höchstens tatsächlichen Aenderungen, nicht Wandlungen der Wertung seit Erlaß des Gesetzes kann noch Rechnung getragen werden. Dabei ist häufig gar nicht zu entscheiden, ob auf Grund einer immanenten oder einer transzendenten Wertung die Lücke besteht, wie z. B. gerade im Falle des Rechtsirrtums, wo die Stellung des Gesetzgebers umstritten ist. Sollte man also nicht wenigstens eine Lückenfeststellung auf Grund gegenwärtiger Wertung dort zulassen, wo eine der Lückenergänzung entgegenstehende Wertung des Gesetzgebers nicht anzunehmen ist? Und sollte man umgekehrt nicht dort eine Lücke ablehnen dürfen, wo zwar der Gesetzgeber zu seiner Zeit eine Unvollständigkeit der Regelung annahm, wir aber heute kein Manko mehr sehen? Es ist nicht anders: Die Lücke stellt sich regelmäßig als ein „Mangel" des Gesetzes dar, als

---

[26]) Bierling, Jur. Prinzipienlehre IV, 1911, S. 383: Lücken im Recht sind „nur in dem Sinne und unter der Voraussetzung anzuerkennen, daß dieses Recht selbst die rechtliche Beurteilung eines gewissen Tatbestandes fordert ...."; Elze, Lücken im Gesetz, 1913, S. 4/5: „Die Bezeichnung ‚Lücke' enthält eine rein tatsächliche Feststellung .... Der Begriff ‚Mangel' enthält .... eine Wertung"; Herrfahrdt, Lücken im Recht, 1915, S. 10 ff.: Die Lücke muß vom Standpunkt des geltenden Rechts aus als solche erscheinen, während der Mangel die Kritik des Gesetzes von irgendeinem subjektiven rechtspolitischen Standpunkt aus bedeutet; Ehrlich, Jur. Logik, 1918, S. 215 f.; Burckhardt, Die Lücken des Gesetzes usw., 1925, S. 56, Methode und System des Rechts, 1936, S. 259 f. Einzelne, wie Elze, Herrfahrdt, Burckhardt, geben übrigens zu, daß der Gegensatz von Lücke und Mangel nicht „rein" ist.

[27]) Zum historischen Tatbestand: v. Hippel, Strafrecht II, 1930, S. 338/9; Mezger, Strafrecht, 2. Aufl., 1933, S. 331/2.

[28]) Beispiel: Die Nichtregelung des richterlichen Prüfungsrechts in der Weimarer Verfassung. S. Anschütz, Kommentar, 14. Aufl., 1933, S. 371/2.

vom heutigen Standpunkt aus unerträgliche Unvollständigkeit. Nur wenn man den Rechtsirrtum als dem Tatirrtum gleich wesentlich ansieht, die Beachtung dieses unter Nichtbeachtung jenes als einen Mißgriff betrachtet, kann man die Irrtumsregelung des StGB. als lückenhaft bezeichnen. Desgleichen: nur wenn man Ausnahmebestimmungen für die medizinisch oder ethisch gerechtfertigte Schwangerschaftsunterbrechung „erwartet", nicht wenn man die Bestrafung als Abtreibung für ordnungsgemäß hält, kann man das Fehlen jener Ausnahmebestimmungen als Lücke empfinden. Dennoch muß der konservativeren Auffassung von Bierling usw. ein Zugeständnis gemacht werden: Wenn auch Lücke und Mangel nicht voneinander getrennt werden können, so sind doch nach Möglichkeit[29]) Lücke und Fehler und entsprechend Lückenergänzung und Gesetzesberichtigung zu unterscheiden[30]). Der klare, durch Auslegung ermittelte Wille des Gesetzgebers oder auch des „Gesetzes"[31]) darf grundsätzlich nicht mißachtet werden, teils wegen der allgemeinen Bindung des Rechtsanwenders an das Gesetz, teils auch im Hinblick auf besondere Grundsätze wie den Satz nulla poena sine lege. Soweit aber selbst eine Gesetzesberichtigung zulässig sein sollte, folgt sie eigenen selbständig zu legitimierenden Prinzipien. Lücken und Lückenausfüllung kommen nur praeter, nicht contra legem in Frage. Hieran wird man auch nach der schärferen Erkenntnis der Möglichkeit „gesetzlichen Unrechts" und „übergesetzlichen Rechts" festhalten dürfen und müssen. Die Demarkationslinie ist dort wohl nicht schwer zu finden, wo Lücken bewußt und gewollt offengelassen sind oder auf Gedankenlosigkeit beruhen oder sich aus einer Aenderung der Lebensverhältnisse ergeben, sie ist schwerer zu finden, wo sich die Lücke erst aus einer Bewertung der gesetzlichen Regelung ergibt, indem das Gesetz einen Fall nicht regelt, der nach unseren gegenwärtigen Wertungen einer Regelung bzw. einer Sonderregelung bedarf[32]). In den letzteren Fällen wird es ent-

[29]) Ueber die Grenzen dieser Möglichkeit s. z. B. Jung a. a. O., S. 104 f., andererseits daselbst auch S. 111/12.

[30]) So jetzt auch Weigelin, S. 5.

[31]) Ob es auf den Willen des Gesetzgebers oder des Gesetzes ankommt, darüber entscheidet die hier nicht weiter zu erörternde „Auslegungstheorie". Ich selbst bekenne mich grundsätzlich zum Willen des Gesetzgebers als Auslegungsziel.

[32]) Namentlich beim Fehlen von Sonder- (Ausnahme-) Regelungen für spezifische Fälle ist die Grenzlinie zwischen Lückenergänzung und Gesetzesberichtigung nicht immer leicht zu finden. Das Einschalten einer vermißten Ausnahmevorschrift scheint immer zugleich eine Berichtigung der durchbrochenen gesetzlichen Regel zu sein, z. B. die Erweiterung der gerechtfertigten Schwangerschaftsunterbrechung eine gesetzesberichtigende Einschränkung des Abtreibungsverbots. Jedoch gilt die im Text gegebene Richtlinie auch hier: Es ist Auslegungsfrage, ob der Ausnahmefall durch die Regel mitgedeckt sein sollte oder nicht. Im Verneinungsfall (namentlich auch bei Unentschiedenheit des Gesetzgebers der Ausnahme

scheidend darauf ankommen, ob der nach unseren Wertungen regelungsbedürftige Fall in den Gesichtskreis des Gesetzgebers gefallen ist und in bestimmtem Sinne geregelt werden sollte oder nicht.

Terminologisch wird man dieses Ergebnis so festigen können, daß man zwar nicht Lücke und „Mangel", wohl aber Lücke und „Fehler" des Gesetzes in Gegensatz bringt. Den Terminus „Mangel" wenden wir herkömmlich auch auf das mißfallende Fehlen einer Regelung an. Von Fehlern des Rechts sprechen wir dagegen nur bei sachlich unrichtigem Recht, das man aber auch nicht mit Wendungen wie „unechte Lücke", „uneigentliche Lücke", „kritische Lücke", „rechtspolitische Lücke" usw. ins Lückenproblem einbeziehen sollte. Am besten verwendet man den Begriff des „Mangels" als Oberbegriff und die beiden Begriffe „Lücke" und „Fehler" als Unterbegriffe. Auch in diesem Ergebnis treffen wir sachlich mit Sauer zusammen: „Bei sachlich unrichtigem Recht . . . liegt keine eigentliche Lücke in der Regelung, sondern ein Fehler in der (vorhandenen wie vollständigen) Regelung vor. Das Problem des unrichtigen Rechts wirft ganz andere Probleme auf . . ."[33]).

Der eben erwähnte Begriff der „unechten Lücken" geht bekanntlich auf Zitelmann zurück. Er ist es gewesen, der zuerst den Blick auf den inneren Zusammenhang von Lücke und Mangel gelenkt, zugleich allerdings die eben für notwendig erklärte Grenze zwischen Lückenergänzung und Gesetzesberichtigung verwischt hat, und zwar durch seine vielumstrittene Lehre vom „negativen Grundsatz". Unter Anknüpfung an eine kurze Bemerkung von Brinz erklärt Zitelmann: „Im Hintergrunde aller besonderen Rechtssätze, die eine Handlung mit Strafe oder Schadensersatz bedrohen oder ihr sonst eine rechtliche Folge geben, steht immer als selbstverständlich und unausgesprochen der allgemeine negative Grundsatz, daß, von diesen besonderen Fällen abgesehen, alle Handlungen straffrei, ersatzfrei bleiben: jeder positive Satz, durch den eine Strafe, ein Schadensersatz angeordnet wird, ist in diesem Sinne eine Ausnahme von jenem allgemeinen negativen Grundsatz"[34]). Daraus folge aber, daß in Ermangelung einer solchen „positiven Ausnahme" der Richter zu-

---

gegenüber) ist eine Lücke möglich. Ueber die Möglichkeit von Lücken in Gestalt des Fehlens von Ausnahmevorschriften s. auch Danz a. a. O., S. 87 f.; Reichel a. a. O., S. 95 ff.; Isay a. a. O., S. 223.

[33]) a. a. O. II 2, S. 283.

[34]) Lücken im Recht, 1903, S. 19, S. 24/5. Angeschlossen haben sich Herrfahrdt a. a. O., S. 14 ff. und E. Kaufmann, Das Wesen des Völkerrechts usw., 1911, S. 49; auch Heck, S. 176 ff., steht mit seiner „Abweichungstheorie" Zitelmann nicht ferne: „Das Gesetzesgebot ist prima facie bestimmt für alle Sachlagen, bei denen die Tatbestandsmerkmale vorliegen. Aber bei unvorhergesehenen Lebensverhältnissen beruht das Gebot auf einer Anschauungslücke und kann deshalb .... berichtigt werden."

rückgreifend auf den allgemeinen negativen Grundsatz die etwa in Anspruch genommene Rechtsfolge (Strafe usw.) ablehnen könne, so daß insoweit keine „echte" Rechtsanwendungslücke vorliege, sondern höchstens eine „unechte Lücke", indem von einem kritischen Standpunkt aus eine „positive Ausnahme" als erwünscht erscheine; gebe nun der Richter dem kritischen Impuls zur Anerkennung einer positiven Ausnahme nach, so fülle er im Grunde nicht eine echte Lücke aus[35]), sondern er korrigiere aus eigener Machtvollkommenheit das Gesetz. Ersichtlich ist hier die „unechte Lücke" ein echter Mangel (nämlich der Mangel einer erwünschten positiven Ausnahme vom negativen Grundsatz), wenn nicht gar ein Fehler (indem das Gesetz eigentlich den Richter anweist, negativ zu entscheiden, eine solche Entscheidung aber als unrichtig erscheint). Eben darum wird hier die Grenze zwischen Lückenausfüllung und Gesetzesberichtigung verwischt[36]). Die Ergänzung des Gesetzes durch richterliche Schaffung der fehlenden Ausnahmebestimmung wird zum Bruch des angeblich im Gesetz verankerten negativen Grundsatzes[37]). Das zweifellose Verdienst dieser Lehre ist die Entdeckung, daß der Richter in vielen „Lückenfällen" leicht in der Lage wäre, eine formal haltbare Entscheidung zu geben (durch Klageabweisung oder Freisprechung)[38]), daß daher die Ausfüllung solcher „unechten Lücken" einer kritischen, einer wertenden Einstellung zu danken ist, die die formale Entscheidung als unhaltbar verwirft. Das Grundgebrechen der Lehre[39]) ist die Verknüpfung dieser Erkenntnis mit dem Phantasieprodukt des allgemeinen negativen Grundsatzes, auf Grund dessen jede im Gesetz nicht verankerte Entscheidung zur Ausnahmeentscheidung und Gesetzesberichtigung gestempelt wird. Zwar gibt es einzelne negative Grundsätze, wie im Strafrecht den Grundsatz nulla poena sine lege oder im

---

[35]) Uebrigens erkennt Zitelmann durchaus auch die Möglichkeit „echter Lücken" an, sofern nämlich das Gesetz überhaupt keine Entscheidung (also auch keine negative, ablehnende) ermögliche, doch aber eine Entscheidung fordere (Beispiel: Anordnung einer Wahl ohne Durchführungsbestimmungen). S. S. 27. Bei solchen Lücken ist nicht immer Ausfüllung möglich, indem ja Richter und Verwaltungsbeamter nicht beliebig technische Regelungen treffen können. S. dazu auch Binder, S. 985/6; Larenz a. a. O., S. 23 („Grenzen richterl. Lückenausfüllung").

[36]) Das betonen z. B. Brütt, S. 75 ff.; Bierling, S. 385 u.

[37]) Ersichtlich handelt es sich hier um die eigentümliche Ausprägung eines Gedankens, dem wir oben schon einmal begegnet sind: Das Fehlen von Ausnahmevorschriften stelle keine rechte Lücke dar, weil ja immer die Regel gelte, die durch das Einfügen von Ausnahmebestimmungen allenfalls berichtigend eingeschränkt werde. S. oben Anm. 32.

[38]) Siehe die Interpretation von Herrfahrdt, S. 17 ff., auch S. 31 ff., womit man vergleiche Heck, S. 180 ff., 189 ff.

[39]) Sonstige Einwände außer bei Brütt und Bierling etwa noch bei Heck, S. 204 f.; Ehrlich a. a. O., S. 215 f.; Riezler a. a. O. S. 169 Anm. 74. Gewisse Zugeständnisse an die Kritik auch bei Herrfahrdt, S. 18/9, 32

streng liberalen öffentlichen Recht überhaupt den Grundsatz gesetzlicher Pflichtenbegründung gegenüber dem Staat oder im Zivilrecht den Grundsatz der Geschlossenheit der Ehenichtigkeits-, Eheaufhebungs- und Ehescheidungsgründe (§§ 16, 28, 41 Ehegesetz)[40]. Und diese negativen Grundsätze zwingen dann den Gesetzesanwendenden in ihren Grenzen zu einer negativen Entscheidung, ohne ihm auch nur die Möglichkeit einer Beseitigung der „unechten Lücken" zu lassen. Aber selbst im liberalen Staat darf man hieraus keine Verallgemeinerung ableiten. Z. B. steht nichts im Wege, Schadensersatzpflichten über die im Gesetz anerkannten Fälle hinaus anzunehmen, indem man Analogien zieht[41]. Es gibt also kein allgemeines Analogieverbot. Zitelmann macht sich nach Brütt des logischen Fehlers schuldig, negativ vom Grund auf die Folge zu schließen. Selbst das schärfste Analogieverbot, nämlich das strafrechtliche, ist noch derart eingeschränkt, daß Rechtfertigung und Entschuldigung über die gesetzliche Regelung hinaus Platz finden. So wurden denn auch die erwähnten Lücken bezüglich des Rechtsirrtums und der Schwangerschaftsunterbrechung unbedenklich geschlossen. Von Durchbrechung eines negativen Grundsatzes konnte auch hier keine Rede sein[42].

Angesichts seiner Anfechtbarkeit würde es vielleicht wenig sinnvoll sein, des negativen Grundsatzes noch einmal ausführlicher zu gedenken, wenn er nicht wie ein falscher Schlüssel viele Türen zur Lückenfrage aufschlösse. Nicht nur, daß er uns zur Klärung des Verhältnisses von Lücke und Fehler nötigt, er erschließt uns auch einen Zugang zum eingangs bereits angeschnittenen Problem der „Geschlossenheit" der Rechtsordnung. Indem nämlich Zitelmann

---

40) Vgl. Burckhardt a. a. O.; Larenz, S. 24 Abs. 2. Historisch wäre hier wohl auch zu erinnern an die Geschlossenheit des römischrechtlichen Aktionensystems.

41) Bierling, S. 386 ff.; Brütt, S. 77 ff.; Ehrlich, S. 219 ff., Binder, S. 985; del Vecchio, Lehrbuch der Rechtsphil., 1937, S. 265; Redel (s. u. Anm. 47), S. 27 f; Weigelin, S. 22 ff.

42) Nur nebenbei sei noch darauf hingewiesen, daß das ganze Regel-Ausnahme-Spiel bei Zitelmann nicht recht funktioniert. Abgesehen davon, daß das natürliche Verhältnis von Regel und Ausnahme auf den Kopf gestellt wird, indem die normale gesetzliche Regel (der Strafrechtssatz usw.) zur positiven Ausnahme vom negativen Grundsatz erklärt wird, bleibt oft unklar, wohin nun eine Norm bzw. eine fehlende Norm (Lücke) zu projizieren ist. Angenommen, die Nichtregelung des Rechtsirrtums im StGB. sei eine echte Gesetzeslücke, ist dann die Tat im Rechtsirrtum dem negativen Grundsatz der Straffreiheit der nicht mit Strafe bedrohten Tat oder den positiven Ausnahmen: den Strafbarerklärungen des Gesetzes zu unterstellen? Die Lücke im Strafgesetz besteht gerade darin, daß die Frage, ob die liberale Vermutung der Straffreiheit oder die dem „vorsätzlichen" (?) tatbestandlichen Unrecht zugedachte Strafbarkeit Platz greifen soll, nicht beantwortet wird. Bedenkt man gar die Möglichkeit einer bewußten Lücke hinsichtl. des Rechtsirrtums, so bedeutet der negative Grundsatz nur die Beschwörung eines Gedankengespenstes.

den Richter vor die Alternative stellt, entweder nach den „positiven Ausnahmebestimmungen" des Gesetzes eine Rechtsfolge auszusprechen oder auf Grund des negativen Grundsatzes eine ablehnende Entscheidung zu fällen, ist der Richter nie um eine Antwort verlegen. Denn auch eine negative Antwort ist eine Antwort, auch eine ablehnende Entscheidung eine Entscheidung. Damit ist aber dem Prinzip der „Geschlossenheit"[43]) Genüge geschehen, das von Stammler als solches einer „restlosen Vollständigkeit" mit den Worten umschrieben wurde: „Es muß auf jede rechtliche Frage auch eine rechtliche Antwort möglich sein"[44]). Vielfach wird zur Befestigung dieses Prinzips der Geschlossenheit auch das „Rechtsverweigerungsverbot"[45]) herangezogen[46]), wogegen aber eingewendet werden konnte[47]), daß dieses nicht allgemeingültig sei. Isay[48]) läßt die „Lückenlosigkeit" der Rechtsordnung nur noch als eine „für die Zwecke der Rechtsordnung des heutigen Wirtschaftssystems notwendige Fiktion" gelten. Sauer kommt jetzt der Sache nach auf ein Geschlossenheitsprinzip zurück: „Lücken gibt es nicht im Recht überhaupt. Denn das Recht muß selbstverständlich eine als notwendig erkannte Regelung für konkrete Fälle bieten"[49]). Ist das haltbar, wenn man den „negativen Grundsatz" nicht anerkennt (bei Sauer spielt er jedenfalls keine Rolle), wenn man auf der anderen Seite das Rechtsverweigerungsverbot nicht für a priori gültig hält?

[43]) Aeltere, heute überholte Fassungen des Geschlossenheitsprinzips lasse ich beiseite. Wir begegnen diesem Prinzip schon bei Savigny im System I, 1840, S. 262. Bekanntlich hat dann Bergbohm, Jurisprudenz und Rechtsphilosophie I, 1892, S. 384 ff. eine „logische Expansionskraft" der Rechtsordnung angenommen, kraft deren diese für den Richter „immer allseitig vorbestimmt, vollkommen lückenlos und in sich harmonisch" sei. Eine sehr späte Ausprägung dieses Gedankens: Max Weber, Wirtschaft und Gesellschaft II, 1925, S. 396. Zur Kritik: Jung, Von der „logischen Geschlossenheit" d. Rechts; Gieß. Dernburgfestg., 1900; Rumpf, Gesetz u. Richter, 1906, S. 148 ff.; Brütt, S. 75, 84 ff., 99 f.; Gnäus Flavius, Der Kampf um d. Rechtswissenschaft, 1906, S. 14 ff.; Reichel, S. 93 f.; Somlo, S. 399 ff., und nochmals Jung, Arch. ziv. Pr. 118, S. 101 ff. Vgl. auch bereits Hegel, Rechtsphil. § 216 (Die Forderung der „Vollendung" eines Gesetzbuchs eine „deutsche Krankheit", eine „Mißkennung der Natur endlicher Gegenstände" usw.).

[44]) Theorie usw., S. 643, auch S. 651/2, Lehrb. d. Rechtsph., 1922, § 132.

[45]) Bekanntlich hat es der Code civil Art. 4 explizite formuliert. Auch ohne ausdrückliche Formulierung besteht im Deutschen Recht an seiner Geltung kein Zweifel. S. z. B. Stier-Somlo, Labandfestschr. II, 1911, S. 473. Für das Völkerrecht s. Drost, Grundlagen d. Völkerr., 1936, S. 71.

[46]) Vgl. namentl. Radbruch, Arch. Soz. Wissensch. XXII, 1906, S. 355 ff. S. aber auch schon Zitelmann a. a. O., S. 9.

[47]) S. z. B. G. Jellinek, Allg. Staatslehre, 3. Aufl., S. 356 ff., Somlo a. a. O., S. 395/6, 414/5; Redel, Rechtslücken usw., Gieß. Diss., 1933, S. 40 ff.

[48]) a. a. O., S. 357.

[49]) a. a. O., I 2, S. 281.

Gewiß: „Ein Gericht ist nirgends an einer Entscheidung gehindert"[50]). Aber ist immer ein Gericht zuständig und zur Entscheidung gezwungen? Ist die in Frage kommende Entscheidung auch immer eine rechtliche, d. h. rechtlich begründbare? Das Sterilisationsgesetz v. 1935 ist außer Anwendung gesetzt, Erbgesundheitsgerichte sind nicht mehr da, damit ist es auch unmöglich geworden, in einem Wiederaufnahmeverfahren eine falsche Entscheidung umzustoßen und die Rückgängigmachung einer Sterilisation anzuordnen. Neuerdings beseitigen einzelne Aerzte bei uns früher vorgenommene für unangebracht gehaltene Sterilisationen. Mit Recht oder mit Unrecht? Wer entscheidet? Wie Georg Jellinek gezeigt hat, fehlt es für die schwierigsten Konflikte des öffentlichen Rechts vielfach an gerichtlichen Kompetenzen, ja überhaupt an einer eindeutigen rechtlichen Ordnung der Dinge, so daß nur noch Gewalt, Willkür oder sonstige Faktizitäten die Lage klären können[51]). Es treten hinzu die schon einmal kurz gestreiften[52]) Fälle, in denen wohl ein Richter oder Verwaltungsbeamter da ist, aber r e c h t l i c h e Maßstäbe für die Entscheidung fehlen: „Es liegt in der Natur der Sache, daß die Konkretisierung eines Grundgedankens dort nicht ausreicht, wo wir eine sozusagen technische Regelung vermissen. Wir verstehen darunter eine Regelung, die, um die Durchführung eines Rechtsgedankens zu ermöglichen, getroffen werden muß, deren näherer Inhalt vom Standpunkt der Gerechtigkeit und der Gemeinschaftsziele jedoch gleichgültig ist. Dahin gehören beispielsweise Vorschriften über die Einrichtung des Grundbuchs, Verkehrsregelungen, Fristbestimmungen und dgl."[53]). Willkürliche Entscheidungen sind nicht Sache des Gesetzesanwenders, sondern des Gesetzgebers, weil sie als konkrete Entscheidungen ob ihrer Willkür nicht verallgemeinerungsfähig sind, die Allgemeinheit also durch die normsetzende Instanz gewährleistet werden muß. Ich kann Redel nicht folgen, wenn er annimmt, daß eine Entscheidung nach freiem Belieben immer noch eine solche auf Grund eines rechtlichen Obersatzes sei[54]). Eine rechtliche Ermächtigung, nach freiem Belieben zu entscheiden[55]), kann nicht als ein solcher rechtlicher Obersatz angesehen werden, als welcher vielmehr nur eine i n h a l t l i c h e

---

[50]) Sauer a. a. O I 4, S. 282.

[51]) S. die Beispiele a. a. O., S. 357 ff.

[52]) S. Anm. 35.

[53]) Larenz a. a. O., S. 23. Insoweit auch ein gewisses Zugeständnis bei Sauer III 7, S. 286. Hierher gehören auch einzelne von Zitelmanns „echten Lücken". Vgl. ferner noch Kornfeld, Soziale Machtverhältnisse, 1911, S. 124 f.

[54]) a. a. O., S. 15 ff., 34 ff.

[55]) Um nicht mißverstanden zu werden, betone ich, daß ich die Anweisung des Schw. ZivGB., daß der Richter letztlich wie ein Gesetzgeber zu entscheiden habe, nicht etwa gleichsetzen möchte mit der Anweisung, nach freiem Belieben zu entscheiden.

Richtlinie in Frage kommt. Die rechtlich ermächtigte Entscheidung ist noch keine rechtlich begründete Entscheidung. So kommen wir also zu dem Ergebnis, daß es nicht nur Gesetzeslücken, sondern auch Lücken des Rechtes überhaupt gibt. Wir haben nicht nur keine „notwendig logische Geschlossenheit", sondern auch keine „logisch notwendige Geschlossenheit" (Redel). Nur dort, wo der Richter verpflichtet ist, im Falle des Befaßtwerdens mit einer Rechtssache eine von rechtlichen Erwägungen getragene Entscheidung zu liefern, gibt es eine Geschlossenheit der Rechtsordnung mit der Maßgabe, daß durch die Entscheidung die zunächst etwa bestehende Gesetzeslücke für den Einzelfall ausgefüllt wird. Dies wollen wir Sauer einräumen.

Hier aber erhebt sich eine letzte Frage: Bewegen wir uns nicht bei Lücken des „Rechtes überhaupt" bereits im „rechtsleeren Raum"? Das war schon Bergbohms Idee[56]): „Entweder die Sache ist im positiven Recht entschieden (sc. unmittelbar durch das Gesetz oder vermittels seiner „logischen Expansionskraft") . . . oder sie liegt in dem ‚rechtsleeren Raum'." Dieser erstrecke sich „um das Recht" herum, während Lücken, falls es solche überhaupt gäbe, nur „im Recht" auftreten könnten. Die gleiche Gegenüberstellung finden wir dann immer wieder vollzogen oder wenigstens erörtert[57]) und nun auch wieder bei Sauer aufgegriffen: „Nicht zu verwechseln ist dieses (abzulehnende) Problem der Rechtslücke mit der Frage, ob das Recht alle Lebensverhältnisse, und wie weit, regeln soll, kann und will. Diese Frage ist zu verneinen; denn es gibt eine weite staatsfreie Sphäre, die der rechtlichen Normierung überhaupt gar nicht zugänglich ist . . . Nach allen Auffassungen und zu allen Zeiten gibt es einen rechts- und daher einen staatsfreien Raum . . . Man denke an die unzähligen kleinen und kleinsten Angelegenheiten des täglichen Lebens, zugleich aber an die großen und größten Fragen der Moral und der Religion, die bedeutendsten kulturellen Gebiete des künstlerischen Schaffens und des wissenschaftlichen Forschens, der politischen, wirtschaftlichen und technischen Initiative"[58]). Von hier aus wäre zu erwägen, ob nicht z. B. die von Georg Jellinek erwähnten nichtjustiziablen Konflikte des öffentlichen Rechts keine „Rechtslücken" sind, sondern in den rechtsfreien Raum fallen, oder ob nicht die dem freien Belieben des Richters überlassenen Entscheidungen eben rechtsfreie Entscheidungen sind; wird ja von Weigelin der rechtsleere Raum geradezu bestimmt als „ein Gebiet, das die Rechtsordnung nicht regelt und dem freien Belieben . . .

[56]) a. a. O., S. 371 ff.

[57]) Zitelmann a. a. O., S. 8 f., andererseits S. 17 ff., 43/4; Brütt, S. 74/5; Stier-Somlo a. a. O., S. 472 ff.; Bekker, Grundbegriffe d. Rechts, 1910, S. 61; Kornfeld, S. 123 o.; Else, S. 46/7, 66; Somlo, S. 402; Petraschek, Rechtsphilosophie, 1932, S. 303/4; Redel, S. 26; Weigelin, S. 1 ff.

[58]) a. a. O. I 3, S. 281.

überläßt"[59]). Indessen muß es doch Wunder nehmen, daß richterliche Entscheidungen, nur weil ihr Inhalt nicht rechtlich vorgezeichnet ist, auf einem rechtsleeren Felde liegen sollen. Eine Entscheidung nach freiem Belieben ist zwar nicht aus dem Rechte gefunden, das darum insoweit eine Lücke aufweist, aber sie ist, wenn sie rechtlich legitimiert ist (etwa durch eine Ermächtigung), immerhin ein Bestandteil der „konkreten" Rechtsordnung und im Stufenbau der Ordnungen auch ein Bestandteil der Gesamtrechtsordnung. Sie macht also immerhin den entschiedenen Fall zum rechtlich geregelten Fall (genau so wie auch eine willkürliche Lösung eines Problems durch den Gesetzgeber eine rechtliche — nur keine rechtlich begründete — Regelung ist). Jedenfalls sehen wir uns genötigt, das Verhältnis von Rechtslücke und rechtsleerem Raum etwas genauer zu erfassen, als durch solche vagen Bilder wie „im Recht" und „um das Recht", mit denen es schon deshalb schlecht bestellt ist, weil sich auch der rechtsleere Raum — z. B. straflose Taktlosigkeiten zum Unterschied von strafbaren Beleidigungen oder straflose Indiskretionen zum Unterschied von strafbaren Geheimnisbrüchen — gleichsam zwischen die einzelnen rechtlichen Regelungen schiebt. In wie vielfältigem Sinne überhaupt von einem rechtsfreien Raum gesprochen werden kann, habe ich andernorts untersucht und muß mich insoweit mit einer Verweisung begnügen dürfen[60]). Wir wollen der Einfachheit halber hier voraussetzen, daß wir von einem rechtsleeren Raum sicher sprechen dürfen dann und nur dann, wenn ein Verhalten oder ein sonstiger Sachverhalt rechtlich weder verboten noch erlaubt noch geboten, weder mißbilligt noch gebilligt, weder Gegenstand eines Tatbestandes noch Inhalt einer Rechtsfolge ist. Wie verhält sich zu diesem Gedankengebilde des rechtsleeren Raums der Begriff der Rechtslücke? Augenscheinlich stellt sich nicht jeder rechtsfreie Zwischenraum als eine Rechtslücke dar. Die beispielshalber erwähnten Taktlosigkeiten und Indiskretionen sind keine Rechtslücken, ebenso wenig sind dies etwa Verstöße gegen die ungeschriebenen sittlichen Regeln eines Freundschafts- oder Liebesverhältnisses. Will man nun sagen, der rechtsfreie Raum bedeute eine absichtliche Nichtregelung durch das Recht, die Lücke eine unabsichtliche Nichtregelung, so scheitert man an den allseits anerkannten „gewollten" Lücken. Sagt man, die Rechtslücke sei ausfüllungsbedürftig, der rechtsfreie Raum nicht, so verkennt man, daß auch auf rechtsfreiem Felde eine Regelung sehr wohl vermißt werden kann (wie gerade bei politischen Konflikten). Am ehesten leuchtet noch ein die — freilich nur nach Ausscheidung der „kritischen" Lücken aus dem Lückengebiet durchführbare — Unterscheidung, wonach de lege lata wohl Lücken aus-

---

[59]) a. a. O., S. 3.

[60]) S. meinen Beitrag zu der bei L. Schneider, Heidelberg in Druck gegebenen Festschrift für G. Radbruch.

füllbar sind, nicht aber rechtsfreie Stellen. Nur auf diese Weise kann man die eben erwähnten echten Rechtslücken, die eben nicht ausfüllbar sind, aus dem Lückengebiet herausnehmen wollen und in das rechtsfreie Gebiet einbeziehen. Nicht so schwer würde dabei das Bedenken wiegen, es sei ein Zirkel, das Vorhandensein einer Lücke an Hand ihrer Ausfüllbarkeit festzustellen, während doch die Lückenergänzung die Feststellung des Vorhandenseins einer Lücke zur logischen Voraussetzung habe. Denn der Blick auf die Ausfüllbarkeit der Lücke läßt mich nur die m ö g l i c h e Lückenausfüllung erkennen, der die w i r k l i c h e später folgt. Aber man muß sich klar darüber sein, daß die Einordnung der nicht ausfüllbaren Rechtslücken in den rechtsleeren Raum eine etwas gewaltsame Lösung ist, da wir bei ausgesprochenem Versagen der Rechtsordnung gegenüber Fragen, die von ihr nach unserer „Erwartung" zu regeln sind, wie z. B. Verfassungskonflikten[61]) oder Fragen einer Wahldurchführung, doch eher von Lücken sprechen möchten, auch wenn dann die rechtlichen Gesichtspunkte für eine Ergänzung fehlen. Außerdem finden wir auch auf diesem Wege keine klare Demarkationslinie[62]). Denn wir wissen ja oft nicht, wieweit die rechtsschöpferische Zuständigkeit und Kraft des Richters oder Verwaltungsbeamten reicht, wieweit er also etwas als Lücke anzusehen geneigt ist und zu behandeln vermag. Was als Lücke de lege lata angesprochen und nach Kräften durch Entscheidungen ausgefüllt wird, hängt, wie wir sahen, von wandelbaren tatsächlichen Verhältnissen und Wertungen ab. Letzlich ist es wohl so, daß zwar nicht jedes rechtsfreie Gebiet das Vorhandensein von Lücken bedeutet, umgekehrt aber Lücken von einem bestimmten Blickpunkt aus[63]) ein Vakuum im gesetzten oder ungesetzten Recht, somit eine Art von rechtsleerem Felde darstellen. So wollen wir abschließend sagen: Rechtliche Lücken sind Mängel des positiven oder auch des übergesetzlichen Rechtes, die als Fehlen erwarteter rechtlicher Regelungsinhalte für bestimmte Sachverhalte spürbar werden und nach der tatsächlichen Lage und unseren gegenwartsbezogenen Wertungen bereits de lege lata Behebung fordern, auch meist, jedoch nicht immer durch konkrete rechtliche — und das heißt im günstigen Falle: mit Rechtsgesichtspunkten begründete, in anderen Fällen nur: auf Grund rechtlicher Ermächtigung willkürlich gefällte — Entscheidungen

[61]) Ich erwähne hier das Beispiel von G. Jellinek, daß in einer Monarchie für eine bestimmte Situation die rechtliche Bestimmung über den Thronfolger fehlt und kein Verfahren vorgesehen ist, den Thronfolger zu bestimmen.

[62]) Vgl. Brütt. a. a. O., S. 75.

[63]) Gewöhnlich treten wir nämlich mit einer durch einen konkreten Lebenssachverhalt aufgeworfenen Frage an das Recht heran und erwarten eine Antwort von ihm, greifen dann aber, indem wir eine „Lücke" wahrnehmen, ins Leere.

behoben werden können. Dabei sind speziell „Gesetzeslücken" bloße Lücken im positiven Recht, die durch „übergesetzliches Recht" ausgefüllt werden können, „Rechtslücken" im engeren Sinne dagegen Lücken im „Recht überhaupt", die allenfalls willkürlich, zuweilen aber mangels einer zur Entscheidung berufenen Instanz überhaupt nicht beseitigt werden können. So glauben wir, selbst echte Rechtslücken und damit Grenzen des Prinzips der „Geschlossenheit der Rechtsordnung" nicht gänzlich leugnen zu dürfen.

Über die Gerechtigkeit als principium juris

Von Hans J. Wolff

„Recht" kann man definieren als den Inbegriff gewisser Gebote, die von bestimmten Machthabern in bestimmter Weise gesetzt sind und in bestimmter Weise durchgesetzt werden. Insofern ist das principium juris die Macht und ist das „Recht" nichts anderes als eines ihrer Produkte. Aber diese Definition ist zunächst unvollständig, solange nicht noch ein weiteres Merkmal hinzugefügt wird, das unter wesentlichem Betracht das entscheidende ist: die inhaltliche Qualifikation oder doch Intention des Rechtsgebotes als „gerecht".

Nach diesem andern principium juris, nach der Gerechtigkeit, geht die Frage, seitdem der Mensch über seine Stellung in der Welt und über das ihm Gebotene und Geziemende nachdenkt.

Damit geht es ihm nicht anders als mit den anderen Prinzipien des Denkens und Handelns: Die Anwendung und zumal die Mißachtung im einzelnen Falle ist jedem mehr oder minder deutlich bewußt. Die Ermittlung der Prinzipien aber, die als „Identität", „Widerspruch" und „Kausalität" den unbefangenen ontischen, logischen und erklärenden Urteilen zugrunde liegen, bedurften mühevollen Nachdenkens und noch schwierigerer Formulierungen.

So empfindet der Mensch auch schmerzlich jeden Mangel an Gerechtigkeit, wenigstens soweit er ihn selbst betrifft, und traut sich ein Urteil darüber zu, was im Einzelfalle gerecht ist oder sein würde. Das Prinzip aber, das solchen Urteilen zugrunde liegt und das man seit alters als das Ideal zwischenmenschlicher Beziehungen und als eine persönliche Tugend aufs höchste preist, die Gerechtigkeit selbst, ist den Menschen trotz aller Bemühungen noch ein Rätsel geblieben.

Primitives Streben nach substanzhaften absoluten Ideen oder resigniertes Begnügen mit inhaltsleeren absoluten Formen ließ noch niemanden über fruchtbare, wenn auch untereinander scheinbar widerspruchsvolle Ansätze hinausgelangen. Dies wie jenes mündete immer wieder in einer Gleichsetzung des Gerechten mit heteronom autoritativ Gebotenem: der Tradition, dem Befehl eines politischen Machthabers oder göttlicher Weisung. Für solche Enträtselung der Gerechtigkeit spricht ihre scheinbare Einfachheit: Man kann das jeweils Gerechte einem überlieferten, geschriebenen oder offenbarten Codex entnehmen. Aber schon bei der Interpretation solcher Codices und vollends bei der Begründung jener Gleichsetzung von heteronomem Gebot und Gerechtigkeit setzen die Schwierigkeiten ein, die schließlich stets mindestens zu einer Unterwölbung oder wesentlichen Ergänzung der heteronomen Gebote durch ein selbständig begründetes (autonomes) Prinzip der Gerechtigkeit führten und führen mußten. Damit ist man wieder auf das Ausgangsproblem zurückgeworfen.

Seine Lösung wird nur gelingen, wenn man entweder die bisher vorgetragenen rechtsphilosophischen Lehren kritisch prüft und ihre zutreffenden Urteile zu einem real fundierten und in sich widerspruchsfreien System verbindet, oder wenn man ohne Bezugnahme auf irgendwelche kritischen oder zeitgenössischen Theorien die Frage nach dem Wesen der Gerechtigkeit wie eine neue Aufgabe stellt und in systematischem Aufbau zu beantworten versucht.

An dieser Stelle kann nur der zweite Weg beschritten werden, weil er nicht, wie jener andere, umfangreiche Untersuchungen erfordert, sondern auf einigen Seiten wenigstens skizzierbar ist. Dabei muß ich es mir allerdings leider versagen, auf die hervorragenden, jedoch allgemein bekannten und durch viele bedeutende Werke ausgewiesenen Verdienste des Jubilars um die Förderung der rechtsphilosophischen Probleme und erst recht auf irgendwelche anderen Lehrmeinungen näher einzugehen.

I.

Gerechtigkeit ist eine Eigenschaft, die dem Verhalten von Menschen gegenüber anderen Menschen zukommt. (Von der Gerechtigkeit Gottes und der Gerechtigkeit vor Gott sei hier abgesehen. Es ist Sache der Theologen zu prüfen, ob und inwieweit der für die irdische Gerechtigkeit zu entwickelnde Begriff für die religiöse Bedeutung des Wortes brauchbar ist.) Hinsichtlich des einzelnen sich verhaltenden Menschen selbst versteht man darunter eine Tugend, für die die Gesinnung wesentlich ist. Hinsichtlich der Beziehung eines Menschen zu anderen kommt Gerechtigkeit in erster Linie dem äußeren Verhalten zu, und zwar dann, wenn dies einer kategorischen, d. h. unbedingt verbindlichen Pflicht entspricht. Hinsichtlich der Gesamtheit des sozialen Lebens ist Gerechtigkeit die Bedingung einer Friedens-Ordnung.

Gerechtigkeit ist nicht eine Eigenschaft, die einem Verhalten an und für sich zukommt oder zukommen kann. Sie wird ihm vielmehr erst beurteilend als ein objektiver Wert zuerkannt. Dieses Urteil beruht wie jedes Urteil notwendigerweise auf zwei Prämissen. Die eine dieser Prämissen muß sich beziehen auf das zu beurteilende Verhalten, die andere muß den Maßstab der Beurteilung angeben. Man meint nun gemeinhin, diese zweite Prämisse müsse ein Werturteil sein und verbindet sie entweder dogmatisch oder doch hypothetisch mit der ersten Prämisse derart, daß gewissen Verhaltensweisen notwendig ein dann als „absolut" behaupteter Gerechtigkeitswert zukomme; oder man unterscheidet zwar die beiden Prämissen, hält aber die zweite und damit die Schlußfolgerung — ebenso dogmatisch oder doch hypothetisch — für notwendigerweise relativ oder gar persönlichem Dafürhalten überlassen. Beides ist voreilig und versperrt den Weg zur Problemlösung. Daraus, daß es subjektive Werte gibt, folgt noch nicht, daß alle Werte notwendigerweise dogmatisch oder gar beliebig angenommen werden können oder müssen. Daraus, daß es auch objektive Werte gibt, folgt andererseits nicht, daß es absolute Werte gibt. Daraus endlich, daß die Gerechtigkeit ein objektiver Wert ist (und sogar wenn sie ein absoluter Wert wäre), folgt noch nicht, daß der Maßstab der Beurteilung eines Verhaltens hinsichtlich seiner Gerechtigkeit ein Werturteil sein muß. Der objektive Wert eines Verhaltens ist vielmehr erst eine Folge seiner Gerechtigkeit, die also unabhängig vom Wert-Charakter der Gerechtigkeit selbst festzustellen ist.

Gerechtigkeit ist nicht eine Eigenschaft, die einem Verhalten von Natur zukommt. Das Urteil, ein Verhalten sei gerecht, behauptet vielmehr, daß es in einem anderen als in dem natürlichen (kausalen) Zusammenhang der Dinge steht. Eben dieses meinten auch die erwähnten Bezugnahmen auf (absolute, objektive oder subjektive) Werte. Der dabei verwendete Wertbegriff ist aber in verhängnisvoller Weise zwiespältig, insofern er einerseits etwas Seiendes, die Gegebenheit und sogar das Dasein des Wertes, andererseits etwas Nicht-Seiendes, nämlich die Gesolltheit des Wertes (oder der Wertverwirklichung) in einem Begriff zusammenfaßt. Es ist zwar richtig, daß Werte (mehr oder weniger konkret oder abstrakt) sind, und es mag richtig sein, daß sie verwirklicht werden sollen. Daraus, daß etwas, insbesondere ein Verhalten, (konkret oder abstrakt) von Wert ist, folgt aber nicht ohne weiteres, daß es auch verwirklicht werden soll. Er kann ja z. B. unmöglich oder es kann der Verwirklichung eines anderen (z. B. höheren) Wertes zuwider sein. Jedenfalls gebietet es die methodische Sauberkeit, derartig zwiespältige Begriffe zu vermeiden. Dann aber muß man die Gerechtigkeit der Sphäre des Gesollten (Nomativen) zurechnen, das zwar verwirklicht sein kann, aber nicht mit Naturnotwendigkeit sein muß, sondern allenfalls mit „praktischer Notwendigkeit" (Verbindlichkeit, „kategorisch") sein soll.

Das Urteil, ein (mehr oder minder) konkretes Verhalten sei gerecht, besagt also, daß dieses Verhalten sein soll (V soll sein). Von den Prämissen, auf denen es beruht, muß also die eine das Verhalten in tatsächlicher Hinsicht dadurch charakterisieren, daß sie es einem Kriterium zuordnet (V ist K), das seinerseits in der zweiten Prämisse als gesollt behauptet wird (K soll sein). Beide Prämissen bedürfen als Urteile ihrerseits der Begründung. Der Untersatz findet sie in der Reduktion auf (unmittelbar) erkannte Tatsachen in Verbindung mit den Prinzipien der Identität und der Widerspruchsfreiheit. Der Obersatz in der Reduktion auf diese letzteren und auf ein normatives Prinzip. Während die Tatsachen variabel sind und das zu beurteilende Verhalten jeweils ein (mehr oder minder) besonderes, individuelles, konkretes ist, muß das normative Prinzip als der Beurteilungsmaßstab sinnvollerweise konstant, (mehr oder minder) allgemeingültig und abstrakt sein. Der beiden Prämissen gemeinsame Begriff (K) endlich muß ebenfalls so abstrakt sein, daß sich im Obersatz Allgemeingültiges von ihm aussagen läßt. In der Conclusio ist dann das konkrete faktische Verhalten unter das abstrakte normative Prinzip subsumiert.

Damit ist das Schema jeder rechtsphilosophischen Deduktion vorgezeichnet und der Schwerpunkt der Frage nach dem Wesen der Gerechtigkeit deutlich geworden. Es liegt in dem normativen Prinzip, also dem Obersatz des Schlusses. Der Mittelbegriff aber gehört auch der zugänglichen Seinssphäre an. Darum wurde schon bisher der Untersatz vorweg gestellt, und darum wird auch die Entwicklung des Rechtsprinzips von dem in diesem Zusammenhang minder problematischen Verhalten der Menschen, also von Seiendem ausgehen (II), um dann erst zu dem gesuchten normativen Prinzip fortzuschreiten (III).

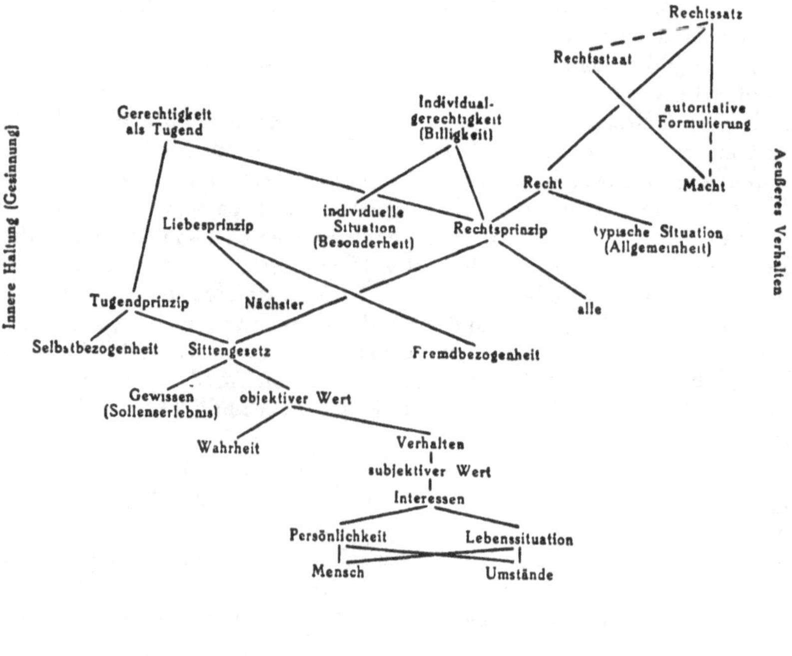

II.

Der Mensch verhält sich entsprechend der in ihm angelegten Triebe in der Richtung und Stärke, die äußere Einflüsse und eigene Ueberlegung seinen vitalen Kräften gegeben haben. Insbesondere seine Fähigkeit handeln zu können, beruht auf der Tatsache, daß der Mensch Interessen empfindet, nebst seinen Fähigkeiten, sich deren Befriedigung zum Zweck zu setzen und solche Zwecke zu verfolgen. Er kann m. a. W. etwas, was (noch) nicht ist, als wünschbar erfühlen oder erdenken und vermag das so für wertvoll Gehaltene u. U. zu verwirklichen. Die Zwecksetzungen und die ihnen entsprechenden subjektiven Wertungen ergeben sich also aus den im Menschen angelegten Trieben und entsprechen in ihrer Rangordnung der Stärke, in der die durch die Triebe bedingten Interessen subjektiv empfunden werden.

Erreicht werden die Zwecke durch die Auswahl und Herbeiführung von Tatsachen (Mitteln), die für geeignet gehalten werden, den erwünschten Zweck unmittelbar oder mittelbar zu verursachen, und deren Verwirklichung im Machtbereich des Handelnden liegt. Abgesehen von dieser Macht wird die Mittelwahl also bestimmt durch das theoretische Vermögen der Menschen, gewisse Tatsachen, nämlich die Mittel, als Ursachen für andere, nämlich das Bezweckte, zu erkennen. Sie unterliegt deshalb, wie jede Erkenntnis, der Möglichkeit des Irrtums, stützt sich vorerst nur auf ein Meinen, Dafürhalten, das oft genug aus recht trüben Quellen fließt und neben individualpsychischen insbesondere auch weitestgehend sozialpsychischen Beeinflussungen ausgesetzt ist.

Die Erkenntnis der rechten Mittel kann nun aber in dem Maße, in dem die zweckbestimmenden Faktoren bekannt sind, auch objektiver, kritischer, wissenschaftlicher Prüfung unterworfen werden. Das gleiche gilt auch von den Zwecken, insofern diese ihrerseits Mittel für ferner gesteckte bewußte oder unbewußte Ziele sind. Auch die subjektive trieb- und machtbedingte und meinungsabhängige Zwecksetzung kann also objektiv geprüft werden. Man kann fragen, ob das für zuträglich, unpeinlich, erfreulich, lustvoll Gehaltene unabhängig vom Dafürhalten des Strebenden, Wählenden und Handelnden wirklich (objektiv) zuträglich, unpeinlich usw. für ihn ist — eine Frage, die z. B. der Arzt am Krankenbette oft genug verneinen muß. Und man kann in gleicher Weise fragen, ob die die Zwecksetzungen bestimmenden bewußten oder unbewußten Interessen trügerisch oder „wohlverstanden" sind, und kann auch diese Frage wie irgendeine andere Tatsachenfrage objektiv beantworten.

Um zu wissen, was einem Menschen objektiv zuträglich ist, muß man allerdings den konkreten Menschen und seine Lebenssituation hinreichend kennen. Denn für verschiedene Menschen wie auch für denselben Menschen in verschiedenen Lebenssituationen kann und wird sogar in der Regel Verschiedenes zuträglich sein. Doch lassen sich Situationen und Menschen zu Typen und diese in zunehmender Abstraktion hierarchisch ordnen. Auf diese Weise entsteht dann ein an den Koordinaten der Persönlichkeit und der Lebenssituation (Umstände) orientiertes System objektiver Werte.

Dabei ist folgendes besonders wichtig:

1. Diese Koordinaten sind durchaus keine irreduziblen Einheiten, sondern selbst wieder die Resultanten mehrdimensionaler labiler, mehr oder minder balanzierter Komplexe, die auch untereinander in Wechselwirkung stehen. Dadurch wird die Ermittlung objektiver Werte erheblich, oft ungeheuer kompliziert.

2. Nicht nur die subjektiven, sondern auch die objektiven Werte bestehen nur in bezug auf Menschen als vielfältige und vielschichtige Wesen — auf einen konkreten, auf einen bestimmten Typus oder auf „den Menschen". Auch ein „absoluter" Wert kann daher nur ein (objektiver) Wert für Menschen sein; nämlich ein solcher, der für alle Menschen und in allen möglichen Lebenssituationen gilt.

3. Daß die objektiven Werte nur in bezug auf Menschen bestehen, hat eine gewisse „Subjektivität" i. S. der Abhängigkeit auch der objektiven Wertbestimmung von der Individualität des Wertsubjekts zur Folge, sofern die Wertbestimmung nicht radikal durchgeführt wird. Die Prüfung der Interessen, der Mittelwahl und der Zweckwahl auf ihre Richtigkeit erstreckt sich nämlich in der Regel nicht auf die gesamte seelisch-geistige oder gar physische Existenz der Person, sondern nimmt meist gewisse Besonderheiten, wie z. B. die religiöse Ueberzeugung, die „Weltanschauung" oder auch Neigungen und Angewohnheiten als Gegebenheiten hin. Aus diesem Grunde werden die Menschen-Typen, auf die die abstrakten objektiven Werte bezogen werden (z. B. Kind — Mann — Frau — Berufszugehörige — Volkstumsangehörige), gerade auch durch Gruppierungen um gewisse Grundwertungen physiologischer, psychologischer oder ideologischer Provenienz (idées maitresses) gebildet.

4. Der „Typus Mensch" bis zu dem die Verallgemeinerung schließlich getrieben werden kann, wird als Subjekt (subjektiver und) objektiver Wertung nicht anders gebildet, als es von jeder Wissenschaft geschieht, die als Logik das „Subjekt", als Medizin den „normalen Körper", die den homo oeconomicus, den homo juridicus usw. unterstellt. Man gewinnt solche Typen durch fortschreitende Abstraktion von den individuellen Besonderheiten und harmonisierende Zusammenfügung der auf den verschiedenen Abstraktions- und Typenstufen verträglichen Eigenschaften, deren Gesamtheit das jeweilige „Wesen" der zum Typus gehörenden Menschen ergibt. So ist es möglich, schließlich zu einem Idealtypus des Menschen zu gelangen, in dem das Menschenmögliche an Richtigkeiten harmonisch vereinigt ist. Es wäre aber unrichtig, jeden konkreten Menschen (und diesen

gar ohne Rücksicht auf seine Lebenssituation) an solchem Ideal zu messen, ohne sich der durch seine Konstitution und durch die obwaltenden Umstände gezogenen Schranken bewußt zu bleiben. Eine uniformierende Schematisierung würde gerade das wesentliche Lebensprinzip gegenseitiger Ergänzung differenzierter Gleicher verkennen.

5. Damit hängt zusammen, daß es bei der Wertbeurteilung wie überhaupt für die „Gesundheit" durchweg und überall ankommt auf die Wahrung der immer wieder neu — nicht zuletzt durch die menschlichen Leidenschaften — bedrohten Harmonie bipolarer Energien.

6. Aus diesen Gründen wäre es m. E. verfehlt, irgendeinen bestimmten Wertträger oder irgendein bestimmtes Verhalten an die Spitze der Hierarchie objektiver Werte zu stellen. Wenn man schon für die radikale objektive Zielsetzung einen („absoluten") Höchstwert nicht entbehren zu können meint, wird man ihn wohl mit Leonard NELSON in der „Bildung der Persönlichkeit" zu erblicken haben.

7. Betonenswert ist schließlich, daß es sich bei der Ermittlung objektiver Werte nicht eigentlich um eine normative, sondern um eine schlichte Seins-Erkenntnis handelt. Daß der Mensch Zwecke setzt und wertet, sowie welche Zwecke er setzen und was er werthalten soll, das geht freilich über die Seins-Erkenntnis hinaus. Welche Mittel aber zur Erreichung gesetzter Zwecke, welche Zwecke zur Erreichung gesetzter Ziele geeignet und welche Interessen wohlverstanden sind, das ist eine Tatsachenfrage. Demgemäß ist es auch eine Tatsachenfrage was für einen konkreten Menschen oder einen Menschen-Typus in einer konkreten oder typischen Situation unter konkreten oder typischen Umständen objektiv wertvoll ist. Sie zu beantworten, ist freilich angesichts der ungeheuren Vielfalt der in Frage kommenden Faktoren eine ungeheuer schwierige, letztlich eine unendliche Aufgabe. Ebensowenig jedoch wie die Unabgeschlossenheit des Wirkungsbereichs von (sonstigen) Naturereignissen die Entwicklung einer Physik und Technik gehemmt (sondern eher angespornt) hat, ebensowenig brauchte die Unabgeschlossenheit des Wirkungsbereichs psychischer u. a. sozialrelevanter Ereignisse deren Erforschung zu hemmen. „Nihil tam difficile est, quin quaerando investigari possit" (Terenz). Richtig ist allerdings, daß die Lösung der hiermit gestellten Probleme erst zu erwarten ist, wenn Psychologie, Anthropologie und Soziologie über einen hinreichenden Bestand gesicherter Erkenntnisse verfügen. Nach den Zeitaltern der Physik, der Chemie, der Technik und dem der Medizin, in dem wir leben, steht die Blüte der Psychologie und der Anthropologie noch bevor. Die der Sozialwissenschaften, insbesondere der Jurisprudenz, werden danach erst folgen. Denn sie setzen jene Wissenschaften vom Menschen, wie diese die von der äußeren Natur, allererst voraus und bedürfen noch der Entwicklung gleich exakter Begriffe und Methoden.

Der Einwand, daß diese logischen Bedingungen jedes wissenschaftlichen Fortschritts angesichts der Irrationalität und Spontaneität der psychischen und sozialen Prozesse nicht zu erfüllen seien, ist weit weniger entmutigend als es scheint. Denn einerseits beruht auch das naturwissenschaftliche Weltbild weitgehend auf Durchschnittswerten und Schätzungen sowie auf unverifizierten Hypothesen, Ahnungen und Glaubens-Annahmen — andererseits gleicht die Massenhaftigkeit der sozialen Prozesse und die Gleichförmigkeit sozialpsychischer Wirkungen die individuellen Irrationalitäten weitgehend aus. Ohne dem wären ja jede soziale Planung und jedes Recht unmöglich.

III.

Nähern wir uns um einen weiteren Schritt unserem Ziele auf dem Wege vom Seienden zum Gesollten, dann stoßen wir auf den Befehl. Er unterscheidet sich von der bisher in Rücksicht gezogenen Zwecksetzung dadurch, daß der Zweck jetzt von einer anderen Person gesetzt wird und dies dem Befehlsempfänger bewußt ist. Dieser kann sich nun seinerseits die Befolgung des Befohlenen deshalb zum Zweck setzen, weil das Befohlene ihm an und für sich wertvoll, weil ihm der Befehlende autoritativ glaubwürdig oder weil ihm eine Befehlsverweigerung überwiegend nachteilig erscheint. Von ihm und auch von dem Befehlenden aus gesehen, für den der Befehl in der Regel seinerseits ein Mittel zur Erreichung weiterer Zwecke ist, ist der Befehl mithin ein bedingtes Gemußtes. Seiner Form nach aber ist er Gesolltes, das — wie der selbstgesetzte Zweck durch die eigene Zweckwahl — bedingt ist durch die fremde Zwecksetzung, den fremden Willen.

Schon hinsichtlich eines selbstgesetzten Zweckes und erst recht hinsichtlich solchen fremden Willensinhalts (eines Befehls) kann nun vom Adressaten wie vom außenstehenden Beurteiler gefragt werden, ob er objektiv begründet ist. Das ist ja stets die entscheidende Wahrheitsfrage. Sie kann in zweifacher Weise gestellt werden. Man kann fragen, ob ein Mittel zur Erreichung eines Zwecks, ob ein Zweck zur Erreichung eines Zieles geeignet ist, ob eine Person ein Interesse tatsächlich hat und ob sich das Interesse mit ihrer Gesundheit, ihren Lebenszielen und mit ihrer harmonischen Bildung verträgt. So kann man auch fragen, ob ein Befehl tatsächlich gegeben wurde, welchen Inhalt er hat, sowie ob und welchen Interessen des Adressaten seine Befolgung entspricht oder widerspricht. Alle diese Fragen zielen auf eine kausale Verknüpfung des Erfragten mit Tatsachen, deren Sein erwiesen ist oder hingenommen wird. Die andere Frageweise geht danach, ob das Gewollte oder Gesollte auch unabhängig davon gesollt ist, daß es tatsächlich gewollt bzw. befohlen wird. Sie geht also auf den eigenen oder fremden Willensinhalt als Gebot und setzt ihn in nicht kausaler, sondern normativer Verknüpfung in Beziehung zu anderem Gesollten. So ist dem

Befehl einer Behörde zu entsprechen, weil das dem Sollensinhalt eines Gesetzes, dem Gesetz, weil das dem Sollensinhalt einer Verfassung, dieser weil das etwa einer moralischen Forderung entspricht. Auf derartige Fragen kann der Hinweis auf Tatsachen wie die eines zweckgerichteten Triebes oder eines fremden Willens keine Antwort geben. Wer, wie das gerade in der Rechtswissenschaft so häufig geschieht, nicht nur den faktischen sozialen, sondern den normativen Geltungsgrund von Gesolltem in irgendwelchen empirischen Daten — einem Willen, einer Gewohnheit, einer Anerkennung, einer Erzwingbarkeit oder in anderen sozialen oder gar wirtschaftlichen Seinstatsachen — erblickt, schließt, wie NELSON, KELSEN und LAUN besonders eindringlich nachgewiesen haben, stets zu kurz. Denn es kommt ja gerade darauf an, zu wissen, ob und inwieweit diese Tatsachen gerechtfertigt sind. Aus dem gleichen Grunde muß jeder Hinweis auf eine göttliche Ordnung enttäuschen, solange nicht anderweitig feststeht, welche der einander so gegensätzlichen Lebensphänomene im Sinne dieser Ordnung gesollt und welche „ordnungswidrig" („böse") sind.

Und doch muß die Kette der Fragen irgendwo ein Ende haben. Dieses Ende kann, wie das aller Begründungen, nur im Gegenstand einer weiterer Begründung weder fähigen noch bedürftigen unmittelbaren Erkenntnis gelegen sein, der aber, wie eben festgestellt, weder ein Gegenstand der sinnlichen Wahrnehmung, ein Stoff, noch das Kausalitätsprinzip sein kann. Auch die Prinzipien der Identität und der Widerspruchsfreiheit reichen, so notwendig jenes gewiß für alles Erkennen und beide für jede denkende Wahrheitserkenntnis und damit auch für die der Gültigkeit von Gesolltem sind, zur Begründung des Sollens nicht aus. Es bleibt vielmehr nichts anderes übrig, als mit KANT, FRIES und den oben Genannten festzustellen, daß die — unstofflichen, nicht nur formalen (funktionalen) und nicht kausal erklärenden — Normen einen eigenen letzten Sachgrund haben, der selbst Norm ist und „Grundnorm" genannt werden kann.

Daß es sie gibt, dafür finden wir einen Hinweis in jener Stimme die unbemerkt mitredet, wenn aus Tatsachen, komplexen Ordnungen und dergleichen kurzschließend auf Gesolltheiten gefolgert wird, im Gewissen also, dank dessen wir uns die anfangs erwähnte Fähigkeit zutrauen, wenigstens in Einzelfällen zu wissen, was recht und unrecht ist, und das uns manchmal zu leise und meistens zu spät angibt, wie wir handeln oder — häufiger — wie wir nicht hätten handeln sollen. Im Gewissen, ja schon in jedem konkreten Sollenserlebnis, das und soweit es von jeder Seinserkenntnis kategorial völlig verschieden ist, erleben die Menschen, daß sie, so wie sie nun einmal geschaffen sind, einen letzten normativen ethischen (d. h. auf die inhaltliche Gesolltheit ihres Verhaltens bezogenen) Maßstab in sich besitzen oder, wenn er etwa unabhängig von ihrer Psyche gegeben sein sollte, jedenfalls zu erkennen vermögen.

Nicht erleben wir aber die gesuchte Grundnorm selbst. Sie ist uns jedenfalls nicht ohne weiteres bewußt — ebensowenig wie m. E. die Prinzipien der Identität, der Unverträglichkeit von Widersprüchen oder der Kausalität als solcher, die wir nur (ebenso wie die Grundnorm) „wie selbstverständlich" anwenden. Denn das Gewissen und noch deutlicher seine Tochter, das Rechtsgefühl, auf Grund dessen wir Interessenkollisionen beurteilen, gibt uns nur Entscheidungen in Einzelfällen an Hand, bietet also bereits — und nur — eine Anwendung der Grundnorm.

Um diese selbst als das Prinzip bewußt zu machen, das alle Entscheidungen des menschlichen Gewissens mitbestimmt, müssen wir von den individuellen Besonderheiten jener Gewissensentscheidungen abstrahieren. Dann gewinnen wir die unbewußte unmittelbare Erkenntnis, die ihnen allen zugrunde liegt. Es ist die Norm, daß d e m j e w e i l s o b j e k t i v w e r t v o l l e r e n m e n s c h l i c h e n I n t e r e s s e d e r V o r z u g z u g e b e n i s t.

Dies ist meiner Ueberzeugung nach der oft gesuchte Inhalt des „Sittengesetzes". Es ist eine Gegebenheit der menschlichen praktischen Vernunft, wie die Forderung der Widerspruchsfreiheit eine Gegebenheit der theoretischen Vernunft ist. Wie diese ist auch das Sittengesetz allgemeingültig — für Menschen —, und es ist zwingend gewiß, wenngleich nicht evident, sondern erst erschließend gewiß zu machen. Als Gegebenheit der menschlichen Vernunft ist das Gesetz selbst seiend; sein Inhalt aber ist ein Sollen, ein Gebot, eine Forderung, die von keiner weiteren Bedingung als dem Sosein des Menschen überhaupt abhängt. Es ist jedoch noch nicht ein kategorisches Gebot in dem Sinne, daß seine Befolgung unter allen Umständen strenge verbindliche Pflicht wäre.

Kategorisch in diesem strengen Sinne ist erst das oberste Prinzip des R e c h t e s, das Grundgebot der Gerechtigkeit. Dieses ergibt sich aus dem Sittengesetz als dessen übernächster Anwendungsfall, wenn wir nämlich abstellen auf das, was im Verhältnis aller Menschen untereinander diesen pflichtmäßig unbedingt geboten ist. Damit unterscheidet sich das Rechtsprinzip einerseits von dem T u g e n d p r i n z i p, das sich bezieht auf das Verhalten des Menschen hinsichtlich seiner selbst: Es gebietet, v o n k o l l i d i e r e n d e n E i g e n i n t e r e s s e n d e m o b j e k t i v w e r t v o l l e r e n d e n V o r z u g z u g e b e n, also sein Bestes zu tun. Andererseits ist das Rechtsprinzip unterschieden vom L i e b e s p r i n z i p, das sich auf die innere Haltung und auf das äußere Verhalten bestimmter Menschen gegenüber b e s t i m m t e n anderen Menschen bezieht und optativisch wünscht, e i n e m e i g e n e n I n t e r e s s e d a s o b j e k t i v w e r t v o l l e r e I n t e r e s s e des Geliebten, des Freundes, des

Kameraden, des „Nächsten" vorzuziehen, also dem anderen Gutes zu tun.

Demgegenüber bezieht sich das Rechtsprinzip nur auf das äußere Verhalten, aber auf dasjenige beliebiger Menschen untereinander, und ist dem Umfang und der Kategorität seiner Geltung entsprechend inhaltlich eingeschränkt auf das Gebot, auf die Verfolgung eigener Interessen insoweit zu verzichten, als dadurch die Befriedigung objektiv wertvollerer Interessen anderer Menschen vereitelt wird.

Es ist dies, wie besonders Leonard NELSON betont und nachgewiesen hat, nicht irgendeine Regel sozialen Verhaltens, sondern die einzige vom bloßen Dafürhalten und von der zufälligen Machtlage unabhängige objektive normative Bedingung menschlichen Gemeinschaftslebens.

Es ist ein kategorisches, d. h. insofern unbedingtes Gebot, als es jedem unmittelbaren sozialen Sollenserlebnis des Menschen zugrunde liegt, nichts anderes voraussetzt als das menschliche Vermögen praktischer Vernunft und nicht nur wie das Liebesprinzip etwas Wünschenswertes, sondern etwas praktisch Notwendiges fordert, das unter allen Umständen von jedermann getan werden kann und soll. Das bedeutet auch, daß einerseits jede aus ihm abgeleitete kategorische Pflicht durch die eigene Einsicht vernünftiger Wesen erkennbar sein muß, daß aber andererseits die Gültigkeit weder des Rechtsprinzips noch seiner richtigen Ableitungen von der tatsächlichen Anerkennung der Adressaten abhängt. Es ist also zwar „autonom", überläßt aber das rechtlich Gebotene nicht der so subjektiv-unsicheren, einseitigen und oft befangenen Stimme des Gewissens, sondern unterwirft es objektiver Prüfbarkeit.

Das Rechtsprinzip ist ferner synthetisch, insofern es über den bloßen Begriff des Rechts hinaus dessen Kriterium angibt, indem es auf die objektiven Werte der Interessen verweist. Damit ist es einerseits notwendige Bedingung des Wertes sozialer Handlungen, derart, daß Rechtswidrigkeit (unendlich) unwert ist, andererseits aber in seiner Anwendung abhängig von den Werten der auf dem Spiele stehenden Interessen.

Es ist also, wennschon synthetisch, doch nur formal in dem Sinne, daß es für sich allein nicht zur Entscheidung irgendeiner Rechtsfrage ausreicht. Dazu bedarf es — als Untersatz — eines Urteils über den objektiven Wert der im konkreten oder typischen Fall auf dem Spiele stehenden Interessen. Die angesichts der Gegebenheit eines für alle Menschen gleichen Sittengesetzes und Rechtsprinzips überraschende Möglichkeit unterschiedlicher Beurteilung von ethischen und Rechtsfragen durch verschiedene Menschen erklärt sich mithin daraus, daß die Beurteilenden entweder nicht alle für die Entscheidung wesentlichen Interessen in Rücksicht ziehen oder daß sie sie verschieden bewerten: So werden z. B. eigene Interessen lebhafter gespürt als fremde und daher perspektivisch vergrößert. Nur das Sollen des Rechtsprinzips ist also allgemeingültig; seine Anwendung aber hängt ab von den vorliegenden Interessen. Daher kann es keinen „naturrechtlichen" Rechts-Kodex geben. Vielmehr ist es möglich, daß zu verschiedenen Zeiten, Völkern und Orten Verschiedenes gleich rechtsverbindliche Pflicht ist. Nur hinsichtlich der historisch und ethisch konstanten Interessenkollisionen, wie z. B. bzgl. der Grundbeziehungen des bürgerlichen Rechtsverkehrs, ist also eine konstante konkrete „naturrechtliche" Normierung angängig. Im übrigen wechselt das objektive und subjektive Recht mit den betroffenen Menschen und gestattet, ja fordert seine Differenzierung nicht nur gemäß den verschiedenen Lebensumständen, sondern auch gemäß den verschiedenen Wert-Grundhaltungen der Völker, Stämme und Stände.

Dies erst recht, da das Rechtsgesetz nur limitierend ist. D. h. es gibt zwar die notwendige Bedingung der Rechtlichkeit an, läßt aber in dem dadurch gezogenen Rahmen einen Spielraum freier Gestaltung. Es gebietet nicht Interessenverfolgungen, sondern schränkt diese nur ein, und es verlangt manchmal, daß überhaupt eine Regelung getroffen wird, ohne doch vorzuschreiben, wie sie zu treffen ist — wenn nur nicht vergleichsweise minderwertige Interessen vorgezogen werden. Damit verbleibt die praktisch so überaus wichtige Möglichkeit sowohl der Vereinbarung des zwischen Privatparteien wie auch zwischen Völkern gültigen Rechtes (in Satzungen und Verträgen), als auch die örtlich und zeitlich verschiedener verwaltungsrechtlicher Regelungen (z. B. über die Maßsysteme oder Links- und Rechtsfahren).

Da das Recht das Verhalten der Menschen gegenüber anderen regelt und dadurch auf einen sozialen Zustand hinzielt, entzieht sich die für die Beurteilung der Tugend so entscheidende Gesinnung der unmittelbaren rechtlichen Beurteilung. Es ist rechtlich gleichgültig, ob das rechtlich Gebotene um der Pflichterfüllung oder ob es aus anderen Motiven — z. B. aus Angst vor Strafe — geschieht; wesentlich ist allein, daß es geschieht. Nur als Quelle des Verhaltens ist die Gesinnung — z. B. als Schuld — mittelbar auch rechtlich von Bedeutung. Aus dem gleichen Grunde kann das Recht erforderlichenfalls erzwungen werden. Andererseits ist Zwang nur insoweit rechtlich zulässig, als er notwendig ist, um den Rechtszustand zu wahren.

Doch gibt es auch eine Tugend der Gerechtigkeit. Sie besteht in der Gesinnung (inneren Haltung), im äußeren Verhalten dem rechtlich Gebotenen den Vorzug vor anderen Eigeninteressen zu geben, also das Rechtliche um der Pflicht willen zu tun.

Da sich ferner das Recht auf zwischenmenschliches Verhalten bezieht, genügt offenbar nicht die Bewertung der Interessen eines konkreten Menschen. Diese müssen vielmehr mit denen anderer verglichen und deshalb mit diesen „auf einen Nenner gebracht" werden. Dieses tertium comparationis ist die Gesamtheit der gleichen Eigenschaften der beteiligten Individuen. Es nimmt also mit deren Anzahl — und das heißt mit der Differenzierung (oder Verschiedenheit) ihrer Interessenwerte — an Gehalt ab. Stets jedoch bleibt dasjenige, was den Menschen als Menschen auszeichnet, d. i. hinsichtlich seiner Person-Werte: seine „Würde". Denn es ist kein Grund einzusehen und ergibt sich erst recht nicht aus unseren Prämissen, weshalb der eine Mensch mehr Anspruch auf Berücksichtigung seiner Interessen haben sollte als der andere.

Das erste aus dem Rechtsprinzip ableitbare, sonst unbedingte Gebot ist also die Forderung der Gleichheit der Würde der Menschen oder, sofern man den Menschen als Träger seiner Würde „Persönlichkeit" nennt, die Gleichheit der Persönlichkeit. Danach soll also auch für unseren Willen und für das Recht dasjenige gelten, was von unserer gesamten Erkenntnis vorausgesetzt wird — daß nämlich gleiche Gründe gleiche Folgen bedingen. Nicht besagt aber dieser Grundsatz, daß jeder Mensch gleich wie jeder andere behandelt werden solle. Er fordert vielmehr nur die Berücksichtigung der Gleichheit der Würde, das Absehen also von der numerischen Verschiedenheit der Person, nicht etwa die Gleichsetzung der verschiedenen Eigenschaften und Interessen der Menschen. Diese sollen vielmehr dem Rechtsgesetz zufolge ebenso verschieden berücksichtigt werden, wie sie ihrem objektiven Werte nach sind.

Gleiche Eigenschaften, Interessen und Umstände, kurz gleiche Tatbestände, sollen ferner — dem nämlichen Prinzip zufolge — auch gleiche Rechtsfolgen haben. Untereinander „gleich" sind dabei diejenigen Tatumstände, die unter denselben eindeutigen rechtsfolgebegründenden Tatbestandsbegriff fallen.

Hieraus folgt noch ein weiteres (analytisches) Postulat von außerordentlicher Wichtigkeit, das ich das der „Sachlichkeit" nennen möchte: Bei einer sittlichen oder rechtlichen Entscheidung sind nur diejenigen Faktoren zu berücksichtigen, welche den objektiven Wert der auf dem Spiele stehenden Interessen bestimmen. So sind z. B. Haarfarbe, Geschlecht oder Zugehörigkeit zu einer politischen Partei ohne Bedeutung für die Interessen, die bei einer Darlehnsschuld, einem Besitzrecht, einer Schankkonzession oder der Beseitigung eines polizeiwidrigen Zustandes auf dem Spiele stehen.

Eine weitere unmittelbare Folgerung aus dem Rechtsprinzip ist, daß es — anders als das Tugend- und das Liebesprinzip — nicht selbst Zwecke gebietet, sondern solche einschränkt, also in erster Linie Pflichten statuiert, nicht aber subjektive Rechte, die — von rechtstechnischer Konstruktion abgesehen — erst Reflexe der Pflichten anderer sind. Es wendet sich daher verpflichtend stets nur an vernünftige Wesen, gewährt Rechte aber auch allen übrigen Trägern von Interessen.

IV.

Damit ist die bei II gestellte Frage beantwortet: Was in einem konkreten bzw. typischen Falle gerecht ist, ergibt sich aus einem Schluß, dessen Obersatz, das Rechtsprinzip, gebietet, die Befriedigung objektiv wertvollerer Interessen anderer nicht zu vereiteln, und dessen Untersatz die Tatsache feststellt, daß in dem konkreten oder typischen Falle die Befriedigung eines objektiv wertvolleren Interesses nicht vereitelt wird. Dieser Untersatz ist seinerseits das Ergebnis einer Feststellung der kollidierenden Interessen der beteiligten Personen und eines Vergleichs des objektiven Wertes dieser Interessen für die beteiligten Personen in deren jeweiliger Lebenssituation.

Der Mittelbegriff ist also das objektive Wertverhältnis der Interessen, worunter hier einfachheitshalber auch die an „Mitteln", „Zwecken" und „Zielen" verstanden seien. Es ist aber nicht erforderlich, den objektiven Wert aller möglichen menschlichen Interessen zu ermitteln — so wünschenswert es auch wohl wäre, wenn das gelänge. Vielmehr genügt die Ermittlung des objektiven speziellen oder generellen Wert-Verhältnisses. Eben deshalb kann man auch bei objektiver Bewertung die den Beteiligten und ihren Lebenssituationen gemeinsamen Eigenschaften außer Betracht lassen.

In dem Maße freilich, in dem man von der Individualität eines konkreten Verhaltens oder einer konkreten Kollision zu typischen Interessenkollisionen typischer Menschen(gruppen) abstrahiert und die Geltung der entwickelten Normen entsprechend verbreitert (deren Adressaten vermehrt), muß man auch von der Individualität der Beteiligten absehen und die Frage nach dem objektiven Wert radikaler stellen. Schließlich kann man sogar die Umstände, soweit sie menschlicherseits verändert werden können, in Frage stellen und deren Veränderung in einem bestimmten Sinne als objektiv wünschbar nachweisen. Stets muß man jedoch den Grad der Abstraktion beachten und wahren, darf also nicht das konkrete Verhalten eines konkreten Menschen nach dem objektiven Wert eines typischen Verhaltens gewisser Menschentypen — und das gar unter zwar wünschbaren aber nicht gegebenen Umständen — beurteilen, solange nicht erwiesen ist, daß jene Konkretionen den Typen zugehören, für die der objektive Wert ermittelt wurde. Und entsprechend darf nicht umgekehrt die objektive Bewertung konkreter Verhaltensweisen auf typische übertragen (abstraktiv verwendet) werden, solange nicht die Zugehörigkeit des Konkreten zu dem Typus erwiesen ist.

Daraus folgt, daß auch die schlüssigen Folgerungen aus dem Rechtsprinzip nur jeweils für denjenigen Abstraktionsgrad gelten, für den der objektive Wert eines Verhaltens ermittelt wurde. Ein im strengen Sinne absolutes Sollen läßt sich also gar nicht, ein für alle Menschen in allen Situationen geltendes nur insoweit begründen, als objektive Werte für jeden Menschen als solchen, abgesehen von seiner Individualität und allen möglichen besonderen Lebenssituationen bestehen. Eine der wenigen derartigen Werte ist z. B. die Gerechtigkeit selbst. Und diese ist, wie dargelegt, eine von den beiden höchst komplexen Faktoren der beteiligten Persönlichkeiten und der Umstände abhängige Funktion.

Da es nun — auch abgesehen von jeder positiven Rechtsetzung, besonders aber für diese — weder genügt, auf die abstrakte Forderung der Gerechtigkeit zu verweisen, noch tunlich ist, das in allen möglichen konkreten Fällen für alle möglichen konkreten Personen verbindliche Sollen auch nur theoretisch zu formulieren, und man sich mit der Entwicklung des in typischen Fällen für Menschen gewisser typischer Arten Gesollten begnügen muß, kann mit der Spannung zwischen dem Typischen und dem Individuellen ein Problem auftauchen, das seit ARISTOTELES als das der Gerechtigkeit i. e. S. oder der Individualgerechtigkeit, auch „Billigkeit", verstanden wird. Es besteht auch für die Tugend- und für die Liebes-, besteht aber besonders für die Rechtslehre, weil die Allgemeinheit und Gleichheit der rechtlichen Gebote in personeller und in zeitlicher Hinsicht einer vollständigen Berücksichtigung der individuellen Momente zumindest pragmatisch entgegenstehen. Das theoretische Problem ist aber eigentlich nicht das der Erkenntnis des im individuellen Falle Gerechten, sondern das, wie denn angesichts der Verschiedenheiten der individuellen Personen und Situationen nicht nur die allgemeine und gleiche Geltung, sondern auch ein allgemein und gleich geltender Inhalt der Rechtsnormen möglich ist. Seine Lösung liegt in der Erkenntnis der Gleichheit individueller Interessen untereinander, der eine Gleichheit des Wertverhältnisses entspricht, und in einer richtigen und geschickten abstraktiven Typenbildung, die das „rechtlich Wesentliche", d. h. diejenigen Faktoren eindeutig erfaßt, die für das objektive Wertverhältnis entscheidend sind. Das ist die Aufgabe der Rechtserkenntnis.

Sie ist um so wichtiger, als bei der rechtlichen Normierung noch ein allgemeines Interesse im Spiele ist, das sich besonders aus der zeitlich anhaltenden Geltung gleicher (identischer) Gebote ergibt. Es ist dies das Interesse an der Rechtssicherheit, also das objektive Interesse aller Adressaten rechtlicher Normen an deren gleichmäßiger sozialer Geltung, das größer sein kann als das an der Individualgerechtigkeit, oder genauer: das bei der Ermittlung des objektiven Wertes eines Interesses mitberücksichtigt werden muß und daher ein ohne Rücksicht auf das Rechtssicherheitsinteresse höherwertiges Interesse in einer rechtlich entscheidenden Weise im Werte herabsetzen oder umgekehrt ein an und für sich minderwertiges Interesse rechtlich wertvoller machen kann. Es bleibt aber immer die Frage, ob jene Wertminderung oder diese Wertmehrung, die die konkreten Interessen einer Person den objektiven Rechtssicherheitsinteressen verdanken, ausreichen, um den objektiven Wert des Gegeninteresses zu unterbieten bzw. zu überbieten. So läßt auch die Rechtssicherheit die Möglichkeit, die Individualgerechtigkeit aus „Billigkeit" zu berücksichtigen.

V.

Alles dieses gewinnt erhöhte Bedeutung, wenn man berücksichtigt, daß das Rechtsprinzip nicht nur theoretische Ableitungen und Beurteilungen zuläßt, sondern selbst *fordert*, nämlich ein gewisses Verhalten und gar eine gewisse Ordnung. Das Gerechte soll *verwirklicht* werden; und nicht nur in dem einen oder anderen Einzelfall, sondern allgemein in der menschlichen Gesellschaft.

Wie *schwer* das ist, können wir daran ermessen, wie schwer es den Menschen gefallen ist und fällt, das Rechtsprinzip mit hinreichender Deutlichkeit zu erkennen, und erst recht das objektive Wertverhältnis der — bei einer staatlichen Ordnung bereits unendlich vielen — auf dem Spiele stehenden Interessen zu ermitteln, zumal der Wert dieser Interessen von Umständen, wie z. B. der Wirtschaftsform und sogar der Rechtsordnung selbst, abhängen, die menschlicherseits und insbesondere gerade durch die Rechtsordnung geändert werden können. Es ist schon nicht leicht einzusehen, daß die Gerechtigkeit Gleichheit gebietet, erst recht ist es ungeheuer schwer zu wissen, was denn angesichts der kaum übersehbaren Vielfältigkeit der Menschen und der Umstände rechtlich gleich ist, welche Verschiedenheiten sachlich zu berücksichtigen sind und wie radikal man die persönlichen Meinungen, die Ideologien und die sozial erheblichen Umstände in Frage stellen darf. Es genügt schon, sich zu vergegenwärtigen, welch unterschiedliche Ideologien über das Gerechte im Schwange waren, und daß die politische Geschichte der Menschheit ein steter Kampf um die Herstellung eines — meist nur vermeintlichen — Rechtszustandes war, um die Schwierigkeiten zu ermessen, mit denen die Verwirklichung der Gerechtigkeit zu kämpfen hat.

Sie beruhen zunächst auf den ständigen *Veränderungen* der sozialen Lebenssituationen, der Bevölkerungsdichte, der sozialen Mächte, der Wirtschaftsstruktur usw., die einer rechtlichen Dauerordnung entgegenstehen und oft genug revolutionäre Rechts-Umbrüche notwendig machen, wenn die Ungleichheit zu groß geworden ist.

Die Schwierigkeiten der Rechtsverwirklichung beruhen zweitens auf den Schwierigkeiten hinreichender *Einsicht* der Verpflichteten in das, was dennoch kategorisch von ihnen verlangt wird. Die Rechtsverwirklichung und damit insbesondere der im konkreten Falle Berechtigte — bliebe also dem Zufall (nämlich der zufälligen Einsicht des Verpflichteten) überlassen, wenn das, was rechtens ist, nicht *öffentlich ausgesprochen* werden würde, damit jedermann sich danach richten und im Streitfalle auf einen eindeutigen Text verweisen kann. Der allgemeine und abstrakte Ausspruch dessen, was recht ist, durch den Gesetzgeber kann sich freilich nur auf typische Interessenlagen beziehen: Er wird daher, wenn die Typen nicht sehr geschickt gebildet sind, der Individualgerechtigkeit manchmal nicht entsprechen. Hier die Brücke zu schlagen, ist Sache der Gerichte. Gelingt das nicht — etwa weil dem der klare Wortlaut des Gesetzes entgegensteht, an den der Richter gebunden ist —, dann wird i. d. R. das Interesse jedermanns an einer gesetzlichen Schematisierung wegen der damit gegebenen Rechtssicherheit und Berechenbarkeit den Ausschlag geben.

Jedenfalls ergeben sich durch den autoritativen Ausspruch dessen, was in typischen Fällen rechtens ist, mit Nachdruck alle die Probleme und Schwierigkeiten, die eben bei IV schon für die theoretische Beurteilung von Rechtsfragen angedeutet wurden. Sie werden noch verstärkt durch die praktische Unvermeidlichkeit, die Normen in Rechtssätzen begrifflich zu formulieren und aufeinander abzustimmen. Diese Rechtssätze haben, sofern sie nicht bloß definitorisch sind, die Form von Konditionalsätzen, durch die ein Tatbestand einer Rechtsfolge zugeordnet und angegeben wird, ob und welchem Subjekt der rechtsfolgebedingte Tatbestand zuzurechnen, sowie welches Subjekt den Rechtsfolgetatbestand zu setzen verpflichtet oder berechtigt wird. Dabei ist rechtstechnischen Zweckmäßigkeiten Rechnung zu tragen, die z. B. zu einer besonderen Rechtssprache, zur Zusammenfassung komplizierter Interessenanlagen und Rechtsverhältnisse in Abbreviationen, wie etwa der der Juristischen Person, zu fiktiven Gleichsetzungen von Verschiedenem oder zu sublimen Unterscheidungen von begrifflich Gleichem führen. Darüber bleibt dann oft der rechtspolitische Sinn der Rechtssätze so sehr im Dunkeln, daß man nicht mehr zu erkennen vermag, welche Interessen der Gesetzgeber in Rücksicht gezogen hat und wie er die einzelnen Tatbestandsmomente bewertet. Denn dies ist ja nach allem Gesagten seine Aufgabe: die in typischen Fällen kollidierenden Interessen derart objektiv zu bewerten, daß in der Rechtsfolge das minderwertige zurückgedrängt wird. Auch wenn es ihm gelingt, das danach rechtlich Wesentliche im Tatbestand exakt zu erfassen und daran die rechtlich gebotene (gerechte) Rechtsfolge zu knüpfen, stößt die Auslegung und Anwendung der Rechtssätze immer wieder auf Schwierigkeiten, die um so größer sind, je kasuistischer die Rechtssätze gefaßt sind (besonders also beim Praejudizienrecht), weil dann die Beurteilung nicht geregelter, insbesondere atypischer Fälle mit den begrifflichen Mitteln des Gesetzes nicht mehr möglich ist. Gelingt es gar dem Gesetzgeber oder dem Praejudiz nicht, das für das Wertverhältnis der kollidierenden Interessen Wesentliche zu erfassen, dann sind „begriffsjuristische" Verfehlungen nicht nur der gerechten Fallentscheidung, sondern auch der Rechtssicherheit vollends kaum zu vermeiden. Die größte Gefahr aber, die der Verwirklichung der Gerechtigkeit durch die zur Herstellung und Erhaltung des Rechtszustandes doch schwer entbehrlichen Gesetzgebung droht, liegt darin, daß der Gesetzgeber viel eher als ein (Praejudizien-) Gericht seine Autorität als Verkünder des Rechts dazu mißbraucht, um etwas, was nicht Recht (i. S. v. gerecht) ist zu fordern, z. B. eine ungerechtfertigte Bevorzugung seiner eigenen Interessen oder der einer qualitativ oder auch nur quantitativ ausgezeichneten Personengruppe.

Auch abgesehen von solchem Amtsmißbrauch des Gesetzgebers erwächst der Verwirklichung des Gerechten aus der Böswilligkeit der Menschen und ihrem Egoismus eine — dritte — allgemeine Gegnerschaft. Denn die Rechtsverwirklichung hängt nicht nur ab von der Einsicht, sondern auch von der Bereitschaft der Menschen und der Fähigkeit ihres Willens, sich durch die Einsicht in das Gesollte bestimmen zu lassen. Eben daran fehlt es nicht selten. Deshalb muß sich das bloß normative Recht mit der faktischen Macht verbinden, wenn es in der durchweg von Mächten bestimmten sozialen Seinswelt Geltung erlangen soll. Und es soll sie erlangen, weil es ja ein kategorisches Gebot ist.

Es ist daher eine Forderung der Gerechtigkeit selbst, daß es in der menschlichen Gesellschaft Mächte gibt, die sich die Verwirklichung des Rechtszustandes zum Zweck setzen und diesen Zweck notfalls mit Zwang durchsetzen. In diesem und nur in diesem Zweck der Verwirklichung des Rechtszustandes findet der Staat seine objektive Rechtfertigung als „Rechtsstaat".

Grenzen der Kriminalpolizei

Von Prof. Dr. Gustav Radbruch, Heidelberg

Goethe hat in seinem Egmont (IV. Aufzug, Jubil.-Ausg. Bd. 11, S. 295 f.) die Gefahren des Inquisitionsprozesses für den Inquisiten anschaulich geschildert. Er zeigt, wie der Inquirent „einen ehrlichen Teufel zum Schelmen verhöre". Auf die naive Frage: „Was wollen sie denn herausverhören, wenn einer unschuldig ist?" gibt der so Befragte die Antwort: „Wo nichts herauszuverhören ist, da verhört man hinein. Ehrlichkeit macht unbesonnen, auch wohl trotzig. Da fragt man erst sachte weg, und der Gefangene ist stolz auf seine Unschuld, wie sie's heißen, und sagt alles grad zu, was ein Verständiger verbärge. Dann macht der Inquisitor aus den Antworten wieder Fragen und paßt ja auf, wo irgend ein Widersprüchelchen erscheinen will; da knüpft er seinen Strick an, und läßt sich der dumme Teufel betreten, daß er hier etwas zu viel, dort etwas zu wenig gesagt, oder wohl aus Gott weiß was für einer Grille einen Umstand verschwiegen hat, auch wohl irgend an einem Ende sich hat schrecken lassen — dann sind wir auf dem rechten Weg! . . . So ein Schelmenfabrikant künstelt aus kleinen, schiefen, verschobenen, verrückten, verdrückten, geschlossenen, bekannten, geleugneten Anzeichen[1]) und Umständen sich endlich einen strohlumpenen Vogelscheu zusammen, um wenigstens seinen Inquisiten in effigie hängen zu können."

Der moderne, reformierte Strafprozeß hat sich durch solche Erfahrungen veranlaßt gesehen, dem Angeklagten die vollen Rechte einer Partei im Strafprozeß zu gewähren, insbesondere das Recht, auf die Anklage zu schweigen, und die Unzulässigkeit, ihn wegen einer Lüge zu bestrafen. Freilich spricht unsere Strafprozeßordnung dieses Recht in sehr unbestimmten Worten aus. Der Beschuldigte sei zu befragen, ob er etwas auf die Beschuldigung erwidern wolle (§ 136). Es wird also dem feinen Gehör des Beschuldigten zugemutet, aus der Form der Frage, „ob er etwas", nicht: „was er", auf die Beschuldigung erwidern wolle, herauszuhören, daß er nicht zu antworten brauche. Es wird ihm nicht gesagt, daß ihm das Recht der Aussageverweigerung zustehe, ebensowenig, daß die Aussage, zu der er sich freiwillig verstehe, gegen ihn benutzt werden könne. Nirgends ist weiterhin zum Ausdruck gebracht, daß ihm aus seinem Schweigen oder Leugnen Nachteile nicht erwachsen können, vielmehr hat die Rechtsprechung ange-

[1]) „Anzeigen" im Sinne der Carolina, also „Indizien".

nommen, daß Schweigen als Indiz verwertet werden, „hartnäckiges" Leugnen zur Straferhöhung, „reumütiges" Geständnis zur Strafverminderung dienen könne. Vor allem aber soll diese Bestimmung nur für die richterliche Vernehmung gelten, für den Amtsrichter im vorbereitenden Verfahren, für den Untersuchungsrichter und in der Hauptverhandlung vor dem erkennenden Gericht (§ 243 Abs. 3). Für den Staatsanwalt ist einseitiges Hinwirken auf ein Geständnis bei einer Vernehmung des Beschuldigten in noch weniger bestimmter Weise ausgeschlossen, nämlich durch die Verpflichtung, „nicht bloß die zur Belastung, sondern auch die zur Entlastung dienenden Umstände zu ermitteln" (§ 160, Abs. 2). Vollends ist der Polizei das Hinwirken auf ein Geständnis nicht ausdrücklich verboten und wird deshalb vielfach als zulässig angesehen.

Ministerialrat I. G. Wilhelm, Stuttgart, sagt in seiner sonst so verdienstlichen „Einführung in die praktische Kriminalistik" (S. 81): „Die hohe Beweiskraft, die man mit Recht dem Geständnis beimißt, beruht auf der Erwägung, daß der Verdächtige sich im allgemeinen nur dann als schuldig bekennen wird, wenn er sich tatsächlich als schuldig fühlt." Sollte es nicht gerade angesichts des übermäßigen Vertrauens, das man dem Geständnis entgegenbringt, sich empfehlen, die mit der Kriminalpolizei befaßten Beamten auf die berechtigten Zweifel auch gegenüber dem Beweiswert von Geständnissen nachdrücklich hinzuweisen? Es gibt im Strafverfahren angesichts der völlig abnormen Lage der Beschuldigten und besonders der verhafteten Beschuldigten auch nach Beseitigung der Folter mannigfache, dazu noch schwer durchschaubare Motive zu unwahren Geständnissen. Man lasse das massenhafte Material an Fehlsprüchen der Strafgerichte, gerade auch in Fällen des Geständnisses, wie es in dem Buche des einstmals berühmten Strafverteidigers Erich Sello (Die Irrtümer der Strafjustiz und ihre Ursachen, 1911) aufgehäuft ist, auf sich wirken; man setze sich mit den fein einfühlenden Ausführungen des großen Begründers der Kriminalistik, Hans Gross, über die Fragwürdigkeit des Geständnisses (Kriminalpsychologie, 2. Aufl. 1905, S. 36 ff.) auseinander; und man greife vielleicht zeitlich noch weiter zurück zu den Ausführungen des alten Mittermaier (Das deutsche Strafverfahren, Teil I 1845, § 100 ff., und schon Lehre vom Beweise, 1834, § 31 ff.), die weit mehr, als es heute üblich ist, über die rein juristische Betrachtung hinausgehend auch die gerechte und zweckmäßige Handhabung des Strafprozesses würdigen. Auch ein Aufsatz Moritz Liepmanns über die Psychologie der Vernehmung des Angeklagten ist noch heute lesenswert (Z. Bd. 44, 1924, S. 647 ff.).

Die Geschichte der Beweislehre hat im Hinblick auf das Geständnis zwei große Wandlungen vollzogen: zunächst hat der rechtsstaatliche, der sog. „reformierte" Strafprozeß den Indizienbeweis zugelassen und damit das Geständnis, im Inquisitionsprozeß die regina probationum, in die zweite Linie gerückt; sodann hat in unserer Zeit einerseits die Psychologie der Aussage, andererseits das Fortschreiten der Kriminaltechnik, der gerichtlichen Chemie, der gerichtlichen Medizin ganz allgemein die persönlichen Beweismittel (Geständnis und Zeugen) hinter den sächlichen Beweismitteln, den Augenscheinsobjekten, in ihrem Beweiswert zurücktreten lassen. Es ist unverkennbar, daß sich zur Zeit eine gefährliche Neigung zeigt, von neuem den Beschuldigten als Beweismittel gegen sich selbst auszunützen. Ist doch das Geständnis nicht nur die bequemste, sondern auch die für das Gewissen beruhigendste unter allen Formen des Beweises. Freilich ist es nicht das Geständnis im strengen Sinne, das jetzt eine neue Umwertung erfährt, vielmehr bestimmte unbewußte und ungewollte Aeußerungen des Beschuldigten. Als vor Jahrzehnten solche Methoden erstmalig auftraten, in Gestalt der psychologischen Tatbestands-Diagnostik und der Hypnose, war das rechtsstaatliche Prozeßdenken noch stark genug, um ihre praktische Anwendung zu verhindern. Die Versuchungen, die heute in gleicher Richtung wirksam sind, in Nachwirkung von Gestapo-Methoden, aber auch unter dem Einfluß amerikanischer Bräuche und Mißbräuche, bedeuten dagegen eine ernste Gefahr für das rechtsstaatliche Ethos unseres Strafprozesses. Zwei solche Methoden sind hier gemeint: die Anwendung gewisser Drogen (Eunarkon, Evipan u. a.), die eine Enthemmung und damit eine erhöhte Geständnisbereitschaft hervorzurufen geeignet sind, und der Lie-Detector (Lügen-Entlarver), ein Apparat, der zugleich die Atmung, den Puls und den Blutdruck mißt, aus deren Kurven man die steigende Erregung des Beschuldigten und damit Symptome seiner Unwahrhaftigkeit entnehmen zu können meint. Auch wenn dies Methoden völlig unzweifelhafter Wahrheitsfindung wären (was keineswegs zutrifft), müßten sie als ein Geständniszwang, als ein Rückfall in den Inquisitionsprozeß, als ein Verrat am rechtsstaatlichen Prozeßdenken zurückgewiesen werden. Dies ist auch jüngst in einem Karlsruher Fall geschehen, der durch die Anwendung von Eunarkon seitens eines psychiatrischen Sachverständigen zu einer großen Beunruhigung weiterer Kreise geführt hatte, während in dem sog. Penthotal-Prozeß in Paris solche Methoden, wenn sie nur diagnostischen Zwecken, nicht der Ueberführung des Angeklagten dienen sollen, für zulässig erklärt worden sind (Schweizer Z. f. Strafr. Bd. 64, 1949, S. 235 ff.). Eunarkon, Evipan und ähnliche unzulässige Mittel können wohl nur durch Sachverständige Anwendung finden, der Lie-Detector aber ist gerade deshalb so gefährlich, weil ihn auch die Polizei verwenden könnte.

Für die Polizei käme anders als für den Richter die Anwendung solcher Mittel in Betracht, wenn diese, wie es eine verbreitete

Meinung ist, nicht an die gleichen strengen Vorschriften über die prozessuale Behandlung des Beschuldigten gebunden wäre. Wilhelm gibt diese weitverbreitete Lehre zutreffend wieder, wenn er (S. 81 f.) sagt: „Im Gegensatz zum Richter ist die Polizei aus ihrer Stellung im Strafprozeß heraus berechtigt, auf ein Geständnis hinzuwirken". Außer dem § 343 StGB. (Geständnis-Erpressung) seien der Polizei rechtliche Schranken nicht gezogen. Diesem Rechtszustande gegenüber hätten die strengen rechtlichen Bindungen der englischen Kriminalpolizei Erwähnung und Würdigung finden sollen. Nach englischem Recht ist der Polizei jedes Hinwirken auf ein Geständnis verboten. Nach richterlich formulierten Grundsätzen aus dem Jahre 1918 darf in England die Polizei zwar, solange sie noch nicht einen bestimmten Verdächtigen als solchen ins Auge gefaßt hat, jede Person in bezug auf ein begangenes Verbrechen befragen, jedoch ohne feindlich in sie zu dringen, der Beschuldigte als solcher, insbesondere der verhaftete Beschuldigte, ist dagegen auf das Recht der Aussage-Verweigerung hinzuweisen; auch darf nicht durch In-Aussicht-Stellen prozessualer Nachteile oder Vorteile auf ein Geständnis gedrungen werde. Ein Geständnis ist schon dann unbeachtlich, wenn es unter dem Einfluß einer so scheinbar harmlosen Wendung abgegeben ist, wie der: „Es könnte besser für Sie sein, die Wahrheit zu sagen, als zu lügen". (Kenny, Outlines of Criminal Law, 13. Ed. 1929, S. 400 ff.; August Wimmer, Einführung in das engl. StrafVf., Bonn 1947, S. 26 f.) Man möchte bei uns ein solches Verfahren für unvereinbar mit den Aufgaben der Kriminalpolizei erklären, aber die englische Statistik kann gegen solche Zweifel auf unumstößliche Tatsachen hinweisen: fast die Hälfte der Angeklagten, die vor die Schwurgerichte kamen, im Jahre 1899 48½ Prozent, plädierten selbst auf schuldig (Hermann Kantorowicz, Der Geist der engl. Politik, 1929, S. 112). Man sollte auch bei uns es als Grundlinie für das Verhalten der Kriminalpolizei dem Schuldigen gegenüber festlegen, daß das Geständnis nicht als Ersatz für mangelnde andere Beweise erstrebt werden dürfe, sondern nur als Bestätigung eines geführten Indizienbeweises, daß also die einzige Einwirkung auf den Beschuldigten in der Richtung auf ein Geständnis in der Vorhaltung des erdrückenden Ergebnisses bereits festgestellter Tatsachen bestehen dürfe.

„Die — außer der gesetzlichen (StGB. § 343) — einzige Schranke hierbei (d. h. für das Hinwirken auf ein Geständnis), ist die Rücksicht auf Moral und Anstand und auf die Würde des Staates: sie dürfen niemals verletzt werden." Mit diesen schönen Worten des mehrfach zitierten Autors sind selbstverständlich Lockspitzelmethoden, die Verwendung von agents provocateurs, uneingeschränkt verworfen. Aber Wilhelm macht (S. 82), wenn auch mit fühlbaren Bedenken, das Zugeständnis, daß „kleine Kriegslisten" gestattet seien, z. B. „die Verbringung eines Vigilanten in die Zelle des Beschuldigten, um sein Vertrauen zu gewinnen, ihn auszuhorchen, Aufträge entgegenzunehmen". Aber mit Recht hat schon der alte Mittermaier solche Methoden verworfen (Strafverfahren I S. 605): „Verabredung mit anderen Gefangenen, um einen Angeschuldigten auszuholen, oder selbst listige Veranstaltungen zu solchem Zweck entwürdigen die Rechtspflege." Aber nicht nur „Rücksicht auf Moral und Anstand als solche ist es, die ein derartiges Vorgehen verbietet, vielmehr fordern schon die eigenen letzten Zwecke der Kriminalpolizei dasselbe wie jene Bindung an Moral und Anstand. Zweck der Kriminalpolizei ist ja nicht bloß die Feststellung einer Straftat und ihres Täters, die Ueberführung des Täters dient vielmehr mittelbar dem höheren Zwecke, dem die Strafrechtspflege selbst zu dienen hat, mag er nun als Vergeltung und Sühne oder als Besserung und Erziehung verstanden werden. Sowohl die Vergeltung wie die Besserung durch die Strafe setzen voraus, daß die Ueberführung mit sauberen Händen bewirkt wurde, daß schon die in der Polizei verkörperte Staatsgewalt dem Beschuldigten in unanzweifelbarer sittlicher Ueberlegenheit gegenüberstand — sonst kann die Vergeltung nicht zu einer vom Bestraften schuldbewußt hingenommenen Sühne werden, sonst bleibt Besserung ein selbstgerechtes Wort ohne wirklichen erziehlichen Gehalt. Ein durch unlautere Methoden überführter Rechtsbrecher bleibt der Sühne wie der Erziehung unzugänglich, und die Kriminalpolizei, die solche Ueberführungsmittel angewendet hat, arbeitet gegen ihre eigenen Ziele, die Endziele der ganzen Strafrechtspflege, denen, genau wie der Staatsanwalt und der Richter, auch die Polizei zu dienen hat.

Man tut gut, in diesem Zusammenhange sich zu besinnen auf die schwere ethische Gefahr, die im Wesen der Kriminalpolizei enthalten ist. Wie die Art des Angriffs stets bestimmend ist für die Art der Verteidigung, so verstrickt das Verbrechen nur allzu leicht den, der es bekämpft, in die gleiche unsaubere Sphäre. Franz Werfel sagt in seinem großen Roman „Das Lied der Bernadette" mit einer gewissen Zuspitzung: „Es bildet eine alte Erfahrung, daß die Denkart des Kriminalisten mit der Denkart des Kriminellen in untergründigem Zusammenhang steht. Polizisten und Verbrecher sind ja in gewissem Sinne Berufsgenossen, der agent provocateur aber, der Lockspitzel, verkörpert gleichsam die Mitte, in welcher die beiden Seiten dieses Berufs sich ausgleichen." Das soll kein Werturteil sein, sondern nur die Warnung vor einer Gefahr, die um so nötiger ist angesichts tief bedauerlicher Fälle der Anwendung des „third degree", die wir gerade in Prozessen, die ein Vorbild einwandfreier prozessualer Methoden hätten sein sollen, jüngst erlebt haben.

Die Bestimmung über die richterliche Vernehmung des Beschuldigten erwies sich uns als von Halbheiten, um nicht zu sagen: von Unehrlichkeiten umgeben. Diese Unehrlichkeiten erreichen ihren Höhepunkt, wenn, wie es verbreitete Meinung ist, auch die engbegrenzten Sicherungen für die richterliche Vernehmung des Beschuldigten der Kriminalpolizei gegenüber unmaßgeblich sind. Das bedeutet nämlich, daß de erkennende Richter Geständnisse verwenden darf, die durch Mittel erzielt worden sind, die er selbst anzuwenden nicht berechtigt gewesen wäre. Dieser angebliche Rechtszustand erweckt den Eindruck, als hause die Strafrechtspflege in der Beletage, in welcher gepflegte Umgangsformen herrschen, die Kriminalpolizei aber in der Kellerwohnung darunter, in der rauhere Sitten üblich sind. Die Kriminalpolizei sollte sich mit der Auffassung durchdringen, daß, was der Rechtspflege nicht würdig ist, auch unter ihrer eigenen Würde sei, daß die Kriminalpolizei die Würde des Staates genau so zu repräsentieren habe wie die Rechtspflege, daß sie wie jene das Maß sittlicher Ueberlegenheit über den Rechtsbrecher bewahren müsse, das erforderlich ist, wenn das Strafrecht ihm nicht als bloße Macht entgegentreten soll, vielmehr den höheren Standpunkt einer vergeltenden und erziehenden Sendung ihm gegenüber vertreten will.

Aber die weniger gebundene Rechtsstellung der Polizei ist nicht nur vom Standpunkt des Prozeßethos zu verwerfen, vielmehr schon de lege lata, auf Grund einer zwingend gebotenen Auslegung des geltenden Rechts, die sich freilich nicht einzelner Paragraphen bedienen kann, jedoch sowohl in dem Wesen unseres rechtsstaatlichen Strafprozesses wie in der Idee der Menschenwürde, wie sie in unseren neuen Verfassungen verbrieft wird, fest gegründet ist. Der Paragraph 136 StPO. ist, obgleich er unmittelbar nur dem Richter gilt, nicht mittels des argumentum e contrario auszulegen, sondern per analogiam, d. h. auf alle Prozeßbeteiligten zu erstrecken, auch auf den Sachverständigen, auch auf die Staatsanwaltschaft und die Polizei. Die Idee des § 136 hat freilich eine tief paradoxe Natur: die beiden höchsten Werte, denen die Rechtspflege dient: Wahrheit in der Feststellung der tatsächlichen Voraussetzungen einer Rechtsfolge, Gerechtigkeit in der Auswahl dieser Rechtsfolge selbst, die beiden hohen Schwestern Wahrheit und Gerechtigkeit geraten in unserer Frage miteinander in Gegensatz. In diesem Kampfe zwischen einer rücksichtslosen Wahrheitserforschung mit allen Mitteln und der Wahrung der Menschenwürde des Beschuldigten, die es verbietet, ihn als bloßes Objekt des Verfahrens zu behandeln, nur als ein Beweismittel gegen sich selbst, hat die Gerechtigkeit den Vorrang zu beanspruchen.

Dieser Aufsatz mündet unversehens aus in Lehren, wie sie Wilhelm Sauer in seinem großen Werke „Grundlagen des Prozeßrechts" entwickelt hat. Denn der Grundgedanke dieses Werks ist doch wohl die weise Abwägung zwischen der Auffassung des Prozesses als eines rein prozessualen Rechtsverhältnisses und seiner Zweckbestimmung als Verwirklichung und Gestaltung materiellen Rechtes. Aber nicht nur der sachliche Gehalt dieses Werkes verbindet mich mit diesem Buche, vielmehr auch eine persönliche Beziehung: ist es doch dem Bruder des Verfassers gewidmet: Dr. Franz Sauer, Ministerialrat im einstigen Reichsjustizministerium. In seiner Persönlichkeit stellte sich der hohe geistige und ethische Rang dieser Behörde gestalthaft dar. Er gehörte nicht zu denen, die nur ein Amt hatten, aber keine Meinung. Gerade ein Beweis seines Freimuts war es, der die Achtung und Sympathie begründete, in denen ich während unserer gemeinsamen Arbeit dauernd mit ihm verbunden geblieben bin.

Organisationsverbrechen, Gruppenkriminalität und Kollektivschuld in Theorie und Praxis des 13. Jahrhunderts

Von Gotthold Bohne

Die Begriffe „Organisationsverbrechen", „Gruppenkriminalität", „Kollektivschuld", „verbrecherische Organisationen" u. a. sind durch Art. 9 und 10 des Statuts für den Intern. MGH., durch das KRGes. Nr. 10 v. 20. 12. 45 (Art. II zu 1d), die MRVO. Nr. 69, das Nürnberger Urteil gegen die Hauptkriegsverbrecher v. 30. 9./1. 10. 46 und durch die Tätigkeit der Spruchgerichte so sehr in den Vordergrund des Interesses aller Kriminalisten, ja aller Juristen überhaupt getreten, daß sich die Frage nach historischen Vorbildern geradezu aufdrängt. Dies um so mehr, als in den zahlreichen Untersuchungen zur Klärung der begrifflichen Schwierigkeiten, vor allem der materiell-rechtlichen Grundlagen, eine Anknüpfung an frühere strafrechtliche Tatbestände ähnlicher Art oder an ähnliche Haftungsprinzipien nie versucht worden ist, abgesehen von den Versuchen einer Erklärung aus der conspiracy, die aber auch nicht über die zweite Hälfte des vorigen Jahrhunderts zurückreichen[1]). Daß es sich dabei aber keineswegs um Probleme handelt, die nur die Gegenwart so leidenschaftlich bewegen und erregen, zeigt ein Rückblick in Zeiten, die ähnliche kriegerische Ereignisse, Empörungen, Revolutionen erleben mußten, wenn auch in weit geringerem Umfang als die Gegenwart, und in denen es auch zu vollkommener Unterwerfung von Stadtstaaten und Ländern kam, bei der die volle Rechtshoheit auf den Sieger überging.

Im folgenden soll keine zusammenfassende Darstellung der Probleme der Gruppenkriminalität und der Kollektivhaftung gegeben werden. Es sei lediglich im Anschluß an eine Gandinusstelle ein historischer Vorgang aus dem Konflikt zwischen Friedrich II. und seinem ältesten Sohn Heinrich (VII.) herausgegriffen, der Anlaß zu einer erneuten Beschäftigung auch der Theorie mit diesen Fragen gegeben hat, wobei sich zeigen wird, daß diese Fragen für Theorie und Praxis des 13. Jahrhunderts keineswegs neu waren.

In Quaestio 13 der Rubrik „De homicidiariis et eorum pena" findet sich im „Tractatus de maleficiis" des Albertus de Gan-

---

[1]) Vgl. dazu u. a. Haensel, Das Organisationsverbrechen, 1947, S. 32 ff., und vor allem Schönke, Einige Bemerkungen über die conspiracy im englischen und amerikanischen Strafrecht, DRZ. 2, 1947, S. 331 ff., mit ausgiebigen Nachweisen aus englischen und amerikanischen Autoren.

dino aus Crema[2]) (geb. um 1245, gest. nach 1311) — und zwar in der zweiten und dritten Ausgabe dieses Traktats[3]) — folgende Stelle:[4])

„Sed quero: qualiter punietur universitas civitatis, castri vel ville, tale maleficium committens? Et certe cives seu municipes videntur non puniendi, sed excusandi, quia iussu magistratus sive civitatis, ville vel castri voluntate id fecerunt, et est pro eis ff. de aqua pluvia arcenda l. „quamquam" (D. 39, 3, 4) et ff. de regulis iuris l. „non videntur" §, „qui iussu" (D. 50, 17. 167, 1). Et hac ratione motus dominus Federicus imperator dicitur pepercisse ambassiatoribus Lombardie, quos cepit, qui contra eum missi erant in Alemaniam pro discordia concitanda inter eum et filium eius Henricum, quia iverant de precepto suarum potestatum et suorum communium."

Schon Hermann Kantorowicz ist diese Stelle aufgefallen, und er hat das, was historisch an ihr bemerkenswert erschien, in einer besonderen Interpretation niedergelegt[5]), ohne jedoch damals ahnen zu können, wie aktuell die hierzu auftauchenden Fragen noch werden würden. Um den rechtshistorischen Gehalt dieser Stelle voll werten zu können, bedarf es eines etwas näheren Eingehens auf die Vorgänge, die 1235 zu einer Gefangennahme der Gesandten des Lombardischen Bundes durch Friedrich II. geführt haben, d. h. der Abgesandten und Vertreter einer „Organisation", die sich seinem aufständischen Sohn Heinrich zu hochverräterischer Hilfeleistung verbunden und verpflichtet hatte[6]).

Das Zerwürfnis zwischen Friedrich II und seinem ältesten Sohn Heinrich (VII.) hatte begonnen, als Friedrich es unternahm, die Zügel

[2]) Ueber seine Person, sein Leben und Werk vgl. die ausgezeichneten Untersuchungen von Herm. Kantorowicz, Alb. Gandinus und das Strafrecht der Scholastik (Bd. I, 1907; Bd. II. 1926), die im 2. Band eine vorzügliche kritische Ausgabe des Traktats enthalten; ferner Z. Sav.-Stftg. Rom. Abt. 42, 1921, 1—30; 43, 1922, 1—44; 44, 1924, 224—358; Ztschr. f. d. ges. Straf. Wiss. 44, 1923, S. 97—130. Dazu Bohne in Krit. Vjrschr. f. Gesetzg. u. Rechtsw. XXII, S. 370 ff.

[3]) 2. Ausg. Siena 1299; 3. Ausg. Perugia 1300. In der 1. Ausg. Perugia 1286 ist diese Quaestio noch nicht enthalten. Vgl. dazu Kantorowicz, Mitt. d. Oest. Instit. f. Geschichtsforsch. 31, 1910, S. 438 ff.

[4]) Vgl. Kantorowicz, Alb. Gandinus, II, 1926, S. 290.

[5]) Mitt. d. Oest. Instit. f. Geschichtsforsch. 31, 1910, S. 438 ff.

[6]) Vgl. zum folgenden vor allem Ed. Winkelmann, Die Wahl König Heinrich (VII.), seine Regierungsrechte und sein Sturz. Forsch. z. dtsch. Gesch. I, 1862, S. 11 ff. Jos. Rohden, Der Sturz Heinrichs (VII.). Ebd. XXII, 1882, S. 353 ff. P. Reinhold, Die Empörung König Heinrichs (VII.) gegen seinen Vater. Lpz. Histor. Abh. XXV, 1911. Hampe, Kaiser Friedrich II. in der Auffassung der Nachwelt, 1925. Ders., Deutsche Kaisergeschichte in der Zeit der Salier und Staufer, 8. Aufl. bearb. v. Fr. Baethgen, 1943. Ernst Kantorowicz, Kaiser Friedrich der Zweite, 2. A. 1928, S. 342 ff., 367 ff. E. Franzel, König Heinrich (VII.) v. Hohenstaufen, 1929. Stolte, Deutschland wider Sizilien, 1937.

der Regierung auch jenseits der Alpen wieder fest in seine Hand zu nehmen, nachdem er die von Innocenz III. und auch dessen Nachfolger Honorius III. angestrebte Trennung zwischen Deutschland und Sizilien nicht durchzuführen gesonnen war. Denn anstatt Heinrich als König von Sizilien dieses Land selbständig verwalten zu lassen und sich auf Deutschland zu beschränken, ließ er Heinrich im April 1220 zum deutschen König wählen[7]), behielt sich aber in Deutschland so viele Rechte vor, daß die Rechte der Regentschaft und später (seit 1228) auch die persönlichen Rechte Heinrichs außerordentlich beschränkt waren[8]) und Friedrich selbst die Regierung in Deutschland völlig in der Hand hatte, auch als er wieder nach Italien zog[9]). Vor allem nach dem Frieden von Ceperano kümmerte sich Friedrich besonders intensiv um die innerdeutschen Verhältnisse[10]), und damit setzten auch verstärkt die Spannungen zwischen Vater und Sohn ein. Heinrich hatte inzwischen eine durchaus selbständige Politik begonnen, die besonders in einer dauernden Begünstigung der Städte bestand, und kam dadurch auch in einen immer stärkeren Gegensatz zu den deutschen Fürsten, auf die Friedrich seinerseits sich zu stützen für notwendig fand[11]). Friedrich tat alles, um diesen für den Bestand Deutschlands so drohenden Konflikt zwischen Fürsten und Städten zu verhüten, und die Großen des Reichs unterstützten die Intentionen Friedrichs nach Kräften.

Aber weder das am 23. Januar 1231 dem König abgezwungene Verbot von Städte-Einungen[12]), noch das große Fürstenprivileg vom 1. Mai desselben Jahres[13]) brachten Heinrich von seiner Städtefreundlichen und damit gegensätzlichen Politik ab[14]), ebensowenig wie die Zusammenkunft im Friaul (Ostern 1232), nachdem Heinrich

---

7) Winkelmann, a. a. O., I, S. 18 ff., und Friedrich II., 1883, I, S. 35 ff.; Reinhold, a. a. O., S. 3 f.

8) Winkelmann, Forsch. I, S. 21 ff. Bloch, Die Staufischen Kaiserwahlen, S. 128 ff. Reinhold, a. a. O., S. 4.

9) Winkelmann, I, S. 22 ff., bes. S. 23 A. 2.

10) Reinhold, a. a. O., S. 4 f. Dazu Huillard-Bréholles, Hist. Diplom. Frid. Sec., III., 166.

11) Winkelmann, Friedrich II., 1897, II, S. 62 ff., 220 ff., 347 ff Reinhold, a. a. O., S. 5. Knöpp, Die Stellung Friedrichs II. und seiner beiden Söhne zu den deutschen Städten. Hist. Stud. H. 181, 1928. S. 42 ff.

12) Böhmer-Ficker, Regesta Imperii V (= Reg.) 4183. Dagegen Heinrichs Privileg v. 15. Jan. 1232 (Reg. 4225) für die Städte Frankfurt, Wetzlar, Friedberg und Gelnhausen: Winkelmann, a. a. O., S. 26. Knöpp, a. a. O., S. 58.

13) Reg. 4195.

14) Den Städtebund am Rhein und Main, den Heinrich 1226 aufgehoben hatte, scheint er wieder anerkannt und den Wormsern gestattet zu haben, sich einen Stadtrat einzusetzen (Huillard-Bréholles IV, 564; Reg. 4228), offen im Gegensatz zu dem ihm auf dem Reichstag von Ravenna (1. Nov. 1231) von Friedrich gegebenen Befehl. Vgl. dazu Winkelmann, a. a. O., S. 26 f. Reinhold, a. a. O., S. 5, A. 7.

den Befehl seines Vaters, auf den Reichstag nach Ravenna zu kommen (1. Nov. 1231), bereits unbeachtet gelassen hatte[15]. Schon bei dem Zusammentreffen am 11. 4. 1232 wurde Heinrich von seinem Vater „väterlich zurechtgewiesen" und mußte auf Rat der Fürsten in Cividale einen Eid leisten, daß er „die kaiserlichen Befehle und Gutachten beobachten und besonders die Fürsten mit vornehmer Gunst auszeichnen werde"[16]. Vor allem aber mußte Heinrich feierlich schwören, seinem Vater stets und in jedem Stück gehorsam zu sein, niemals etwas gegen des Vaters Person, Gut, Ehre und Würde zu unternehmen, alle, die ihn gegen den Vater aufreizen würden, diesem zu benennen und zu verhindern, was gegen ihn geplant würde[17]. Ja, noch mehr! Heinrich mußte dem Papst gegenüber ausdrücklich anerkennen, daß er diese Verpflichtungen freiwillig eingegangen sei, und daß er ihm die Befugnis zuerkenne, ihn mit dem Kirchenbann zu belegen, sobald der Kaiser dies wegen Verletzung der eingegangenen Verpflichtungen verlange. Dabei sollte eine vorherige Untersuchung und Ermahnung ausgeschlossen sein. Außerdem mußte Heinrich 12 deutsche Fürsten bitten, dem Kaiser für seine, des Sohnes, Treue eine Art Garantie zu leisten, ja sie von dem selbst geleisteten Eid loszusprechen, für den Fall, daß er das seinem Vater gegebene Versprechen nicht halte. Schließlich mußte er die Fürsten sogar bitten, sich dem Kaiser gegenüber eidlich zu verpflichten, ihm, wenn nötig, gegen den König beizustehen[18].

Dies alles in dieser Ausführlichkeit nochmals hervorzuheben, erscheint deshalb nötig, weil es in aller Deutlichkeit erkennen läßt, daß das Verhalten Heinrichs in den folgenden Jahren, soweit es gegen

[15]) Rohden, a. a. O., S. 353. Die Zusammenkunft fand statt am 11. 4. 1932. Huil.-Bréh., IV, 579. Winkelmann, a. a. O., S. 27.

[16]) Vgl. Winkelmann, a. a. O., S. 27, A. 3. Rohden, a. a. O., S. 353f. H.-Br. IV, 526. Reinhold, a. a. O., S. 6f.

[17]) H.-Br., IV, 852: „Nec erimus in dicto, facto, consilio seu consensu (contra ipsum) vel litteris publicis vel occultis aliquid procurabimus aut quicquam faciemus, quod ad incommodum et damnum persone seu terre, honoris et dignitatis seu detrimentum eidem patri nostro cedat. — Si quis .... aliquid suggesserit ...., quod sit contra eundem patrem nostrum et nullatenus verba illa vel facta patiemur contra eum habere processum."

[18]) H.-Br., IV, 325 sq., 953: „Dom. Henricus .... rogavit .... quatenus .... juraremus, quod, si contingerat dictum regem non tenere nec conservare capitula, que dicto domino imperatori patri suo juravit et fide data promisit, secundum continentiam scriptorum que communiter habent et contra ea venerit .... nos .... simus cum eo et assistamus ei contra .... filium suum .... et ex tunc idem rex a juramento fidelitatis, quo sibi tenemur, absolvit, ut inde simus penitus absoluti. Nos .... ad nimiam instanciam et preces regis juravimus formam predictam." Reg. Henr. 259. Mon. Germ. L. II, 290. Dazu bes. Rohden, a. a. O., S. 355, A. 2. Winkelmann, a. a. O., S. 28. Schirrmacher, König Heinrich VII. der Hohenstaufe, 1856; ders., Kaiser Friedrich II., Bd. I, 1859, S. 206. Reinhold, a. a. O., S. 7f.

seinen kaiserlichen Vater gerichtet war, als offener Rechtsbruch aufzufassen war und auch den Fürsten und dem Papst gegenüber gar nicht anders angesehen und geahndet werden konnte.

Aber so hart auch die Bedingungen waren, unter denen Heinrich wieder zu Gnaden angenommen wurde, und so offensichtlich Heinrich vom „selbständigen Monarchen zu einem rein ausführenden Organ des kaiserlich-fürstlichen Willens" gemacht wurde[19]), gewissermaßen zu einem Vasallen, und so schwer gedemütigt er in sein Reich zurückkehren mußte, so wenig hatte Heinrich vor, die mit so vielen Kautelen gesicherten Verpflichtungen zu erfüllen. Die tieferen Gründe für eine solche Unbotmäßigkeit, ja offene Empörung gegen seinen Vater liegen keineswegs klar zutage, so daß teils die Meinung vertreten worden ist, Heinrich sei erst „durch die andauernd feindselige und ungerechte Haltung seines Vaters zur offenen Empörung gedrängt" worden[20]), teils der Grund in der charakterlichen Anlage und seiner Jugend gesucht wurde[21]).

Heinrich war, als er in Cividale vor 12 deutschen Fürsten sich vor seinem Vater demütigen mußte, 21 Jahre alt und sah in einer sein Staufer- und Normannenblut schwer verletzenden Behandlung alle Ziele seiner weit ausgreifenden Pläne vereitelt, sah sich, sobald er irgend etwas selbständig zu unternehmen wagte, an seine Gebundenheit erinnert, mit neuen Befehlen seines kaiserlichen Vaters bedacht und gezügelt, nicht ohne daß auch seine Umgebung den dadurch immer stärker werdenden Haß gegen seinen vermeintlichen Bedrücker schürte[22]). Es war für Heinrich bei seiner Charakteranlage und dem Einfluß seiner Umgebung unmöglich, sich dem Willen seines Vaters auf die Dauer zu fügen, und wenn er auch im April 1233 seine ein Jahr vorher gemachten Versprechungen erneuerte, so doch kaum in der ernstlichen Absicht sie zu halten[23]).

Da sich Heinrich in seiner oppositionellen, ja empörerischen Haltung nicht auf die Mehrzahl der deutschen Fürsten stützen konnte, mußte er sich vor allem einen Anhang aus treu ergebenen Männern und Städten schaffen, um bei gegebener Gelegenheit dem Kaiser offen entgegentreten zu können, und es ist für seine fast verzweifelte Stimmung und die geradezu nervöse Hast, mit der er den Widerstand organisierte, bezeichnend, daß ihm dazu „jedes Mittel recht und jeder Stand gleich lieb" war[24]). Vom Frühjahr 1233 ab verliert Heinrichs Politik ihre letzte aufbauende Richtung. Alles ist nur noch darauf

---

19) Winkelmann, Fr. II., 1897, II, S. 351. Reinhold, a. a. O., S. 6 ff.

20) So bes. Rohden, Forsch. XXII, S. 376 ff.

21) So bes. Reinhold, a. a. O., S. 9.

22) H.-Br., IV, 525: „.... et illorum usus consilio quos propter insolentiam et ingratitudinem a gratia nostra proscripsimus vel quos manifesta facinora reddebant nobis et imperio juste suspectos ...."

23) Winkelmann, a. a. O., S. 31.

24) Reinhold, a. a. O., S. 10.

abgestellt, den Widerstand zu festigen, Hilfsmittel und Anhänger zu gewinnen, und das alles in einer Eile, die seinem Handeln etwas Zerfahrenes, ja Inkonsequentes gibt[25]).

Dieser, wie Winkelmann sagt, „dunkelste Abschnitt in dem Leben des verirrten Königs"[26]) wird zunächst charakterisiert durch den Kampf mit Herzog Otto von Bayern, der sich im August 1233 unterwerfen und dem König seinen kleinen Sohn als Gefangenen überlassen mußte[27]), sowie durch überhastete und willkürliche Maßnahmen, denen jede Rechtsgrundlage fehlte. Dazu kam die religiöse Aufregung, die gerade in dieser Zeit ganz Deutschland ergriffen hatte und das ihre dazu beitrug, nicht nur die Gärung und Unsicherheit im Volk zu vermehren, sondern auch den Konfliktstoff zwischen Sohn und Vater[28]). Die zu Beginn der 30er Jahre auf dem Reichstag von Ravenna beschlossenen, ungeheuer harten Bestimmungen gegen Ketzer[29]) wurden in ihrer rigorosen Durchführung immer mehr zu einem nationalen Unglück für Deutschland[30]), und Heinrich hat zunächst dieses Treiben nicht nur geduldet, sondern, wie die Wormser Annalen meinen, sogar in eigennütziger Weise unterstützt[31]). Das änderte sich jedoch, als Heinrich die große Gefahr erkannte, die in diesem Treiben für die Vornehmen lag[32]). Auf dem Mainzer Tag 1233[33]) stellte er sich im Einvernehmen mit den meisten deutschen Fürsten — auch den geistlichen — auf die Seite der Verfolgten gegen das Treiben der Ketzerrichter, auch im Widerspruch zu einem päpstlichen Schreiben, das ihm energisches Einschreiten gegen die Ketzer zur Pflicht machte[34]). Auch weitere Briefe des Papstes an ihn und

---

25) Vgl. dazu auch Nitzsch, Deutsche Studien, S. 73

26) Winkelmann, Friedr. II., 1863, I, S. 428.

27) Schirrmacher, a. a. O., S. 218. Winkelmann, a. a. O., S. 31. Rohden, a. a. O., S. 359. Reinhold, a. a. O., S. 25.

28) Dazu bes. Hampe, Deutsche Kaisergeschichte, S. 286 ff., und Reinhold, a. a. O., S. 29 ff.

29) Const. II, 195 ff. Dazu auch Const. II, 126: das Gesetz gegen die Häretiker in der Lombardei mit den Strafen des Feuertodes und des Zungenausreißens, bereits März 1224. Vgl. dazu Keltner, Konrad von Marburg und die Inquisition in Deutschland; Winkelmann, Fr. II, 1863, I, S. 431 ff. Schirrmacher, Fr. II., I, S. 219 ff.

30) Reinhold, a. a. O., S. 29. E. Kantorowicz, a. a. O., S. 367 f. Hauck, Kirchengeschichte Deutschlands, Bd. IV, 3. u. 4. A., 1913, S. 917 ff. Kähler, Die Ketzerpolitik der deutschen Kaiser und Könige, 1913, S. 54 ff. Braun, „Beiträge zur hess. Kirch.Gesch.", IV, S. 284 ff., V, S. 331 ff.

31) Ann. Worm. SS. XVII, 39; Böhmer, Font. II, 175. Winkelmann, Fr. II., I, S. 441 A. 1, und „Die Wahl König Heinrichs", S. 31. Reinhold, a. a. O., S. 30.

32) Vgl. die, wie Reinhold meint, sicher übertriebene Schilderung in Ann.Worm. SS. XVII, 39, 35 sqq.

33) Vgl. die Zusammenstellung der Quellen Reg. 4287a.

34) Cf.Reg. 6972; dazu auch Reg. 6970, 6971 u. 6973. Reinhold, a. a. O., S. 30.

die Erzbischöfe von Mainz und Trier, den Bischof von Hildesheim u. a. konnten Heinrich nicht von seinem Standpunkt abbringen[35]), ja er erhob auf dem Frankfurter Hoftag sogar feierlich Klage gegen den Bischof von Hildesheim[36]), trotz der darin liegenden klaren Stellungnahme gegen päpstliche Befehle, und erreichte, daß durch das große Reichsgesetz v. 11. Februar 1234 die Ketzer den ordentlichen Gerichten überwiesen wurden, die sich von unbegründeten Denunziationen fernhalten sollten[37]).

Dieses Vorgehen gegen die Ketzerrichter erscheint als ein Lichtblick in dem gehetzten Treiben Heinrichs, ja es enthüllt, wie im Grunde auch sein Eintreten für das Aufblühen und die Selbständigkeit der Städte, sein dem Schwachen und Unterdrückten zugewandtes Gefühl, sein Streben nach sozialem Ausgleich und Förderung der deutsch-nationalen Interessen gegenüber der kaiserlichen und päpstlichen Politik[38]). Im Grunde änderte aber auch das nichts an dem trostlosen Zustand Deutschlands in diesen Jahren[39]), und auf dem Frankfurter Hoftag, auf dem die Mehrzahl der deutschen Fürsten die Anhängerschaft Heinrichs überwog, und auf dem vor allem auch die Fürsten vertreten waren, die als Garanten für den Eidschwur von Cividale fungiert hatten[40]), kam es nicht nur zu einem allgemeinen Friedensschwur[41]), sondern auch zu einer wohl recht nachdrücklichen Vermahnung Heinrichs, der Verpflichtungen gegen seinen Vater eingedenk zu sein[42]).

---

[35]) Reinhold, a. a. O., S. 31, mit Quellenangaben.

[36]) Ann. Erph. SS. XVI, 29.

[37]) Mon. Germ. L. II 301. Const. II 428, 31 ff. H.-Br. IV 636 Winkelmann, a. a. O., S. 31 f. Reinhold, a. a. O. 31, 34. Hampe, a. a. O., S. 288. Weitere Lit. Dahlmann-Waitz, Quellenkunde der deutschen Geschichte, 9. A., hrsg. v. H. Haering, 1931, Reg.Bd. 1932, 6819. Ferner C. Woebcken, Oldenburg. Jahrb. f. Landesgesch. 37, 1933, und C. Krollmann, Altpreuß. Forsch. 14. 1937.

[38]) Aehnlich günstig beurteilt ihn auch Reinhold, a. a. O., S. 31 f., der es allerdings dahingestellt sein läßt, ob Heinrich diese Maßnahmen aus eigener Initiative ergriff oder nur den Willen der Fürsten vollzog. Aehnlich Winkelmann, Fr. II., I, S. 449.

[39]) Reinhold, a. a. O., S. 32.

[40]) Vgl. die Zeugenlisten Regg. 4301, 02, 09. Reinhold, a. a. O., S. 34.

[41]) Sächsische Weltchronik: Dtsch. Chronik, II 230.

[42]) Const. II 429, 15 ff.: „Item si quis fide data promiserit aliquid et convictus fuerit .... fidem non servasse, continuo proscribatur ....“ Dieser Passus, der aus dem Rahmen des Landfriedensgesetzes v. 11. 2. 1234 herausfällt, paßt durchaus zu dem Eid von Cividale. Reinhold, a. a. O., S. 35, führt noch andere Beispiele für die passive Rolle an, die der König bei der Abfassung dieses Gesetzes gespielt hat. Dazu H.-Br., IV 471: der Kaiser, dem die Beschlüsse des Frankfurter Hoftages sofort mitgeteilt wurden, befahl, binnen 4 Wochen den Landfrieden zu beschwören, ohne daß Heinrich in diesem Mandat erwähnt wurde. Dagegen stellt Friedrich in Aussicht, selbst nach besten Kräften die unheilvollen Zustände in Deutschland zu bereinigen: „....ut emendetur (sc. status terre vestre malus) in melius omnem diligentiam quam poterimus intendimus adhibere.“

Allein der Kaiser konnte seine Absicht, in Deutschland einzugreifen, nicht sofort verwirklichen. Er war in Italien gebunden und fand, da die Zustände in Deutschland immer mehr einer Katastrophe zutrieben, keine andere Lösung, als die Streitigkeiten mit den lombardischen Städten dadurch zu beenden, daß er die Erledigung dieses Konflikts in die Hände des Papstes legte und diesem sogar auf einer Zusammenkunft in Rieti im Sommer 1234 seinen zweiten Sohn Konrad als Geisel für die Aufrichtigkeit seiner Freundschaft anbot[43]), ein Entschluß, der ihn nicht nur davor bewahrte, die lombardischen Städte und den Papst zu Gegnern zu haben, sondern ihm im Gegenteil den Vorteil brachte, Gregor IX. vollständig für sich zu gewinnen[44]). Die Folge war, daß der Papst am 5. Juli 1234 den Erzbischof von Trier beauftragte, die Klagen, die gegen den „Edlen" Heinrich geführt wurden, zu untersuchen und ohne weiteres die Exkommunikation über ihn auszusprechen, falls sich die Beschuldigungen als wahr erweisen sollten, ein Auftrag, der dann schließlich — wohl im Dezember 1234 — vom Erzbischof von Salzburg ausgeführt wurde[45]). Damit war Friedrich vollkommen Herr der Situation in Deutschland. obwohl sich Heinrich bereits im September 1234, als das Dekret Gregors nach Deutschland gekommen war — gleichzeitig mit drohenden Mahnbriefen des Kaisers —, zum Aeußersten entschlossen hatte[46]). Als er gar noch die Burgen kaisertreuer Grafen, so der Brüder Hohenlohe, durch Heinrich v. Neifen hatte zerstören lassen[47]) und an einzelne deutsche Fürsten das Ansinnen gestellt hatte, ihm Geiseln für

---

[43]) Winkelmann, a. a. O., S. 32.

[44]) Schirrmacher, a. a. O., S. 234, 331, A. 7. Es ist anzunehmen — so Winkelmann, a. a. O., S. 32 ff. —, daß schon bei dieser Gelegenheit das Vorgehen gegen Heinrich verabredet und seine mögliche Absetzung in Aussicht genommen wurde. Daß Gregor im geheimen oder sogar offen den Aufstand Heinrichs begünstigt habe (so Ann. Placent. Gibell. SS. XVIII 470; Chron.Weing.; Ann. Mediol. — Muratori XVI 644 —; Galvaneus Flamma Mediol. — Muratori XI c. 264 —), ist keinesfalls anzunehmen. Vgl. die sicher einwandfreien Zeugnisse Regg. 7028, 7071, 7104. So vor allem Reinhold, a. a. O., S. 39 f., gegen Schlosser, Weltgeschichte, IX, S. 39. Schirrmacher, a. a. O., I, S. 237, 242, gegen Schirrmacher, Forsch. I, S. 36 A. 1 und Fr. II., I, S. 460 A. 2, II, S. 431 A. 14.

[45]) H.-Br., IV 473. Merkwürdigerweise berichten die Chroniken nichts über diese Exkommunikation, dagegen wird sie bestätigt durch einen päpstlichen Brief v. 1. Aug. 1235. H.-Br., IV 738: „Cum nobilis vir Henricus .... sit per .... Salzeburgensum archiepiscopum auctoritate nostra excommunicationis vinculo innodatus." Aus der Verschiedenheit der Beauftragung zunächst des Erzbischofs von Trier, dann des von Salzburg geht hervor, daß es Heinrich gelungen war, die Ausführung des päpstlichen Befehls an den Trierer aufzuschieben. Vgl. dazu Reinhold, a. a. O., S. 40 A. 6, 48.

[46]) Vgl. Winkelmann', Forsch I. S. 33.

[47]) Vgl. Reinhold, a. a. O., S. 45. Bossert, a. a. O., S. 89 Dazu Regg. 4309, 4318.

ihre Treue zu stellen[48]), kam es schließlich auf dem Hoftag zu Boppard zu einer klaren Stellungnahme gegen den Kaiser, wenn Heinrich auch hier noch die kaisertreuen Fürsten, so die Erzbischöfe von Trier und Mainz und den Herzog von Limburg[49]), von seinem Willen zu überzeugen versuchte, sich seinem Vater gehorsam zu erweisen. Das gelang ihm nicht; sein Verhalten sprach zu sehr gegen seine Beteuerungen, und die offene Rebellion gegen den Vater war unvermeidlich geworden[50]). Diesen letzten Schritt charakterisiert Reinhold treffend als „hellen Wahnsinn", als einen „letzten verzweifelten Schritt eines Menschen, der alles verloren sieht und nunmehr, jeder verünftigen Ueberlegung unfähig, von einem phantastischen Plan seine Rettung erhofft"[51]). Denn sonst wäre es nicht zu verstehen, wie „eine Handvoll kriegslustiger Grafen und Herren, an ihrer Spitze ein König von ihren Gnaden, ohne eigene Macht, ohne anderen Willen als den, sich von verhaßtem Joch zu befreien", daran denken konnte, „Friedrich II., den mächtigsten Monarchen seiner Zeit, vom Thron zu stürzen".

In dieser verzweifelten Lage mußte Heinrich vor allem Bundesgenossen zu gewinnen suchen. Denn von den weltlichen Fürsten zählte höchstens Heinrichs Schwager, Herzog Friedrich von Oesterreich, zu seinen Anhängern und dazu zu seinen Geringwertigsten, da Friedrich wegen der dauernden Kämpfe mit Bayern, Ungarn und Böhmen im eigenen Lande so viel zu tun hatte, daß er als Parteigänger für Heinrich praktisch jedenfalls ausschied. Stärker war schon die Anhängerschaft unter den geistlichen Fürsten in Süddeutschland[52]) und verhältnismäßig stark der Anhang aus den Reihen der kleinen süddeutschen Dynasten und schwäbischen Dienstmannen[53]). Erstaunlich ist aber vor allem, daß nicht einmal die Städte, die Heinrich so oft und in so auffälliger Weise begünstigt hatte, geschlossen auf seiner Seite standen. Im Gegenteil: nur von den oberrheinischen Städten zwischen Basel und Speier hatte eine große Anzahl dem

[48]) Reinhold, a. a. O., S. 46. Diese und andere Dinge, die den Konflikt zwischen Friedrich und seinem Sohn betreffen, hatte Heinrich in einem Manifest v. 2. Sept. 1234 zu seiner Rechtfertigung zusammengestellt und zu seinen Gunsten gedeutet. Vgl. dazu H.-Br. IV 681 ff. und Reinhold a. a. O., S. 42—49, sowie Rohden, a. a. O., S. 377 ff.

[49]) Reg. 4351. Dazu Rohden, a. a. O., S. 384 A. 4 und Reinhold, a. a. O., S. 50 A 7.

[50]) Ann. Colon. max. XVII 844: „a quibusdam nefariis consilium accepit, ut se opponeret imeratori patri suo, quod et fecit." Dazu die Zeugenliste des Bopparder Hoftages im Privileg für Erfurt Reg. 4351. Reinhold, a. a. O., S. 51 ff. E. Kantorowicz, a. a. O., S. 368.

[51]) a. a. O., S. 52. Aeußerungen Friedrichs über den Abfall seines Sohnes: MG.-Const. II, nr. 193, p. 237 sq., sowie das Tatarenmanifest ib. II nr. 235, p. 324: „filii nostri dementiam, qui contra nos sibi sedem assumpserat aquilonis".

[52]) Vgl. ihre Aufzählung bei Reinhold, a. a. O., S. 53 ff. Rohden, a. a. O., S. 382 f.

[53]) Reinhold, a. a. O., S. 55 ff. Rohden, a. a. O., S. 384.

König den verlangten Treueid gegen den Kaiser geleistet, während sonst nur einzelne Städte, wie Würzburg, Frankfurt, Oppenheim und Lüttich, zu ihm standen[54]). Schon aus dieser geringen Bereitwilligkeit zur Parteinahme für den König — ganz abgesehen von der tatsächlich ausgebliebenen tatkräftigen Hilfe —, geht zur Genüge hervor, daß Heinrich nicht als Führer im Kampf um die deutsch-nationalen Interessen gegenüber der italienischen Politik Friedrichs angesehen werden kann, nicht als Vorkämpfer für Deutschlands Unabhängigkeit, nicht als ein Kämpfer für nationales Recht, was als eine Art Staatsnotwehr hätte erscheinen können, daß seine Empörung nicht getragen war von dem Freiheitswillen weder des ganzen Volkes noch auch nur eines bestimmten Standes, daß vielmehr rein persönliche Motive Heinrich zum Aufstand trieben, und daß sich in diesem Konflikt zwei Menschen gegenüberstanden im Kampf um die Macht, nicht um das Recht, nicht im Interesse ihrer Völker, sondern zu deren Unheil[55]).

In dieser Lage blieb Heinrich nichts anderes übrig, als sich nach auswärtigen Bundesgenossen umzusehen, und er tat dies vor allem bei einer Machtgruppe, die seinem Vater auch in Italien noch bedrohlich gegenüberstand, dem lombardischen Städtebund. Damit stehen wir vor den Ereignissen, die zum unmittelbaren Anlaß der Gandinus-Stelle geworden sind.

Die Lombarden standen zwar infolge der geschickten Politik Friedrichs gegenüber dem Papst dem Kaiser nicht mehr so ablehnend entgegen wie noch kurz vorher, waren aber zu einer Einigung noch nicht fest entschlossen, so daß Heinrich es immerhin wagen konnte, um ihre Anhängerschaft zu werben. Dazu kam, daß die Lombarden die gegebenen Bundesgenossen waren, um Friedrich den Uebergang über die Alpenpässe zu wehren, die sie ihm geöffnet hätten, wenn der vom Papst angebahnte Waffenstillstand zustande gekommen wäre. So ließ Heinrich alle Bedenken beiseite und trug dem Erbfeind seines Hauses ein Schutz- und Trutzbündnis an[56]). Daß eine solche Verlegung der Alpenpässe durch die Lombarden mindestens der Hauptzweck, wenn nicht der einzige Zweck dieses Bündnisses war, ergibt sich mit Sicherheit aus den Quellen[57]).

54) Ebd. S. 57.

55) Ebd., S. 59 f. Ganz ähnlich auch Bloch, Die staufischen Kaiserwahlen, 1911, S. 134 A. 4; anders dagegen Krammer, Der Reichsgedanke des staufischen Kaiserhauses. Gierkes Unters., H. 95, S. 59 ff., der in dem Kampf zwischen Vater und Sohn nur den abstrakten Kampf zweier gegensätzlicher Institutionen sieht, des universalen Kaisertums gegen das „bodenständige" Königtum.

56) Vgl. dazu Winkelmann. Forsch. I, S. 35; E. Kantorowicz, a. a. O., S. 369, u. Reinhold, a. a. O., S. 37, 60. Rohden, a. a. O. S. 380. Die Akten über Heinrichs Bündnis mit den Lombarden finden sich MG.-Const. II nr. 325—328, S. 435 ff.

57) H.-Br., IV, 704 ff., 706 A. 1. Ann. Wormat., B. F. II 178: „institit rex omnibus modis, qualiter imperatori viam ingrediendi Theutoniam precluderet." Chron. Ebersheim., SS. XXIII 453: „quomodo

Den entscheidenden Schritt tat Heinrich am 13. Nov. 1234. An diesem Tag beglaubigte er „des kaiserlichen Hofes Marschall" Anselm v. Justingen und den Würzburger Kaplan Walter v. Thannberg (Tannenberg) als Gesandte zu Verhandlungen mit dem lombardischen Städtebund mit unbeschränkter Vollmacht im Namen des Königs[58]), und am 14. Nov. sicherte er ausdrücklich zu, alles zu bestätigen, was seine Gesandten vereinbaren würden, und gab ihnen gleichzeitig die Erlaubnis, ein Bündnis in seinem Namen abzuschließen und eidlich zu bekräftigten; für eine Gesandschaft des Lombardenbundes an ihn sicherte er freies Geleit zu[59]).

Heinrichs Gesandte trafen gerade zu dem Zeitpunkt ein, da der Bund dem Papst die Entscheidung über alle Streitigkeiten mit dem Kaiser einräumen sollte, wie dies seinerseits der Kaiser bereits getan hatte[60]). Sie erreichten ihren Zweck sehr rasch; denn schon am 17. Dezember wurde der Vertrag abgeschlossen[61]), die Vertreter von Mailand, Brescia, Bologna, Novara, Lodi und der Markgraf von Montferat erkannten Heinrich als König an[62]) und huldigten ihm namens des gegenwärtigen und künftigen Bestandes des lombardischen Bundes im Palazzo communale zu Mailand mit der gleichzeitig übernommenen Verpflichtung, keinerlei Anteil durch Rat oder Tat an Anschlägen gegen sein Leben, seine Ehre und seine Krone zu nehmen, vielmehr ihn innerhalb ihrer Grenzen als König zu verteidigen[63]). Wesentlich ist dabei, daß die Gesandten Heinrichs den Vertrag im Namen des Königs **und der deutschen Fürsten** abschlossen[64]), und daß die übernommenen Verpflichtungen sich lediglich auf die Lombardei

patri valeat aditum obstruere commentatur." Auf diese und andere Stellen hat vor allem Rohden, a. a. O., S. 380 A. 2 u. 3, verwiesen.

[58]) Die Dokumente, die das Lombardenbündnis betreffen, sind zusammengestellt in Const. II 435 ff. Dazu weiter H.-Br. IV 694, 695. Mon. Germ. L. II 306. Stälin, Württemberg. Gesch., II, S. 180. Winkelmann, a. a. O., S. 35. Rohden, a. a. O., S. 380. Reinhold, a. a. O., S. 60. Ueber den Titel „Des kaiserlichen Hofes Marschall" (Imperialis aule marescalcum), vgl. Rohden, a. a. O., S. 363 A. 4 u. 5. Reinhold, a. a. O., S. 9 A. 6.

[59]) Hr.-Br. IV 696. Const. II 436, 16: „volentes habere rata omnia, que iidem duxerint facienda"; 19 ff.

[60]) H.-Br. IV 491, 493 — 465, 490. Dazu Rohden, a. a. O., S. 380 A. 7.

[61]) H.-Br. IV 704 ff. Mon. Germ. L II 306: juramentum fidelitatis! Raumer, G. d. H., III 549. Dazu bes. Reinhold, a. a. O., S. 60 f. A. 6.

[62]) H.-Br. 705: „domino Henrico serenissimo regi Romanorum". Dazu Rohden, a. a. O., S. 381 A. 1. Chron. Tolosani c. 202 (Reg. 4360). Nur die Bürger von Faenca hatten den Beitritt zu dem Vertrag verweigert, da es eine Sünde sei, daß der Sohn gegen den Vater schwöre. Cf. Chron. Tolosani (Reg. 4360): „dicentibus filium contra patrem in aliquo iurare nefas." Dazu Reinhold, a. a. O., S. 61.

[63]) „Secundum suum posse prohibebunt et valebunt ei sicut regi": l. c. Const. 437, 13.

[64]) Const. 437, 5 ff.: „et quod facient iurare predictum dominum regem et principes Alamanie."

beziehen sollten[65]). Außerdem verweigerten die Lombarden ausdrücklich die Stellung von Geld, Truppen und Geiseln[66]).

Von seiten des Königs enthielt der Vertrag zunächst die Anerkennung der Liga in der Lombardei, den Marken und in der Romagna[67]), sodann die Verpflichtung — und zwar auch im Namen der deutschen Fürsten —, den Bund, d. h. die Bundesmitglieder in ihrem gegenwärtigen und künftigen Besitzstand zu schützen und ihnen gegen alle Feinde beizustehen, insbesondere auch die den Staufen ergebenen Städte Cremona und Pavia zu bekämpfen und keinen Separatfrieden mit den Feinden des Bundes zu schließen[68]). Dieser Vertrag war als „ewiger Vertrag" geschlossen, sollte nach 10 Jahren erneuert werden, den König selbst und die Fürsten sowie ihre Nachfolger binden, vor allem Heinrich selbst auch dann, wenn er Kaiser werden sollte[69]).

In diesem Vertrag wurde nun zwar Friedrich II. nicht erwähnt; aber trotzdem besteht nicht der geringste Zweifel, daß Heinrich durch diese Abmachung seinem Vater den Weg über die Alpen nach Deutschland verlegen wollte, der Vertrag also gegen ihn gerichtet war. Einen anderen Sinn konnte ja die Vertragsbestimmung gar nicht haben, daß die Lombarden nur innerhalb ihres Gebiets zu Diensten verpflichtet waren[70]), und es ist als sicher anzunehmen, daß auch die Lombarden selbst diese Tendenz des Vertrags nicht verkannt haben. Wenn ihnen dagegen versichert war, daß der Vertrag seitens des Königs auch im Namen der deutschen Fürsten abgeschlossen werde, so lag darin eine bewußte Unwahrheit; denn niemals konnte Heinrich der Meinung sein, daß es ihm gelingen werde, „die deutschen Fürsten für dieses hochverräterische Bündnis zu gewinnen"[71]). Ob die lombardische Liga diese Lüge allerdings als solche erkannt hat, kann immerhin zweifelhaft sein. Ueberwiegend nimmt man an, daß dies der Fall war, da der Bund auch bei nur geringer Kenntnis der Lage in Deutschland im Winter 1234 nicht der Meinung sein konnte, daß hinter Hein-

[65]) Const. 437, 14: „et hoc in provintia Lombardie."

[66]) Const. 437, 17 ff.: „Item quod non teneantur aliqua de causa dare obsides vel pignora vel securitates." Ob dem Vertrag Vorverhandlungen mit den Gesandten vorausgegangen sind, wie insbes. Raumer (Fr. II., I 333 A. 6) und Schirrmacher annehmen und Reinhold für wahrscheinlich hält (S. 60 f. A. 6), kann hier nicht entschieden werden; Rohden hält es für ausgeschlossen.

[67]) Const. II 437, 19 ff.: „salvis societatibus et amicitiis comunis Mediolani et praesertim salva Societate Lombardie, Marchie et Romanie." Für diese Auslegung auch Reinhold, a. a. O., S. 61 A. 8.

[68]) Ib. 437, 25 ff. Dazu auch Winkelmann, a. a. O., S. 35; Rohden, a. a. O., S. 381.

[69]) Ib. 437, 20 ff. Dazu Winkelmann, Fr. II., I 465.

[70]) So auch Winkelmann, Forsch. I 35, entgegen der Auffassung als „eine Art Wahlkapitulation" in Fr, II., I 458 A. 2. Reinhold, a. a. O., S. 62.

[71]) Reinhold, a. a. O., S. 62, 52 ff.

rich die gesamte Fürstenmacht stehe. Trotzdem erscheint dies nicht völlig ausgeschlossen und wird jedenfalls nicht durch den Hinweis widerlegt, daß Gregor IX. noch am 27. Oktober 1234 von neuem einen Ausgleich zwischen den Lombarden und dem Kaiser versucht habe[72], ebensowenig wie durch die Schlußfolgerung[73], daß die Friedensverhandlungen mit dem Kaiser ohne weiteres zum Scheitern gebracht werden mußten, wenn der Abschluß des Vertrags mit Heinrich bekannt wurde. Es ist durchaus denkbar, daß die Liga durch die vom Papst vermittelten Verhandlungen mit dem Kaiser Zeit gewinnen wollte und der Meinung war, daß ihr der mit Heinrich geschlossene Vertrag gegenüber der immerhin unsicheren Aussöhnung mit dem Kaiser die Möglichkeit zu einem kraftvollen Widerstand gegen diesen gäbe[74]. Dies festzustellen ist wichtig für die Beurteilung des Verhaltens Friedrich II. gegenüber den lombardischen Gesandten, die in Deutschland in seine Hände fielen. Der hochverräterische Inhalt dieses Vertrags ist mithin gar nicht zu verkennen, und es ist nicht zu viel behauptet, wenn Schirrmacher ihn dahin charakterisiert, daß Heinrich dadurch seine Ehre an den Lombardenbund verkauft habe[75].

Etwa im März 1235 kehrten die Gesandten Heinrichs nach Deutschland zurück[76], begleitet von den Gesandten des Lombardenbundes, deren Schicksal uns hier besonders interessiert[77], offenbar, um die Verbindung gegen den Kaiser noch enger zu knüpfen, zur Aufrechterhaltung der gegenseitigen Beziehungen und zur beständigen Information über die Ereignisse in Deutschland und die gegenseitigen

---

72) Reg. 7048.

73) So Reinhold, a. a. O., S. 62.

74) In diesem Sinn auch Rohden, a. a. O., S. 380.

75) Schirrmacher, Fr. II., I 240; ähnlich auch Reinhold, a. a. O., S. 63. Wesentlich milder beurteilt ihn Rohden, a. a. O., S. 380 A. 1.

76) Reg. 4378. Reinhold, a. a. O., S. 63.

77) Die Tatsache, daß die Lombarden Gesandte an Heinrich entsandt haben, wird im ganzen von nicht weniger als sechs Quellen bezeugt, abgesehen von der uns in erster Linie interessierenden Nachricht bei Gandinus. Vgl. dazu die Zusammenstellung bei H. Kantorowicz, Mitt. österr. Instit. f. Geschf. 31, 439. Die Nachricht findet sich in den Annales Placentini Gibellini ad ann. 1234 (ed. Pertz, MG. SS. XVIII, 1862, 470); in den Ann. Argentinenses pleniores ad ann. 1234 (ed. Böhmer, Fontes rer. Germ. III, 1853, 108); im Chronicon des Monachus Patavinus ad ann. 1231 (!) (ed. Muratori, Scriptores, VIII, 1728, 674); im Chronicon pontificum et imperatorum des Gilbertus ad ann. 1235 (ed. Holder-Egger, MG. SS. XXIV, 1879, 136; dazu auch MG. SS. XVIII, 409 Z. 47); im Chronicon des (Fortsetzers des) Tolosanus Faventinus ad ann. 1234 (ed. Borsieri, Doc. di stor. ital. VI, 1876, 732) und in einem Schreiben Friedrichs II. an den König von Frankreich vom Mai 1236. (Huillard-Bréholles, Hist dipl.. Frid. Sec. IV, 2, 1855, 876: hier wird das Schreiben von Ende Juni datiert; richtig dagegen Ficker bei Böhmer, reg. imp. V, 1882, 2160.) Vgl. dazu auch Rohden, a. a. O., S. 381, 407; Reinhold, a. a. O., S. 63f.

Bedürfnisse[78]). Trotzdem die Tatsache dieser Mailänder Gesandtschaft feststeht, berichten über die Anzahl der Gesandten nur die Placentiner Annalen: „Nomina illorum ambaxatorum fuerunt hec: de Mediolano Manfredus Petrus Sanctus[79]), de Brixia Lanfranchinus de Lavellolungo et Ugolinus de Ugonibus."[80]). Weitere Abweichungen finden sich in den Chroniken auch hinsichtlich der Entsender oder Auftraggeber, insofern bei Gandinus, Tolosanus und nach dem kaiserlichen Brief die Lombarden im allgemeinen die Unterhändler abgesandt haben, nach der Straßburger und Paduaner Chronik die Mailänder und ihr Anhang, nach der Placentiner Mailand, Brescia und Bologna und nach Gilberts Chronik schließlich Mailand und Brescia[81]). Daß übrigens Heinrich mit einer solchen Gesandtschaft des Lombardenbundes rechnete, ja höchst wahrscheinlich eine solche Gesandtschaft zum Zwecke ständiger gegenseitiger Unterrichtung angeregt, vielleicht gar gefordert hat, ergibt sich aus einem an den Bund gerichteten und den eigenen Gesandten mitgegebenen Schreiben vom 13. Nov. 1234, in

[78]) So auch Winkelmann, Forsch. 35, A. 8. Rohden, a. a. O., S. 381. Kantorowicz, a. a. O., S. 440. — Vgl. dazu vor allem Monach. Patav. Murat. SS. VIII 674: „Ad petitionem regis Henr. Mediolanenses et alii adientes imperium legatos in Alemaniam direxerunt et cum eo contra imperatorem societatem firmissimam statuerunt." Cf. Ann. Argent. (Cron. Marbac.), Böhmer, Font. III 108. Nach Winkelmann soll die in Chron. de rebus in Ital. gestis, ed. Huillard-Bréholles chron Plac, p. 152 gemachte Bemerkung: „Mediolanenses, Brixienses, Bononienses miserunt in Alemaniam ambaxatores coram rege Henrico, et hec de mandato pape Gregorii tractabantur", soweit sie die Initiative dem Papst zuschreibt — trotz Schirrmacher, a. a. O., S. 237 ff., 242 —, keinen Glauben verdienen. Auch Rohden, a. a. O., S. 407, hält diese Bemerkung für unwahr. Winkelmann verweist (a. a. O., S. 36) in diesem Zusammenhang mit Recht auch darauf, daß der Verfasser der Chronik selbst Ghibelline war und erst 1271 und 1284 geschrieben hat, woraus folgt, daß den Urkunden mehr Glauben beizumessen ist als seinen Angaben. Hinzu komme, daß Gregor selbst am 5. Juli 1234 den Auftrag gegeben hatte, Heinrich zu bannen, und daß er den König von Frankreich ebenfalls selbst bewogen hatte, den Antrag Heinrichs zurückzuweisen (vgl. Reinhold, a. a. O., S. 64); schließlich, daß Gregor am 13. 3. 1235 (Rayn. 59) die deutschen Fürsten aufgefordert hatte, den „Sohn des Kaisers" auf den richtigen Weg zurückzuführen, daß er alle gegen den Kaiser geleisteten Eide für ungültig erklärte und die Prälaten, die Heinrich unbedingte Anhängerschaft geschworen hatten, bestraft hatte.

[79]) Kantorowicz, a. a. O., vermutet, daß statt dieses Namens zu lesen ist „Manfredus de Sancto Petro", da ein Petrus de Sancto Petro in Mailand als Gesandter Novaras an dem am 17. Dez. 1234 geschlossenen Bündnisvertrag zwischen den Lombarden und Heinrich beteiligt war: ed. Weiland, MG. Const. II, 1896, 436 Z. 39.

[80]) Die Familie de'Ugoni war in Brescia ansässig. Vgl. Matthaei de Griffonibus Memoriale. ed. Frati et Sorbelli, Muratori SS.² XVIII₂ (1902). Kantorowicz, a. a. O., S. 439 A. 8: Ein Ugoni aus Brescia hat 1249 bei Fossalta als Podestà der Bolognesen Friedrichs Sohn Enzio besiegt und gefangen genommen.

[81]) Vgl. Kantorowicz, a. a. O., S. 439.

dem er den Gesandten, die der Bund seinerseits schicken werde, seinen Schutz versprach[82]).

Die Niederwerfung der Empörung durch Friedrich II. bedarf hier keiner näheren Betrachtung[83]). Jedenfalls gelangte der Kaiser Mitte Juni 1235 nach Nürnberg, nahm aber hier noch nicht die bedingungslose Unterwerfung Heinrichs entgegen[84]), da er erst in Worms über ihn entscheiden wollte. Hier zog er am 4. Juli ein, und einige Tage später erfolgte hier auch die Gefangennahme Heinrichs[85]). Als Vorbedingung für alle weiteren Verhandlungen scheint Friedrich von seinem Sohn den bedingungslosen Verzicht auf den Königsthron verlangt, und Heinrich scheint sich geweigert zu haben, auf diese Bedingung einzugehen[86]). Insbesondere wollte er nicht den Befehl zur Uebergabe seiner Feste Trifels geben[87]), wo sich die Reichsinsignien befanden und wo vermutlich auch die lombardischen Gesandten eingeschlossen waren; ihre Auffindung ließ Heinrich wohl besonders den Zorn seines Vaters fürchten. Ob sich die Gesandten nun tatsächlich auf Trifels befanden oder auf einer anderen der dem König verbliebenen Burgen, ist nicht festzustellen. Jedenfalls fielen sie bei der Einnahme einer der belagerten Burgen kurz nach Heinrichs Gefangennahme ebenfalls in des Kaisers Hand[88]) und wurden glimpflich behandelt. Wie die Placentiner Chronik berichtet, befanden sie sich nur „circa annum" in Gefangenschaft, und das deckt sich mit Friedrichs eigenen Angaben in dem erwähnten Schreiben vom Mai 1236, in dem ihre Entlassung bereits erwähnt wird[89]). Von den Anhängern

---

[82]) Weiland, a. a. O., S. 436 Z. 17. Kantorowicz, a. a. O., S. 440. Kantorowicz hebt auch zutreffend hervor, daß die Initiative zur Entsendung der Gesandten an den König nicht, wie Gandinus meint, bei den Lombarden gelegen hat.

[83]) Vgl. die zutreffende Charakterisierung bei Winkelmann, Forsch., 39 ff., Rohden, a. a. O., S. 391 ff. Reinhold, a. a. O., S. 69 ff. E. Kantorowicz, a. a. O., S. 369 ff.

[84]) Vgl. den Brief des Kaisers in Chron. de rebus in Italia gestis, H.-Br.. Chron. Plac. 153 ff.

[85]) Wormser Annalen, SS. XVII, 45, 13 ff. Reinhold, a. a. O., S. 78.

[86]) Reinhold, a. a. O., S. 78, Rohden, a. a. O., S. 394.

[87]) Ann. Colon. max. (SS. XVII 844, 21 sqq.).

[88]) Von der Gefangennahme berichten die Placentinische Chronik, Tolosanus, Gilbert und der Kaiser selbst in dem erwähnten Schreiben; dagegen wird nirgends der Ort der Gefangennahme angegeben. Gilberts Chronik spricht von „carceres", die Placent. von „quoddam castellum". Ficker, a. a. O., 4383 d i. f., nimmt an, daß es Trifels gewesen sei, Winkelmann, a. a. O., S. 41 Nr. 2, vermutet Justingen. Auch über die Zeit der Gefangennahme ist Bestimmtes nicht festzustellen. Sie dürfte aber nicht viel später erfolgt sein als die Heinrichs, d. h. im Hochsommer 1235.

[89]) Dazu H. Kantorowicz, a. a. O., S. 440. Ann. Plac. Gibell. (SS. XVIII 470): „Ambaxatores quoque Lombardorum in quodam castello obsessos et captivos tenuit in carceribus circa annum, quos postea illesos abire permisit." Dazu Reinhold, a. a. O., S. 86.

Heinrichs[90]) floh allein Anselm von Justingen nach Einnahme seiner Burg zu Herzog Friedrich v. Oesterreich, der sich bald darauf in offenem Krieg gegen den Kaiser befand[91]) und bald nach Anselms Eintreffen mit den Lombarden in Unterhandlung stand — wie Rohden vermutet[92]), wohl unter Anselms Einfluß und unter Vermittlung der lombardischen Gesandten. Jedenfalls kam aber auch zwischen ihm und dem Kaiser eine Versöhnung zustande, wie denn Friedrich II. auch den geplanten Feldzug gegen die Lombarden unterließ[93]). Ob nun mit dieser Aenderung seines ursprünglichen Entschlusses auch die milde Behandlung der lombardischen Gesandten zusammenhing, oder ob Friedrich aus anderen politischen Erwägungen diese besondere Milde walten ließ, ist zunächst nicht festzustellen. Jedenfalls wirkte die großzügige Verzeihung geradezu überraschend, nicht nur weil der Kampf gegen seinen aufrührerischen Sohn und dessen Anhänger keine bloße Episode war — nicht „jenen kleinen Unternehmungen abtrünniger Prinzen in den vorhergegangenen Jahrhunderten vergleichbar", vielmehr „eine der wichtigsten Begebenheiten in der deutschen Geschichte", ja geradezu der Auftakt für die „entscheidende Wende in der Entwicklung des europäischen Staatensytems"[94]) —, sondern vor allem auch deshalb, weil diese Milde angesichts der völkerrechtlichen Gewohnheiten des Mittelalters, wie auch des Charakters des Kaisers selbst völlig unerwartet kam[95]). Daß dem so war, ergibt sich nicht nur aus dem Bericht der ghibellinischen Placentiner Annalen und dem durchaus unparteiischen Tolosanus[96]), sondern auch aus des Kaisers eigenen Worten in dem mehrfach erwähnten Schreiben vom Mai 1236, in dem er von den Gesandten spricht als „de consilio multorum principum turpissime mortis judicio condempnatis, vite et libertati pristine restitutis", sein eigenes Vorgehen also ebenfalls als der allgemeinen Meinung entgegengesetzt empfand[97]).

---

[90]) Ueber das Schicksal der übrigen Anhänger Heinrichs vgl. z. B. Winkelmann, a. a. O., S. 41; Rohden, a. a. O., S. 399 f. und Reinhold, a. a. O., S. 87 ff.

[91]) Dazu Winkelmann, a. a. O., S. 41. Ann. Zwifalt. maj. ann. 1236. Mon. Germ. SS. X 59; H.-Br. IV 733 not. 1. Im März 1236 war Anselm v. Justingen beim Kaiser; noch in demselben Jahr wurde seine Burg genommen.

[92]) Rohden, a. a. O., S. 399 A. 3.

[93]) Dieser Plan ergibt sich aus einem Brief Friedrichs von Ende Juni 1235: H.-Br. IV 947. Vgl. dazu Ann. Scheftlar. maj., SS. XVII 340. Rohden, a. a. O., S. 376.

[94]) So Franzel, König Heinrich VII. von Hohenstaufen, 1929, S. 143, 138 f. Dazu die Besprechung von Frölich, Z. Sav. Stftg. Germ. Abt. 50. 1930, 460 ff.

[95]) Ueber die Grausamkeit Friedrichs II. vgl. z. B. W. Cohn, Das Zeitalter der Hohenstaufen in Sizilien. Unters. z. dtsch. Reichs- u. Rechtsgesch., H. 134, 1925, S. 149 f.

[96]) Simonsfeld in Münchener SB. 1893, 336 f., 323. Kantorowicz, a. a. O., S. 440.

[97]) Kantorowicz, a. a. O., S. 441, bezweifelt, daß dieses Todesurteil, über das ein urkundlicher Beleg nicht vorliegt, auf Grund eines for-

Es ist nun überaus interessant und für die Auffassung von der strafrechtlichen Verantwortlichkeit der Glieder einer Gemeinschaft für deren strafwürdiges Verhalten aufschlußreich, daß Gandinus das Verhalten Friedrichs zum Anlaß nimmt, die juristische Auffassung seiner Zeit über das Einstehen für fremde Tat zur Rechtfertigung der milden Behandlung der Gesandten heranzuziehen. Wenn Gandinus hierzu ausführt: „Et certe cives seu municipes videntur non puniendi, sed excusandi, quia iussu magistratus sive civitatis, ville vel castri voluntate id fecerunt", und weiter: „Federicus imperator dicitur pepercisse ambassiatoribus Lombardie ......, quia iverant de precepto suarum potestatum et suorum communium", so stellt er sich damit offensichtlich im Anschluß an ältere Juristen auf den Standpunkt, daß die volle Kapitalstrafe — hier für den Hochverrat — nur den oder die wirklich Schuldigen treffen soll, nicht aber jedes Mitglied der schuldigen universitas[98]). Auch nach Lucas de Penna[99]), einem Zeitgenossen des Bartolus, sollen für strafbare Handlungen der Kommune die maiores haften, „eo quod prohibere possunt", und bei schweren Verbrechen soll allein die Behörden, „quorum consilio seu ordinatione scelus admissum est", die volle gesetzliche Strafe treffen, während die übrigen nur am Vermögen gestraft werden sollen[100]). Aber auch bei Vermögensstrafen bestand die Tendenz, sie in erster Linie den Schuldigen aufzuerlegen und gewisse Personenklassen, wie Kinder, Frauen, Schuldunfähige, Abwesende und solche, die der strafbaren Handlung ausdrücklich widersprochen hatten, ganz von der Strafe — auch einer Geldstrafe — auszunehmen[101]).

Im übrigen hat sich die Rechtslehre der Postglossatoren oder Kommentatoren[101a]) zum Teil recht eingehend mit der Deliktsfähigkeit der Körperschaft beschäftigt. So wollte Bartolus[102]) die persönliche Schuld des einzelnen bei den Verbrechen außer Betracht lassen, d. h. eine uneingeschränkte Kollektivschuld annehmen, bei denen auch sonst mehrere ohne individuelles Verschulden für einander einzustehen hatten (z. B. Vater und Sohn), mit der Folge, daß in solchen Fällen eine ganze Stadt zerstört werden durfte, während er im übrigen zwi-

mellen Verfahrens gefällt worden sei, obwohl ein rechtliches Hindernis dagegen nicht bestanden habe, und zwar schon deshalb nicht, weil die Verschwörung erfolgt war noch während der Dauer des Kompromisses auf den Papst. Vgl. dazu auch H.-Br., l. c. 876; Böhmer-Ficker, l. c. 2047c, 2048. Wieland, a. a. O., S. 225 ff.

98) Ebenso Albericus de Rosciate († 1354), C VIII 4 Unde vi 7 n. 6.

99) C XII 60 de execut. et exact. 3. Zit. bei Dahm, Das Strafrecht Italiens im ausgehenden Mittelalter, 1931, S. 165.

100) „Reliqui .... hoc est ipsa universitas, quia maiorum auctoritatem in atrocioribus sunt secuti, pena pecuniaria puniantur".

101) Beispiele dafür bei Dahm, a. a. O., S. 165 A. 40, 41.

101a) Koschaker, Europa und das römische Recht, 1947, S. 87 A. 1.

102) Dig. XLVIII 19 De poenis 9.

schen eigentlichen und uneigentlichen Körperschaftsverbrechen unterschied. Zu den ersteren zählte er die Verbrechen der großen, d. h. aus über 10 Mitgliedern bestehenden Körperschaften, bei deren Delikten man die Zustimmenden und Nichtzustimmenden nicht unterscheiden könnte. Auch in diesem Fall sollte eine uneingeschränkte Kollektivschuld angenommen werden. Im letzteren Fall dagegen sollte die Strafe nur dann die universitas treffen, „si poena potest in universitatem cadere", während sie im übrigen umgewandelt werden (z. B. bei Enthauptung) und eine Geldstrafe nur die wirklich Schuldigen treffen sollte[103]. Daß es sich bei dieser Auffassung um eine solche des geltenden Rechts gehandelt hat, nicht nur um eine bloß theoretische Meinung, geht daraus hervor, daß sich Angelus de Ubaldis († 1407) in einem Gutachten[104] der Meinung des Bartolus vollständig anschloß, insbesondere bei großen Körperschaften die gesamte universitas bestraft wissen wollte[105].

Einen rigoroseren Standpunkt vertrat Baldus († 1400)[106], der auch bei kleineren Verbänden (von etwa 10 Mitgliedern) jeden einzelnen haftbar machen wollte, auch soweit eine Kapitalstrafe in Frage kam, mit der Ausnahme, daß bei Teilnahme einer größeren Menschenmenge die Strafe zu mildern sei, um z. B. nicht sämtliche Bürger einer Stadt enthaupten zu müssen[107].

Von dieser — wenn auch reduzierten — Gesamthaftung rückte Bartholomaeus de Saliceto († 1412) insofern erheblich ab[108], als er die Körperschaftshaftung in eine gewöhnliche Mittäterschafts-Haftung überführte und damit auch die bisherige Unterscheidung von großen und kleinen Verbänden aufgab. Daraus folgte, daß Geldstrafe nur die Zustimmenden und die Körperstrafe nur die Führer treffen sollte, während die übrigen zu einer Ersatzgeldstrafe oder einer anderen Rechtsfolge zu verurteilen waren.

Es ist hier nicht der Ort, die Entwicklung der Lehre von der Deliktsfähigkeit der Körperschaften darzustellen, wie sie der Lehre der Glossatoren und Kommentatoren zugrunde liegt; Mestre, Hafter und Dahm haben das bereits trefflich getan[109]. Wesent-

[103] „illi qui non delinquerunt, non debent contribuere in solutione collectae."

[104] Consilia 165. Dazu auch Dahm, a. a. O., S. 166.

[105] „Si .... collegium magnum, in quo sunt insensati ut infantes et furiosi et facile discerni non possunt delinquentes a non delinquentibus .... tunc tota universitas punitur."

[106] C X I De iure fisci 4 n. 7.

[107] „ne strages (Niedermetzelung) multorum fiat." Vgl. Dahm, a. a. O., S. 166 f.

[108] Cod. (1382—1400) IX 30 De seditiosis I.

[109] Mestre, Les personnes morales et le problème de leur responsabilité, Paris 1899, p. 47 ff. Hafter, Die Delikts- und Straffähigkeit der Personenverbände, 1903, S. 12 ff. Dahm, a. a. O., S. 151 ff. Dazu auch v. Gierke, Genossenschaftsrecht, III § 7.

lich ist für uns der Stand von Lehre und Praxis zu Beginn des 13. Jahrhunderts, also zu der Zeit, da Friedrich die Mailänder Gesandten als Repräsentanten einer feindlichen und den Aufstand seines Sohnes unterstützenden Körperschaft in die Hände gefallen waren.

Hier nun zeigt sich, daß sich dieser Vorfall auf der Grenze zwischen der Lehre der Glossatoren und Kommentatoren zutrug, also auf einer Zeitenwende, die für die Bildung des gemeinen Rechts und die Ausbildung neuer strafrechtlicher Grundsätze von entscheidender Bedeutung war, um so mehr, als den Legisten die Kanonisten in wesentlichen Grundfragen abweichend gegenüberstanden. Während sich nämlich bei den Glossatoren noch römisch-rechtliche und die in der Praxis herrschenden germanischen Rechtsanschauungen mischten und daher die Körperschaften als einheitliche Rechtssubjekte — wenn auch nicht als juristische Personen — angesehen wurden, also nicht die innere Natur der zusammengeschlossenen Personenvielheit die Summe der einzelnen in ein Ganzes verwandelte, sondern der bloße Name[110]), und darum das körperschaftliche Rechtssubjekt im Grunde doch der Gesamtheit der einzelnen gleichgeachtet wurde, trat dieser Lehre von seiten der Kanonisten eine völlig andere Auffassung entgegen[111]). Hier wurde — ganz wesentlich beeinflußt durch den Begriff der Kirche als einer von der Gesamtheit der Gläubigen unabhängigen Institution[112]) — der Begriff der universitas als einer vom Wechsel der einzelnen unbeeinflußbaren Gesamtheit gebildet und so die universitas den sie bildenden einzelnen gegenübergestellt. So verwandelte sich die Personenmehrheit in eine juristische Person mit selbständiger Rechtsexistenz, und während nach legistischer Auffassung nur der übereinstimmende Wille der einzelnen als Wille der Körperschaft angesehen und als schuldbegründend strafrechtlich geahndet werden konnte, stand nach kanonistischer Auffassung einer Sonderbestrafung des einzelnen neben einer Bestrafung der universitas nichts entgegen: beide waren selbständig schuldfähige Rechtssubjekte[113]).

[110]) Hugolinus unter Berufung auf D. 41, 3, 30: „universitas est plurium corporum collectio inter se distantium uno nomine specialiter eis deputato." Aehnlich Pillius. Vgl. v. Gierke, Gen.R. III 193; Dahm, a. a. O., S. 151 A. 2.

[111]) v. Gierke, a. a. O., III § 8. Hafter, a. a. O., S. 15 ff. Mestre, a. a. O., p. 60 ff. Dahm, a. a. O., S. 152 ff.

[112]) Ueber die Entwicklung des „Kirchen"-Begriffs vgl. bes. Sohm, Wesen und Ursprung des Katholizismus, 1912, S. 29, 49 u. ö. Ders., Das altkatholische Kirchenrecht und das Dekret Gratians, 1918, S. 536 ff. Ders., Kirchenrecht, Bd. I und II.

[113]) Vgl. bes. die bei Dahm, a. a. O., S. 152 A. 4, zitierten Belege: Joh. Andreae († 1348), Nov., c. 5 in VIto De poenis V 9 n. 20, der hier zu der Frage, ob auch der einzelne gestraft werden dürfe, wenn bereits die universitas bestraft worden sei, als Meinung des Joh. Monachus anführt: respondet, quod sic, quia quod debet universitas, non debent singuli et e contra."

Allerdings mußten auch die Kanonisten, besonders im Hinblick auf die Folgen einer Exkommunikation, die die Seele der ewigen Verdammnis überantworten sollte, zu der Folgerung gelangen, daß die Körperschaft trotz ihrer juristischen Rechtssubjektivität doch nur ein bloßes nomen iuris sei[114]), wenn auch in einem ganz anderen Sinn als bei den Legisten, obwohl Joh. Andreae († 1348) die Begriffsbestimmung des Hugolinus († nach 1233) wörtlich wiederholte[115]). Bestand doch zwischen beiden ein tiefer Unterschied: während nämlich die Rechtspersönlichkeit der Körperschaft für die Glossatoren auf einer bloßen Zusammenfassung beruhte, die das nomen gab, also auf einer bloßen Synthese der einzelnen, war, wie Dahm zutreffend formuliert[116]), bei den Kanonisten die unversitas „Name", Wesen der neuen Rechtspersönlichkeit, das als solches begründet werden mußte mit Hilfe einer Fiktion, als eine persona ficta s. repraesentata[117]) Seit der Mitte des 13. Jahrhunderts gewann diese Vorstellung auch bei den Legisten an Boden[118]), wenn auch noch Albericus de Rosciate († 1354) die Definition des Hugolinus wiederholte[119]). Das führte schließlich so weit, daß Oldradus de Ponte († 1335) auf dem Wege der Fiktion auf die universitas noch weit mehr übertrug als die bloße Rechtspersönlichkeit. Er stellte die universitas der natürlichen Einzelpersönlichkeit völlig gleich, übertrug auf die erstere auch alle natürlichen Eigenschaften der letzteren und zog daraus die Konsequenz der Gleichheit der Rechtsfolgen gegenüber beiden[120]), während noch Papst Johann XXII. (1316—1334) der universitas die vera persona und damit auch die Seele nicht zugebilligt hatte. Bartolus dagegen (1314—1357) nahm eine Mittelstellung ein: er stand zwischen Oldradus und Innocenz, insofern er der universitas die Deliktsfähigkeit schlechthin absprach[121]). Bartolus legte der universitas zwar nicht die Eigenschaften der natürlichen Person bei, übertrug aber doch mehr auf sie als die bloße Rechtspersönlichkeit und folgerte daraus, daß je nach der Art der Verbrechen die Verbandspersönlichkeit auch deliktsfähig sei.

[114]) So bes. Joh. Andreae, c. I in VIto De poenitentiis V 10 n 9: „collegium dicitur persona non vera, sed representata", und c. 53 X De sententia exc. V 39: „nomina enim .... sunt iuris, non personarum."

[115]) c. I in VIto De poenitentiis V 10 n. 8. Dahm, a. a. O., S. 153 A 7, vermerkt hierzu noch Hostiensis, Summa aurea, I 39 n. 1, und Innocenz, c. 14 X De excessibus prael. V 31 n. 2.

[116]) a. a. O., S. 153.

[117]) Joh. Andrae, c. 16 in VIto De sententia excomm. V 11 n. 3.

[118]) v. Gierke, Gen.R. III §§ 9 f. Hafter, a. a. O., S. 18 ff. Mestre, a. a. O., 89 ff. Dahm, a. a. O., S. 153.

[119]) Dahm, a. a. O., S. 153 A. 10. v. Gierke, Gen.R. III 355 A. 4, 420 A. 1. Dazu auch Bartolus, D XLVIII 19 De poenis 9, 4; 16, 10 n. 3; Alb. de Rosciate, C IX 2 De acc. et inscr. 7.

[120]) Consilia 65 n. 7: „licet non habeant veram personam, tamen habent personam fictam fictione iuris ...., et sic eadem fictione animam habent et delinquere possunt et puniri". Dazu Dahm, a. a. O., S. 155.

[121]) v. Gierke, Gen.R. III 344 A. 318. Dahm, a. a. O., S. 154.

Die Deliktsfähigkeit bejahte er schlechthin für Unterlassungsdelikte, während er im übrigen zwischen eigentlichen und uneigentlichen Körperschaftsverbrechen unterschied. Zu den ersteren zählte er die. die mit den eigentlichen Aufgaben der Körperschaft wesentlich verbunden waren (Gesetzgebung, Besteuerung), zu den letzteren, uneigentlichen, die, die nicht die Körperschaft als solche, sondern nur ihre Organe begehen konnten. Während also bei den delicta propria die universitas selbst Täterin sein konnte, die einzelnen Mitglieder dagegen nur Mittäter oder Anstifter, war es bei den delicta impropria umgekehrt: hier konnte die universitas faciens fieri sein, ratum habens, der einzelne Ausführende dagegen Täter[122]).

Entgegen Bartolus beurteilte Baldus († 1400) die Deliktsfähigkeit der universitas nicht nach der objektiven Beschaffenheit der strafbaren Handlung, sondern nach der Schuldfähigkeit der einzelnen Verbandsangehörigen, d. h. nach einem „interpretative" und einem „vere delinquere", und sah die Mitglieder der universitas dann als strafbare Einzelpersonen an, wenn sie schuldfähig waren[123]).

Einen noch weiteren „Rückfall" in die älteren Anschauungen zeigt Bartholomaeus de Saliceto († 1412), der die Körperschaft wiederum mit der Summe der einzelnen gleichsetzte[124]), mit der einzigen Ausnahme, daß die universitas per alios handele, wenn die einzelnen als solche (ut singuli) im Auftrag jener Täter würden[125]).

Auf weitere Einzelheiten dieser Entwicklung braucht hier nicht näher eingegangen zu werden. Es genügt festzustellen, daß in der Lehre des Bartolus (1314—1357) die Körperschaftslehre der Legisten ihren Höhepunkt erreichte und jedenfalls darin eine ganz überwiegend akzeptierte Meinung darstellte, daß eine universitas Verbrechen begehen könnte. Offen blieb dagegen weiterhin die Frage, worin das Wesentliche dieser Verbrechensbegehung durch die universitas bestehe, und wie sie sich demzufolge auswirke. Denn hier waren zwei Möglichkeiten gegeben: entweder konnte man in ihr ein auch für die Bestrafung allein in Frage kommendes Verbrechenssubjekt sehen, so daß nur sie die Strafe traf, nicht aber den einzelnen; oder aber man ließ den einzelnen auf Grund der Tatsache strafrechtlich haften, daß er der universitas angehörte, d. h. nicht für eigene Begehung, sondern nur wegen seiner Verbandszugehörigkeit. Beide Möglichkeiten aber standen in offenbarem Widerspruch zur Verschuldenshaftung, wie sie gerade die Kommentatoren auszubilden bestrebt waren. Denn traf

---

[122]) Dahm, a. a. O., S. 156 f. Ebenso Angelus de Ubaldis († 1407), Cons. 165 n. 2.

[123]) Baldus, D IV 2 Quod metus causa 9, 1 n. 1. Aehnlich Cinus, C De episc. et cl. l. si quis non dicam n. 3. Raph. Fulgosius, C ad l. Jul. maj. l. quisquis n. 4. Dazu Dahm, a. a. O., S. 158, und Engelmann, Die Schuldlehre der Postglossatoren, 1895, S. 35.

[124]) C IX 30 De seditiosis l. n. 5: „universitas nihil aliud est quam homines universitatis."

[125]) Dahm, a. a. O., S. 158.

die Strafe nur die universitas, dann ein Verbrechenssubjekt ohne eigene Schuldfähigkeit, wobei aber in praxi diese Strafe indirekt auch Unschuldige treffen konnte, insofern jede Verbandsstrafe mittelbar sich ja auch gegen die Verbandsmitglieder richten mußte, besonders wenn sie in Vermögenseinbuße, Privilegienverlust oder ähnlichem bestand. Sah man dagegen in der universitas nur die Gesamtheit der Verbandsangehörigen, und bestrafte man sie wegen ihrer bloßen Zugehörigkeit, dann deckte sich erst recht diese Verantwortlichmachung nicht mit der strafrechtlichen Schuld im Einzelfall[126]), ein Ergebnis, das der Schuldauffassung stracks zuwiderlief; denn „pena debet suos tenere auctores"[127]).

Hinzu kam aber weiter, daß nicht nur das Verschuldensprinzip einer Körperschaftshaftung entgegenstand, sondern auch die bereits zu Gandinus' Zeiten wenigstens teilweise anerkannte unrechtsausschließende Wirkung eines obrigkeitlichen Befehls. Ein solcher Befehl eines Vorgesetzten oder Oberen schloß bei leichten Vergehen die Strafe ganz aus, bei schwereren milderte er sie[128]). Eine solche Milderung sollte schließlich auch dann eintreten, wenn der Kreis der Beteiligten so groß war, daß eine Vernichtung (strages) vieler zu erwarten gewesen wäre[129]).

Ganz allgemein ging zur Zeit der Kommentatoren das Bestreben dahin, die Kollektivhaftung einzuschränken, d. h. die strafrechtliche Haftung der Verbandsangehörigen, die selbst an der Straftat der universitas nicht unmittelbar beteiligt waren. Dies suchte man dadurch zu erreichen, daß man zunächst gewisse Strafen, die alle Verbandsangehörigen treffen mußten, gegen die universitas überhaupt nicht zulassen wollte, insbesondere Körper- und Freiheitsstrafen. Dieser Weg war allerdings nur dann gegeben, wenn man die universitas von ihren einzelnen Mitgliedern begrifflich unterschied, d. h. die Fiktionstheorie akzeptierte. Wenn dies nun auch bei der Mehrzahl der Theoretiker der Fall war, so gab es doch auch Ausnahmen, d. h. solche, die an der Identität von universitas und Mitgliedern festhielten[130]). Einen Ausweg aus der Schwierigkeit bei angedrohten

---

[126]) So auch Dahm, a. a. O., S. 162.

[127]) Besonders kontrovers bei der Exkommunikation! Vgl. Innocenz auf dem Konzil von Lyon: c. 5 in VIto De sententia excomm. V 11. Astesanus v. Asti († 1330), Summa de casibus VII 3: zit. bei Dahm, a. a. O., S. 162 A. 29.

[128]) So Gandinus, De homicidiariis 13, S. 292: „quia iussus magistratus et communis habet aliquam excusationem et mitigationem inducere", mit Bezug auf Dig. 39, 3, 4. Vgl. dazu auch Alb. de Rosciate D IV 2 Quod metus causa 9, 1 n. 6.

[129]) „Detrahendum est severitati, ubi strages multorum hominum iacet." Zahlreiche Beispiele dafür bei Dahm, a. a. O., S. 163 A. 33, bes. Angelus de Ubaldis († 1407), D II 1 De iurisdict. 9 n. 1.

[130]) So Bonif. de Vitalinis, Quid sit accusatio n. 107. Dazu Dahm, a. a. O., S. 164, der zahlreiche Belege für die durchaus herrschende Meinung bringt.

Kapitalstrafen ermöglichte dabei das dem Richter allgemein konzedierte Recht, aus besonderen Gründen die gesetzliche Strafe zu mildern, sie evtl. durch eine andere Rechtsfolge zu ersetzen, etwa durch Privilegienverlust oder Geldstrafe[131]). Daneben fehlte es aber auch nicht an Stimmen — wenn sie auch durchaus in der Minderzahl waren —, die z. B. an einer Stadt die an sich verwirkte Todesstrafe durch Zerstörung vollzogen wissen wollten[132]).

Daß also die volle Strafe nicht die gesamte universitas, sondern nur die Schuldigen treffen sollte, war mithin die überwiegende Meinung der Kommentatoren, ein Ergebnis, das aber bereits zur Zeit der Glossatoren zahlreiche Anhänger hatte. Insbesondere hat sich auch Albertus Gandinus in seiner Rubr. De homicidiariis et eorum pena, der die eingangs angeführte Stelle über Friedrichs Verhalten den Mailänder Gesandten gegenüber entnommen ist, und die als Bestandteil seines Tractatus de maleficiis in erster Fassung um 1286/87 entstanden war und 1300/01 ihre letzte endgültige Fassung erhalten hatte, auf den Standpunkt gestellt — und zwar unter Berufung auf ältere Rechtslehrer —, „quod, si erit aliquis ibi, qui multum cupiebat offendere et qui fuerit initiator et auctor, quod ille puniatur corporaliter, et ceteri puniantur pecunialiter"[133]). Vor allem stellt Gandinus aber das Argument des obrigkeitlichen Befehls als unrechtausschließend in den Vordergrund: „Et certe cives seu municipes videntur non puniendi, sed excusandi, quia iussu magistratus sive civitatis, ville vel castri voluntate id fecerunt" und führt Friedrichs Verhalten geradezu auf diese durch die Autorität der Rechtswissenschaft gestützte Anschauung zurück: „Et hac ratione motus dom. Federicus imp. dicitur pepercisse ambassiatoribus Lombardie . . . .". Daraus folgt für Gandinus, „quod puniantur ipsi administratores" (C. 8, 4, 6, 1; D. 4, 3, 15, 1). Die übrigen an einem Verbrechen der universitas Beteiligten sollten allerdings nicht straflos ausgehen („puniantur pecunialiter"), doch sollte sie die Kapitalstrafe keinesfalls treffen („in dubio non debent omnes cives seu municipes decapitari"), und zwar aus drei Gründen:

1. „quia propter delictum ab universitate commissum non debent singuli coerceri" (arg. D. 3, 4, 7, 1);

---

131) Belege dafür bei Dahm, a. a. O., S. 164 A. 36.

132) Vgl. bes. Bartolus, D XLVIII 19 De poenis 9, 4, der die universitas strafrechtlich in vollem Umfang für solche Verbrechen haftbar machen wollte, bei denen auch im übrigen eine Erfolgshaftung angenommen wurde, während er in allen anderen Fällen eine Haftung mit der Begründung ablehnte, „quia punirentur non culpabiles". Weitere Beispiele (Petrus de Bellapertica, Cinus, Alb. de Rosciate, Angelus, Bonifacius de Vitalinis) bei Dahm, a. a. O., S. 164 A. 37.

133) Ebenso Alb. de Rosciate († 1354), C VIII 4 Unde vi 7 n. 6, und Lucas de Penna (1. Hälfte des 14. Jahrh.), C XII 60 De exsecut. et exact. 3: „reliqui .... hoc est ipsa universitas, quia maiorum auctoritatem in atrocioribus sunt secuti, pena pecuniaria puniantur".

2. „quia iussus magistratus et communis habet aliquam excusationem et mitigationem inducere" (D. 39, 3, 4);

3. „quia quamvis id, quod fit per illos, quibus res publica gubernanda commissa est, fingatur per iura sciri et fieri per omnes de civitate et municipio (D. 50, 1, 14; 50, 17, 160, 1; C. 2, 7, 25), tamen rei veritate non omnes ordinant nec omnes sciunt nec omnes sunt culpabiles."

Daraus folgt, daß auch Gandinus grundsätzlich an der Deliktsfähigkeit der Körperschaft festhielt — denn sie aufzugeben hätte dem deutschrechtlichen Gedanken der genossenschaftlichen Gesamthaftung, der auch in Oberitalien noch durchaus lebendig war, widersprochen[134]) —, daß er diese Haftung aber abzustufen, zu differenzieren versuchte durch eine Differenzierung der Strafen nach dem Schuldprinzip, durch die der genossenschaftliche Gedanke gewissermaßen von innen her ausgehöhlt wurde, wie Dahm es ganz zutreffend formuliert. Eine solche Differenzierung aber war wiederum möglich auf dem Wege über das arbitrium iudicis in den Fällen, in denen „certa pene non est determinata" (D. 48, 19, 1, 13. l. 41; D. 47, 18, 1, 1; D. 28, 8, 1)[135]).

Wenn nun Gandinus Friedrichs Verhalten den Gesandten gegenüber mit der Autorität der Glosse motiviert, so ist das keineswegs unwahrscheinlich. Im Gegenteil würde es erstaunlich sein, wenn Friedrich sich der Lehre der Glossatoren entgegengestellt hätte. Denn die Arbeit der Glossatoren stand bei den deutschen, insbesondere den staufischen Kaisern, in einem solchen Ansehen, daß sie geradezu, wie Koschaker sagt, zu einem Bund zwischen beiden geführt hat[136]). Seinen tieferen Grund hatte dieses Ansehen der Glossatoren nicht sowohl in ihrer wissenschaftlichen Beschäftigung mit dem Recht an sich, sondern darin, daß das Objekt ihrer Forschung und Lehre gerade das römische Recht war, und zwar deshalb, weil sich bereits seit dem 11. Jahrhundert, vor allem aber in der Staufenzeit, die deutschen Kaiser als Nachfolger der römischen Imperatoren fühlten und als solche auch galten[137]). Daß vor

[134]) Vgl. dazu Dahm, a. a. O., S. 168.

[135]) Vgl. hierzu Bohne, Die Freiheitsstrafe in den italienischen Stadtrechten des 12.—16. Jahrhunderts, I 165 ff., II 1 ff. R. Schmidt, Aufgaben der Strafrechtspflege, S. 163 ff., 172 ff. Kohler, Studien aus dem Strafrecht, S. 271 ff. Pertile, Storia del diritto italiano, V 399 ff. Salvioli, Storia del diritto italiano. 8. ed. 1921, 707 sqq. Ciccaglione, Manuale di storia del diritto italiano, II 291, und Dahm, a. a. O., S. 293 ff.

[136]) Koschaker, Europa und das römische Recht, 1947, S. 70 ff., 73 ff.

[137]) Koschaker, a. a. O., S. 4, 39 f., 70 f. Bereits seit Otto II. (982) wurde der deutsche Kaiser „Romanorum imperator" genannt, und mit Konrad II. wird das Reich ständig als „imperium romanum" bezeichnet,

allem auch Friedrich II. wie Friedrich I. nichts mehr erstrebte, als das römische Reich unter seiner Herrschaft im alten Glanze erstehen zu lassen, ist bekannt[138]). Dieses Bestreben ging so weit, daß er die lex regia des römischen Volkes als Grundlage seiner Herrschaft ansah[139]), als das Recht des abendländischen Imperiums. Und da somit das römische Recht, die Grundlage der Glosse, als kaiserliches Recht Anspruch auf Geltung auch in den westeuropäischen Ländern erhob, die Einheit des Imperiums durch die Einheit dieses Rechts geradezu gestützt wurde[140]), war dieses Recht, wie Koschaker sagt, der Repräsentant der Universalität des Imperiums[141]). Noch im 14. und 15. Jahrhundert war diese Vorstellung von der Universalität und dieses Bündnis zwischen Kaiser und römischer Rechtswissenschaft in alter Kraft und galten die Legisten als Verteidiger des Kaisertums[142]). Dazu kam, daß die Glossatoren keineswegs nur „Planeten waren, die um die kaiserliche Sonne kreisten und von ihr das Licht empfingen", sondern „unabhängig von den Kaisern zu Ruhm und Ansehen gelangt waren. Sie bedeuteten schon etwas in der abendländischen Welt, als die staufischen Kaiser auf sie aufmerksam wurden und sich ihrer bedienten", und sie taten das, um gegenüber dem Papsttum ihre Macht auf die Autorität des corpus juris stützen und aus ihm die rechtlichen Grundlagen für das neue Staatsdenken gewinnen zu können[143]). Diese Anerkennung der Autorität der Glosse ging so weit, daß nicht nur Friedrich I., sondern auch viele seiner Nachfolger ihre Gesetze durch die Glossatoren publizieren ließen durch Aufnahme in das

---

unter Friedrich I. als „sacrum imperium", und seit dem 11. Jahrhundert heißt der erwählte deutsche König „rex Romanorum". Vgl. Caspar, Deutsches Reich und Kaisertum. Hdb. d. dtsch. Gesch. I 159. Holtzmann, Geschichte der sächsischen Kaiserzeit, 1941, S. 281. Lähr, Vom mittelalterlichen imperium romanum. „Die Antike" VII, 1931, S. 127. Haller, Der Reichsgedanke der staufischen Zeit. „Welt als Geschichte" V, 1939, S. 400 f. Heinr. Mitteis, Der Staat des hohen Mittelalters, 1940, S. 301 A. 48.

138) von den Steinen, Das Kaisertum Friedrichs II., S. 24. Burdach, Vom Mittelalter zur Reformation, II 1, S. 296 f.

139) von den Steinen, a. a. O., S. 32, 35. Burdach, a. a. O., S. 303 f.

140) „Unum esse ius, cum unum sit imperium": so in den „Quaestiones de iuris subtilitatibus", einer Schrift aus der Glossatorenzeit. Vgl. Genzmer, Atti congresso Bologna, I 366. Als Verfasser nimmt Kantorowicz, Studies in the glossators of the roman law, 1938, 181 f., Placentinus an, 1160. Dazu Koschaker, a. a. O., S. 70 A. 3.

141) Koschaker, a. a. O., S. 70. v. Savigny, Geschichte des römischen Rechts im Mittelalter², III 87 f., und die weitere bei Koschaker A. 4 aufgeführte Literatur.

142) Koschaker, a. a. O., S. 71.

143) Koschaker, a. a. O., S. 73. v. Savigny, a. a. O., III S. 89 f. Sorbelli, Storia dell'università di Bologna, 1940, p. 58.

corp. iur. und seine Glosse[144]). Und wenn auch, wie Koschaker hervorhebt[145]), der Einfluß der Glossatoren auf Deutschland selbst in dieser Zeit geringer gewesen sein mag als auf die westeuropäischen Länder, so kann doch kein Zweifel bestehen, daß gerade Friedrich II. die Glossatoren als die stützenden Pfeiler seiner Herrschaft anzusehen gewohnt war, soweit diese Stütze überhaupt das Recht sein konnte.

Konnte es da Wunder nehmen, wenn Friedrich II. sich auch bei der Behandlung der Mailänder Gesandten der Meinung der Glosse angeschlossen hätte, vor allem dann, wenn eine solche im „kaiserlichen Recht" seine Stütze findende Auffassung seinen politischen Intentionen entgegenkam?

Die Annahme, daß Friedrich II. sich bei der Behandlung der Mailänder Gesandten mindestens nicht nur von gefühlsmäßigen oder politischen Erwägungen hat leiten lassen, würde an Ueberzeugungskraft noch gewinnen, wenn sich zeigen ließe, daß auch die Praxis in Italien, insbesondere die Statutargesetzgebung, bei der Frage der Behandlung der Körperschaftsverbrechen und einer möglichen Kollektivhaftung auf dem Standpunkt der Glosse stand, d. h. auch ihrerseits den Gedanken einer genossenschaftlichen Gesamthaftung durch Mitberücksichtigung der individuellen Schuld von den Grundsätzen der Erfolgshaftung losgelöst hatte.

Der Frage, ob gerade im Falle der Kollektivhaftung die Praxis von der Rechtslehre beeinflußt worden ist oder die Theorie der Praxis folgte, braucht hier nicht näher nachgegangen zu werden. Engelmann hat in seiner umfassenden Untersuchung über „Die Wiedergeburt der Rechtskultur in Italien durch die wissenschaftliche Lehre" (1938) gezeigt, daß die Gutachtenpraxis der Rechtsgelehrten als gerichtliche Gutachter in Italien seit dem 13. Jahrhundert nicht nur für den Zustand der Rechtspflege, sondern auch für die Rechtsentwicklung auf dem Gebiet des gemeinen Rechts wie des Statutarrechts von größtem bestimmendem Einfluß gewesen ist, und zwar auf den Rechtsgebieten, die durch Gesetz, zusammenfassende Kodifikationen oder maßgebende Aufzeichnung geregelt waren, während von dieser Gutachtenpraxis die Rechtsgebiete fast unberührt blieben, für die ungesetztes Recht, Gewohnheit und Rechtsbrauch galt (Handelsrecht, Bankrecht, Gewerkschaftsrecht, Fischereirecht, Wasserrecht usw.)[146]). Nun hat sich zwar das römische Recht mit dem Verbandsdelikt nicht beschäftigt, wenn man auch bald diese, bald jene Rechtsstelle zur Begründung oder

---

[144]) Pitzorno in der Festschrift der Juristenfakultät Pavia „Per il XIV centenario della codificazione giustinianea", p. 746; Solmi, Storia del diritto italiano[3], 1930, p. 471, 473. Koschaker a. a. O., S. 73 A. 3.

[145]) Koschaker, a. a. O., S. 73 f.

[146]) Engelmann, a. a. O., S. 243.

Ablehnung der Deliktsfähigkeit des Verbands heranzog[147]). Trotzdem handelt es sich um eine Frage innerhalb eines gesetzlich geregelten Gebiets, eben des Strafrechts, das damit auch der die Praxis beeinflussenden Gutachtertätigkeit der Rechtsgelehrten zugänglich war und durch die vertiefte Beschäftigung mit dem Schuldgedanken besondere Beachtung forderte. Demgegenüber waren für die praktischen Juristen einerseits die umfassenden Summenwerke der späteren Glossatoren aus dem beginnenden 13. Jahrhundert (Azos Summa zum Codex und zu den Institutionen, Hugolinus' Summa zu den Digesten), andererseits die Kontroversensammlung des Hugolinus, ebenfalls aus dem 13. Jahrhundert, zunächst nur von geringer Bedeutung, da es für den Praktiker weniger darauf ankam, gelehrte Kontroversen oder die Meinung einzelner Rechtsgelehrten kennenzulernen, als vielmehr die allgemein anerkannte Auslegung und Entscheidung in bestimmten Streitfragen[148]). Und diese Kenntnis wurde der Praxis vermittelt durch den Rechtsrat der Rechtsgelehrten auch dann noch, als während des Dugento gleichzeitig mit der Einführung der Podestà-Gerichtsbarkeit berufsmäßig geschulte Juristen als Assessoren die Gerichtsentscheidungen berieten. Indem nun aber das italienische Statutenrecht seit der Mitte des 13. Jahrhunderts sich die Regelung der Verantwortlichkeit der Justizbeamten besonders angelegen sein ließ und damit die „Rechtsbeachtungs- und Rechtserkundungspflichten der Richter" entsprechend verschärfte dadurch, daß es die Verantwortung der Richter durch die Ausbildung eines strengen Syndikatsrechts sicherte, gewann auch das Bedürfnis der Praktiker eine immer größere Stärke, eine „möglichst unanfechtbare, anerkannte Rechtsgrundlage zu haben"[149]). Damit wuchs einerseits die Bedeutung der Rechtsgutachten der Rechtsgelehrten immer mehr, andererseits aber auch das Bedürfnis nach Lehrwerken, aus denen ohne spezielle Zuziehung von Sachverständigen eine Orientierung über die anerkannten Ergebnisse der Lehre entnommen werden konnte. Diesem Bedürfnis der Praxis kam zunächst das große Glossenwerk des Accursius entgegen, das gerade in der uns interessierenden Zeit in Bologna entstand, wo Accursius seit 1221 lehrte, das aber erst kurz vor seinem Tode (1259) voll-

147) Vgl. Ulpian: „de dolo decurionum in ipsos decuriones debitur de dolo actio" (Martinez, Responsabilité pénale des personnes morales, Rev. intern. de dr. pén., 1929, no. 3—4, p. 234), andererseits Hafter, Die Deliktsfähigkeit der Personenverbände, S. 8 ff.

148) v. Savigny, a. a. O., V Kap. 41, S. 253 ff. Engelmann, a. a. O., S. 172 f. Aus demselben Grund sind daher, wie Engelmann annimmt, auch die großen Vorlesungswerke der Glossatoren, die Codex-Lectura des Azo, die Codex-Vorlesungen des Roffredus und das ganz umfassende Vorlesungswerk des Odofredus, von den Assessoren kaum benutzt worden.

149) Engelmann, a. a. O., S. 173.

endet war. Jedenfalls lag es um 1236 noch nicht vor, so daß zu dieser Zeit die Gutachtertätigkeit der Rechtsgelehrten noch in voller Blüte stand, wenn auch schon vor diesem umfassenden Werk andere, kleinere Glossenwerke vorhanden waren, so die Glosse des Johannes Teutonicus zum Decr. Grat. (Anfang des 13. Jahrh.), die Glosse des Jacobus Columbi zu den libri feudorum, sowie die des Carolus de Tocco (ebenfalls Anf. d. 13. Jahrh.)[150]).

In der uns interessierenden Frage der Körperschaftsverbrechen allerdings glaubt Dahm[151]) nicht eine Beeinflussung der Praxis durch die Rechtslehre, sondern umgekehrt eine solche der Theorie durch die Praxis annehmen zu müssen, da es schwer verständlich erscheine, daß die grundsätzliche Wandlung von der Körperschaftstheorie der Glossatoren zur späteren Fiktionslehre vor der Deliktsfähigkeit der Körperschaft haltgemacht habe, daß insbesondere auch der Hinweis auf das zu dieser Zeit schon allgemein anerkannte Verschuldensprinzip ohne Einfluß blieb und man dieses, das prinzipiell preisgegeben wird, doch bei der Ausgestaltung der Strafen im einzelnen wieder als Korrektiv einführte. Hätte hier die Theorie eine folgerichtige Entwicklung genommen, so wäre die Folge gewesen, das individuelle Verschulden zum Ausgang zu nehmen und damit die Deliktsfähigkeit der Körperschaft in Anwendung der Fiktionstheorie von vornherein zu verneinen. Diese Inkonsequenz erkläre sich nun daraus — so folgert Dahm —, daß der deutschrechtliche Gedanke der genossenschaftlichen Gesamthaftung im Volke noch lebendig war und eine theoretische Preisgabe dieser Anschauung einen Bruch mit der Rechtswirklichkeit dargestellt hätte. Indem man also die universitas als Summe aller einzelnen Mitglieder bei der Enge der Verhältnisse immer noch als eine übersehbare Erscheinung vor sich hatte, stand nichts im Wege, „wenn jene Vielheit tatsächlich handelnder Einzelpersonen ebenso mit Wirkung für alle bestraft wurde wie eine Mehrheit von Tätern"[152]). So sei es gekommen, daß auch die Theorie, um sich von dieser durchaus herrschenden Anschauung nicht zu entfernen, an der Deliktsfähigkeit der universitas festgehalten habe. Es liegt kein Grund vor, dieser Argumentation nicht zu folgen.

Die Annahme Dahms wird dadurch wesentlich gestützt, daß einerseits die Schriften der Theoretiker zahlreiche Hinweise auf die Praxis der Kaiser und Päpste bei ihrem Vorgehen gegen Städte und Orden enthalten und dieses Vorgehen geradezu als Argument für die

---

150) Dazu Engelmann, a. a. O., S. 174 A. 6, und v. Savigny a. a. O., V, c. 38—42. Koschaker, a. a. O., S. 85 f. Genzmer in der Festschrift für Wenger, II, 1945, S. 223 f.

151) a. a. O., S. 167 f.

152) Dahm, a. a. O., S. 168.

Deliktsfähigkeit solcher universitates anführen[153]), andererseits die italienischen Stadtrechte fast sämtlich Strafbestimmungen gegen Körperschaften vorsehen[154]).

Was zunächst die Praxis der deutschen Kaiser in dieser Zeit anlangt, so finden sich Strafdrohungen gegen Städte als solche z. B. in der Authentica Friedrichs I. Item nulla[155]), vor allem aber in der Const. Friedrichs II. aus dem Jahr 1235[156]), in der Const. Heinrichs VII. von 1312 und 1313[157]) und in der Aurea Bulla (1356) c. 15 § 4[158]). In allen diesen Fällen erscheint die Zerstörung der Stadt als Ersatz für die gegen die einzelnen zu verhängenden Todesstrafen, wobei wiederum häufig an die Stelle der Zerstörung der ganzen Stadt die der Befestigungswerke oder die Konfiskation der städtischen Güter tritt.

Die italienischen Stadtrechte schränken die Körperschaftsverbrechen regelmäßig so ein, daß für gemeine Verbrechen nur einzelne haftbar gemacht werden[159]). Aus dem 13. Jahrhundert selbst finden sich Beispiele — soviel ich sehe — allerdings nur in Verona (1228) c. 103, in Origgio (1228) p. 5; Padua (1236, 1271, 1276) 727, 739 und Stat. V 17, 1; Pistoja (1284, 1296) Breve II 223 u. Stat. III

153) Vgl. v. Bar, Gesetz und Schuld, II 134 f. Dahm, a. a. O., S. 165 A. 38; 168 f.

154) Kohler, a. a. O., S. 188 ff. Pertile, a. a. O., V 104 ff., 382 ff. Kohler — degli Azzi, Das Florentiner Strafrecht des 14. Jahrhunderts, S. 196. Bohne, Freiheitsstrafe, II 16 ff.

155) Constit. de statutis et consuet. contra libert. eccles. edit. Ferner: Landfriedensgesetz Friedrichs I. v. 1158 in Lib. Feud. 53 § 1.

156) Huillard-Bréholles, IV² p. 740 sqq. (in solemni curia Moguntiae augusto — 1235 —):

§ 13 (p. 746 sq.) „De proscriptis .... (p. 747) Nulla civitas vel opidum proscriptum teneat scienter. Nullus eum defendet si ei malum aliquod inferatur; nichil ei detur gratis; nemo secum in emptione vel venditione participet, set in omnibus evitetur. Si civitas eum communiter scienter tenuerit, si est murata, murum eius iudex terre destruat; hospes eius ut proscriptus puniatur. Si civitas muro caret, iudex eam succendat, nec ulli liceat eam defendere. Si civitas se opposuerit, tam civitas quam homines qui se opponent cadant ob omni iure suo. Si iudex, in cuius districtu est, hoc facere nequeat, significabitur nobis, et nos illud exequi faciemus."

Dieser Passus ist wörtlich übernommen worden in den Mainzer Landfrieden vom Aug. 1235, 26: Mon. Germ. hist. LL. Sect. IV. tom. II, p. 241 sqq. Altmann-Bernheim, Ausgewählte Urkunden, 5. Aufl., 1920, S. 246.

157) Pertz Mon. II p. 524, 537.

158) Vgl. v. Bar, a. a. O., S. 134 A. 4. Weitere Beispiele bei Serres, Die Deliktsfähigkeit juristischer Personen. Köln. Diss. 1934, S. 7 f. Vgl. auch sächs. Landr. III 86 § 2. Vgl. ferner vor allem Ficker, Forschungen zur Reichs- und Rechtsgeschichte Italiens, I, 191 ff.

159) Ausnahmen in den Stat. von Perugia (1342) III 63, und Rom (1363) II 11. Beispiele bei Dahm, a. a. O., S. 169.

12; Pisa (1286) III 2, 73 und Como (1294) II a. 478[160]), entsprechend dem geringen Umfang der Stadtrechte in dieser Zeit, während für die späteren Jahrhunderte das Quellenmaterial sehr reichlich ist. Diese in der statutarischen Gesetzgebung zutage tretende Einschränkung erklärt sich daraus, daß den Stadtrechten der Fiktionsgedanke überhaupt fremd ist. Sie sind durchaus beherrscht von der Vorstellung der genossenschaftlichen, d. h. persönlichen Gesamthaftung, so daß Strafe und Ersatzhaftung als Maßnahmen gegen die einzelnen homines universitatis gedacht erscheinen[161]). Die Folge davon ist, daß z. B. unbewohnte Gemeinden auch nicht der „Körperschaftshaftung" unterliegen[162]). Weiterhin läßt sich beobachten, daß man auch durch Berücksichtigung des Verschuldensprinzips die Körperschaftshaftung einzuschränken versuchte, und auch darin treffen sich Praxis und Theorie.

Das Verschuldensprinzip diente aber nicht nur dazu, die Haftung der Körperschaft überhaupt zu begrenzen, und zwar unter dem starken Einfluß der Theorie, indem man vor allem eine Zufallshaftung auszuschließen suchte, wie sie auch der deutschrechtlichen Körperschaftshaftung eigentümlich war[163]), sondern beschränkte die strafrechtliche Haftung auch auf die Fälle, in denen die Körperschaft tatsächlich ihren Pflichten hätte genügen können. Gelang es z. B. nicht, ein Verbrechen zu verhindern, dann sollte die Erfolglosigkeit solcher Versuche einzelner keine strafbegründende Wirkung haben[164]). Ja, man ging sogar so weit, das Verschulden der einzelnen Gemeindegenossen auch dadurch zu berücksichtigen, daß man die Verteilung einer Geldstrafe auf sie von ihrem singulären Verschulden abhängig machte[165]). Allein bei Majestätsverbrechen und

---

160) Vgl. Kohler, a. a. O., S. 189. Eine Darstellung im einzelnen zu bringen erübrigt sich angesichts der eingehenden Behandlung bei Dahm, a. a. O., S. 169 ff.

161) Beispiele dafür ebenfalls bei Dahm, a. a. O., S. 173 und Kohler, a. a. O., S. 192.

162) So Piacenza (1391) IV 67: „Quod villae inhabitatae non possint condemnari." Dazu auch Gandinus, l. c., nr. 15 sq.

163) Vgl. z. B. His, Das Strafrecht des deutschen Mittelalters, I, 1920, 110 f., 88 ff.

164) So unter den Theoretikern Gandinus, De bannitis 16 (Ausg. Kantorowicz, p. 142 sq.); Albericus de Rosciate, St. II 82; Angelus de Ubaldis, D. XXIX 5 De sen. cons. Silan. 1, 17 n. 1; C XI 2 De naviculariis 6 n. 1. In den Stadtrechten Brescia (1313) II 61; Intra (1393) IV 63. Diese und weitere Zitate bei Dahm, a. a. O., S. 175 f.

165) Angelus de Ubaldis, D. XXIX 5 De sen. cons. Silan, 1, 26 n. 2 Albericus de Rosciate, D. XXXIX 2 De damn. infect. 35 n. 2. Gandinus, De multis utilibus quest. 23 (p. 412 sq.): typisch schuldlose Personen (Kinder, Frauen, Greise usw.) waren ohne weiteres befreit. (Ueber die Sonderbehandlung der Frauen vgl. Bohne, Zur Stellung der Frau im Prozeß- und Strafrecht der italienischen Statuten. Lpz. rechtsw. Stud. H. 11, 1926, S. 119 ff.) Ueber die statutarischen Bestimmungen der Haf-

Ketzerei fand diese Beschränkung ihre Grenze[166]). Diese Entwicklung hat sich selbstverständlich nur allmählich vollzogen. Noch im 14. Jahrhundert waren die deutschrechtlichen Anschauungen so bestimmend, daß man erst zögernd beginnen konnte, die Einzelhaftung aus der Gesamthaftung zu lösen. So war in dieser Zeit vor allem eine Gesamthaftung zwischen Gewalthaber und Gewaltunterworfenem noch durchaus üblich, und ein Uebergang zur Verschuldenshaftung bahnte sich nur dadurch an, daß man das Verschulden aus mangelnder Aufsicht vermutete. Allerdings finden sich aber auch schon in dieser Zeit Fälle, in denen eine Gesamthaftung ausdrücklich verboten wird[167]).

Ueberblickt man diese Entwicklung, so hat es den Anschein, als liege Friedrichs Verhalten den Mailänder Gesandten gegenüber durchaus in der Linie, die die Entwicklung von Praxis und Theorie genommen haben, und wie sie sich auch nach der Begründung des Gandinus darstellt.

Dies wird allerdings zweifelhaft, wenn man in den Gesandten nicht nur Mitglieder einer feindlichen universitas sieht, sondern eben Gesandte in ihrer „völkerrechtlichen" Eigenschaft, und es fragt sich, ob diesen schon in dieser Zeit eine Sonderstellung im heutigen völkerrechtlichen Sinn eingeräumt wurde.

Das ist zweifellos auch der Fall gewesen, soweit es sich lediglich um Gesandte handelte, die sich auf ihre Mission beschränkten. Schon seit den ältesten Zeiten wird der „Gesandte" — missus, legatus — im Verkehr zwischen zivilisierten Staaten untereinander als unverletzlich angesehen[168]); teilweise war seine Stellung auch rechtlich geregelt[169]). Daß es sich dabei nicht etwa um eine Folge völkerrechtlicher Einsicht gehandelt hat, sondern um die

---

tungsbeschränkungen vgl. bes. Dahm, a. a. O., S. 178 f. Ueber die Umdeutung der Kollektivhaftung in eine Haftung aus schuldhaftem Unterlassen des einzelnen vgl. auch Thom. v. Aquin, Summa theol. 2, 2 q. 108 a. 4. Dazu Dahm, a. a. O., S. 180, 279 A. 116.

[166]) Engelmann, Schuldlehre der Postglossatoren, S. 35. Dahm, a. a. O., S. 279 A. 110, 117.

[167]) Vgl. hierzu eingehend Dahm, a. a. O., S. 281 ff.

[168]) Vgl. zum folgenden bes. Wegner, Geschichte des Völkerrechts. Hdb. d. Völkerr., hrsg. v. Stier-Somlo/Walz, 1, III, 1936. Menzel, Deutsches Gesandtschaftswesen im Mittelalter, 1892. Geffken, Das Gesandtschaftsrecht und die diplomatischen Verkehrsformen. Holtzendorffs Hdb. d. Völkerr., III, 1887, S. 603 ff. Hübler, Die Magistraturen des völkerrechtlichen Verkehrs und die Exterritorialität, 1900. Stuart, Le droit et la pratique diplomatiques et consulaires. Recueil des cours de l'Académie de droit international, II 1934, p. 468 sqq.

[169]) So im Koran (dazu Stuart, a. a. O., S. 469); lex Gundobada (l. Burg.) XXXVIII 3—5; lex Ribuaria 65, 3; Capitulare de villis (dazu Guérard, Explication du Capitulare de villis, 1853, Bibl. de l'école des chartes, 3e série, IV 201, 313, 546. Gareis, Bem. zu Kaiser Karls des Großen Capitulare de villis. Abh. f. K. Maurer, 1893. Dopsch, Wirtschaftsentwicklung der Karolingerzeit, I², 1921, 28 ff.).

Berücksichtigung religiöser Anschauungen und praktischer Zwecke, um die Voraussetzung, einen Verkehr zwischen einzelnen Völkern und Volksstämmen überhaupt zu ermöglichen, insbesondere auch die Königsboten zu sichern, ist ohne weiteres klar. So galt schon in der Antike der Gesandte als sanctus, als religione inviolatus[170]), und erhielt erst dadurch eine Rechtsstellung in Gemeinschaften, für die der Fremde rechtlos und daher straf- und ersatzlos verletzbar war[171]). Auch das Mittelalter war, trotz seines noch fast fehlenden Fremdenrechts, von dem Gedanken des sanctitas legatorum beherrscht. Bezeichnend dafür ist die von Stuart mitgeteilte Aeußerung des zeitgenössischen englischen Chronisten Gottfried van Vino Salvo[172]): „Quand les envoyés de Barberousse furent saisis et emprissonés par l'Empereur grec en 1187 à Constantinople, le chroniqueur Jeffroy de Vinsauf condamne ce procédé comme une violation des lois consacrées chez les anciens et même chez les barbares par la coutume et par l'honneur".

Eine etwas ausführlichere Darstellung der von Florenz autorisierten Gesandten gibt R. Davidsohn[173]). Daraus ergibt sich, daß die Gesandten vom Priorenkolleg ernannt wurden und von diesem auch eine bestimmte Instruktion, die „Forma dell'Ambasciata", erhielten, und daß es neben den zu bloßen Verhandlungen bestimmten Gesandten noch die Syndizi gab, denen eine vom Generalrat der Kommune genehmigte formelle Vollmacht zum Abschluß von Verträgen erteilt war[174]), sowie schließlich, daß seit Beginn des Trecento die schon im Altertum gebräuchliche Bezeichnung „Oratoren" für die Gesandten wieder in Aufnahme kam. Dagegen kannte man in dieser Zeit noch keine ständigen Gesandtschaften im modernen Sinn, während sich allerdings schon Ansätze in dieser Richtung finden. So wurde es — abgesehen von den Geschäftsträgern bei der Kurie in Avignon seit etwa 1320[175]) — seit Beginn des 14. Jahrhunderts üblich, in bewegten Zeiten Beauftragte abzuordnen zur Wahrnehmung der Interessen der Stadt, also ohne speziellen, d. h. mit generellem Auftrag[176]).

Daß der Grundsatz der Unverletzlichkeit der Gesandten im MA. nicht immer beachtet worden ist, spricht nicht gegen seine

---

170) Hübler, a. a. O., S. 32.

171) Vgl. z. B. W. Heffening, Das islamische Fremdenrecht, 1925, S. 87 ff., 125 ff. Fraenkel, Schutzrecht der Araber. Oriental. Stud. f. Th. Nöldeke, 1906, I 293 ff.

172) a. a. O., S. 469.

173) Geschichte von Florenz, Bd. IV, Tl. 1, 1922, S. 140.

174) Vgl. die Belege bei Davidsohn, Anm. z. 4. Bd., S. 30.

175) Vgl. dazu Kirsch im Hist. Jahrb. d. Görres-Ges. XIV, 1893, S. 582 ff., über den Florentiner Andrea Sapiti.

176) Beispiele bei Davidsohn, Anm. 6—8, S. 30.

grundsätzliche Geltung und allgemeine Anerkennung[177]. Ob er aber auch in Kriegszeiten, insbesondere bei einem Krieg zwischen den Staaten, die Gesandte ausgetauscht oder abgesandt hatten, anerkannt und tatsächlich beobachtet wurde, ist nicht eindeutig festzustellen. Die Praxis wird verschieden gewesen sein. Von den Verhältnissen in Rom berichtet Geffken[178], daß, wenn Rom mit dem Staat des Gesandten sich im Kriegszustand befand, die Verhandlungen vor der Stadt erfolgten, sofern die Gesandten überhaupt angenommen wurden. Mitunter wurde ihnen dann nach Erfüllung ihres Auftrages der Befehl erteilt, Italien binnen bestimmter Zeit zu verlassen, ein Brauch, der im MA. auch in Deutschland geübt wurde[179], woraus sich wiederum ergibt, daß das Prinzip der Unverletzlichkeit auch in Kriegszeiten grundsätzlich beachtet wurde, sofern die Gesandten sich in Ausübung ihrer anerkannten Mission befanden.

Hätte es sich nun bei den lombardischen Gesandten lediglich um Abgesandte des Lombardenbundes gehandelt, die zu nichts anderem beauftragt waren, als eine Verbindung zwischen Heinrich und dem Bund herzustellen, dann wäre Friedrichs Verhalten noch ohne weiteres zu verstehen gewesen. Die Sache lag aber anders. Insbesondere handelte es sich nicht um Gesandte der feindlichen Gegenpartei, die mit ihm, dem Kaiser, die Verbindung aufzunehmen hatten, sondern um Gesandte einer Macht, die ihm selbst in Italien noch bedrohlich gegenüberstand, und mit der sein aufrührerischer Sohn einen Vertrag hochverräterischen Inhalts gegen ihn geschlossen, und der er dadurch, wie Schirrmacher es ausdrückt, seine — und seines Hauses — Ehre verkauft hatte. Worin der Auftrag der Gesandten im einzelnen bestand, ist nicht mit Sicherheit festzustellen. Daß ihr Auftrag aber mit den Konflikten selbst aufs engste zusammenhing, folgt schon aus der Bemerkung des Gandinus: „missi erant in Alemaniam pro discordia concitanda inter eum et filium eius Henricum". Nimmt man noch hinzu, daß Friedrich von Oesterreich kurz nach dem Eintreffen des geflohenen Anselm v. Justingen sich in offenem Krieg gegen den Kaiser befand, mit den Mailändern aber in Unterhandlung stand, und zwar unter dem Einfluß und durch Vermittlung eben dieser lombardischen Gesandten, die ihm also gegen den Kaiser Dienste geleistet hatten, wie Rohden vermutet, dann zeigt sich klar, daß die Gesandten als Vertreter der feindlichen Macht angesehen werden konnten, die sich nicht auf einen „völkerrechtlichen" Verkehr beschränkten,

177) Vgl. die zahlreichen quellenmäßig belegten Beispiele bei Menzel, a. a. O., S. 189 ff., der aber auch S. 193 belegt, daß dies als Schande, als Verstoß gegen geltende Prinzipien empfunden wurde.

178) a. a. O., S. 610.

179) Menzel, a. a. O., S. 190.

sondern Werkzeuge des aufrührerischen und hochverräterischen Königs waren.

Es sei hier nochmals daran erinnert, daß Friedrich in einem Schreiben an den König von Frankreich vom Mai 1236 von diesen Gesandten spricht als „de consilio multorum principum turpissime mortis judicio condempnatis, vite et libertati pristine restitutis", und wir bemerkten auch bereits, daß Kantorowicz aus guten Gründen dieses Todesurteil nicht als ein bloß formelles Verfahren ansieht. Ein rechtliches Hindernis, ein solches Urteil zu vollziehen, hätte jedenfalls schon deshalb nicht bestanden, weil die Verschwörung des Lombardenbundes mit Heinrich in eine Zeit fiel, da ein Kompromiß mit dem Papste zustande gekommen war. Wenn nun Friedrich trotzdem Milde walten ließ, so erklärt sich das sicher nicht aus „völkerrechtlichen" Erwägungen und Rücksichten. Man wird vielmehr mit Gandinus annehmen müssen, daß die milde Behandlung der Rechtsauffassung über die Haftung für kollektivdeliktisches Verhalten entsprach. Daß dies auch die Meinung anderer Zeitgenossen war, die den Charakter und das Temperament des Kaisers kannten, wird auch nahegelegt durch eine Aeußerung im Chronikon des (Fortsetzers des) Tolosanus Faventinus ad ann. 1234[180]), auf die ebenfalls Kantorowicz in diesem Zusammenhang hingewiesen hat[181]). Auch dieser Chronist läßt den Kaiser handeln „sapientis usus consilio, ex imperiali dignitate, que de fonte nascitur pietatis", in erster Linie mithin auf Rat eines Rechtskundigen. Das wäre nach dem, was wir bereits über das Verhältnis zwischen den deutschen Kaisern und den Glossatoren festgestellt haben, auch keineswegs verwunderlich. Kantorowicz bezweifelt einen solchen Einfluß. Er ist der Meinung, daß es nicht die Art Friedrichs II. gewesen sei, rechtlichen Skrupeln nachzugeben, selbst wenn sie Gegenstand gelehrter Auseinandersetzungen gewesen seien[182]). Dagegen hält er es für wohl möglich, daß Friedrich in seiner berechnenden Art bei der Freilassung der Gesandten, die auf Grund des gegen sie gefällten Urteils sicher mit dem Leben abgeschlossen hatten, die von Gandinus angeführte Begründung gegeben hat[183]), um auf diese Weise durch sie den

[180]) Ed. Borsieri, Doc. di stor. ital. 6, 1876, 732.

[181]) Mittlg. d. österr. Instit. f. Geschf. 31, 1910, S. 441.

[182]) Kantorowicz (S. 441) vermutet weiter, daß Gandinus die Nachricht von Friedrichs Behandlung der Gesandten dem Juristen entnommen habe, dessen Meinung er in dieser Quaestio wiedergibt. Weiter hat K. festgestellt, daß den Zitaten nach Quaestionen des Ubertus de Bobio, Guido de Suzaria und des Martinus de Fana vorkommen, die allerdings nicht nachweisbar sind. Die Genannten waren sämtlich oberitalienische Juristen des 13. Jahrhunderts. Für möglich hält Kantorowicz auch mündliche Tradition („dicitur").

[183]) „.... quia iverant de precepto suarum potestatum et suorum communium."

Ruhm seiner Gerechtigkeit verbreiten zu lassen. Als eigentlichen Grund sieht Kantorowicz aber die politische Ueberlegung Friedrichs an, „vor den bevorstehenden Unternehmungen in der Lombardei nicht unnötig böses Blut zu erregen". Dafür spreche auch, daß Friedrich wiederholt betont hat — so in den Verhandlungen mit Brescia und Mantua im August 1236[184]) —, daß er in durchaus friedlichen Absichten nach Italien ziehe. Schließlich hält es Kantorowicz aber auch nicht für ausgeschlossen, daß Gandinus das ihm überlieferte Verhalten Friedrichs mit der ihm richtig erscheinenden Begründung versehen habe, ohne daß Friedrich selbst diese Begründung seiner Entscheidung nachweislich beigegeben hatte. Dabei könnte dann dahingestellt bleiben, ob Friedrich lediglich aus einem politischen Motiv gehandelt hat oder allein bzw. gleichzeitig aus einer Ueberlegung, wie sie ihm von seinen Rechtsgelehrten nahegelegt worden war. Eine eindeutige Entscheidung hierüber ist nicht möglich. Wahrscheinlich ist, daß das politische Motiv den Ausschlag gegeben hat und sich im Ergebnis mit dem deckte, was der herrschenden Lehre entsprach.

---

[184]) Böhmer-Ficker, a. a. O., 2190c, 2191.

Über Ehe im kirchlichen und weltlichen Recht

Von Dr. Arthur Wegner, Professor der Rechte an der Westfälischen Wilhelms-Universität zu Münster.

Die Ehenot und das Voneinanderscheiden der harten Herzen ist nicht von heute oder gestern. Wer meinen möchte, daß die verzweifelte Schwere von Ehe und Eherecht die Last gerade unserer Zeit des Auseinanderlaufens sei, wird doch mit immer neuem Staunen im 19. Kapitel des Evangeliums nach St. Matthäus lesen, daß auch damals schon das eigentlich christliche Eherecht wie eine einsame Unmöglichkeit im platten Brauch des Alltags stand. Sogar die Jünger des göttlichen Heilandes schienen davor zu verzagen, als ihnen Christus Selber Sein Eherecht verkündete:

„Ich aber sage euch: Wer immer sein Weib entläßt, außer wegen Unzucht, und eine andere nimmt, der bricht die Ehe. Und wer die Geschiedene heiratet, der bricht die Ehe. Da sprachen Seine Jünger zu Ihm: Wenn die Sache zwischen Mann und Weib so steht, dann empfiehlt es sich nicht zu heiraten." (St. Matth. 19, 9—10)[1].

[1]) Vgl. St. Matthaeus V 27—32, St. Marcus X 7, 1. Cor. VI 16; Eph. V 31, bes. 32. Friedrich Heyer, Ehe und Eherecht. Staatslexikon der Görres-Gesellschaft I, 5. Aufl., 1926, Sp. 1539—1553, Sp. 1540: „Die Unauflöslichkeit des Verhältnisses vollends fordert das Wesen der ehelichen Liebe, die nur dann eine wahre, über alle Wechselfälle und Schwierigkeiten triumphierende Gattengemeinschaft begründen kann, wenn sie das Prinzip der lebenslänglichen Dauer in sich trägt." Sp. 1541: „In der biblischen Offenbarung (1. Mos. 1, 26 ff.; 2, 18 ff. mit Matth. 19, 13 ff.) erscheint die Ehe als förmliche Stiftung Gottes und mit seinem besonderen Segen ausgestattet. Sakrament: Eph 5, 22 ff., bes. 32. Ihr sakramentaler Charakter findet sich mit zunehmender Deutlichkeit in der kirchlichen Tradition hervorgehoben und kommt nach der dogmengeschichtlichen Klärung des Sakramentsbegriffes in der theologischen und kanonistischen Literatur seit der Mitte des 12. Jahrhunderts durch die Einreihung der Ehe in die Siebenzahl der Sakramente zum Ausdruck. Das Trienter Konzil (sess. 24 de sacr. matr. can. 1) stellte ihn feierlich als Dogma gegenüber den Reformatoren fest." Sp. 1542: „Jede Ehe unter Christen ist hiernach ohne weiteres Sakrament, und zwar fällt dessen Empfang mit dem gültigen Eheschließungsvertrag zusammen und ist nicht etwa zu diesem Hinzutretendes und von ihm real Trennbares, wie vielfach irrig gelehrt wurde (vgl. C. J. C. c. 1012). Spender des Sakraments sind folgerichtig die Eheschließenden selbst, nicht etwa der Priester, sakramentale Materie und Form der ehevertragliche Konsens und seine Erklärung." Zu der von Heyer erwähnten dogmengeschichtlichen Klärung vgl. Heinrich Portmann, Wesen und Unauflöslichkeit der Ehe in der kirchlichen Wissenschaft und Gesetzgebung des 11. und 12. Jahrhunderts, Emsdetten, 1938. — August Knecht: Handbuch des katholischen Eherechts auf Grund des Codex juris Canonici und unter Berücksichtigung des bürgerlichen Eherechts des Deutschen Reiches, Oesterreichs, Ungarns, der Tschechoslowakei und der Schweiz, Freiburg im Breisgau, 1928. Sehr wich-

So erscheint dem Vernünftigen, dem zur Einsicht Gekommenen, der von der Unbeständigkeit und Treulosigkeit des Menschenherzens weiß, die Ehe als eine Unmöglichkeit. Und nur Wahn, der von armen Menschen die Erlösung hofft, könnte da noch Mut zu dem verzweifelten Wagnis der Ehe machen.

Das wäre in der Tat so, wenn das Recht der Ehe allein auf menschlichen Grundlagen ruhte. Aber gerade die Ehe läßt am deutlichsten den gewaltigen Dreiklang erkennen, der überall durch die Welt des Rechtes tönt und im ewigen Einklang der Himmelshöhen verhallt: jus divinum positivum, jus divinum naturale, jus humanum.

Die beiden gewaltigen Gebote des positiven göttlichen Rechtes, an denen Weltsinn rüttelt und zerschellt, hat der göttliche Heiland Selber ausgesprochen: Verbot der Ehescheidung und der Wiederverheiratung der Geschiedenen[2]). Positives göttliches Recht beruht immer auf unmittelbarer Offenbarung. Hier haben wir sie in vollkommenster Weise: aus Christi Mund. Wir haben in der Ehe aber zugleich auch die festeste und hilfreichste Form der offenbarten Wahrheit: das Sakrament[3]). Christus Dominus ad sacramenti dignitatem evexit ipsum contractum matrimonialem inter baptizatos. Quare inter baptizatos nequit matrimonialis contractus validus consistere, quin sit eo ipso sacramentum. (Codex Juris Canonici can. 1012 §§ 1, 2.) Das

tig sind die Ausführungen gegen Bachofen und Morgan (S. 1—2). Vgl. dazu auch Franz Triebs, Praktisches Handbuch des geltenden kanonischen Eherechts. Für Theologen und Juristen, I—IV, 1927—1933, S. 24: „Die Bachofen-Morgan'sche Hypothese, welche besonders eifrig vom wissenschaftlichen Sozialismus aufgenommen wurde, kann heut als abgetan gelten. Es wird heut anerkannt, daß es grundfalsch ist anzunehmen, der primitive Zustand der Menschheit sei absolute Unkultur." Aus Knechts Handbuch vgl. S. 3 über den Ehevertrag als „geistigen Faktor", über Uranfänge, sakralen Charakter, Spuren der Uroffenbarung. — Ferner S. 10: „Eine zusammenhängende und erschöpfende Darstellung des natürlichen Eherechtes abgeschlossener Art besitzen wir nicht." S. 11: „Der Verlust der Wertschätzung, den das Naturrecht als solches durch die Uebertreibungen der Naturrechtsschule des 17. und 18. Jahrhunderts erlitten hat, muß abschreckend wirken und mahnt zur Mäßigung." „Der Unzulänglichkeit der reinen Vernunfterkenntnis bezüglich der rechtlichen wie der sittlichen Forderungen, die im Naturrecht liegen oder wurzeln, begegnet die übernatürliche Offenbarung, die positive göttliche Gesetzgebung." S. 13: „Das positive göttliche Recht schöpfen wir aus den Büchern des A. T. und N. T. und aus der Tradition. Sie sind die wichtigsten Erkenntnisquellen oder Fundgruben des katholischen Eherechtes. Von den Stellen der Heiligen Schrift verdienen hier besondere Nennung: Gn. 1, 27, 28; 2, 18—24; 3, 16; 4, 19; 16, 1—16; 29, 16—35; 30, 1—24; 38, 8. Lv. 18, 6—18. Dt. 17, 17; 21, 10—17; 24, 1—4. Richter 8, 30. 1. Kg. 1, 2. 2. Kg. 5, 13. 3. Kg. 11, 1—3. Mt. 5, 27—32; 19, 4—12. Mk. 10, 2—12. Lk. 16, 18. 1. Kor. 7, 1—16, 25—40; 14, 34. Eph. 5, 22—33. Kol. 3, 18 f. Tit. 2, 3—6. 1. Petr. 3, 1—7." — Godehard J. Ebers, Ehe und Eherecht. Nach kirchlichem Recht. Handwörterbuch d. Rechtswissenschaft, II, 1927, S. 121—138.

[2]) St. Matthaeus V 27—32, XIX 3—12, St. Marcus X 11, St. Lucas XVI 18, I. Cor. VII 10.

[3]) Friedrich Heyer, Staatslexikon der Görres-Gesellschaft, I, 5. Aufl., Sp. 1543: Verwaltung der Sakramente und daraus fließende Jurisdiktion.

Geheimnis ist groß; und das Sakrament ist die einzige bewahrende Grundlage für die Ehe in unserem armen Menschenleben. Wir ahnen seine Herrlichkeit, wenn wir die Berichte des Neuen Testamentes über die Einsetzung dieses Sakramentes lesen. Hieraus fließen die Kräfte der Liebe und Geduld in den christlichen Ehen, in denen etwas von dem Siege unseres Glaubens, der die Welt überwindet, zum Ausdruck kommt. Die Apostel haben in nüchternen wie in hohen Worten davon gesprochen. Und das hohe Lied von der Ehe steigert sich bis zum Gipfel jenes schon nicht mehr im Irdischen haftenden Wortes des heiligen Apostels Paulus: Sacramentum hoc magnum est: ego autem dico in Christo et in ecclesia (Epheser V, 32).

Die Verwaltung der Sakramente aber ist Sache der Kirche. Wo katholische Kirche ist, da hat sie Recht und Gericht über die Ehe. Papst Pius XII. hat am 6. Oktober 1946 in seiner Ansprache an die Mitglieder der Hl. Römischen Rota[4]) kurz, aber höchst bedeutsam erneut zur Ehegerichtsbarkeit Stellung genommen und die Zuständigkeit der Kirche betont: „Ein anderes Objekt, das den Unterschied zwischen kirchlicher und staatlicher Rechtsordnung in die Augen springen läßt, ist die Ehe. Sie ist nach dem Willen des Schöpfers eine heilige Sache, res sacra. Wenn es sich deshalb um das Eheband zwischen Getauften handelt, bleibt dieses seiner Natur nach außerhalb der Kompetenzen des Staates." Wo Auflehnung gegen die Hoheit der Kirche ist, da wird dies bestritten. Schon Ludwig der Bayer und sein geistiger Verbündeter Marsilius von Padua haben es getan. Bezeichnenderweise treffen die damals schon stürmisch vorgetragene Lehre von der Volkssouveränität[5]) und staatliche Eingriffe in die Eherechtshoheit der Kirche zusammen. Die Reformation dient in dieser Hinsicht nur dem neuen Staatsgedanken, der die Volkssouveränität und Laienwillkür gegen die Kirche wachgerufen hat[6]) und doch als Polizeistaat und werdender Absolutismus nur die eigene Souveränität kennt und von einer solchen des Volkes weniger wissen will als irgendeine andere Zeit. Die Verwirrung und Verblendung, die in alledem liegt, war nicht auf protestantische Länder beschränkt. Der allerchristlichst seinwollende König Frankreichs war ja das Urbild des neuen Herrschers und Staats-Ichs. Und auch dieser absolute Herrscher regierte durch ein Bündnis mit dem nationalistischen Wahne der Volkssouveränität, der auf kirchlichem Gebiete Gallikanismus hieß. Aber sogar ein Mann der Kirche, der Trierer Weihbischof Johann Nikolaus von Hontheim (1701 bis 1790) hat auch im Grunde Volkssouveränität (jede Ueberbetonung der Laienmacht ist damit verwandt), Fürstenallmacht und Vertreibung der Kirche aus ihrer Zuständigkeit in Recht und Gericht gelehrt und

---

[4]) A A S XXXVIII 391 ss.

[5]) Vgl. dazu meine Geschichte des Völkerrechtes, 1936, S. 152 f.

[6]) S. a. Knecht, a. a. O., S. 24 f.

gefordert. Sein Deckname Febronius[7]) wurde zum Namen für den Febronianismus, der ähnlich wie der Josephinismus ein scheinkatholisches System des Einbruches von staatlichem Recht und Gericht in den kirchlichen Bereich war.

Vom protestantischen Standpunkte aus liegt es nahe zu betonen, daß von einem Einbruch in die Eherechtshoheit der katholischen Kirche da keine Rede sein könne, wo es sich um die Ehe von Protestanten, also angeblich von Nichtkatholiken handele. Dieser Einwand beruht jedoch auf einem Irrtum. Auch die Ehe von Protestanten ist Sakrament, da sie ja eine Ehe von Getauften ist. Und diese Getauften sind übrigens unvermeidlich Glieder der einen, der katholischen Kirche. Es ergibt sich sogar der zunächst verblüffende Sachverhalt, daß praktisch die Sakramentalität der Ehe von Protestanten sichtbarer und deutlicher ist als die mancher Ehen von Katholiken. Die nur vor dem Standesbeamten geschlossene Ehe von protestantisch getauften Christen, die aus der Kirche ausgetreten sind, ist Sakrament. Die ebenfalls lediglich vor dem Standesbeamten geschlossene „Ehe" von katholisch getauften Mitgliedern der katholischen Kirche ist es nicht. Bei der Ehe zwischen Protestanten kommt so scheinbar am reinsten der erhabene Gedanke zum Ausdruck, daß das Sakrament der Ehe nicht von der Kirche, nicht vom Priester gespendet wird, sondern daß sich die Brautleute selber dieses Sakrament spenden. Das kann zwar auch bei Katholiken nicht anders sein: denn Spender des Sakraments der Ehe sind immer die Eheschließenden selbst. Aber bei Katholiken hat doch seit dem Dekret Tametsi in der 24. Session (Sitzung vom 11. November 1563) des Konzils von Trient[8]) die Kirche so scharf die Pflicht zur kirchlichen Eheschließung betont (um das Ueberhandnehmen der heimlichen Ehen zu bekämpfen), daß die nicht kirchlich geschlossene, die nicht den katholischen Formen der c. c. 1094 seq. des Codex Juris Canonici genügende Ehe ungültig ist. Das erscheint sogar noch verschärft, seit das Motu Proprio des Heiligen Vaters Papst Pius XII. vom 1. August 1948 in can. 1099 § 2 C. J. C. die

[7]) Justini Febronii J. Cti de Statu Ecclesiae et legitima potestate Romani Pontificis, Editio altera, Bullioni MDCCLXV. Wie stark bestimmend in alten wie in neuen Irrtümern und Auflehnungen gegen die Kirche die sogenannte „Volkssouveränität" gewesen ist, hat in seiner packenden Art Carl Ernst Jarcke dargetan. Vgl. in seinen Vermischten Schriften, Bd. I, 1839, S. 204—207: Ist die Theorie der Volkssouveränität in unseren neuen Staaten praktisch realisierbar?. 208—229: La Mennais. 232—282: Die Verhältnisse des Abbé de La Mennais zum römischen Stuhle. 261—282: Rom und La Mennais.

[8]) Concilium Tridentinum Diariorum, Actorum, Epistularum, Tractatuum Nova Collectio edidit Societas Goerresiana Tomus Nonus Actorum Pars Sexta, complectens Acta post sessionem sextam (XXII) usque ad finem Concilii (17. Sept. 1562 — 4. Dec. 1563), collegit, edidit, illustravit Stephanus Ehses, Friburgi Brisgoviae MCMXXIV, Sessio XXIV p. 965 sequ., Canones de sacramento matrimonii p. 967. Canones super reformatione circa matrimonium, caput primum: Tametsi dubitandum non est, clandestina matrimonia, ...

Stelle strich, nach der doch wenigstens die katholisch Getauften, die als Kinder von Nichtkatholiken in Häresie und Schisma aufwuchsen, von dem die Gültigkeit des Ehevertrages bedingenden Formerfordernis befreit waren[9]). Jetzt können ausnahmslos alle katholisch Getauften sich nur in kirchlicher Form gültig verheiraten, nur unter Mitwirkung der Kirche zum Sakrament der Ehe gelangen. Schon auf dem Konzil von Trient ist die schwierige Frage erörtert worden, ob darin nicht eine Einschränkung des Satzes liege, wonach die Eheschließenden selber, nicht die Kirche, nicht der Priester Spender des Sakraments der Ehe sind. Eine solche Einschränkung göttlichen Rechtes wäre natürlich nicht möglich. Sie liegt nicht vor. Die c. c. 1094 seq. des Codex Juris Canonici sind vielmehr ganz anders zu erklären. Die Fragen sind fein und schwer, aber nicht unlösbar. (Vgl. z. B. G. H. Joyce, Die christliche Ehe. Eine geschichtliche und dogmatische Studie. Deutsch: Leipzig, Hegner, 1934, S. 117, 118 f.) Für unseren Zusammenhang kehren wir nur zu der Feststellung zurück: die Ehe von Protestanten ist in jedem Falle, ob kirchlich oder nicht kirchlich geschlossen, Sakrament.

---

[9]) Motu Proprio (A. A. S. XL pag. 305 s.) Abrogatur alterum comma paragraphi secundae can. 1099. Pius PP. XII.

Decretum Nec temere, decessoris Nostri fel. rec. Pii X iussu latum, statuerat (art. XI) omnes in Ecclesia catholica baptizatos, etiamsi ab eadem postea defecissent, teneri ad servandam matrimonii formam in Concilio Tridentino definitam.

Verum ne irrita evaderent matrimonia eorum qui, ab acatholicis nati et in Ecclesia catholica baptizati, ab infantili aetate in haeresi vel schismate aut infidelitate vel sine ulla religione adolevissent, in Codice Juris Canonici statutum fuit huiusmodi baptizatos non teneri ad canonicam matrimonii formam servandam.

At experientia triginta annorum satis docuit exemptionem a servanda canonica matrimonii forma huiusmodi in Ecclesia catholica baptizatis concessam, bono animarum haud emolumento fuisse, immo in solutione casuum saepe saepius difficultates multiplicasse; quamobrem Nobis visum est expedire ut memorata exemptio revocetur.

Et ideo Nos, auditis Emis ac Revmis Patribus Supremae S. Congregationis S. Officii, Motu Proprio ac de plenitudine Apostolicae potestatis, decernimus ac statuimus omnes in Ecclesia catholica baptizatos teneri ad canonicam matrimonii formam servandam; abrogramus itaque alterum comma paragraphi secundae can. 1099, et iubemus ut verba item ab acatholicis nati, etsi in Ecclesia catholica baptizati, qui ab infantili aetate in haeresi vel schismate aut infidelitate aut sine ulla religione adoleverunt, quoties cum parte acatholica contraxerint ex. can. 1099 expungantur.

Hac autem arrepta occasione, Missionarios ceterosque Sacerdotes admonemus ut iidem praescripta canonum 750—751 sancte servent.

Mandamus igitur ut hae Litterae Apostolicae Motu Proprio datae in Acta Apostolicae Sedis referantur, ac statuimus ut, quae in iisdem iussa sunt, vim suam exerant a die 1 Ianuarii anni MCMXLIX.

Contrariis quibuslibet non obstantibus, etiam peculiari mentione dignis.

Datum ex Arce Gandulphi, prope Romam, die I mensis Augusti, in festo S. Petri in Vinculis, anno MCMXLVIII, Pontificatus Nostri decimo. Pius PP. XII.

Aber sogar die nichtchristliche Welt darf sich nicht erdreisten, die Kirche beiseitezudrängen und zu behaupten, daß sie sich lediglich um die Ehen von Christen zu kümmern habe, weil nur diese Sakrament seien, daß sie aber die Ehen von Nichtchristen nichts angingen. Die Ehen von Nichtchristen sind allerdings nicht Sakrament. Das ist richtig. Aber dennoch stehen auch sie unter göttlichem Recht, wenn nicht, wie die sakramentale Ehe, unter positivem göttlichen Recht, so doch unter natürlichem göttlichen Recht. Denn schon in der Ordnung des Schöpfers ist die Ehe eine heilige Sache. Daher sagte der Heilige Vater in jener Ansprache an die Mitglieder der Heiligen Römischen Rota vom 6. Oktober 1946: „Aber auch die zwischen Nichtgetauften legitim geschlossenen Ehen sind in der Naturordnung eine heilige Sache, so zwar, daß die staatlichen Gerichte nicht die Gewalt haben, sie zu lösen". Es gibt eine ursprüngliche Gottesordnung, ein göttliches Naturrecht der Ehe[10]). Dieses ist von der Kirche zu allen Zeiten gelehrt worden. Es ist streng und keusch. Aber es ist zugleich wahrhaft natürlich und kraftvoll. Gerade die Kirche hat nie das gesunde und reine Bekenntnis zu schöpferischer Geschlechtlichkeit gescheut. Nicht sie, sondern die in Lebemannsmanieren verlorene, eitel „vorurteilsfreie" Welt hat es für möglich gehalten, daß die Verbindung des erloschenen Greises mit der fast noch kindlichen Jungfrau eine Ehe sei. Die Kirche sieht Ehe nur da entstehen, wo starke Männlichkeit und starke Weiblichkeit lebensvoll zueinander drängen. Jene Verbindung des Neunzigjährigen mit der Neunzehnjährigen hält sie bestenfalls für eine Vermögensschiebung, jedenfalls nicht für eine Ehe. Auch das folgt aus dem can. 1068 des Codex Juris Canonici, der die Impotenz unter den trennenden Ehehindernissen aufzählt. Und weil es sich hier um natürliches göttliches Recht handelt, kann von diesem Ehehindernis nicht dispensiert werden (zu den Zweifelsfällen von c. 1068 § 2 vgl. Eichmann-Mörsdorf: Lehrbuch des Kirchenrechts, 6. Aufl., 1949, S. 97, § 13 I $_2$ am Schluß).

Man wirft dem Kanonisten oft vor, daß er nur göttliches Recht, positives wie natürliches, kenne und wenig oder manchmal gar keinen Raum lasse für menschliches Recht. Der Vorwurf ist ungerecht. Auch im Eherecht bleibt Raum genug für menschliche Satzung und Gewohnheit. Staat und Privatautonomie haben da ihre von der Kirche anerkannte Rechtsschöpfermacht. Ich brauche

[10]) August Knecht, Handbuch des katholischen Eherechts, 1928, S. 10: „Eine zusammenhängende und erschöpfende Darstellung des erforschten natürlichen Eherechtes abgeschlossener Art besitzen wir nicht." S. 11: „Der Verlust der Wertschätzung, den das Naturrecht als solches durch die Uebertreibungen der Naturrechtsschule des 17. und 18. Jahrhunderts erlitten hat, muß abschreckend wirken und mahnt zur Mäßigung .... Der Unzulänglichkeit der reinen Vernunfterkenntnis bezüglich der rechtlichen wie der sittlichen Forderungen, die im Naturrecht liegen oder wurzeln, begegnet die übernatürliche Offenbarung, die positive göttliche Gesetzgebung."

nur das eheliche Güterrecht zu nennen. Es ist kein unwichtiges und kein bloß äußerliches Gebiet. Der Volksgeist tut sich da wundervoll kund in guthergebrachten Regelungen, besonders etwa in landwirtschaftlichen Verhältnissen. Mit Geschichte und Geist des Volkes hängt auch viel in Ständewesen und Ständerecht zusammen. Die Kirche hat dem weithin Raum gelassen. Allerdings haben neben Edlem und Großem sich da oft auch peinliche Härten gezeigt. Und ganz gewiß sind die Grenzen zu beachten, die hier aller menschlichen Rechtsschöpfermacht gesetzt sind. Mit Recht hat Triebs[11]) schon bei der begrifflichen Klärung hervorgehoben: „Jeder Geschlechtsverkehr zwischen Mann und Weib mit dem beiderseitigen freien Willen der ungeteilten und unteilbaren Lebensgemeinschaft ist, die Beobachtung der wesentlichen Vorschriften des geltenden kirchlichen Eherechts vorausgesetzt, ein ehelicher, ohne Rücksicht auf die herrschende Volksauffassung oder das geltende staatliche Recht. Daher hat die Kirche in der langen Zeit ihres Bestehens niemals ein trennendes Ehehindernis des Standesunterschiedes oder der Rassenverschiedenheit anerkannt". Bei Gelegenheit eines solchen Falles des Standesunterschiedes von Freien und Sklaven ist in den Dekretalen Gregors IX., in Klammern eingefügt, die Begriffsbestimmung der Ehe gegeben: c. 11 X 2, 23: cum matrimonium sit maris et foeminae conjunctio individuam vitae consuetudinem retinens.

Entarteter Volksgeist, der sich auflehnt gegen Gottes offenbartes Gesetz und ewige Ordnung, kann kein Recht schaffen. Wenn überhaupt, so war nur in vorchristlicher Zeit der Härtigkeit des Herzens Freiheit gelassen. Für uns ist, so deutlich wie nur möglich, Christus als Gesetzgeber aufgetreten. Wir kennen alle den biblischen Bericht im 19. Kapitel des Evangeliums nach St. Matthäus, Vers 3—9: „Da traten die Pharisäer zu Ihm, um Ihn zu versuchen, und sprachen: Ist es einem Manne erlaubt, sein Weib aus jedem Grunde zu entlassen? Er antwortete: Habt ihr nicht gelesen, daß der Schöpfer von Anfang an die Menschen als Mann und Weib geschaffen und gesagt hat: Deshalb wird ein Mann Vater und Mutter verlassen und seinem Weibe anhangen, und die zwei werden ein Fleisch sein (1. Mose 2, 24). So sind sie also nicht mehr zwei, sondern ein Fleisch. Was nun Gott verbunden hat, das darf der Mensch nicht trennen. Sie sagten zu Ihm: Warum hat dann Moses geboten, den Scheidebrief zu geben und das Weib zu entlassen? (5. Mos. 24, 1.) Er erwiderte ihnen: Moses hat euch um eurer harten Herzen willen erlaubt, eure Weiber zu entlassen. Im Anfang war es nicht so. Ich aber sage euch: Wer immer sein Weib entläßt, außer wegen Unzucht, und eine andere nimmt, der bricht die Ehe. Und wer die Geschiedene heiratet, der bricht die Ehe."

---

[11]) Franz Triebs, Praktisches Handbuch des geltenden kanonischen Eherechts, 1. Teil, 2. Aufl. 1927, S. 20.

Die Geschichte der Ehescheidung und der Vielehe ist die Geschichte der harten Herzen. Schon in Genesis Kapitel 4, Vers 19 hebt es an. Und der Bericht von Jakobs beiden Frauen (Genesis XXIX—XXX) ist das wehe Lied vom Leide der ungeliebten Frau. Edlere und tiefere Töne hat es niemals gewonnen.

Seit der Reformation hat der Staat offen und ungehemmt die Ehegesetzgebung und Ehegerichtsbarkeit beansprucht. Man wollte noch christlich bleiben in diesem Eherecht, wenngleich man an die unbedingte Heiligkeit der Ehe nicht mehr glaubte, sondern die Ehe mit Luther als ein weltlich Ding ansah und ihr nur eine „dreckichte Heiligkeit" zugestand, um ein Lutherwort anzuführen, auf das sich in unserer Zeit Friedrich Gogarten mit besonderer Zustimmung berief[12]). Unser größter Rechtsgelehrter, Friedrich Carl von Savigny, stellte als eine weltgeschichtliche Tatsache fest, daß die Reformation die Möglichkeit der Ehescheidung durchgesetzt habe[13]). Er behauptete, daß man bei der Beschränkung der Scheidungsgründe noch biblisch habe bleiben wollen. Soweit Ehebruch in Frage steht, können wenigstens Buchstaben dafür angeführt werden. Tieferes Zusehen zeigt jedoch gerade hier, wie der Bericht des heiligen Apostels Matthäus in Zusammenhang mit allen anderen ergänzenden Stellen des Neuen Testaments gelesen werden muß, damit klar erkannt werden kann, wie heilig unantastbar und unlösbar das Band der Ehe und wie unbedingt das Verbot der Wiederverheiratung ist[14]). Wie nun aber Friedrich Carl von Savigny den biblischen Ursprung für den Ehescheidungsgrund des „böslichen Verlassens" finden will, ist mir unerfindlich. Savigny schildert in seiner aus seiner Ministertätigkeit fließenden Abhandlung das Schwanken und zeitweise bedenkliche Schlechterwerden der immer noch christlich seinwollenden preußischen Ehegesetzgebung. Er spricht von der ungemeinen Erleichterung der Ehescheidung um 1749, von dem Versuch, dem Einhalt zu tun im Jahre 1782 und von dem Rückfall in schlechtes Recht 1794.

Als Gesetzgebungsminister holte sich Savigny einen Mit-

---

12) Gogarten, Die Schuld der Kirche gegen die Welt, 2. Aufl., 1930, S. 18, 19, 33—34, 8. In der 1. Auflage meiner „Einführung in die Rechtswissenschaft", I, 1931, S. 112/113, habe ich einige Hauptabschnitte aus Gogartens Arbeit mitgeteilt. In der 2. Auflage sind sie weggelassen, weil das eine gefährliche und irreführende Theologie ist, wenigstens in manchen Teilen.

13) Friedrich Carl von Savigny, Darstellung der in den Preußischen Gesetzen über die Ehescheidung unternommenen Reform, zuerst ohne Namen des Verfassers 1844 bei Veit & Co. in Berlin erschienen, später in: Vermischte Schriften Bd. V (1850) S. 222—414, s. bes. S. 226 f.

14) Vgl. M.-J. Lagrange, Evangile selon Saint Matthieu, 3ième ed., Paris, 1927, p. 366/367; Petrus Dausch, Die drei älteren Evangelien, Bonn 1918, S. 256/257. Karl Staab: Die Unauflöslichkeit der Ehe und die sog. „Ehebruchsklauseln" bei Mt. 5, 32 und 19, 9. Festschrift für Eduard Eichmann, 1940, S. 434—452.

arbeiter, der einer der entschiedensten Gegner der Verweltlichung und Entchristlichung des Eherechts gewesen ist: Ludwig von Gerlach. Wohl war auch der ein Protestant. Aber sein frommes Herz war erfüllt von jener tiefen „pommerschen Innigkeit", mit welcher der Berliner so oft und gern in Berührung kam. Und geheimnisvoll zart zieht sich durch sein Leben das Gebet der wunderbar schönen märkischen Pfarrerstochter Luise Hensel, der Dichterin, der Konvertitin. Viele haben die gefeierte Schönheit umworben. Einen nur hat sie geliebt: Ludwig von Gerlach. Aber mehr als ihn liebte sie die Kirche, Christum den Herrn. Vielleicht erklärt auch dieses geheimnisvolle Band Ludwig von Gerlachs katholische Neigung, seine Verehrung, all sein Zusammengehen mit den Katholiken. Er kämpfte mit ihnen gegen die Zivilehe und gegen den Zwang, den der Staat zuweilen ausüben wollte zur Trauung Geschiedener, zur „Einsegnung des Ehebruchs", wie die Gebrüder von Gerlach und ihre Freunde es nannten. Sein König Friedrich Wilhelm IV. war sein Bundesgenosse in seinem Kampfe. Aber ein christliches Eherecht durchzusetzen, waren beide nicht mächtig genug. Deshalb schied Ludwig von Gerlach aus Friedrich Carl von Savignys Ministerium wieder aus. Immerhin hat König Friedrich Wilhelm IV. einen Zustand der bloß subsidiären Zivilehe, der Notzivilehe, wie sie in unserer Zeit z. B. in Spanien ist, erreicht, der auch nach seinem Tode bis 1874 blieb. Als dann aber Deutschland im Personenstandsgesetz vom 6. Februar 1875 zur obligatorischen Zivilehe überging, trat Ludwig von Gerlach mit seiner Schrift über „Die Zivilehe und der Reichskanzler", die ihm Strafe und den Verlust seines Amtes als Oberlandesgerichtspräsident in Magdeburg eintrug, mutig gegen den allgewaltigen Fürsten Bismarck hervor. England, immer um vermittelndes, ausgleichendes Erhalten bemüht, hat seit 1836 die fakultative Zivilehe. Die neue staatliche Registrierung hat die alte rein kirchliche Eheschließung nicht verdrängt. Nach dem Grundsatze „leben und leben lassen" bestehen beide Systeme nebeneinander und bieten sich den frei wählenden Untertanen an. Die englischen Rechtsverhältnisse sind nicht leicht zu überblicken und erscheinen dem oberflächlichen oder feindseligen Betrachter eher verworren. Aber der weltliche englische Jurist, der uns 1932 auf der Oxforder Tagung der International Law Association sagte: „in England kann man einfacher als in vielen anderen Ländern die Ehe eingehen, aber schwerer als meist anderswo geschieden bekommen"[15], hatte wohl recht. Ludwig von Gerlach war ein leidenschaftlicher Bewunderer des englischen Staates und seines organisch ge-

[15]) Everley's Law of the Domestic Relations. Husband and Wife. Parent and Child. Guardian and Ward. Infants. Master and Servant. Fourth edition by Alexander Cairus, London, Toronto, 1926.

wachsenen rechtsstaatlichen und christlichen Lebens. Seine Liebe zu fast allen nichtkatholischen Gemeinschaften von Christen dort erweist ihn allerdings als einen echten Protestanten, der er trotz aller heimlichen wie offen bekundeten Liebe zur katholischen Kirche blieb.

In Deutschland führte Ludwig von Gerlachs und aller seiner Freunde Kampf für das christliche Eherecht zu keinem Erfolge. Die liberalen Gegner siegten.

Ihr größter Sieg war vielleicht der, daß sie auch bedeutende christliche Juristen für sich gewannen, die mit einem scheinbar süß versöhnenden Zaubersange weite Kreise betörten. Zu ihnen gehört vor allem Rudolph Sohm. Recht war ihm äußere Zwangsordnung. Dafür waren ihm natürlich Kirche und Ehe zu schade. Scheinbar faßte er sie innerlicher auf als wir. In Wahrheit aber floh seine Seele aus der wirklichen äußeren Welt, wo hauptsächlich doch Bauch und Geldbeutel verhaftet bleiben, in angebliche Innerlichkeit. Diese Innerlichkeit ist schale Limonade. Es ist die Flucht in die Sofaecke der sicheren und dreimal befriedeten Wohnstube. Es ist, um das treffende Wort von Otto Dibelius in seinem „Jahrhundert der Kirche" zu brauchen, das Christentum der Sofaecke. Seltsam damit vereint ist der Schneid nationaler Begeisterung. Hören wir Sohms eigene Worte:

»In Wirklichkeit war es das Christentum selber, das die Abschaffung des „christlichen" Eherechtes forderte. Der Inhalt des Christentums läßt sich nicht in irgendwelches Gesetz, geschweige denn in die Form des Rechtsgesetzes fassen. Das Wesen des Christentums ist die Freiheit von jeglichem in Worte gebrachten Gesetz, um die Gesetzeserfüllung des Knechtes durch die freie Liebestat des aus göttlichem Geist wiedergeborenen Gotteskindes zu überbieten. Christentum entspringt dem Wehen des göttlichen Geistes, von dem man nicht weiß, von wannen er kommt und wohin er fährt. Das Christentum kann nicht in einem Zwangsgesetz ausgedrückt, noch durch ein Zwangsgesetz verwirklicht werden: das Christentum verabscheut die erzwungene Tat. Kein Rechtsgesetz ist daher aus dem Christentum ableitbar. Denn alles Recht ist auf zwangsweise Durchführung angelegt. Die Anforderungen des nationalen Lebens sind der Verwirklichung durch den Zwang fähig und bedürftig, damit das Volk sich in seinem Dasein gegenüber dem auswärtigen Feind und nach innen gegenüber dem einzelnen behaupte. Alles Recht ist darum nationales Recht, d. h. weltliches Recht, aus Gründen des irdischen Lebens, des Volkslebens, geboren. Das Christentum aber ist keine Rechtsquelle. Seine Forderungen sind der zwangsweisen Durchführung unfähig. Christliches Recht ist ein Widerspruch in sich selbst. Das kanonische Recht der katholischen Kirche ist wider das Christentum.' Es bringt die gesetzliche Art des katholischen Christentums, d. h. seinen Gegensatz gegen das Evangelium zum Ausdruck. Darum verbrannte Luther vor dem Elstertore zu Wittenberg mit der Bannbulle das ganze corpus juris canonici. Darum ist das kanonische Recht auch von dem Gericht der Weltgeschichte verworfen worden. Seit den Tagen der Reformation ist seine Weltherrschaft gebrochen. Seine Nachwirkungen zwar sind noch lange hinaus fühlbar gewesen. Aber die geschichtliche Entwicklung schreitet unaufhaltsam vorwärts, ein Stück des „christlichen" Rechtes nach dem anderen zu zerstören. In den Forderungen des neuzeitlichen Staatslebens vollziehen sich zugleich die Forderungen eines höheren Gesetzes: das Christentum will seine Loslösung von dem in Zwangsform einhergehenden Recht; Christus will nicht durch das Schwert verteidigt sein. Auf dem Gebiet des Eherechts hat hier das bürgerliche Gesetzbuch das entscheidende Werk getan. Das „christliche" Eherecht ist durch bürgerliches Eherecht ersetzt worden. Die Ehe ist ein weltlich Ding. Das Eherecht ist weltliches Eherecht. Seinen Inhalt empfängt es durch die Anforderungen des nationalen Lebens. Nicht was um des Evangeliums willen, sondern was um der Gesundheit des Volkslebens willen zu fordern und nötigenfalls zwangsweise durchzusetzen ist, soll und kann den Inhalt des Eherechts bilden .... Es war selbstverständlich, daß das bürgerliche Gesetzbuch die obligatorische Zivilehe übernahm." (Von Frankreich und seiner Revolution übernahm in dieser ganzen Rezeption des französischen Rechtes nach 1848: so dürfen wir hier wohl einschieben.) „Die Ehe kann von Rechts wegen nur vor dem Standesbeamten geschlossen werden. Die kirchliche Trauung hat keine rechtliche Geltung mehr ....". Das Wesen der christlichen Ehe beruht nicht in irgendwelcher Form der Eheschließung, sondern ausschließlich in der Art der Eheführung. Die christliche Ehe kann überhaupt nicht „geschlossen" werden in dem Sinne, als ob irgendwelche Form zu ihrem Dasein zu helfen imstande wäre. Ihr Wesen wurzelt in dem Geist, der die Ehegatten erfüllt; „christliche" Formen sind ein Widerspruch in sich selbst .... Die Scheidungsgründe des bürgerlichen Gesetzbuchs (kraft deren entweder Scheidung oder Aufhebung der ehelichen Gemeinschaft gefordert werden kann) gehen über die sog. schriftgemäßen Scheidungsgründe weit hinaus. Sie gestatten dem richterlichen Ermessen einen ziemlich freien Spielraum. Mit Recht. Christliche Liebe trägt auch die zerrüttete Ehe. Aber die Anforderungen christlicher Sittlichkeit können und sollen nicht vom Gesetzgeber erzwungen werden. Aus nationalen Gründen, um der Gesundheit und Kraft des Familienlebens willen, darf die Ehe kein willkürlich lösliches Band sein. Die Ehe muß als der Laune des einzelnen überlegene Macht zwangsweise durch Rechtsgesetz aufrechterhalten werden. Aber die alles überwindende Kraft christlicher Liebe auch bei innerlich gebrochener Ehe durch Rechtsgesetz fordern wollen, ist wider das Christentum. Dadurch wird keine christliche Ehe geschlossen. Im Gegenteil, solche Unlöslichkeit ist die Beförderung des Ehebruches. Christliche Ehe kann durch keine gesetzliche Einschränkung der Scheidung gemacht werden. Nur die freie Tat hat christlich-sittlichen Wert. Aus religiösen Gründen ist die Trennung von Recht und Religion zu fordern. Dieser Gedanke ist es, der wie im Eheschließungsrecht, so auch im Ehescheidungsrecht des bürgerlichen Gesetzbuches sich widerspiegelt[16]).«

Hier ist viel vom Geist des Bürgerlichen Gesetzbuchs. Rudolph Sohm, der bekannte Verneiner des Kirchenrechts, in dem er eben einen Widerspruch in sich sieht, ist ein seltsam

[16]) Rudolph Sohm, Bürgerliches Recht in: Systematische Rechtswissenschaft von R. Stammler, R. Sohm, K. Gareis, V. Ehrenberg, L. v. Bar, L. v. Seuffert, F. v. Liszt, W. Kahl, P. Laband, G. Anschütz, E. Bernatzik, F. v. Martitz. Die Kultur der Gegenwart, herausgegeben von Paul Hinneberg, Teil II, Abteilung III, 1906, S. 67 f.

erschütternder „Prophet". Ob er wohl das weitere Fortschreiten der Entwicklung, in der „ein Stück des christlichen Rechtes nach dem anderen" zerstört wird, billigen würde? Vielleicht müßte er es tun. Denn weshalb sollte nur das Bürgertum seinen verbissenen Klassenkampf gegen den Adel und das christliche Königtum von Gottes Gnaden haben? War es nicht durchaus in der Ordnung, daß die Proletarier den Bürgern ihre Klassenkampfmethoden abguckten? Trennung von Recht und Religion und der ganze andere Begriffsapparat: ließ sich das nicht wunderschön für die neuen Zwecke verwenden? Nützlich im Zerstörungskampfe ist ganz besonders die ständige salbungsvolle Beschwörung der christlichen Liebe. Wer kann bestimmen, daß ausgerechnet die „bürgerliche Ehe" die letzte Entwicklungsstufe sei? Mit Sohms Zaubersang und süßen Schlummerreimen wird heute die sozialistische Ehe gefordert oder bereits durchgesetzt.

Vom Bürgerlichen Gesetzbuch möchte ich aber trotzdem nicht verächtlich reden. § 1575, der das Recht gibt, statt auf Scheidung auf Aufhebung der ehelichen Gemeinschaft zu klagen, ist eine anständige Verbeugung vor der katholischen Lehre von der Unlösbarkeit des Ehebandes, vor dem Gewissen der katholischen Mitbürger. Wenn diese trotz des Ehekonfliktes im Glauben einig bleiben, gibt ihnen § 1575 BGB. immerhin die Möglichkeit, als treue Katholiken ihren Rechtsstreit durchzuführen und zu beenden.

Und eines ist im Scheidungsrechte des Bürgerlichen Gesetzbuchs doch viel mehr als eine bloße Geste geblieben: Mochte es, wenn beide Teile zur Scheidung entschlossen waren, noch so sehr die Tore geöffnet haben für das hemmungslose Herauslaufen aus der Ehe, eines blieb, Gott sei Dank, unmöglich: der schuldlose Ehegatte konnte nicht zur Scheidung gezwungen werden. Wer auf dem heiligen Rechte seiner Ehe bestehen wollte, hatte rechtliche und wirkliche Macht, es zu bewahren. Man redet heute viel von Würde, Freiheit und Gleichberechtigung der Frau. Ist das alles nicht besser da gewahrt, wo sie, wenn sie selber treu bleibt, Macht hat, die Ehe auf jeden Fall aufrechtzuerhalten, als da, wo sie aus dieser Lebensstellung im tiefsten Sinne herausgeworfen werden kann, ganz gegen ihren Willen und ganz ohne ihre Schuld? Die angebliche Besserstellung der Frau in unserer Zeit hat in der nüchternen Wirklichkeit zur Schutzlosigkeit ihrer eigentlichsten Lebensstellung geführt, darüber hinaus, außerehelich, zur Gleichberechtigung in der Unzucht, aber, in bitterer Ungleichheit der Geschlechter, zu größter Lebensgefahr bei dem oftmals vom Manne erzwungenen Versuche, die Folgen der „Freiheit" durch Abtreibung zu beseitigen, wodurch in so vielen dem Kriminalisten bekannten Fällen der Tod durch Embolie eintritt.

Im Scheidungsrechte sah unsere Zeit die Propaganda für das Zerrüttungsprinzip an Stelle des Verschuldungsgrundsatzes. Das aber ist die weitere Veräußerlichung und Entchristlichung des Eherechtes, deren verhängnisvolle Folgen für die Frau eben angedeutet wurden. Auch hierfür haben nicht nur die Kinder der Welt geworben, sondern z. B. ein sehr seriöser Christ wie Walter Simons, der Reichsgerichtspräsident und zeitweilige Außenminister, der in einer Hinsicht sogar noch weiter geht, in anderer allerdings edler als neuestes sog. Recht beiderseitige Freiwilligkeit, beiderseitigen Scheidungswillen betont. In Schweden, einem christlichen Lande des entsetzlichsten Ehezerfalls, hat er Vorlesungen gehalten, die 1936 als Buch mit der Ueberschrift „Recht und Religion" herauskamen. Ich habe Simons' Standpunkt in meiner Besprechung seines Buches gleich nach seinem Erscheinen (in der vom Verlage Walter de Gruyter & Co. in Berlin herausgebrachten Zeitschrift „Geistige Arbeit") ehrfurchtsvoll, aber entschieden abgelehnt.

Simons gibt glänzend gewandt ein Bild der Rechtswirklichkeit. Wo er das katholische Recht erwähnt, ist er mindestens mißverständlich, wenn er von der Kirche behauptet: „bei nicht katholischen Ehen läßt sie Scheidung zu" (S. 58). Er kann wohl nur meinen die Ungültigkeit von unkirchlich geschlossenen Ehen, in denen mindestens ein Ehegatte Katholik war. Es kommt in Simons' Darstellung nicht zum Ausdruck, daß die Ehe der getauften Protestanten für die katholische Kirche Sakrament, also unauflösbar ist. Simons' Schilderung der weltlichen Gerichtspraxis ist höchst lesenswert, auch seine Abrechnung mit theologisch unhaltbaren protestantischen Halbheiten und Inkonsequenzen (S. 58—63). Aber nun höre man seine Folgerung hieraus:

> „Aus allen diesen Gründen komme ich dazu, mit Rücksicht auf den heutigen Zustand der bürgerlichen Gesellschaft — wie Jesus sagt, um ihrer Herzenshärte willen — eine Reform der Ehescheidung zu empfehlen, die den Scheidungswillen der Ehegatten zum Ausgangspunkt nimmt, die weder Verschuldung noch Zerrüttung noch Zumutbarkeit unter Beweis stellt, sondern nur die Ernsthaftigkeit des Scheidungswillens einer Probe unterwirft, und wenn Kinder da sind, für deren Unterhalt, Pflege und Erziehung Garantien verlangt. So viel ich weiß, hat das neueste Eherecht Schwedens eine Scheidung der Ehe nach einjähriger Trennung der Ehe zugelassen, ohne mehr zu verlangen als den Nachweis ihres fortgesetzten übereinstimmenden Willens, auseinanderzugehen. Mehr noch sagte mir das Verfahren des Code Napoleon zu, das während meiner Jugendzeit im Rheinland, meiner engeren Heimat, gegolten hat. Danach konnte der Landgerichtspräsident eine Ehe scheiden, wenn die Gatten das dreimal mit Zwischenzeiten von je einem halben Jahr vor ihm gemeinsam feierlich bekundet hatten, wenn sie jedesmal trotz seiner Ermahnung, in der Ehe zu bleiben, auf ihrer Absicht bestanden und wenn der Landgerichtspräsident sich überzeugt hatte, daß die Auseinandersetzung über das Ehevermögen und die Pflege und der Unterhalt der Kinder dem Gesetze gemäß geordnet war. Ich will nicht behaupten, daß eine solche Ehescheidung den Forderungen der christlichen Religion entspricht. Ich kann die Worte Jesu über

die Ehe, so wie sie ursprünglich überliefert sind und ohne die spätere kirchliche Interpolation, nur so verstehen, daß die Ehe unlösbar ist. Die Staaten, die auf dem Standpunkt des katholischen kirchlichen Eherechts stehen, handeln also nur folgerichtig, wenn sie alle internationalen Versuche zu Fall bringen, gemeinsame Regeln für die Anerkennung fremder Ehescheidungsurteile zu vereinbaren. Aber diese Staaten sind im Aussterben. Ihre Führer waren das kaiserliche Oesterreich und das königliche Spanien." (S. 44—65.)

Hiermit stehen wir schon in eherechtlich trübster Gegenwart. Der Verschuldungsgrundsatz soll nicht mehr allein gelten. Das Zerrüttungsprinzip hat das Feld gewonnen. Simons wollte es auf den beiderseitigen ernsten und freien Scheidungswillen abstellen. Es scheint aber allenthalben der Grundsatz der neuesten Zeiten zu sein, daß man ohne Rücksicht auf den eigenen Willen überall rausgeschmissen werden kann, auch aus der Ehe. Nun kann der Schuldige sogar die Scheidung verlangen. Und der Unschuldige muß weichen, falls nicht der Richter die dehnbaren Schutzvorschriften, die ihn vor allzu willkürlichem Vertriebenwerden bewahren wollen, für gegeben erachtet. Wenn man das wirklich für Eherecht hält, haben wir in der Tat eherechtlich trübste Gegenwart. Aber ich verneine die Gültigkeit dieses angeblichen „Ehegesetzes" schon aus staatsrechtlichen und völkerrechtlichen Gründen.

Wie hätte Hitlers „Ehegesetz" staatsrechtlich gültig zustande kommen können?! Man schimpft heute viel über den Positivismus, bedenkt aber kaum, daß gerade unsere Tage alle die Untugenden zeigen, die man meint: vor allem das bedenkenlose Hinnehmen eines Machtspruches als Recht. Wenn nur irgendwo unter noch so zweifelhaftem polizeilichem und militärischem Schutze die Druckmaschinen klappern und Paragraphenzeichen schwarz auf weiß hervorbringen, wendet der allzuheutige Jurist die frisch gedruckten Buchstaben an, als seien sie Recht, ebenso ehrwürdig oder ehrwürdiger noch als das gute, althergebrachte Recht. Die geschmähten Positivisten des vorigen Jahrhunderts würden nicht so verfahren, weder Laband noch Windscheid noch sonst einer von ihnen. Sie würden prüfen, worauf die ungewöhnlichen Ansprüche des „Gesetzgebers" Hitler beruhen könnten. Da bietet sich nur eine staatsrechtliche Grundlage an: das Gesetz zur Behebung der Not von Volk und Reich vom 24. März 1933 (und auch das nur unter der Voraussetzung, daß die aus Wahl vom 5. März 1933 hervorgegangene Versammlung und das was tatsächlich davon vorhanden war, noch wirklich als Reichstag im Sinne des Rechtes gelten konnte). Die am 24. März 1933 der Reichsregierung gegebene Ermächtigung war so gewaltig und weitgehend, wie niemals zuvor in deutscher Geschichte Macht verliehen worden war: denn im Absolutismus war doch wenigstens die klare Verantwortung des Staatshauptes da, das zudem auf einem gewachsenen Gefüge behördenmäßiger Zuständigkeiten ruhte. Hier jedoch mußte der Reichspräsident ebenso wie der Reichstag beiseitestehen. Ermächtigt aber war nicht etwa Hitler, sondern die Reichsregierung. Ein ganz genau bestimmtes Kabinett war es. Es waren (so trösteten sich Freunde wie Feinde der Herren von Papen, Hugenberg, Freiherr von Neurath, Seldte, Freiherr Eltz von Rübenach) doch noch Bremsklötze und Männer da, die keineswegs der nach Allmacht strebenden Partei verpflichtet waren. Allein dieser Reichsregierung war die unvergleichlich weite Ermächtigung erteilt. An der Identität der Reichsregierung hing alles. Jede Veränderung ließ die Ermächtigung hinfällig werden. Veränderungen aber waren der Hinzutritt von Röhm und Heß, der Rücktritt Hugenbergs und schließlich das demonstrative Ausscheiden des Vizekanzlers nach dem 30. Juni 1934. Allerspätestens hiernach kann von Identität der Reichsregierung und also vom Weitergelten ihrer staatsrechtlichen Machtbefugnis keine Rede mehr sein[17]). Nur wer mit jenem falschen weltlichen Naturrecht, für das ich nichts übrig habe, Revolutionen und allerlei derartige Tatsächlichkeiten Rechtsquelle sein läßt, nur wer sich an jeder brenzlichen Ecke der Weltgeschichte mit der entsetzlich oberflächlichen und oft so charakterlosen Redensart von der Normativität des Faktischen beruhigt, kann nach alledem fortfahren, jene Paragraphenbände Gesetze zu nennen, bloß weil sie in der Reichsdruckerei hergestellt wurden.

Gerade im Eherecht zeigt sich, wie oberflächlich es ist, die Gesetze einer Machtmaschine ohne staatsrechtliche Grundlage rechtsstaatlichen Gesetzen, wie etwa dem Bürgerlichen Gesetzbuch, gleichzustellen, ja über sie zu stellen, da das Gute und Gültige nun ja durch das bodenlos Unbegründete ersetzt werden soll. Als in einem unzweifelhaften, in der ganzen Welt hochgeachteten Rechtsstaate das Bürgerliche Gesetzbuch beraten wurde, rang man gerade im Eherechte um jede Silbe. Der Katholik mag von dem Ergebnis des Ringens nicht befriedigt gewesen sein und manches Zugeständnis nur als höfliche Geste empfunden haben. Aber es war ein ehrliches Ringen, an dem er beteiligt blieb und dessen Verantwortung er mittrug, seinen Namen offen dafür einsetzend. Wie Hitlers Gesetze zustande kamen, wie unvolkstümlich trotz allen Geredes vom Volke, das weiß man sehr wohl. Ohne die Möglichkeit des Ringens und der Mitverantwortung wurde der § 1575 und vieles andere gestrichen. Wo sind die sachlichen und formellen Voraussetzungen der Rechtsgültigkeit bei alledem? Staatsrechtlich sehe ich nur einen Staatsstreich, der nach meiner Ueberzeugung, die ich allgemein 1923 in meiner Dissertation aussprach, Hochverrat ist.

Denen aber, die im Festhalten an der angeblichen Rechtsentwicklung jener paar Jahre deutscher Geschichte eine praktische Notwendigkeit sehen, vermag ich nicht zuzustimmen. Es ist viel leichter zum

---

17) Vgl. meine „Einführung in die Rechtswissenschaft", 2. Aufl., 1948, S. 163 f.

Rechtszustande von vor 1933 zurückzukehren, der untermauert ist durch eine vieljährige Rechtsprechung intakter höchster Gerichte, als auf dem schwankenden Grunde ungültiger Gesetze zu bauen, welche von Gerichten und einem Reichsgerichte ausgelegt wurden, die sämtlich selber willkürlich verändert, also alles andere als intakt waren. Wir können, weiß Gott, ohne die neuen sogenannten „Gesetze" auskommen. Ohne das „Ehegesetz" allemal! Aber auch die anderen Rechtsänderungen sind für uns entbehrlich. Greifen wir zufällige Beispiele heraus. Ob das sogenannte Verschollenheitsgesetz von 1939 ein Fortschritt war mit allen seinen oft sehr eiligen Vermutungen, mag dahingestellt bleiben. Für die katholische Ehegerichtsbarkeit kann es nur wenig bedeutsam sein. Da genügt keine zivile Todeserklärung. Entscheidend ist der Spruch des kirchlichen Richters. Und der richtet sich nach den Normen des kanonischen Rechtes, die ganz anders sind als das bürgerliche Recht, nicht von Vermutungen ausgehend, sondern auf Gewißheit gerichtet: Das ist schon in den Dekretalen Gregors IX. vorgezeichnet (c 19 X 4, 1). Das heutige kirchliche Verfahren richtet sich immer noch nach der Instruktion von 1868 (ASS' 6 S. 436 bis 441). Ferner ist zu vergleichen:

C. J. C. can. 1053, SC de disc Sacr. 29. April 1915 A A S VII 235; 25. Februar 1916, A A S VIII 151. Triebs S. 311, Knecht S. 378 ff. L. Kaas, Kriegsverschollenheit und Wiederverheiratung, 1919, Eichmann, Kirchenrecht, §§ 141 III, 273 I 5, Anton Perathoner, Das kirchliche Gesetzbuch, 5. Aufl. 1931, S. 399 n 1.

Daß, um ein sehr wichtiges Beispiel aus dem Kindschaftsrechte zu nehmen, die staatsanwaltschaftliche Anfechtung der Ehelichkeit eines Kindes nach dem angeblichen § 1595 a eine sehr gefährliche, ungültige Gesetzesänderung ist, haben viele richterliche und höchstrichterliche Entscheidungen nach 1945 (leider nicht ohne mächtigen Widerspruch) betont. Auch hier hätte nur das deutsche Volk in ehrlicher Arbeit aller seiner geschichtlich gewachsenen gesetzgebenden Körperschaften, nicht der Zufallswille des Tages, das alte Recht, die §§ 1594 f. des BGB., ändern können.

Können diese alten rechtsstaatlichen Gesetze (wie z. B. das Bürgerliche Gesetzbuch und das Strafgesetzbuch) vom Kontrollrate, von der Besatzungsmacht geändert werden? Es liegt mir fern, bei dieser rechtlichen Erörterung die nationale Trompete zu blasen. Die nationalistischen Schlagworte dürfen zudem keine Macht mehr haben über den, der sein Vaterland wirklich liebt. Denn wer sein Vaterland im alten christlichen Sinne liebt, der muß erkannt haben, daß man unsere Jugend betrog, als man das revolutionäre Unwesen des Nationalismus verschwieg und so tat, als sei er mit der guten Vaterlandsliebe und bewahrenden Gesinnung vereinbar. Unser Vaterland wird nicht mit Machiavellismus und Nationalismus wieder aufgerichtet werden, sondern sich nur aus den tiefsten sittlichen und vor allem christlichen Kräften zu neuer Würde und Freiheit erheben können. Wer dafür kämpft, wird nicht Feindschaft gegen die Brudervölker predigen, sondern für Freundschaft werben irgendwie und überall in der Gemeinschaft der Staaten, die ihre geschichtliche christliche Herkunft noch nicht verleugnet haben, in dieser christlichen Völkergemeinschaft, deren Kern noch immer die Familie der christlichen Könige ist. Nachdem dies gesagt ist und außerdem die nüchterne Einsicht in alle Weite der Rechte, die das Völkerrecht aus der Okkupation folgen läßt, betont wird, darf aber auch in aller Ruhe die juristische Ueberzeugung ausgesprochen werden, daß es nicht zu den Befugnissen der Besatzungsmacht gehört, einzugreifen in das friedliche überlieferte Rechtsleben des deutschen Volkes und seiner organischen Entwicklung, die nur im alten rechtmäßigen Gefüge des Reiches und der Länder, wie sie nun einmal geschichtlich geworden und völkerrechtlich anerkannt sind, geschehen kann. Es gilt (wie ich es stets in Gemeinschaft mit Rudolf von Laun[18]) betont, der zu der alten Hamburgischen Fakultät gehört, die mich 1924 habilitiert hat) die Grenze, die Artikel 43 der Haager Landkriegsordnung zieht:

Dieser Artikel 43 lautet: „Nachdem die gesetzmäßige Gewalt tatsächlich in die Hände des Besetzenden übergegangen ist, hat dieser alle von ihm abhängenden Vorkehrungen zu treffen, um nach Möglichkeit die öffentliche Ordnung und das öffentliche Leben wiederherzustellen und aufrechtzuerhalten, und zwar, soweit kein zwingendes Hindernis besteht, unter Beachtung der Landesgesetze."

Warum in aller Welt will man ein sogenanntes „Recht" bewahren, das so aussieht wie das „Ehegesetz"? Als 1938 Martin Wolff mit mir darüber sprach, legte dieser große preußische Zivilist, den man damals gerade aus seinem geliebten Vaterlande vertrieb, mir dar, wie schludrig, rein technisch gesehen, dieses Gesetz gearbeitet ist. Er verglich es fortwährend mit dem Codex Juris Canonici, der zu seiner rechten Hand lag und dessen saubere und feine Technik er nicht genug loben konnte. Mehrfache Ungenauigkeiten betont auch der 1947 erschienene führende Kommentar der Freiherren von Godin (z. B. bei § 38, der die Wiederverheiratung im Falle der Todeserklärung regeln will).

Wenn man die vielerorts bedenkenlose Hinnahme dieser eheauflösenden Paragraphenfolge sieht, möchte man manchmal verzagen. Aber die besten Erläuterer des m. E. ungültigen Gesetzes zeigen einen tiefen christlichen Sinn, der als ein beglückend neuer Ton durch die Rechtswissenschaft gerade unserer Tage klingt: So steht in der Textausgabe und Erläuterung von Freiherrn Reinhard von Godin und Freiherrn Hans von Godin schon im Vorwort: „Dem Totalitätsanspruch des Hitlerstaates war nichts zu heilig, um es nicht profaner öffentlicher Verwaltung zu unterwerfen. Als dies auch Moral und Recht widerfuhr, war es darum geschehen; denn die

[18]) Rudolf von Laun, Die Haager Landkriegsordnung, 2. Aufl. 1947.

Gestaltung der Moral und die Uebung des Rechts durch die öffentliche Verwaltung konnte nur dem Geist der Machthaber entsprechen. Sie entthronten das absolute übergesetzliche Recht metaphysischer Satzung. Unrecht wurde Inhalt der Gesetze und Ergebnis der Urteilsfindung der Gerichte. Durch Beispiel und Wort, in brutaler Willkür und schrankenloser Selbstsucht unterwiesen, hat das Volk das Wissen, das der vorigen Generation eigen gewesen war, um das Gute und das Recht erstickt. Die Folge war, daß Moral und Rechtsdenken in bodenlose Tiefe abglitt. Dieser Zusammenbruch machte nicht Halt vor der Familie. Klagend steht der Rechtsfreund vor Trümmern und Verheerungen. Aber er darf nicht verhüllten Hauptes in verzweifelnder Trauer verharren. Nicht die Wandlungen, gar Abstürze der Moral in der Rechtsanwendung zu spiegeln, vielmehr das Gute und das Recht durch sie zu entwickeln, ist sein Beruf. Aus dem Wunsche ihm zu entsprechen, ist dieser Kommentar hervorgegangen. Manch Praktiker mag seinen Zweck in Zweifel ziehen. Wer heute zu Gericht geht und den Scheidungen am laufenden Band beiwohnt, die dort täglich zu Hunderten ausgesprochen werden, wird den Eindruck nicht abwehren, daß längst keine Scheidung der Ehe durch Urteil nach einem Gerichtsverfahren mehr geübt, sondern mit dem bloßen Schauspiel eines solchen das Auseinanderlaufen gerichtlich registriert wird." (Vorwort S. III).

Und gerade die Anmerkungen zu der unchristlichen Gesetzesmacherei finden zurück zu christlichem Begriff und Wesen:

„Ehe in sittlichem und religiösem Sinn ist wohl nur eine Verbindung zwischen Mann und Frau, welche mit dem beiderseitigen Willen eingegangen worden ist, für die Dauer, ja für immer eine vollkommenste engste Lebensgemeinschaft herzustellen, ohne daß es indessen für die Folge darauf ankäme, in welchem Umfang dieser Wille ausgeführt wird. Vollkommenheit der Lebensgemeinschaft fordert Ausschließlichkeit und Unauflöslichkeit" (a. a. O., S. 1). Vor das Ganze aber haben die beiden Verfasser ein Dichterwort gesetzt, ein Wort von Alfred de Musset: „Und doch gibt es auf der Erde etwas Erhabenes und Heiliges: Das ist die Vereinigung dieser unvollkommenen und schrecklichen Wesen Mann und Frau."

Der letzte Schritt aber, den christliche Juristen tun müssen, ist: zurückzukehren zu unserem Gesetzgeber, zu Christus, der um unserer Ehenot und Hilflosigkeit willen die Ehe zum Sakrament erhob, damit wir mit Gottes Hilfe schaffen, was wir aus eigener Kraft nicht fertig bringen.

Grenzen staatlicher Einwirkungen auf schuldrechtliche Ansprüche und Pfandrechte im internationalen Privatrecht

Von Prof. Dr. Günther Küchenhoff, Werl

I. Die Frage, inwieweit staatliche Eingriffe in Schuldverhältnisse zwischen Angehörigen verschiedener Staaten bürgerlichrechtlich wirksam sind, ist bisher wenig erörtert worden. Schrifttum und Rechtsprechung befassen sich mit der völkerrechtlichen Problematik, insbesondere mit der Situation, wie sie sich nach den Friedensverträgen oder Anordnungen der im besiegten Staate eingerichteten Organe der Siegerstaaten darstellt[1]), ferner mit der Frage der Zulässigkeit von Vollstreckungsmaßnahmen in Forderungen, deren Schuldner im Auslande wohnt[2]). Besondere Aufmerksamkeit wird im bürgerlichen Recht der Frage gewidmet, ob staatliche Enteignungen von Grundeigentum, das entweder einem Ausländer gehört oder im Auslande liegt, wirksam sind, so daß also die Fälle unterschieden werden, in denen das im Auslande befindliche Grundeigentum des Ausländers und das im Auslande befindliche Grundeigentum des Inländers durch Gesetz des Inlandstaates enteignet werden.

Hinsichtlich obligatorischer Rechte wird hervorgehoben[3]), daß „die Dinge bei Forderungen, Gesellschaftsanteilen und Wertpapieren nicht so ganz einfach" lägen. Sie ließen „sich nicht ebenso lokalisieren wie Sachen- und Immaterialgüterrechte", und es herrsche „hier keineswegs dieselbe Parallelität zwischen den privatrechtlichen und öffentlichrechtlichen Begrenzungen der Enteignungswirkungen".

---

[1]) Vgl. dazu etwa Leo Raape, Deutsches Internationales Privatrecht, Berlin 1945, § 47, S. 311: „Welcher Staat ist zuständig, die Enteignung usw. anzuordnen? Das ist die Kernfrage. Sie ist wohl völkerrechtlicher Art." Siehe ferner: Beitzke „Probleme der Enteignung im Internationalprivatrecht" in Festschrift für Leo Raape zu seinem 70. Geburtstag, Hamburg 1948, mit eingehenden Hinweisen auf die Gestaltung des Problems in den Friedensverträgen nach dem 1. u. 2. Weltkrieg. Zu Kontrollratsgesetz Nr. 5 vom 30. Oktober 1945 s. Duden „Enteignung deutschen Auslandsvermögens", a. a. O. S. 113 ff.

[2]) Vgl. RGZ. Bd. 140, S. 343.

[3]) Vgl. dazu Beitzke, a. a. O., S. 96 ff. — Ueber die „Anknüpfung des zwingenden Schuldrechts im internationalen Privatrecht" vgl. Wilhelm Wengler in Zeitschr. f. vergleichende Rechtswissenschaft Bd. 54 (1940), S. 168 ff., wo insbesondere das Verhältnis des ausländischen zwingenden Rechts zum ordre public der lex fori berücksichtigt wird (S. 175, 197 ff.)

Auch sonst bestehen über die international-privatrechtliche Wirksamkeit von staatlichen Eingriffen in privatrechtliche Rechtsverhältnisse — sofern die hier ins Auge gefaßte Problematik überhaupt gemeint ist — weitgehende Unklarheiten und Meinungsverschiedenheiten:

Raape bemerkt in seinem Lehrbuch des „Deutschen Internationalen Privatrechts" (Berlin 1945) zu der Frage, welcher Staat für die Enteignung und Beschlagnahme von Forderungen zuständig sei (S. 311 f.), es könne nicht genügen, wenn der Staat, in welchem die Forderung belegen sei, für zuständig zur Beschlagnahme erklärt werde. Die Lösung müsse vielmehr aus der Interessenlage gefunden werden. Interessiert seien der Gläubiger und sein Staat, nicht dagegen der Schuldner; denn seine Belange würden nicht gefährdet, weiterhin könne auch der Staat des Schuldners als interessiert angesehen werden. An Macht fehle es beiden Staaten nicht. So komme man zu einem konkurrierenden Beschlagnahmerecht der beiden Staaten. Ein logischer Widerspruch liege darin nicht und praktisch sei diese Konkurrenz erträglich.

Die Bedenken gegen diese Auffassung melden sich sofort: Die Interessenlage kann nicht aufschlußreich sein, weil die Interessen der Beteiligten einander völlig entgegengesetzt sind und gerade zu entscheiden ist, welches Interesse von Rechts wegen den Vorzug verdient. Auf die Macht des Staates kann es nicht ankommen, wo es sich um eine Rechtsfrage handelt. Endlich sind „alternativ maßgebliche Merkmale zur Abgrenzung der Zuständigkeiten der Staaten grundsätzlich ungeeignet, weil sie Ueberschneidungen der Zuständigkeiten bedeuten" (zum letzten ebenso: Duden „Enteignung deutschen Auslandsvermögens" in Festschrift für Raape zu seinem 70. Geburtstag, Hamburg 1948, S. 127). Raape denkt bei seinen Erörterungen offenbar auch allein an den Fall der Forderungspfändung. Denn sonst wäre der Satz, daß die Belange des Schuldners nicht gefährdet seien, unverständlich. Kommt es doch bei der Frage des Fortbestehens der Zahlungspflicht trotz staatlichen Eingriffs in das Schuldverhältnis gerade auf die Belange des Schuldners wie des Gläubigers an. Für den Gläubiger fragt es sich, ob er den Gegenstand der Forderung erhält, für den Schuldner, ob er an den Gläubiger nochmals zahlen muß, wenn der Staat Zahlung an sich selbst (den Staat) verlangt oder das Zahlungsverfahren in einer Weise geregelt hat, bei welcher der Gläubiger jedenfalls praktisch nicht die Valuta erlangt hat. Hierbei kann es für den Schuldner nicht nur um die Zahlungspflicht, sondern auch um sein geschäftliches Ansehen im Auslande gehen. Denn der Schuldner, der sich gegenüber dem Anspruche des ausländischen Gläubigers auf Erfüllung eines langfristigen Darlehnsvertrages auf das Verbot des Schuldnerstaates berufen würde, Auslandsschulden zu bezahlen, würde Gefahr laufen, bei dem ausländischen Geschäftsfreunde seinen Kredit ein für allemal zu verlieren.

In der Begründung und vielfach auch im Ergebnis weicht von Raape Duden in dem oben bezeichneten Aufsatz ab. Duden führt aus:

„Für Forderungen vertritt das Reichsgericht anknüpfend an § 23 ZPO. den Standpunkt, sie seien für die Beurteilung der Zuständigkeit zu öffentlichrechtlichen Eingriffen als am Sitz des Schuldners gelegen zu betrachten, wobei es sich gelegentlich bemüht, das Anstößige des Bildes der ‚Lage' einer Forderung dadurch abzuschwächen, daß es nicht von der Forderung, sondern dem ‚in ihr verkörperten Vermögen' spricht, daß man sich vielleicht leichter irgendwo gelegen denken kann."

In der Tat hat das Reichsgericht (RGZ. Bd. 130 S. 27, Bd. 107 S. 46) den Satz aufgestellt, daß sowohl nach deutschem wie nach zwischenstaatlichem Privatrecht für die Beurteilung der Wirksamkeit gerichtlicher oder sonstiger behördlicher Maßnahmen als der Ort, wo sich die Forderung befindet, grundsätzlich der Wohnsitz des Schuldners anzusehen ist. In RGZ. Bd. 130 S. 27 ist dieser Satz dazu verwendet, um die Beschlagnahme der Forderung eines Ausländers gegen einen Deutschen durch einen ausländischen Staat vor Inkrafttreten von Art. 297 d des Versailler Vertrages für unwirksam zu erklären. In RGZ. Bd. 107 S. 46, wo von jenem Satze übrigens eine Ausnahme für Forderungen, die in Wertpapieren verbrieft sind, gemacht ist, handelt es sich um die Frage, wo das Schuldverhältnis im Sinne des Art. 297 b des Versailler Vertrages belegen ist. In RGZ. Bd. 140 S. 343 ist schließlich im Zusammenhange mit der Wirksamkeit einer Forderungspfändung klargestellt: „Das Vermögen des Schuldners unterliegt nur insofern der inländischen Vollstreckungsgewalt, als es sich im Inland befindet. Für Forderungen entscheidet sich die Frage, ob sie sich im Inland befinden, nach dem auf einem allgemeinen Rechtsgedanken beruhenden ‚Lokalisierungsgrundsatz' des § 23 Satz 2 ZPO., nach dem sich das in der Forderung verkörperte Vermögen dort befindet, wo der Schuldner (d. i. der Drittschuldner) seinen Wohnsitz hat." Gegen diese Heranziehung von § 23 ZPO. wendet sich wieder Raape (a. a. O. S. 311). Gegen den Begriff, genauer das Bild, der „Lage" eines Schuldverhältnisses erhebt Duden (a. a. O. S. 126) Bedenken, will sich aber damit abfinden, um zu schließen, daß das Verhältnis der beiden verschiedenen Probleme („Schwerpunkt des Schuldverhältnisses" und „Zuständigkeit zur staatlichen Enteignung") „zueinander hier nicht genauer untersucht werden" könne.

Bei dieser Unsicherheit der Auffassungen bedarf der Fragenkomplex der Einwirkungen staatlicher Maßnahmen auf privatrechtliche Schuldverhältnisse in rechtsgrundsätzlicher und international-privatrechtlicher Hinsicht noch gründlicher Erörterung. Hierzu soll mit diesem Aufsatz nur die erste Anregung gegeben werden und der erste Beitrag geleistet werden, indem eine praktische Situation zum Ausgangspunkt gewählt wird, welche die verschiedenen Gesichtspunkte, unter denen der Fragenkomplex zu behandeln ist, aufscheinen läßt.

Dabei bedienen wir uns, wenn wir Klarheit auf einem neuen Gebiet zu finden suchen, eines Weges, den Wilhelm Sauer in seiner „Juristischen Methodenlehre" (Stuttgart 1940) gewiesen hat. Er hat — soweit gesehen werden kann — als erster die Bedeutung des Tatbestandes im Ganzen der Rechtswelt herausgearbeitet. Der konkrete Sachverhalt des Lebens (vgl. dazu Sauer a. a. O. S. 154 ff., 190 ff.) ist das objektiv feststellbare Sein, in welchem der abstrakte Rechtssatz mit seinen Rechtsfiguren als Ordnungsversuch und hinter ihm stehend der objektive Rechtswert der Gerechtigkeit verwirklicht werden soll. So tritt in seiner den Dualismus abendländischen Denkens überwindender, mit Hilfe von Leibniz' Monadenlehre zur Ganzheitsbetrachtung vorstoßender Dreiseitentheorie (a. a. O. S. 35 ff., 49 ff., bes. auch S. 65) die Dreiheit von Sachverhalt, formender Ordnungsnorm und sinngebendem Rechtswert im Urteilsakt hervor. Der Tatbestand des chaotisch scheinenden Lebens ist in seinen rechtserheblichen begrifflichen Merkmalen in verhältnismäßig wenige und einfache, als durchgängig erkannte Rechtsfiguren und Rechtssätze (Gesetze und allgemeine Rechtsgrundsätze) einzuordnen und von diesen — entwickelten und auszulegenden — Rechtssätzen her zu beurteilen. Das sich ergebende logische Urteil ist auf seine innere sinnvolle Uebereinstimmung mit dem allgemeinen Rechtswert, der Gerechtigkeitsidee, zu überprüfen. Am Welt-Tatbestand der „Wette" in Goethes Faust zeigt Sauer selbst die Anwendung seiner Lehre (a. a. O. S. 605 ff.). Hier soll nicht so hoch gegriffen werden. Vielmehr soll nur gezeigt werden, wie sich auch in den engeren Bereichen aktuell bewegender, vorübergleitender, spezieller Tatbestände Sauers Methode, insbesondere seine Dreiseitentheorie, bewährt. Dort nämlich, wo die positivrechtlichen Beurteilungsmaßstäbe vieldeutig (so im Vertragsrecht) und unsicher sind (so im internationalen Privatrecht, wo die herrschende Meinung auch heute noch bedenkenlos ein „deutsches", „französisches", „englisches", „schweizerisches" „internationales Privatrecht" unterscheidet, ohne die contradictio in adjecto zu fühlen!), wird es darauf ankommen, zunächst einmal den konkreten Lebensfall in voller Tatsächlichkeit und Spezialität herauszustellen, dann zu untersuchen, welche bereits erkannten Rechtsnormen oder Rechtsgrundsätze auf ihn Anwendung finden, um dann die so gefundenen Ergebnisse am wahrhaft inter- und übernationalen Rechtswert der Gerechtigkeit zu überprüfen; bei dieser letzten Prüfung wird noch besonders zu beachten sein, daß nicht nur allgemeines Rechtsgefühl bestimmend sein kann, sondern auch gerade beim Rechtswert argumentiert werden muß und der allgemeine Gerechtigkeitsgedanke der Harmonie nähere Ausgestaltungen erfährt. Auf diesem induktiven und zugleich von unten nach oben (Tatbestand, Rechtssatz, Gerechtigkeit) aufsteigenden Wege werden zugleich allgemeine Rechtsgedanken entwickelt werden können, die sich beim Vergleich mit anderen Tatbeständen noch weiter ausgestalten lassen, beim Heranziehen von anderen, sich vom konkreten Sachverhalt unterscheidenden „Fällen" vielleicht auch noch modifiziert werden müssen. So folgt die wissenschaftliche Methodik beim Betreten neuen Rechtsgeländes der Urteilsmethodik; die abstrakte Art des Auseinanderlegens der Rechtsproblematik mit gelegentlichem Einstreuen von praktischen Beispielen wird — so sehr sich diese Art bei der Darstellung bekannter Rechtsproblematik bewährt — für die Durchforschung neuen Rechtsgebietes verlassen und damit wieder zurückgefunden zu der Schritt für Schritt am konkreten Fall sich vorwärts arbeitenden Art des römischen Juristen, der am Lebensfall die Rechtsproblematik aufzeigte, wie es noch heute der englische Richter tut. So bindet Sauers Dreiseitentheorie weltweite Rechtsmethodik zusammen und fördert zugleich die Rechtserkenntnis in einem internationalrechtlichen Fragenkreis, der — wie sich zeigte — bislang nur wenig geklärt ist.

Beginnen wir also mit dem „Sachverhalt des Lebens", dem der Tatbestand — lediglich mit Aenderungen von Person und Ort — unmittelbar entnommen worden ist.

II. Die Brauerei B. in Nordrhein-Westfalen hatte im Jahre 1927 von dem englischen Trust T. in London eine Anleihe von 45 000.— Pfund Sterling aufgenommen. Der Betrag war nach einem dem Anleiheabkommen beigefügten Tilgungsplane in 15 jährlichen Teilbeträgen von je 3000.— Pfund Sterling, zahlbar am 31. Dezember jeden Jahres, beginnend mit dem 31. Dezember 1927, zurückzuerstatten. Zur Sicherung der Darlehnsforderung hat B. an dem ihr gehörenden Grundstück eine Grundschuld in einem dem Werte von 45 000.— Pfund Sterling entsprechenden Gewicht von 45 kg Feingold bestellt. Die Grundschuld war in Höhe von 15 × 3 kg Feingold im Grundbuch von B. eingetragen worden, und zwar nacheinander. Mit Tilgung je einer Rate sollte eine Grundschuld von 3 kg Feingold zum Erlöschen gebracht und der entsprechende Grundschuldbrief vom Gläubiger zurückgegeben werden. In dem Anleiheabkommen war weiter vereinbart, daß auf den Vertrag Deutsches Recht anzuwenden sei. Der Anleihedienst lief entsprechend dem Tilgungsplane reibungslos bis zum Jahre 1932. Im Jahre 1933 wurde in Deutschland die sogenannte Konversionskasse für Auslandsschulden in Berlin eingerichtet. B. überwies nunmehr den Gegenwert der Tilgungsraten an die Konversionskasse, welche die von B. eingehenden Gelder dem T. zu dessen Verfügung gutschrieb. T. bestätigte gegenüber B. mit Dank den Empfang dieser Gutschriften als Erfüllung der Ansprüche von T. Nach Kriegsausbruch im Jahre 1939 wurde auf Grund der deutschen Gesetzgebung für T. ein deutscher Verwalter des Auslandsvermögens in Berlin bestellt. Dieser Verwalter (V.) verlangte die Weiterzahlung der noch offenstehenden Anleihebeträge über die Konversionskasse auf das von V. verwaltete Konto von T. Die Restbeträge wurden bis zum Jahre 1941 seitens B. an V. überwiesen. V. quittierte den Empfang der Beträge und erteilte hinsichtlich der Grundschulden löschungsfähige Quittung, auf Grund deren im Grundbuche von B. Löschung erfolgte.

Nach dem Zusammenbruche von 1945 verlangt T. von B. Zahlung der seit dem 31. Dezember 1939 auf das Konto von V. überwiesenen Beträge, welche T. nie erhalten hat.

Hier entstehen praktisch die Fragen, ob die Ueberweisungen von B. an V. seit 1939 als Befriedigung von T. angesehen werden können, ob T. sich lediglich an die (tatsächlich nicht mehr vorhandene) Konversionskasse oder deren (nicht feststellbaren) Rechtsnachfolger halten kann oder von B. unmittelbar Zahlung der für die Zeit seit 1939 vorgesehenen Rückzahlungsbeträge, insgesamt also 9000.— Pfund Sterling verlangen kann und wegen eines Anspruchs von 15 kg Feingold Befriedigung aus den Grundstücken von B. zu erlangen vermag.

Wie ist danach die Rechtslage?

III. 1. Ueber die ordnungsmäßige Abwicklung der Rückzahlungspflichten aus dem Anleiheabkommen bis zum 1. September 1939 herrscht zwischen den Parteien Einigkeit.

Es fragt sich daher lediglich:

a) Ob die seit dem 1. September 1939 von B. der Konversionskasse überwiesenen, von dieser V. gutgeschriebenen Beträge als rechtswirksame Erfüllung der Gläubigeransprüche anzusehen sind,

b) verneinendenfalls: in welchem Umfange mit Rücksicht auf die Währungsumstellung des Jahres 1948 Gläubigeransprüche des T. bestehen.

2. Hierbei sind zunächst die Vertragsregelungen zwischen den Parteien, sodann — im Rahmen des vertraglich Zugelassenen — die Rechtsauffassungen in den beteiligten Ländern zu berücksichtigen. Darüber hinaus erscheint es als angemessen (fair), Rechtsgrundsätze heranzuziehen, die in Rechtsprechung und Rechtslehre eines neutralen Landes über Fragen einschlägiger Art entwickelt worden sind. Denn hier besteht eine gewisse Sicherheit, daß die reine Rechtslage ungetrübt von Zweckmäßigkeitserwägungen hin-

sichtlich des Ergebnisses der für den vorliegenden Fall wichtigen Entscheidung gesehen worden ist. Es ist infolgedessen[4]) auch Schweizer Rechtsprechung und Schrifttum zu den einzelnen Problemen herangezogen worden (insbesondere Adolf F. Schnitzer „Handbuch des Internationalen Handels-, Wechsel- und Scheckrechts", Verlag für Recht und Gesellschaft A. G., Zürich-Leipzig 1938).

3. Bei der verschiedenen Staatsangehörigkeit von Gläubiger und Schuldner des Darlehnsvertrages (Anleiheabkommens) fragt es sich zunächst, welches Recht für die Beurteilung der Vertragswirkungen maßgebend ist. In dem Anleiheabkommen ist darüber bestimmt, daß der Vertrag nach deutschem Recht zu beurteilen ist.

a) Trotz des bekannten Streits um die Frage, welches der richtige Anknüpfungspunkt für das Obligationenrecht im internationalen Privatrecht ist (Personalstatut des Gläubigers oder Schuldners, Ort des Vertragsschlusses, Erfüllungsort, Recht, zu dem der Tatbestand die engste Berührung aufweist), besteht nahezu völlig Einigkeit darüber, daß im Obligationsrecht in erster Linie der Parteiwille über die Anwendung der kollidierenden Rechtsordnungen entscheidet. In der englischen Rechtslehre wird der Parteiwille sogar als „proper law" des Vertrages bezeichnet (vgl. Cheshire, private International Law, 2. Aufl. 1925 S. 212). Das deutsche Reichsgericht ließ ebenfalls für das Auffinden der bei Kollisionen anzuwendenden Rechtsnorm im Schuldrecht in erster Linie die Parteiautonomie maßgebend sein und stellte geradezu eine Skala auf, nach der zunächst der ausdrückliche, dann der stillschweigende, dann der vermutliche Parteiwille, danach der Erfüllungsort zu berücksichtigen sei (vgl. RG. in Jur. Woch. 1928 S. 1196; RGZ. Bd. 120 S. 70; Bd. 126 S. 206; Bd. 145 S. 121; Jur. Woch. 1935 S. 3289).

Die im Schrifttum gegen die danach einhellige Gerichtspraxis erhobenen Bedenken (vgl. insbesondere Leo Raape, „Deutsches Internationales Privatrecht", 2. Aufl. Berlin 1945 S. 276 ff.) beziehen sich im Grunde lediglich auf den Fall, daß die Vereinbarung über die anzuwendende Kollisionsnorm selbst in Frage gestellt ist und nun geprüft werden muß, nach welchem Recht die Wirksamkeit der Vereinbarung über den anzuwendenden Rechtskreis selbst zu beurteilen ist. Dieses — von der herrschenden Meinung in der Tat nicht gelöste — Problem kommt hier jedoch nicht in Betracht, da über die Wirksamkeit der Vereinbarungsklausel zwischen den Vertragsparteien Einigkeit besteht und derartige Vereinbarungsklauseln auch nach der herrschenden Meinung

[4]) Vgl. dazu auch die Bemerkung von Wilhelm Sauer, Jur. Methodenlehre, 1940, § 56 Schlußsatz.

in den Rechtsauffassungen der beiden beteiligten Länder wirksam sind. Es muß daher für die Beurteilung der Rechtslage davon ausgegangen werden, daß die Vertragsvereinbarung über die Anwendung deutschen Rechts wirksam ist.

b) Dies schließt jedoch nicht aus, daß bei der Auslegung des Vertrages, die ebenfalls nach den Auslegungsprinzipien des deutschen Rechts zu erfolgen hat (insbesondere also nach § 133 BGB., wonach der wirkliche Wille der die Erklärungen abgebenden Menschen zu erforschen und nicht an dem buchstäblichen Sinne des Ausdrucks zu haften ist), sorgfältig der Umfang und die Tragweite des Verweisungs-Vertrages zu ermitteln ist.

Der Vertrag ist im Jahre 1927 geschlossen. Wenn damals vereinbart wurde, daß der Vertrag nach deutschem Recht zu beurteilen sei, so konnte nur eine Beurteilung nach den damaligen das deutsche Recht beherrschenden Prinzipien gemeint sein. Zwar wird man nicht annehmen können, daß die Vertragsbestimmung bedeutete, es solle das deutsche Recht in seinen 1927 geltenden Gesetzen maßgebend sein und bleiben. Aenderungen in der Gesetzgebung wurden mit der allgemeinen Verweisung auf deutsches Recht in Kauf genommen. Aber dieses deutsche Recht mußte das Recht der Normalsituation des Jahres 1927 sein und bleiben. Mit einer solchen Normalsituation rechnet jeder Vertragsschließende. Es entspricht also dem erforschenden „wirklichen Willen" (§ 133 BGB.) der Parteien, daß das deutsche, für normale Zeiten geltende Recht anwendbar sein und bleiben sollte. Dieses ist mindestens der — nach der zitierten Rechtsprechung des Reichsgerichts nächst dem ausdrücklichen Parteiwillen heranzuziehende — vermutliche Parteiwille. Im vorliegenden Falle werden diese allgemeinen Erwägungen noch durch eine ganz konkrete Verlautbarung des Parteiwillens im Vertrage selbst bestätigt. Dem Vertrage ist als Anlage ein „Tilgungsplan" beigefügt. Dieser ordnet die Rückzahlung der Anleihe in genau festgelegten Tilgungsquoten. Für diese sind genaue Zeitpunkte festgelegt. Dieselben reichen vom 31. Dezember 1927 bis zum 31. Dezember 1941. Diese Anlage ist Vertragsbestandteil. Sie enthält das spezielle Recht, soweit dieses nicht zwingenden Charakter hat. Folglich geht der Grundsatz, daß die Anleihe jedenfalls zurückzuzahlen ist, auch der Vereinbarung über die Anwendung deutschen Rechts vor. Die 1927 geltenden normalen Prinzipien des deutschen Rechts ermöglichten die Rückzahlung der Anleihe gemäß dem vertraglichen „Tilgungsplan". Folglich kann die Verweisung auf das deutsche Recht nur bedeuten, daß ein die Durchführung des Anleiheplans überhaupt ermöglichendes deutsches Recht anzuwenden sei. Die im Vertrage erkennbar gemeinte Normalsituation war also — abgesehen von dem abstrakten Begriffe der „normalen Zeiten" im Gegensatz zu den als außergewöhnlich und den geregelten Ablauf des Lebens störend empfundenen Zeiten — ganz konkret diejenige Situation, bei welcher an der für Normalzeiten wie 1927 selbstverständlichen Grundlage, daß Anleihen zurückzuzahlen sind, kein Zweifel bestand. Die Normalsituation eines Rechtszustandes, bei welcher eine gewährte Anleihe zurückgezahlt wird, war also die aus der allgemeinen Voraussetzung geregelter Lebensumstände wie aus dem Begriffe der Anleihe und konkret aus dem Tilgungsplan folgende erste Bedingung in dem Vertragswerk (im proper law des Vertrages). Erst nach Erfüllung dieser Vertrags- und Wesensbedingung kann die weitere Vertragsbedingung, daß deutsches Recht anwendbar sei, zum Zuge kommen. Folglich ist die Vertragsklausel, daß der Vertrag nach deutschem Recht zu beurteilen sei, eingefügt in den obersten Vertragsgrundsatz der Rückzahlung der Anleihe überhaupt; nicht steht die Anwendbarkeit deutschen Rechts über und vor dem Prinzip der Rückzahlung der Anleihe selbst. Daraus ergibt sich im einzelnen für die Auslegung jener Klausel:

A. Die Beurteilung des Vertrages nach deutschem Recht soll nach den in Deutschland geltenden Rechtsgrundsätzen für Auslegung und Wirkungen des Vertrages vorgenommen werden. Es gelten also die Bestimmungen des deutschen Rechts über Auslegung, Erfüllung, Leistungszeit, Leistungsart, Verzug, Unmöglichkeit, etwaige Schadenersatzansprüche, Verjährung. Deutsches Recht gilt mithin auch für alle Anwendungs- und Wechselfälle, denen ein Vertrag auch in normalen Zeiten, wie sie 1927 bestanden, ausgesetzt sein kann.

B. Für außergewöhnliche Ereignisse und Situationen, an welche bei Vertragsabschluß im Jahre 1927 nicht gedacht sein konnte, gilt die Vertragsbestimmung über die Anwendung deutschen Rechts nicht. Es kann immer nur angenommen werden, daß der Wille der Vertragsschließenden nur so weit reicht wie der — wenn auch denkbar weit gezogene — Kreis ihrer Vorstellungen. Diese Vorstellungen können im Jahre 1927 sich nach den politischen Gesamtverhältnissen weder auf einen Krieg noch auf das staatliche Eingreifen in die Bezahlung von Auslandsschulden bezogen haben. Völlig ausgeschlossen ist es jedenfalls, daß der ausländische Vertragsschließende sich bei der Verweisung auf deutsches Recht solchen Rechtssätzen unterworfen haben sollte, welche die Rückzahlung der Anleihe selbst in Frage stellten. Hätte beispielsweise das deutsche Recht bestimmt, daß Auslandsschulden gegenüber Privatpersonen gestrichen seien, so bestünde kein Zweifel, daß dieses „deutsche Recht" nicht hätte gemeint sein können. Die Grenze liegt bei der Rückzahlung der Anleihe überhaupt. Denn diese Rückzahlung gehört zum Begriff und zum Wesen der Anleihe. In der

Vereinbarung über die Anwendung deutschen Rechts heißt es ja auch, daß der Vertrag nach deutschem Recht zu beurteilen sei. Eingriffe des deutschen Rechts in den Vertrag fallen also schon bei sinngemäßer wörtlicher Auslegung nicht unter die Beurteilung des Vertrages.

Diese Auffassung steht im Ergebnis im Einklange mit den Ausführungen von Schnitzer a. a. O. S. 322: „Wenn nach Internationalem Privatrecht oder nach seinem Teilrecht, dem Internationalen Handelsrecht, auf einen externen (internationalen) Tatbestand fremdes Recht anzuwenden ist, so wird man diese Bestimmung dahin auszulegen haben, daß der normale Bestand des fremden Rechts zur Anwendung gelangt, nicht aber Sondermaßnahmen für alle abnorm empfundenen Situationen, die in jenem Lande herrschen." Was dort über die Auslegung von Gesetzesbestimmungen gesagt ist, muß in gleicher Weise für die Auslegung eines in Ausübung der Privatautonomie vertraglich vereinbarten Rechtssatzes (des proper law des Vertrages) gelten. Auch die folgenden Bemerkungen von Schnitzer können unmittelbar herangezogen werden (a. a. O. S. 322): „Ausnahmegesetze haben keine extraterritorialen Wirkungen. Dabei ist uns klar, daß es sich hierbei nicht um Ausnahmegesetze auf dem Gebiete des Staats- oder Verwaltungs- oder Strafrechts handelt, sondern gerade um privatrechtliche Bestimmungen in wirtschaftlich abnormen Zeiten. Die Ablehnung der Anwendung derartiger fremder Ausnahmebestimmungen, wie sie Devisengesetze oder Kriegswirtschaftsmaßnahmen darstellen, kann also mit dieser Begründung aufrechterhalten werden."

c) Wendet man diese Grundsätze auf den vorliegenden Sachverhalt an, so ergibt sich folgendes:

aa) Der erste Eingriff in den normalen Ablauf des Vertrages lag in der deutschen Devisengesetzgebung, speziell in der Regelung von Zahlungsverpflichtungen gegenüber dem Auslande. Der Eingriff begann mit der Verordnung des Reichspräsidenten über die Anmeldung von Zahlungsverpflichtungen gegenüber dem Ausland vom 27. Juli 1931 (RGBl. I S. 403) und erreichte, nachdem das Reichsgericht noch in der Entscheidung der großen Senate vom 23. Mai 1936 (RGZ. Bd. 151 S. 115 = Jur. Woch. 1936 S. 2449) die Verpflichtung des Devisenausländers, die Zahlung auf ein Sperrkonto als wirksame Erfüllung für die Hauptforderung anzunehmen, verneint hatte, ihren Abschluß und „Höhepunkt" in dem Gesetz zur Regelung von Kapitalfälligkeiten gegenüber dem Ausland vom 27. Mai 1937 (RGBl. I S. 600), wonach die vom Gläubiger verlangte Zahlung auf Sperrkonto den Schuldner befreite (§ 1 Abs. 2 Satz 2) und worin ferner der Schuldner durch das Mittel der Fristsetzung in die Lage versetzt wurde, sich von der Schuld dadurch zu befreien, daß er den Betrag für den Gläubiger auf ein

Sperrkonto zahlte. Auch das Reichsgericht veränderte seinen Standpunkt und gab dem Gedanken einer anteilmäßigen Befriedigung der Gläubiger entsprechend den vorhandenen Geldmöglichkeiten Raum (Urteil vom 23. Juli 1936; Jur. Woch. 1936 S. 2859 Nr. 6).

Im Zuge dieser Entwicklung ist die „Konversionskasse für deutsche Auslandsschulden" geschaffen worden. Ihre Errichtung als Körperschaft des öffentlichen Rechts beruhte auf dem Gesetz über Zahlungsverbindlichkeiten gegenüber dem Ausland vom 9. Juni 1933 (RGBl. I S. 349). Sie stand unter der Aufsicht des Reichsbankdirektoriums und führte ihr Konto bei der Reichsbank. Die eingezahlten Beträge wurden den ausländischen Gläubigern gutgeschrieben. Die Ansprüche der Gläubiger aus der Gutschrift bestimmten sich nach Grundsätzen, die in der Satzung der Konversionskasse festgelegt wurden. In welchem Zeitpunkt Zahlungen auf die Guthaben geleistet werden durften, bestimmte die Reichsbank (§ 3 des Gesetzes). Soweit der Schuldner an die Konversionskasse für deutsche Auslandsschulden zahlte, sollte er von seiner Verpflichtung frei werden (§ 1 Abs. 2). Auf Grund dieses Gesetzes wurden die Richtlinien für die Genehmigung von Zahlungen in Reichsmark an die Konversionskasse für deutsche Auslandsschulden geändert durch die zweite Verordnung zur Devisenbewirtschaftung vom 9. 6. 1933 (RGBl. I S. 363).

Ueber die wirtschaftlichen Hintergründe dieser Regelung bemerkt der damalige Reichsbankpräsident Dr. Schacht in seiner Schrift „Abrechnung mit Hitler" (Seite 9 der im Rowohlt-Verlage Hamburg/Stuttgart erschienenen Ausgabe):

Die Frühjahrs- und Sommermonate 1933 waren für mich ausgefüllt mit der Teilnahme an der Londoner Weltwirtschaftskonferenz, zu deren Vorbereitung ich auch nach Washington gehen mußte. Hier traf ich die ersten Maßnahmen für die unerläßliche Erleichterung der Auslandsverschuldung, die nach wie vor als Erbschaft der demokratischen Regierungen auf dem deutschen Volk lastete. Waren auch die Reparationszahlungen eingestellt, so hatte Deutschland doch noch einen Zinsen- und Tilgungsdienst, der sein Aufbringungsvermögen an Devisen weit überstieg. Es war klar zu übersehen, daß in absehbarer Zeit der Zinsendienst herabgesetzt oder ganz eingestellt werden mußte. Dieser Eventualität nach Maßgabe der vorhandenen Kräfte Rechnung zu tragen, war der Zweck der Verordnung vom 9. 6. 1933. Durch diese Verordnung wurde die Konversionskasse errichtet, bei der alle Zins- und Tilgungszahlungen zu leisten waren, auch alle Mieten, Pachten und dergl., die aus denjenigen deutschen Auslandsverpflichtungen herrührten, die vor der Brüningschen Finanzkrise vom Juli 1931 entstanden waren.

Als im Frühsommer 1931 die Finanzkrise eingesetzt hatte, unterließ es die Reichsbank, wie ich berichtet habe, rechtzeitig eine gleichmäßige Regelung der Auslandsverpflichtungen herbeizuführen. Sie zahlte aus ihrem Gold- und Devisenbestand fortlaufend aus bis zur vorauszusehbaren Erschöpfung. Dadurch gelangten die früher fälligen Kredite zur Rückzahlung, während die später fälligen hängenblieben und dem Moratorium verfielen. Es wurden gerade diejenigen am schwersten betroffen, die das größte Vertrauen gezeigt hatten. Eine Wiederholung dieser Ungerechtigkeit wollte ich jetzt vermeiden. War eine Reduzierung der Zinszahlung unvermeidlich, so sollte sie alle gleichzeitig und gleichmäßig treffen.

Die Behandlung der deutschen Auslandsschulden ist mir von vielen Ausländern verdacht worden, die durch die deutsche Zahlungsunfähigkeit Geld verloren haben. Aber die Antwort darauf ist nicht schwer. Ich habe von 1924 an ständig und öffentlich in Rede und Schrift vor einem Uebermaß ausländischer Kredite an Deutschland gewarnt und habe alles versucht, um die Auslandskredite zu beschränken. Das hat mir seinerzeit nicht nur die Abneigung der ausländischen Emissionshäuser, sondern auch die leidenschaftliche Gegnerschaft der kurzsichtigen deutschen Nutznießer solcher Kredite zugezogen. Diese Spannung führte schließlich zu meinem Bruch mit der demokratischen Regierung. Ich habe ferner unablässig darauf hingewiesen, daß die Zahlung der Reparationen undurchführbar sei und daß der Erlös der Auslandsanleihen nicht zum Aufbau Deutschlands, sondern zum größeren Teil für die Zahlung der Reparationstribute verwendet werde, und daß somit die privaten Kapitalgeber nur die politischen Gläubiger Deutschlands befriedigten, indem sie die politischen Verpflichtungen Deutschlands in private Verpflichtungen verwandelten, und daß die Rückzahlung oder auch nur Verzinsung solcher unwirtschaftlichen Kredite über kurz oder lang ein natürliches vorzeitiges Ende finden würde. Niemand hat diese schwerwiegenden Vorstellungen der Reichsbank und ihres Präsidenten beachtet. Als nachher die von mir stets vorausgesagte Konsequenz der Zahlungsunfähigkeit eintrat und mir die undankbare Aufgabe zufiel, nun eine tragbare Regelung zu treffen, habe ich dies mit allen verfügbaren Mitteln und in ständiger Fühlungnahme mit den ausländischen Geldgebern versucht. Nicht an mir hat das Ausland sein Geld verloren, sondern an der Mißachtung meiner Warnungen, an der falschen Einschätzung von Deutschlands Möglichkeit, Devisen zu erwerben, und wohl auch ein wenig aus Gedankenlosigkeit, Leichtherzigkeit und Gewinnsucht.

Von Anfang an und während der ganzen weiteren Entwicklung des Auslandsschuldenproblems habe ich mich stets mit den Vertretern unserer ausländischen Gläubiger in Fühlung gehalten. Am 18. Dezember 1933 führte ich in der Sitzung des Zentralausschusses der Reichsbank aus: „Die Reichsbank hat sich, bevor das Gesetz vom 9. 6. 1933 erlassen wurde, mit den Vertretern der ausländischen Gläubiger in Verbindung gesetzt, um die Lage mit ihnen zu besprechen. Gemeinsame Abmachungen konnten selbstverständlich nicht getroffen werden, da die Gläubigervertreter der langfristigen Forderungen keine Vollmacht hatten, Erklärungen abzugeben, die die von ihnen vertretenen Gläubiger hätten binden können. Die Reichsbank mußte deshalb wohl oder übel die Transferregelung aus eigener Verantwortung treffen. An dieser rechtlichen Lage hat sich auch jetzt nichts geändert, doch möchte ich die Gelegenheit wahrnehmen, den ausländischen Gläubigervertretern den Dank dafür zu sagen, daß sie auch jetzt wieder es uns ermöglicht haben, ihre Ansichten zu hören." Dieser persönliche Kontakt ist auch in der Folgezeit von mir immer aufrechterhalten worden.

Nachdem sich die Unmöglichkeit der Valutentransferierung herausgestellt hatte, habe ich dafür gesorgt, daß die Guthaben der Ausländer in Deutschland in deutscher Währung angesammelt wurden. Kein einziger deutscher Schuldner ist aus seiner Verpflichtung entlassen worden, sondern jeder hat die geschuldeten Beträge bei Fälligkeit in die Konversionskasse einzahlen müssen, wo die Beträge zur jederzeitigen Verfügung des Gläubigers gehalten wurden. Nur konnten die Beträge natürlich nur innerhalb Deutschlands verwendet werden. Hätte ich erlaubt, daß diese Markbeträge beliebig an das Ausland hätten verkauft werden können, so wäre das gleichbedeutend gewesen mit dem Zusammenbruch der deutschen Währung.

Statt dessen habe ich nach Mitteln und Wegen gesucht, um den Ausländern eine Verwertungsmöglichkeit für ihre Reichsmark innerhalb Deutschlands zu verschaffen. Die Einrichtung der verschiedensten Arten von Markkonten diente diesem Zweck. Es gab Reichsmark, Sperrmark, Registermark, Askimark (Ausländersonderkonten für Inlandzahlung) und a. m. Jede Marksorte gab die eine oder andere Verwendungsmöglichkeit. Ein erheblicher Teil der ausländischen Guthaben hat auf diese Weise von den Ausländern Verwendung finden können, ohne ihnen allzu große Verluste zu verursachen.

Es kann nun für den vorliegenden Fall dahingestellt bleiben, ob die danach einseitige deutsche gesetzliche Regelung der Zahlungsverbindlichkeiten gegenüber dem Ausland ein „außergewöhnliches Ereignis" im Sinne der obigen Ausführungen zu Ziffer 3 b sein würde, so daß jene gesetzgeberischen Maßnahmen über die Einrichtung und Ordnung der Rechtsverhältnisse der Konversionskasse nicht unter das in dem Anleiheabkommen für anwendbar erklärte deutsche Recht fallen würden. Denn nach den konkreten Rechtsbeziehungen zwischen den Parteien muß angenommen werden, daß T. die Abdeckung der Anleihe durch die Zahlung der in den Jahren 1933—1939 (1. Juli) fällig gewordenen Zinsen und Anleihetilgungsbeträge seitens der Schuldnerin über die Konversionskasse gebilligt hat. Denn in mehreren Schreiben bestätigt T. mit Dank, daß die Konversionskasse für deutsche Auslandsschulden Berlin zugunsten des T. die jeweils genannten fällig gewordenen Summen von B. erhalten habe[5]).

Hieraus ist zu entnehmen, daß die Gläubigerin sich mit der neuen Regelung von Zahlungen an die Konversionskasse abgefunden hat. Selbst wenn also die bezeichneten gesetzlichen Regelungen über die Konversionskasse nicht zu dem im Vertrage von 1927 gemeinten deutschen Recht gehören, so hat sich die Gläubigerin durch ihre Billigung der neuen Transferierungsmethoden in ihrem fortlaufenden Schriftwechsel der neuen Regelung unterworfen.

Es mag hierbei der Gedanke an die Möglichkeit eines späteren Klearing oder die Verwertbarkeit der Guthaben im deutschen wirtschaftlichen Raum maßgebend gewesen sein.

bb) Eine derartige erneute Unterstellung der Vertragsbeziehungen unter das deutsche Recht kann aber bei dem zweiten

---

[5]) So werden die einschlägigen Fälle in der Praxis regelmäßig liegen. Auf das Problem, ob Zahlungen an die Konversionskasse rechtlich unbeachtlich sind, braucht daher im allgemeinen nicht eingegangen zu werden.

Eingriff in die Abwicklung des Tilgungsdienstes seit Kriegsausbruch im Jahre 1939 nicht mehr angenommen werden.

Der zweite Eingriff bestand in der Einsetzung des V. für T., welcher die weitere Ueberweisung der nach dem Anleihevertrage fälligen Beträge an die Konversionskasse verlangte und nun seinerseits die Konten bezeichnete, zu deren Gunsten Zahlung erfolgen sollte. Seine Befugnisse leitete V. her von der Verordnung über die Behandlung feindlichen Vermögens vom 15. 1. 1940 (RGBl. I S. 191). Danach war es verboten (§ 5), unmittelbar oder mittelbar Zahlungen an „Feinde" (siehe zu dem Begriff § 3 Ziff. 2—3 d. Verordnung) nach dem Auslande in bar, in Wechseln oder Schecks, durch Ueberweisungen oder in sonstiger Weise zu leisten. Für juristische Personen des Privatrechts, die im Inlande eine Niederlassung hatten, konnte zur Sicherstellung und Erhaltung des Vermögens von dem örtlich zuständigen Oberlandesgericht ein Verwalter eingesetzt werden, wenn das Unternehmen unmittelbar oder mittelbar unter maßgebendem „feindlichen" Einfluß stand (§§ 12, 13 am o. a. O.). Nach § 14 der Verordnung war der Verwalter zu allen gerichtlichen und außergerichtlichen Geschäften und Rechtshandlungen befugt, die der Betrieb des Unternehmens mit sich brachte. Während der Dauer der Verwaltung ruhten die Befugnisse der Leiter und der sonst zur Vertretung oder Verwaltung befugten Personen.

Diese Regelung war, gemessen an dem im Jahre 1927 geltenden Recht, ein „außergewöhnliches Ereignis" im Sinne der obigen Ausführungen in doppelter Hinsicht:

1. Der Vertrag von 1927 war offenbar für einen friedlichen Verkehr der Völker gedacht, wie er sich 1927 bereits wieder entwickelt hatte. Demgemäß war schon die Bezeichnung eines friedlichen Vertragspartners als „Feind" ein außergewöhnliches Ereignis, das es als ausgeschlossen erscheinen läßt, daß sich der „Feind" einem feindlichen Recht vertraglich unterworfen haben sollte. Schon aus diesem Grund entfällt m. E. die Annahme, daß die Vertragsklausel von 1927 über die Anwendung deutschen Rechts sich auch auf eine Kriegsgesetzgebung bezogen haben könnte.

2. Zudem stellt die besondere Art des Eingriffs in die Vertragsbeziehungen ein so außergewöhnliches Ereignis dar, daß eine Unterwerfung unter derartige Rechtssätze nicht aus der Verweisung auf deutsches Recht im Vertrage von 1927 geschlossen werden kann. Denn während die Schaffung der Konversionskasse als Mittel angesprochen werden könnte, dafür zu sorgen, daß die Befriedigung von Auslandsforderungen überhaupt ermöglicht wurde, so daß der Gläubiger entweder mit einer Transferierung ins Ausland oder wenigstens einer Verwertung seiner Guthaben bei der Konversionskasse im deutschen Inlande rechnen konnte, so fielen diese beiden Möglichkeiten nunmehr weg: T. hatte während des Krieges über-

haupt keine Verwaltungsbefugnis hinsichtlich der Guthaben bei der Konversionskasse. Die gesamte Verfügungsgewalt war vielmehr auf den deutschen Treuhänder (V.) übergegangen. Damit war die Verwaltung der Guthaben so verändert, ja sogar die Befriedigung des T. in Frage gestellt, daß es dem Begriff der Anleihe als eines Vertrages über gegebenes und zurückzugewährendes Geld widersprochen hätte, wenn in der Verweisung auf deutsches Recht die Vollmacht zu derartigen Eingriffen durch den deutschen Gesetzgeber gelegen hätte.

Mithin muß aus beiden selbständigen Gründen angenommen werden, daß die vertragliche Verweisung auf deutsches Recht nicht mehr die seit dem 1. 9. 1939 erlassenen Kriegsbestimmungen mit umfaßte. Auch für eine stillschweigende Billigung dieser Maßnahmen besteht im Gegensatz zu dem Verhalten gegenüber der Einrichtung der Konversionskasse nicht der geringste Anhalt.

Auch aus dem Umstande, daß die Ueberweisungen an die Konversionskasse in den Jahren 1933 bis 1939 von der Gläubigerin unwidersprochen geblieben sind, kann keine Billigung des weiteren „deutschen Rechts" über die Verfügungsbefugnis hinsichtlich der bei der Konversionskasse anstehenden Guthaben hergeleitet werden. Denn die Duldung der Ueberweisungen an die Konversionskasse, mit denen sich die Gläubigerin abgefunden hatte, ist nur verständlich aus dem Bestehenbleiben der praktischen Verwertbarkeit der an die Kasse von der Schuldnerin überwiesenen Beträge. Sobald diese Verwertbarkeit wegfiel, bestand für die Gläubigerin kein Anlaß mehr, die unter völlig anderen Voraussetzungen gegebene Billigung von jenen Ueberweisungen an die Konversionskasse aufrechtzuerhalten. Die Veränderung der Voraussetzungen war für B. auch erkennbar, so daß sie keine vertragliche Weitererstreckung der Verweisung auf das seit 1927 in zwei grundlegenden Beziehungen völlig veränderte deutsche Recht annehmen konnte.

Kraft Verweisung (Parteiautonomie) sind also die Sätze des deutschen Rechts über die Erfüllung der Anleiheschuld durch Zahlungen an die Konversionskasse auf Anfordern des V. nicht anwendbar. Dasselbe muß hinsichtlich der Grundschuld gelten, für die ebenfalls nur das „normale" deutsche Recht als vereinbart angesehen werden kann.

3. Es könnte danach scheinen, als wenn nun geprüft werden müßte, welche der kollidierenden Rechtsordnungen für eine dinglich gesicherte Anleiheforderung maßgebend ist, wenn keine diesbezügliche Parteivereinbarung vorliegt oder zur Anwendung kommt. Indessen ist die Rechtslage im konkreten Falle nicht so, daß unter den verschiedenen kurz gekennzeichneten Theorien über das maßgebende „Schuldstatut" die Auswahl zu treffen wäre. Vielmehr ist zu beachten, daß die Parteivereinbarung über die Beurteilung

des Vertrages nach deutschem Recht so weit gilt, wie die Anwendung des deutschen Rechts nicht an dessen — im Vergleich zu 1927 — außergewöhnlichem gesetzlichen Inhalt scheiterte. Grundsätzlich ist also — unabhängig davon, ob man der in Deutschland herrschenden Theorie vom Erfüllungsstatut folgt oder nicht — auf den Vertrag deutsches Recht anzuwenden. Nur wo dieses seinem Inhalt nach erkennbar nicht gemeint sein kann, muß zu allgemeinen Rechtsgrundsätzen gegriffen werden. Auch bei diesen allgemeinen Grundsätzen sind aber wiederum in erster Linie deutsche Rechtsauffassungen, die ja für die Beurteilung des Vertrages soweit wie irgend möglich maßgebend bleiben müssen, heranzuziehen. Hieraus ergibt sich zunächst:

a) Der das gesamte deutsche Privatrecht beherrschende Satz ist der Grundsatz von § 242 BGB., wonach der Schuldner verpflichtet ist, die Leistung so zu bewirken, wie Treu und Glauben mit Rücksicht auf die Verkehrssitte es erfordern. Mithin ist es erforderlich, daß der Schuldner einen Zustand herstellt, bei welchem der Gläubiger die nach dem Vertrage vorausgesetzte Befriedigung erlangt. Treu und Glauben verlangen das Bewußtsein des B., die darlehnsweise empfangene Leistung wieder in das Vermögen des T. zurückgelangen zu lassen. Dieser bereits aus § 242 BGB. folgende Grundsatz wird in §§ 362 ff. BGB. bei der Regelung der Erfüllung der Schuldverhältnisse noch besonders im einzelnen verwirklicht. Denn die gesamte Regelung der in §§ 362 bis 396 BGB. geordneten Erfüllungsarten läuft darauf hinaus, auch unter den verschiedensten komplizierten Lebensverhältnissen sicherzustellen, daß der Gläubiger einer Forderung zu seinem Gelde kommt.

Dem entspricht der über allem positiven, noch dazu einseitigen staatlichen Recht stehende Grundsatz der Vertragstreue. Er ist das grundlegende Rechtsprinzip überhaupt: Pacta sunt servanda. Er beruht unmittelbar auf dem Rechtsbegriffe selbst, läßt sich aus ihm rein analytisch gewinnen und ist stärker als jeder staatliche Versuch, sich oder seinen Staatsangehörigen von übernommenen Verpflichtungen zu befreien. Er ist der Ausdruck des Lebens- und Rechtsprinzips der Konsequenz. Einer der maßgebenden deutschen Rechtsgelehrten, Prof. Dr. Heinrich Mitteis in Berlin, hat in einem in Berlin vor der Deutschen Akademie der Wissenschaften 1948 gehaltenen Vortrage „Ueber das Naturrecht" (abgedruckt in Heft 26 der im Akademieverlage erschienenen Vorträge und Schriften) jenen Gedanken der Konsequenz als das Grundprinzip des menschlichen Zusammenlebens und einer unabhängig von staatlichen Gesetzen geltenden Rechtsordnung herausgearbeitet. Mitteis führt wörtlich aus:

„Die Würde der Person liegt im Festhalten an den dominanten Eigenschaften ihres Wesens. Wer wirklich ausgeprägte Persönlichkeit ist, der trägt seine Maßstäbe eindeutig in sich, ist ihnen folgend sich selbst getreu (vgl. Nicolai Hartmann, Ethik 1926, S. 426, 472). Dann aber kann er die gleiche Treue auch von anderen verlangen und auf dieser gegenseitigen Treuwahrung ruht das ganze Gemeinschaftsleben, und zwar um so mehr, je mannigfaltiger die menschlichen Beziehungen ausgestaltet werden; in dem Worte Kredit, das für die ganze moderne Wirtschaftsverfassung charakteristisch ist, liegt ja schon der Hinweis auf den Glauben an die Verlässigkeit des Partners. So besteht eine oberste Rechtspflicht des konsequenten, folgerechten Handelns. Rechtspflicht ist aber nichts anderes als das nach außen projizierte Ethos der Persönlichkeit. Diese Gegenseitigkeit ist zugleich die Basis der Mitverantwortung für gemeinsames Schicksal, jener Solidarität, die das zutiefst schaffende Moment im Leben der Völker ist und zugleich das Verhältnis der Nationen zueinander im letzten Grunde bestimmt. So erkennen wir in der Konsequenz ein Grundprinzip des menschlichen Gemeinschaftslebens und zugleich ein Urphänomen der Gerechtigkeit."

Etwas weiter unten fährt Mitteis fort:

„Ob wir sagen: Pacta sunt servanda oder: Gleiches muß gleich, Ungleiches ungleich behandelt werden oder: Jedem das Seine .... immer liegt darin der Sinn, daß ein konsequentes Verhalten gefordert wird. Und dies ist auch der leitende Gesichtspunkt, von dem aus wir im Namen des Naturrechtes an jede positive Rechtsordnung kritisch wertend herantreten. Sie muß sich zunächst im Wege der immanenten Kritik daraufhin untersuchen lassen, ob sie dem Gesetz ihrer eigenen Struktur widerspruchsfrei folgt, ob sie das Existenzminimum von Bedingungen garantiert, unter denen eine menschliche Gemeinschaft bei Bestand bleiben kann, ob sie in sich konsequent ist; sie muß aber auch die transzendente Kritik bestehen, die Prüfung auf ihre Treue, auf ihr folgerechtes Streben zur Rechtsidee."

Geht man von diesen Grundgedanken aus, so ist es die unter allen Umständen zu billigende K o n s e q u e n z des anständigen Kaufmanns, daß B. an der Notwendigkeit festhält, den Vertrag von 1927 trotz der positivrechtlichen, noch dazu wie gezeigt, außergewöhnlichen Kriegsgesetzgebung des deutschen Staates zu erfüllen. Es ist dabei auch nur k o n s e q u e n t, die Vertragstreue nicht allein nach der positiven staatlichen Gesetzgebung zu beurteilen, sondern nach dem kaufmännischen, wirtschaftlichen, rechtlichen Sinne des Anleihevertrages, sich also nicht damit zu begnügen, Geld an eine staatlich eingerichtete Kasse für einen staatlich eingesetzten Verwalter zu überweisen, sondern empfangenes Geld dem Geldgeber selbst wieder z u r ü c k g e b e n zu wollen.

Mithin kann die Ueberweisung von Geldbeträgen an die Konversionskasse und den Verwalter ausländischen Vermögens nur als ein V e r s u c h angesehen werden, für die Befriedigung des Gläubigers zu sorgen und laufend Mittel bereitzustellen, um den Gläubiger im geeigneten Augenblicke zu befriedigen. Die G e f a h r des Gelingens dieser Absicht trägt der Schuldner. Denn der Gläubiger kann in jedem Falle gutes Geld, das er gab, zurückverlangen, solange er noch nicht befriedigt ist.

Somit ergibt sich:

aa) Zwar ist angesichts der Kriegsereignisse und der Gesetzgebung von Ende 1939 und 1940 der deutsche Schuldner nicht in der Lage gewesen, in den Jahren 1939 bis 1945 für die Erfüllung seiner Verbindlichkeiten gegenüber den ausländischen Gläubigern besser zu sorgen als durch jene Ueberweisungen an die Konversionskasse zugunsten des für ausländisches Vermögen eingesetzten Verwalters. Mithin liegt für jene Zeit bei der Erfüllung der Verbindlichkeiten gegenüber dem ausländischen Gläubiger für den deutschen Schuldner zeitweise unverschuldete Unmöglichkeit im Sinne von § 275 BGB. vor. Auch ist B. während dieser Zeit — und angesichts der Ungeklärtheit der Rechtslage auch späterhin — mit der Erfüllung ihrer Rückzahlungspflichten nicht in Verzug geraten. Denn nach deutschem Recht setzt Verzug Verschulden voraus, wie sich aus § 285 BGB. ergibt. Dieses liegt weder während des Krieges noch angesichts der Zweifelhaftigkeit der Rechtslage nach dem Kriege vor.

bb) Andererseits ist aber die rein objektiv zu beurteilende Befriedigung des T. weder im Sinne der §§ 362 ff. BGB. noch im Sinne der allgemeinen Grundsätze von Treu und Glauben (§ 242 BGB.) und der Vertragstreue eingetreten, wenn der Versuch der Befriedigung im Rahmen der kriegsmäßig angeordneten Maßnahmen nicht gelungen ist.

b) Ergibt sich somit unter allgemeinen rechtlichen Erwägungen bereits aus den obersten Rechtsgrundsätzen, daß die Rückzahlung der Auslandsanleihe an den vom deutschen Staat eingesetzten V. des englischen Gläubigers (T) während des Krieges keine schuldbefreiende Wirkung für den deutschen Anleiheschuldner hat, so darf doch die Prüfung angeschlossen werden, wie sich die Rechtslage auf der nächsthöheren Ebene, nämlich nach den bereits spezialisierten Grundsätzen des internationalen Privatrechts, darstellt.

Geht man entsprechend der Vertragsklausel im Anleiheabkommen von 1927 über die Anwendbarkeit deutschen Rechts von der seit Savigny herrschenden deutschen Rechtsauffassung aus, wonach auch für die Frage, welche von mehreren kollidierenden Rechtsordnungen anzuwenden sei, der Erfüllungsort maßgebend ist, so findet deutsches Recht aus doppeltem Grunde (Vertrags- und Erfüllungsort) Anwendung. Denn der Erfüllungsort für die vorliegende Geldschuld ist der Sitz des Schuldners, also Deutschand (§§ 269, 270 BGB.). Doch unterliegt die Anwendung der deutschen Gesetze kraft internationalen Privatrechts ähnlichen Schranken wie die Anwendung der deutschen Gesetze kraft Vertrages. Die Grenze ist dort, wo die Anwendung des deutschen Gesetzes mit allgemeinen Grundsätzen des internationalen Rechts in Widerspruch stehen würde. Zu prüfen ist also nunmehr, wie sich die deutsche Kriegsgesetzgebung von 1940 über die Erfüllung von Auslandsverbindlichkeiten durch Zahlung an die Konversionskasse auf Weisung des V. von Auslandsvermögen zu den Grundsätzen des internationalen Privatrechts verhält.

aa) Bei dieser Begrenzung des — nach Vertrag und Recht des Erfüllungsortes grundsätzlich anwendbaren — deutschen Rechts durch Sätze des internationalen Rechts sind vorweg mehrere allgemeine Rechtsprinzipien für diese Begrenzung selbst zu beachten.

1. Innerstaatliches Recht wird durch zwischenstaatliches Recht nicht ohne weiteres in dem Sinne begrenzt, daß das innerstaatliche Recht bei Verstoß gegen die Grundsätze des internationalen Rechts unwirksam ist. Zwar sind nach Art. 4 der Weimarer Verfassung von 1919 die allgemein anerkannten Regeln des Völkerrechts bindende Bestandteile des deutschen Reichsrechts. Und im englischen Recht gilt der Satz: International law ist a part oft the law of the land. Gleichwohl ist bei Sätzen des internationalen Rechts auch heute noch zu unterscheiden zwischen Rechtssätzen, deren Normaladdressaten lediglich die Staaten sind, und solchen, die unmittelbar Rechtswirkungen für die Staatsbürger haben. Es braucht jedoch hier das Problem völkerrechtswidrigen Landesrechts und die Frage seiner Geltung für die Angehörigen des völkerrechtswidrige Gesetze gebenden Staates nicht in vollem Umfange erörtert zu werden. Denn hier greift eine weitere Unterscheidung ein, welche die Lösung der Problematik im konkreten international-privatrechtlichen Falle erleichtert, ohne daß auf das umfangreiche völkerrechtliche Schrifttum zu der grundsätzlichen Frage des Verhältnisses von Völkerrecht zu Landesrecht eingegangen zu werden braucht.

2. Es ist nämlich weiter zu unterscheiden, zwischen der dinglichen und der obligatorischen Rechtslage. Für die dingliche Rechtslage gilt der Satz: Quod est in territorio, est de territorio (was innerhalb des Staatsgebietes ist, das ist der betreffenden Staatsgewalt unterworfen). Für die schuldrechtlichen Verhältnisse ist dagegen zu berücksichtigen, daß die Herrschaft des Staates sich nur auf den inländischen Gläubiger oder Schuldner, nicht jedoch auf den (nun umgekehrt) ausländischen Schuldner oder Gläubiger desselben Schuldverhältnisses beziehen kann. Denn nur in bezug auf den Inländer besteht Personalhoheit. Mithin helfen die Grundsätze der Territorial- und Personalhoheit im internationalen Privatrecht zur Lösung der Frage, ob bei Verletzungen internationaler Privatrechtsätze nur Schadenersatzpflichten des Staates oder unmittelbare Rechtswirkungen für die privatrechtliche Situation des Staatsbürgers entstehen.

bb) Die erste internationalrechtliche Norm, welche der Anwendung deutschen Rechts auf Kollisionsfälle Schranken setzt, ist das Verbot der Diskriminierung von Ausländern bei der Anwendung inländischen Rechts. Dieses Verbot beruhte auf dem

Schutze wohl-erworbener Rechte, ein Grundsatz, der wiederum mit dem Verbot der Rückwirkung von Gesetzen im Zusammenhange steht. Ein „Minimum-Standard" von Rechten muß jeder Staat auch dem Ausländer erhalten; dazu gehört die Wahrung der von ihm gesetzmäßig erworbenen Rechte. Diese Sätze können als gesicherte Lehre des internationalen Privatrechts angesehen werden (vgl. etwa Prof. Dr. Beitzke in „Festgabe für Leo Raape zu seinem 70. Geburtstage", Hamburg 1948, „Problem der Enteignung im Internationalprivatrecht", S. 93 ff., bes. S. 97; Marburg im Wörterbuch des Völkerrechts Bd. III, S. 821; Borchard „Diplomatic protection of citicens abroad" 1925 § 44; Schücking „Der Schutz der wohlerworbenen Rechte im Völkerrecht" in Festgabe für Max Huber, 1934; M. Wolff „Private International Law" 1945, S. 534 ff., auch S. 121, Georges Kaekenbeeck „Der Schutz der wohlerworbenen Rechte im internationalen Recht" in „The British Year book of International Law", wo Kaekenbeeck schreibt:

„Anerkennung und Durchführung von im Ausland erworbenen Rechten.

Weder Savigny noch Gierke noch in der Tat irgendeine andere der führenden Autoritäten, haben sich des Begriffes der erworbenen Rechte bedient, um Kollisionen der Gesetze hinsichtlich des Raumes zu lösen. Aber mehrere moderne Autoren, die sich mit Gesetzeskonflikten befassen, und unter ihnen manche der besten, verlangen einen Grundsatz der Anerkennung und Durchführung von Rechten, die ordnungsgemäß nach dem Gesetz irgendeines zivilisierten Landes erworben wurden. Um mich nur auf den bekanntesten Autor zu beziehen, möchte ich den ersten allgemeinen Grundsatz in Diceys großem Werk über den Konflikt der Gesetze zitieren. Er lautet: „Irgendein Recht, das nach dem Gesetz irgendeines zivilisierten Landes ordnungsgemäß erworben wurde, wird von englischen Gerichten anerkannt und im allgemeinen durchgeführt. Und kein Recht, das nicht ordnungsmäßig erworben wurde, wird von englischen Gerichten durchgeführt oder im allgemeinen anerkannt."

Der allgemeine Grundsatz Nr. II nennt allerdings Ausnahmen zu der Regel der Durchführung erworbener Rechte, wie z. B. im Falle des Widerspruchs mit den Vorschriften des Reichsparlaments, mit den moralischen, im englischen Recht vertretenen Grundsätzen oder mit der Aufrechterhaltung englischer politischer Institutionen, und schließlich im Falle des Widerspruchs mit der Autorität eines fremden Souveräns.

Um die Beziehung dieser Ausnahmen zu dem ersten Grundsatz deutlicher zu machen, bittet Dicey seine Leser, sich darüber klar zu sein, daß „Ausnahmen ausnehmend sind", ein Gemeinplatz, dessen Wahrheit fortwährend übersehen werde. Die Hauptsache ist, wie er hinzufügt, daß die Aufmerksamkeit unabänderlich auf die allgemeine Anerkennung erworbener Rechte gerichtet werde.

Ich glaube wohl, daß ich Dicey's Lehre bei meinen Lesern als bekannt annehmen darf. Ich will aber doch nicht verfehlen, darauf hinzuweisen, daß andere Systeme, die sich besonders mit dem Problem extraterritorialer Wirkung von Gesetzen befassen, wenig oder gar nichts für eine Theorie der extraterritorialen Wirksamkeit erworbener Rechte übrig haben und doch in der Praxis zu nicht wesentlich anderen Ergebnissen führen. Dicey jedoch ist der Ansicht, daß englische Richter — oder Richter überhaupt — genau genommen niemals dem Gesetz eines anderen Landes als ihres eigenen Kraft verleihen. In den Fällen, in denen sie, gemeinhin gesagt, ein fremdes Gesetz durchführen, tun sie in Wirklichkeit nichts anderes, als daß sie nicht ein fremdes Gesetz, sondern ein unter dem Gesetze eines fremden Staates erworbenes Recht in Kraft setzen."

Bei der Frage, ob die Verletzung wohlerworbener Rechte und die damit verbundene Diskriminierung von Ausländern nur zu Schadenersatzpflichten gegen den die Verletzung durch seine Gesetzgebung ermöglichenden S t a a t führt, oder ob die verletzten Rechte zivilrechtlich wirksam bleiben, ist nun die Unterscheidung von dinglichen Rechten und obligatorischen Ansprüchen zu beachten:

1. Meist wird, wie schon eingangs ausgeführt, nur die dingliche Rechtslage und diese nur für Grundstücksenteignungen erörtert. Der Eigentumsübergang an beweglichen wie an unbeweglichen Sachen bestimmt sich nach durchgängiger Auffassung nach dem Recht des Staates, auf dessen Gebiet sich die Sachen befinden (vgl. Walker, Internat. Privatrecht, 5. Aufl., S. 336 ff.; Dicey-Keith, Conflict of Laws, 4. Aufl. 1927, S. 945 ff.).

Dies führt zunächst zu dem Ergebnis, daß Enteignungen durch einen Staat, auf dessen Gebiet die zu enteignenden Sachen sich n i c h t befinden, als wirkungslos angesehen werden (vgl. dazu eingehend Beitzke a. a. O., S. 107 mit weiterem Schrifttum in Anm. 79). Aber auch umgekehrt (also nicht bei Eigentum des Inländers im Auslande, sondern bei Eigentum des Ausländers im Inlande) wirkt sich die Territorialhoheit aus: In steigendem Maße wird von der zivilrechtlichen Wirksamkeit der wegen der Diskriminierung von Ausländern völkerrechtswidrigen Enteignungen ausgegangen und nur ein Entschädigungsanspruch gegen den verletzenden Staat gegeben. Beitzke bemerkt unter Benennung von Bestimmungen der bisherigen Friedensverträge: „Nach dem 2. Weltkrieg geht man offenbar sogar stillschweigend von der Wirksamkeit der Enteignungen aus, selbst wenn sie völkerrechtswidrig waren. Denn die erfolgten Maßnahmen werden nicht als nichtig angesehen, sondern der enteignende Staat wird verpflichtet, die Maßnahmen rückgängig zu machen und den früheren Rechtszustand wiederherzustellen. .... Die Maßnahmen der Verwaltung des Feindvermögens werden nicht rückwirkend, sondern nur für die Zukunft aufgehoben (vgl. S. 98 a. a. O. mit Fußnote 19; ferner Wilmanns „Wiederherstellung ausländischen Vermögens in Deutschland", Hamburg 1947).

Hieraus ergibt sich für den gedachten Sachverhalt die erste wichtige Folge:

Bezüglich der dinglichen Rechtslage sind die Maßnahmen des kriegführenden Staates zivilrechtlich wirksam, auch wenn völkerrechtlich Schadenersatzpflichten wegen der Diskriminierung der Ausländer und wegen Verletzung ihrer wohlerworbenen Rechte bestehen. Hierbei kann es keinen Unterschied bedeuten, ob es sich um Eigentum oder andere dingliche Rechte an Grundstücken handelt. In jedem Falle übt der Staat seine Territorialhoheit in einer für die dingliche Rechtslage in seinem Gebiet zivilrechtlich wirksamen Weise aus.

Soweit also der Verwalter des Trusts die Löschung der die Anleiheforderung sichernden Grundschulden bewilligt hat, muß es also hierbei dinglich sein Bewenden haben. Anderenfalls würde sich im übrigen auch eine zivilrechtlich schwer zu entwirrende Lage ergeben. Wären die Grundstücke des Schuldners nach Löschung der Grundschuld mit weiteren Rechten Dritter belastet worden, so hätten diese gemäß § 892 BGB. ihre Rechte jedenfalls gutgläubig erworben. Es wäre aber eigenartig, wenn die grundsätzliche Rechtslage von dem gutgläubigen Rechtserwerb Unbeteiligter abhängen würde. Die Einheit des bürgerlichen Rechtssystems wird dagegen gewahrt, wenn der Inlandsstaat über die Inlandsgrundstücke, vorbehaltlich völkerrechtlicher Schadensersatzpflichten, zivilrechtlich wirksam verfügen kann.

2. Anders gestaltet sich dagegen die Rechtslage hinsichtlich der obligatorischen Ansprüche des T. Bei obligatorischen Forderungen würde es einen Eingriff in die Rechtslage des ausländischen Gläubigers bedeuten, wenn der Staat, welchem der Schuldner angehört, neu bestimmen könnte, ob, in welcher Weise, evtl. auch gar nicht, der Schuldner den Gläubiger befriedigen soll. Mit einer derartigen Bestimmung würde der Staat sich Rechtsmacht über einen im Auslande wohnenden Ausländer anmaßen, auf den sich weder personal noch territorial seine Staatshoheit erstreckt. Ueberschreitungen der Rechtsmacht sind Ueberschreitungen rechtlichen Könnens, nicht nur Verletzungen rechtlichen Dürfens. Folglich hat die Ueberschreitung der Rechtsmacht keine Rechtswirkung, löst mithin auch auf zivilrechtlichem Gebiete keine Wirkungen aus. Darüber hinaus würde die neue Bestimmung über ein materiell nicht zur Befriedigung des Gläubigers führendes Verfahren zwecks Erlöschens des Schuldverhältnisses ein bereits entstandenes wohlerworbenes Recht des ausländischen Gläubigers verletzen, also auch aus diesem Grunde eine Rechtswidrigkeit enthalten.

Hieraus ergibt sich: Ebensowenig wie der Staat, welcher selbst bürgerlichrechtlicher Schuldner eines Ausländers ist, durch seine Gesetzgebung entscheiden kann, daß er nicht mehr zahlen wolle, ebensowenig kann er den ihm angehörenden Schuldner von dessen Auslandsverbindlichkeiten einseitig befreien. Er darf es nicht, ohne wohlerworbene Rechte des Ausländers zu verletzen und er kann es nicht, weil das Schuldverhältnis in der Forderung des Gläubigers seiner Rechtsmacht entzogen ist.

Der Aufhebung der Gläubigerforderung steht die einseitige staatsgesetzliche Ordnung eines Befriedigungsverfahrens gleich, das nicht zum Ergebnis materieller Befriedigung des Gläubigers führt. Auf die Schuldfrage kommt es dabei nicht an, sondern allein auf den Erfolg der Befriedigung. Denn zum Minimum-Standard einer Anleiheberechtigung gehört es, daß die Anleihebeträge dem Gläubiger wieder effektiv zugute kommen. Wenn das staatlich angeordnete Befriedigungsverfahren nicht zu diesem Erfolge führt, so ist das Schuldverhältnis zwischen Gläubiger und Schuldner nicht erloschen.

Das obligatorische Rechtsverhältnis ist im Vergleich mit der dinglichen Rechtsbeziehung vollkommen vergeistigt. Es ist infolgedessen von der Sachherrschaft des Schuldnerstaates nicht abhängig wie das dingliche Recht. Das rein in der Vorstellung vorhandene obligatorische Rechtsverhältnis kann somit nur durch einen die Rechtsvorstellung berührenden Rechtsakt zum Erlöschen gebracht werden. In der Rechtsvorstellung ist aber der ausländische Gläubiger der Rechtsmacht des Schuldnerstaates entzogen, und in der Rechtsvorstellung ist die Anleihe ihrem Rechtsbegriffe nach erst getilgt, wenn die Befriedigungsversuche zur effektiven Zurückzahlung geführt haben.

> Somit sind die obligatorischen Gläubigerrechte des T. aus dem Anleiheabkommen von 1927 durch die Ueberweisungen nach dem 1. September 1939 nicht erloschen. Sie bestehen also in dem Umfange, in welchem sie damals noch vorhanden waren, gegenüber B. fort.

Zu den obligatorischen Rechten nach dem Anleiheabkommen gehört außer den Rückzahlungsansprüchen hinsichtlich der Anleihe laut Tilgungsplan auch das im Vertrage von 1927 dem T. bereits obligatorisch eingeräumte Recht auf Sicherung der Forderung durch Grundschulden (§ 5 des Anleiheabkommens von 1927). B. ist also schuldrechtlich verpflichtet, diese Grundschulden dem T. für dessen Restforderung an bereitester Stelle (denn die bisherige dingliche Rechtslage lebt nicht wieder auf!) zu bestellen.

3. Dieses Ergebnis stimmt auch mit der Rechtsauffassung überein, die in einem unbeteiligten Staat zum Ausdruck gelangt ist. In einem vom Schweizer Bundesgericht gebilligten Züricher Urteil vom 8. Februar 1934 (Blätter für Zürcherische Rechtsprechung Bd. 34, Nr. 16, S. 42) ist grundsätzlich folgendes ausgesprochen worden:

> „Das deutsche Recht, das zwar grundsätzlich anzuwenden ist, findet seine Schranken an der schweizerischen öffentlichen Ordnung, zu deren Begriff auch die Grundanschauungen unserer Rechtsordnung gehören ..... Vorschriften, die in dieser Weise den Gläubiger in seinen wohlerworbenen Rechten verkürzen, widersprechen einer der fundamentalsten Anschauungen, auf welchen die Schweizer Rechtsordnung beruht, der Anschauung der Sicherheit der erworbenen Rechte und von ihrer Unverletzlichkeit auch seitens der Staatsgewalt."

In der dieses Urteil bestätigenden Entscheidung des schweizerischen Bundesgerichts vom 18. Sept. 1934 (abgedruckt in der deutschen Juristischen Wochenschrift 1935, S. 239) hat das Bundesgericht als Prüfungsinstanz den Eingriff des Staates in die ordnungsgemäß erworbenen Gläubigerrechte als „spoliativ" bezeichnet und als den Grundanschauungen der schweizerischen Rechtsordnung widersprechend zurückgewiesen. In dem bereits erwähnten Handbuch des Internationalen Handels-, Wechsel- und Scheckrechts von Adolf F. Schnitzer, 1938, wird ebenfalls vom schweizerischen Standpunkt grundsätzlich bemerkt (S. 321):

„Ueberblickt man nun den Kreis der Bestimmungen, bei denen immer wieder der Gedanke auftritt, sie außerhalb des Territoriums nicht anzuwenden, so haben sie m. E. eine Gemeinsamkeit. Mag es sich um eine Kriegswirtschaftsverordnung, eine Devisenbestimmung, ein Moratorium handeln, immer sind es Bestimmungen, die in dem fraglichen Lande erlassen sind, weil es sich in einem Zustand befindet, der als nicht normal empfunden wird. Es handelt sich also immer um Ausnahmebestimmungen."

Derartigen Ausnahmebestimmungen erkennt Schnitzer keine extraterritorialen Wirkungen zu. Darüber hinaus sieht Schnitzer grundsätzlich bei externen Tatbeständen des Handels als das maßgebende Recht das am Sitz der gewerblichen Niederlassung des Gläubigers geltende Recht an. Er bemerkt (a. a. O., S. 204):

„Die Lösung des Problems der Rechtsanwendung auf Fälle externer Tatbestände des Handels kann m. E. nicht dadurch gefunden werden, daß man von außen her ein System anbringt, das irgendwie metajuristisch erdacht ist. Will das Recht vielmehr seinem Zweck entsprechen, Lebensverhältnisse möglichst reibungslos zu regeln, so muß die Regelung aus der Betrachtung des zu regelnden Tatbestandes selbst gewonnen werden. Es muß erkannt werden, was wesentlich ist, was immer wieder der Regelung bedarf, und was andererseits für einen Beteiligten nur gelegentliche Situation ist, so daß es für ihn nicht genereller Regelung bedarf."

Auch nach diesen Auffassungen, welche den Schwerpunkt eines Anleiheverhältnisses auf den Sitz des Anleihegläubigers legen, kann nicht zweifelhaft sein, daß ein gesetzgeberischer Eingriff in die Gläubigerrechte des Ausländers durch den Staat des Schuldners als außergewöhnliche Maßnahme für den Gläubiger nicht verbindlich, also einseitig nicht zulässig ist.

IV. Demnach ergibt sich zusammengefaßt:

a) Soweit T. für die Zeit nach dem 1. September 1939 keine effektive Befriedigung wegen seiner Rückgewähransprüche aus dem Anleiheabkommen von 1927 erhalten hat, bestehen seine Rechte aus dem Anleiheabkommen weiter. Die Zahlungen des B. an die Konversionskasse und deren Ueberweisung an V. für T. stellen keine Erfüllung dar, die T. gegen sich gelten lassen müßte.

T. ist auch nicht darauf angewiesen, irgendwelche Forderungen gegen die Konversionskasse oder deren etwaigen Rechtsnachfolger geltend zu machen. T. braucht sich ferner nicht darauf verweisen zu lassen, daß er etwaige völkerrechtliche Ansprüche gegen einen deutschen Staat auf Wiedergutmachung des durch die Gesetzgebung von 1940 ihm zugefügten Schadens habe. Vielmehr sind rein vom Zivilrechtlichen her die Zahlungen der B. an die Konversionskasse und den deutschen Verwalter des Trustvermögens für T. seit September 1939 unbeachtlich.

b) Anders ist die Rechtslage hinsichtlich der Grundschuld. Bezüglich der inländischen Grundstücke hat der Staat ein allgemeines Verfügungsrecht, dessen Ausübung zwar völkerrechtlich zu Schadensersatzpflichten des Staates führen kann, innerstaatlich aber als Ausdruck der Staatshoheit zivilrechtlich wirksam ist. Demgemäß ist die Löschungsbewilligung des T. bezüglich der zur Sicherung der Anleiherückzahlungsforderung an den Grundstücken der B. bestellten Grundschulden dinglich wirksam.

c) Durch die dingliche Rechtslage zu b) wird aber der obligatorische Anspruch auf Einräumung einer Grundschuld aus dem Anleiheabkommen von 1927 nicht aufgehoben. Es besteht also wieder ein dem ursprünglichen Anspruche entsprechendes obligatorisches Recht auf Bestellung einer Grundschuld zur Sicherung der Restforderung auf Rückzahlung der Anleihe. Die Grundschuld kann unter Beachtung der dinglichen Rechtslage aber nur neu, also nur an bereitester Stelle eingetragen werden.

d) Nach alledem stimmen die Ergebnisse aus allgemeinen Rechtserwägungen und speziellen international-rechtlichen Grundsätzen in dem entscheidenden Punkte der Konsequenz und Vertragstreue überein.

B. hat daher m. E. die seit dem 1. September 1939 noch nicht beglichenen Anleihebeträge an T. zu zahlen.

V. Es fragt sich schließlich noch, in welcher Höhe die Rückzahlungsforderungen des T. bestehen. Dabei kommt es nicht auf die zwischen den Parteien unstreitige rechnerische Seite, sondern auf die rechtliche Frage nach der Einwirkung des Verfalls der deutschen Währung auf die Rückzahlungsansprüche des T. an. Nach § 2 des Anleiheabkommens von 1927 ist die Anleihe in Pfund Sterling zurückzuzahlen. Auch der zum Vertrage als Bestandteil gehörende Tilgungsplan sieht die Rückzahlung in Pfund Sterling an den einzelnen Fälligkeitsterminen vor. Mithin handelt es sich um eine Schuld in ausländischer Währung. Dieser Rechtscharakter der Anleiheschuld wird auch dadurch nicht geändert, daß nach dem letzten Halbsatz von § 2 von der Ueberweisung des „Gegenwertes" für die Zahlung von Kapital, Zinsen und Verwaltungsbeitrag die Rede ist. Hierdurch wird nur eine Erleichterung in der Anschaffung der Pfund Sterling vereinbart, die in ausländischer Währung vereinbarte Anleiheschuld aber nicht in eine Reichsmarkschuld umgewandelt. An dieser rechtlichen Situation ist auch durch die Schaffung der Konversionskasse nichts geändert worden. Denn hierbei handelt es sich für den Gläubiger nur um das Einverständnis mit einer Zahlungsmodalität bis zum September 1939, nicht jedoch um eine Novierung des ursprünglichen auf ausländische Währung gehenden Schuldverhältnisses in ein in deutscher Reichsmark ausgedrücktes. Der Wille, die Anleiheforderung inhaltlich auf Pfundwährung abzustellen, gelangt in dem Vertrage auch aus dem Unterschiede gegenüber der Regelung für die Grundschuld zum Ausdruck; bei dieser Grundschuld ist der Wert von Feingold zugrunde gelegt worden. Mithin wäre nur die Grundschuld, wenn sie noch bestanden hätte, durch die Verordnung Nr. 92 der Militärregierung (Verordnungsblatt für die Britische Zone S. 111/112) betroffen worden. Nicht jedoch ist die Anleiherückzahlungsforderung dadurch berührt worden. Denn die Verordnung Nr. 92 hat nur Verbindlichkeiten zum Gegenstande, „die auf Reichsmark, Rentenmark, irgendein anderes auf Mark lautendes gesetzliches Zahlungsmittel, auf Goldmark oder auf Mark lautet, deren Nennwert unter Benutzung einer gleitenden Skala oder auf andere Weise durch Bezugnahme auf den Preis des Feingoldes (Goldklausel) oder den Preis anderer Edelmetalle, Waren Wertpapiere oder ausländischer Zahlungsmittel (Wertbeständigkeitsklausel) bestimmt ist. Hier ist nicht einmal eine solche Wertbeständigkeitsklausel gegeben. Vielmehr ist der Anspruch selbst auf Rückzahlung des in englischer Währung geliehenen Geldes in englischer Währung gerichtet: Demgemäß wird die Anleihetilgungsforderung des T. auch durch die den Kreis in der Verordnung Nr. 92 betreffende Regelung des Währungsrechts von 1948 nicht berührt. Nach § 15 des Umstellungsgesetzes (Gesetz Nr. 63 der Militärregierung) finden die Vorschriften des 2. Abschnittes des Umstellungsgesetzes, in denen mit bestimmten hier nicht in Betracht kommenden Ausnahmen die Herabsetzung von alten Forderungen im Verhältnis 10 : 1 geregelt ist, auch auf Reichsmarkverbindlichkeiten gegenüber Angehörigen der Vereinten Nationen Anwendung mit einer Reihe von Modifikationen, welche aus den weiteren Abschnitten von § 15 des Umstellungsgesetzes ersichtlich sind. Auf diese Modifikationen braucht hier nicht näher eingegangen zu werden. Denn § 15 Abs. 1—4 des Umstellungsgesetzes findet schon deswegen keine Anwendung, weil keine Reichsmarkverbindlichkeit, sondern eine in ausländischer Währung eingegangene Verpflichtung bei der Anleiherückzahlungsschuld vorliegt. Ueber eine derartige in ausländischer Währung eingegangene Verbindlichkeit bestimmt § 15 Abs. 5 des Umstellungsgesetzes, daß diese Verbindlichkeit nur mit Zustimmung des Gläubigers in Deutsche Mark erfüllt werden kann. Hierzu gelangt der Rechtsgedanke zum Ausdruck, daß die in ausländischer Währung eingegangene Verpflichtung von der Umstellungsgesetzgebung nicht berührt wird, wenn die Verpflichtung gegenüber einem Angehörigen der Vereinten Nationen besteht.

Danach besteht auch unter Berücksichtigung des Währungsrechts von 1948 die Anleiheforderung des T. gegen B. in demselben Umfange wie am 1. September 1939.

Aufbau und Grenzen des Vorsatzbegriffs

Von Prof. Dr. Horst Schröder, Kiel

A. Die Elemente des Vorsatzbegriffs

I.

Seit R. v. Frank im Jahre 1890 mit seiner Abhandlung über „Vorstellung und Wille in der modernen Doluslehre"[1]) die Diskussion über die Elemente des Vorsatzbegriffes für die moderne Dogmatik wiedererweckte und in der darauffolgenden Auseinandersetzung sich Willens- und Vorstellungstheorie als die beiden großen Fronten abzeichneten, ist es um diesen Fragenkreis still geworden. Die Probleme gelten als ausgeschrieben, die Standpunkte als wenigstens z. T. genähert[2]).

Diese Auffassung ist auch in wesentlichen Punkten richtig, und es soll deswegen hier der Streit nicht in seiner vollen Breite von neuem aufgerollt werden. Jedoch lassen sich bei erneuter Untersuchung doch einige bisher ungenügend beachtete oder anerkannte Gesichtspunkte hervorheben, und zwar vor allem bezüglich der Einordnung der unbeabsichtigten Nebenfolgen in das System des Vorsatzes sowie bezüglich der Grenzziehung zwischen Vorsatz und Fahrlässigkeit. Nur diese Einzelfragen sollen Gegenstand dieser Abhandlung sein, ohne daß freilich ihre Beantwortung ohne eine kurze grundsätzliche Stellungnahme möglich wäre[3]).

Dabei gehen wir von der Ueberzeugung aus, daß es einen festen Begriff des Vorsatzes und der Fahrlässigkeit tatsächlich gibt, zwischen beiden also nicht nur quantitative Unterschiede bestehen und man nicht die Grenzfälle beliebig nach Strafwürdigkeitsgesichtspunkten vom einen in den anderen Bereich verschieben kann. Wir sind also der Auffassung, daß es einen spezifischen Vorsatz- und Fahrlässigkeitsvorwurf, den die grundlegend verschiedene Behandlung beider

[1]) ZStW. 10/189 ff.

[2]) So z. B. Frank selbst in Komm. § 59 I und die dort Zitierten, insb. auch: Binding, Normen II, S. 391.

[3]) Es kann nicht Aufgabe dieser Abhandlung sein, eine erschöpfende Darstellung des Sach- und Streitstandes zu geben. Dafür würde angesichts der wahrhaft verwirrenden Fülle des Materials weder genügend Raum zur Verfügung stehen, noch besteht aber auch angesichts der hervorragenden Gesamtübersicht Engisch's (Untersuchungen über Vorsatz und Fahrlässigkeit, 1930) dafür ein Bedürfnis. Wir werden uns, was die Dogmengeschichte angeht, an vielen Stellen damit begnügen müssen, auf diese Arbeit zu verweisen.

Formen durch das Gesetz andeutet, tatsächlich gibt und deswegen eine scharfe Grenzziehung nicht nur möglich, sondern auch notwendig ist; und zwar nicht nur als ein terminologisches Problem, wonach dann Vorsatz und Fahrlässigkeit nichts weiter als Namen für verschiedene Stufen strafrechtlicher, einheitlicher Schuld wären. Der Gesetzgeber hat vielmehr mit den Begriffen Vorsatz und Fahrlässigkeit, an die er so erhebliche Unterschiede der rechtlichen Behandlung knüpfte, tatsächliche Sachverhalte gemeint, so daß es sich nicht, wie Grünhut[4]) meint, darum handelt, den kontinuierlichen Faden an irgendeiner Stelle willkürlich zu zerschneiden, sondern die Stelle zu bestimmen, wo die beiden Begriffe ihre natürliche Begrenzung finden.

Die Stellung des Vorsatzes im System der Schuldlehre freilich steht für uns fest und kann an dieser Stelle auch nicht weiter nachgewiesen werden. Danach ist — unter Ablehnung der Meinung, die den Vorsatz als einen Bestandteil der Handlung betrachtet und ihn damit völlig aus der Schuldlehre ausbaut[5]) — Vorsatz das zunächst wertfreie Objekt des Schuldurteils. Er enthält selbst keine Elemente des Vorwurfs und damit des eigentlichen Verschuldens, sondern stellt sich als ein psychologischer Sachverhalt, als die nach Schuldgesichtspunkten zu bewertende subjektive Beziehung zwischen Täter und Tat dar, oder richtiger ausgedrückt: als ein Urteil über das Handeln des Täters mit bestimmten Absichten und Vorstellungen. Denn nicht die psychische Beziehung des Täters als solche, sondern der in der T a t manifestierte Willensakt kann ihm zum Vorwurf gemacht werden.

Aber ebenso gewiß wie Vorsatz nicht gleich Schuld ist, ebenso sicher kann doch das Wesen des Vorsatzes nicht ohne entscheidende Berücksichtigung der Tatsache bestimmt werden, daß der Vorsatz eine Schuldform ist und das Objekt des Vorwurfes darstellt, daß die Tat Ausdruck der Persönlichkeit des Täters ist.

Schuld aber ist nun — formal gesehen — Normverletzung, vorsätzliche Schuld das Uebertreten einer an den Täter gerichteten Bestimmungsnorm, sich rechtmäßig zu verhalten, bestimmte Verhaltensweisen nicht bewußt einzuschlagen. Daß er es nicht getan und damit die subjektive Norm verletzt hat, daraus wird ihm von der Rechtsordnung ein Vorwurf gemacht. Diese an jeden einzelnen gerichtete Bestimmungsnorm aber wendet sich und kann sich wenden nur an die subjektive Fähigkeit des Menschen, die als der seine Handlungen gestaltende Faktor allein imstande ist, auf Normen zu reagieren, an den Willen. Denn durch den Willen wird das mensch-

[4]) Begriffsbildung und Rechtsanwendung im Strafrecht, 1926.

[5]) So die Lehre vom finalen Handlungsbegriff. Daß sie damit auch den Vorsatz selbst in eine prekäre Situation bringt, wird unten noch zu zeigen sein.

liche Handeln gestaltet, er ist die causa des äußeren Verhaltens, das von der Rechtsordnung als widerrechtlich bewertet wird, der vermittelnde oder trennende Faktor zwischen Norm und Handlung. In diesem Sinne ist daher Schuld zweifellos Willensschuld und Gegenstand des Schuldvorwurfes allein ein in einer Handlung manifestierter Willensakt des Täters, durch den er in das Geschehen gestaltend eingegriffen oder bei der Unterlassung nicht eingegriffen hat. Das kann auch von den Autoren nicht bezweifelt werden, die das Wesen des Vorsatzes in Vorstellungselementen erblicken[6]).

II.

Welche Elemente des Verbrechens allerdings von diesem Willen umfaßt sein müssen und welche Bedeutung überhaupt dem Willensmoment im einzelnen innerhalb des Vorsatzes zukommt, darüber besteht noch immer Streit, dessen Ursachen nicht zuletzt auch terminologischer Natur sind.

Geht man von einem natürlichen Willensbegriff aus — schon dessen Existenz ist allerdings nicht unzweifelhaft — so ist im Wollen der gestaltende subjektive Faktor des menschlichen Verhaltens zu sehen, die innere Fähigkeit also, die dem Tun und Unterlassen der Menschen ihr äußeres Gepräge gibt, es auf selbstbestimmte Zwecke ausrichtet und die ihrerseits als bewegende Kraft motivierende Vorstellungen als Tätigkeitsreize hinter sich hat. Vom Willen als einem Gestaltungsfaktor umfaßt kann daher nur etwas sein, das durch den Täter zu gestalten, von ihm zu bewirken ist, d. h. aber seine Handlung und ihr äußerer Charakter sowie ihre Wirkungen in Gestalt von Erfolgen. Direkten Willen nennen wir nun dasjenige Wollen, das auf die Gestaltung jener Faktoren gerichtet ist. Dabei ergibt sich hinsichtlich der Erfolge (Außenerfolge) eine terminologische Besonderheit nur insofern, als der auf die Bewirkung jener Außenerfolge durch das Mittel bestimmter Handlungen gerichtete Wille als „Absicht", als motivierende Erfolgsvorstellung, bezeichnet wird[7]).

Legt man diesen Willensbegriff der Vorsatzlehre zugrunde, so ergibt sich, daß alle anderen Deliktsfaktoren, die nicht durch den Täter zu gestaltenden, von ihm und seinem Willen unabhängigen sowohl wie die nichtbeabsichtigten Folgen seines Tuns, von diesem Willen entweder nicht erfaßt oder gar nicht zu erfassen sind.

Das gilt zunächst für alle unbeabsichtigten Nebenerfolge des Handelns, Erfolge also, die zwar bewußt verursacht, deren Herbei-

---

[6]) Siehe etwa Kohlrausch in Aschrott-Kohlrausch, Reform usw., S. 185 ff. Frank, Komm. § 59, I.

[7]) Ob auch Erfolge einer Handlung „gewollt" werden können, war lange streitig. Vgl. Engisch S. 131. Weitgehend i. S. des Textes: Engisch S. 226f.

führung aber nicht Motiv des Handelns gewesen ist. Sie sind vom Gestaltungswillen nicht umfaßt, der Täter wird nicht um ihretwillen tätig, er gestaltet sein Handeln nicht „final" mit dem Ziel der Erreichung dieses Zweckes, sondern wird im Gegenteil versuchen, seine Tat so einzurichten, daß er den Nebenerfolg vermeidet, sofern ihm dieser nicht völlig gleichgültig ist. Dabei ist es ohne Bedeutung, wann — zeitlich gesehen — diese Nebenfolgen eintreten, und ob sie unmittelbar durch die Handlung oder erst durch und über den beabsichtigten Erfolg herbeigeführt werden. Keine „Neben"folgen sind dagegen Erfolge, die vom Täter als Mittel zur Erreichung seines Endzweckes angesehen und damit als dessen notwendige Voraussetzungen erstrebt werden, so etwa der Brand des Hauses als Voraussetzung für den Versicherungsbetrug. Um wirkliche Nebenfolgen handelt es sich dagegen etwa in dem berühmten Fall Thomas oder auch in dem Fall, daß A, um sich an B zu rächen, den Kahn rammt, in dem B und C sitzen. Beabsichtigt ist der Tod des B, nicht der des C. Daß dieser als notwendig, wahrscheinlich oder möglich vorausgesehen wird, kann an der Feststellung nichts ändern, daß sich der Gestaltungswille auf diesen Erfolg nicht erstreckt hat.

Nun kann selbstverständlich kein Zweifel sein, daß mit dieser Willensbeziehung zu Handlung und Erfolg nicht das volle Wesen des Vorsatzes und ebensowenig sein Umfang beschrieben ist, sondern daß auch zu den Deliktsvoraussetzungen, die nicht in diesem Sinne gewollt sind, eine subjektive Beziehung des Täters vorhanden sein muß, und daß ferner nicht mit den Fällen der eigentlichen Absicht der Kreis strafbaren Vorsatzes abschließend umrissen ist. Ja, es ist nicht einmal bewiesen, ob es gerade diese Willensbeziehung ist, die das Wesentliche des Vorsatzes ausmacht. Aber die bisherigen Feststellungen sollen ja nichts weiter besagen, als daß eine Beziehung des direkten, gestaltenden Wollens, der Absicht, bezüglich jener Elemente möglich, bezüglich dieser nicht gegeben ist.

Eine solche subjektive Beziehung zu den sonstigen Deliktsvoraussetzungen kann nun zunächst in der Weise vorhanden sein, daß der Täter jene von ihm nicht beabsichtigten Tatsachen kennt, bzw. voraussieht. Diese Auffassung entspricht im wesentlichen der sog. Vorstellungstheorie[8]), die gerade den Fall des Handelns in Gewißheit eines unbeabsichtigten Nebenerfolges zum Ausgangspunkt ihrer Betrachtungen gemacht hat, dabei jedoch, wie schon hier festgestellt werden darf, die Bedeutung des Willenselementes innerhalb des Vorsatzes verkennt[9]). Darüber hinaus aber könnte — unter Heranziehung von Gedanken, die für den dolus eventualis überwiegend an-

8) In ihrer modernen Form begründet von Frank, ZStW. 10/189 ff., der als Vorläufer u. a. Grolmann, v. Almendingen, Mittermaier nennt. Ihm folgen von den Neueren u. a.: Sauer, Grundlagen d. Strafr., S. 609 ff.; Liszt-Schmidt Lb., S. 256 (§ 39); Kohlrausch, Reform usw. S. 187; Gerland S. 100.

9) Siehe unten S. 215.

erkannt sind, die Behauptung aufgestellt werden, daß hier zwar nicht Absicht, wohl aber ein Wollen in einem anderen, weiteren Sinne vorliegt. Die Willenstheorie[10]) hat sich in der Tat ein Menschenalter lang um diesen Nachweis bemüht, wobei seltsamerweise die wissenschaftliche Erörterung methodisch die Zäsur zwischen gewissen und nur möglichen unbeabsichtigten Nebenfolgen durchzieht, obwohl beide Fälle unzweifelhaft nur in der Vorstellungsintensität nicht in der Willensqualität verschieden sind. Die Willenstheorie hat hier die Behauptung aufgestellt, der Wille erstrecke sich nicht nur auf die erwünschten, sondern auch auf die unerwünschten Folgen der Tat, soweit sie als notwendig eintretend vorgestellt werden. Die gesamte Tat werde notwendig als Einheit „gewollt". Die Vorstellung notwendiger Kausalität bedeute also die Einbeziehung des Unbeabsichtigten in den Willen des Täters.

Die dogmatische Konsequenz dieser Auffassung war die Aufspaltung des Vorsatzes in zwei Arten: den dolus directus, in dem das eigentliche direkte Wollen und das Handeln mit der Vorstellung gewiß eintretender Nebenfolgen zusammengefaßt war, und den dolus eventualis, bei dem die unbeabsichtigten Nebenfolgen nach der Vorstellung des Täters mit einem geringeren Grad von Sicherheit, mit Wahrscheinlichkeit oder bloßer Möglichkeit, eintreten werden. Die Einordnung des dolus eventualis in das System der Willenstheorie und die Berechtigung der Zäsur zwischen sicheren und nur möglichen unbeabsichtigten Nebenfolgen soll uns unten beschäftigen. Hier ist zunächst die Behauptung zu prüfen, daß der direkte Wille und die Gewißheit unbeabsichtigter Nebenfolgen durch das gemeinsame Merkmal des „Wollens" des Täters zum einheitlichen dolus directus zusammenzufassen seien.

Daß dieses angebliche Wollen nicht das gleiche sein kann, das wir oben als den gestaltenden Faktor menschlichen Handelns bezeichnet haben, leuchtet ein und wird auch von der Willenstheorie nicht bestritten. Denn dieses Wollen bezeichnete ein finales Tätigwerden um eines bestimmten Erfolges willen, was bei den Nebenfolgen sicher nicht zutrifft. Man muß daher entweder von einem anderen Begriff des Wollens ausgehen, um hier eine Einheit zwischen Absicht und Nicht-Absicht herzustellen, und das tut die Willenstheorie in der Tat, oder aber man muß mit der Vorstellungstheorie anerkennen, daß in den Fällen unbeabsichtigter Nebenfolgen kein Wollen hinsichtlich des verpönten Erfolges vorliegt, sondern der Vorsatz sich aus anderen Elementen zusammensetzt. Da diese Unterscheidung jedoch im Ergebnis keinerlei sachliche Bedeutung besitzt — die Zurechnung zum Vorsatz ist zwischen beiden Theorien

[10]) Konsequentester Verfechter: v. Hippel, Die Grenze von Vorsatz und Fahrlässigkeit 1903 und VDA. III/487 ff. Ferner: Nagler in Leipziger-Komm. Vorbem. IV A 1 vor § 51; Rosenfeld ZStW. 32/480. Hegler ZStW 36/199, Mezger Lb., S. 306, Schönke, § 59 II.

unstreitig —, sondern letztlich nur noch auf einer Verschiedenheit der Willensdefinition beruht, ist es insoweit in dem Streit der Meinungen mit Recht still geworden. Dadurch könnte der Eindruck entstehen, als handele es sich hier lediglich noch um ein terminologisches Problem. Denn daß dieses Wollen im Sinne der Willenstheorie ein anderes ist als das der direkten Gestaltung bei der Absicht, kann keinem Zweifel unterliegen und wird von ihr selbst zugegeben. Und daß in diesen Fällen Vorsatz gegeben ist, ist nahezu unbestritten.

Jedoch würde ein solches Sich-Begnügen mit dem übereinstimmenden Ergebnis den Weg zu den wirklich wesentlichen Vorsatzfragen verschließen; insbesondere zu der Frage, ob denn nun wirklich die Zusammenziehung von Absicht und Nicht-Absicht durch die Konstruktion der Willenstheorie sachliche Berechtigung besitzt. Diese Fragestellung erscheint um so berechtigter, als ja, abgesehen von der Doktrin der Willenstheorie, die wirkliche rechtliche Behandlung dieser Fälle auch nach der Willenstheorie durchaus verschiedene Wege geht. Man mag diese Fälle unter einem neuen und willkürlichen Begriff des Wollens terminologisch zusammenfassen: Sachlich wichtig ist demgegenüber allein die Feststellung, daß die Fälle unbeabsichtigter Folgen nicht denen des direkten Wollens in jeder Beziehung gleichstehen, sondern daß sie dort, wo der Tatbestand wirkliche Absicht fordert, nicht ausreichen, und daß sie vor allem nicht den Vorsatz ohne Rücksicht auf den Grad der Wahrscheinlichkeit der Erfolgsverwirklichung begründen, wie es bei dem direkten Erstreben des Erfolges der Fall ist. Vielmehr liegt bei Erstreben des Erfolges dolus directus auch dann vor, wenn der Täter sich nur irgendeine kleine Chance errechnet, während im gegenteiligen Fall der dolus directus davon abhängig ist, daß der Täter den Erfolg als n o t w e n d i g voraussieht. Und wo das Gesetz wirkliche Absicht als qualifizierte Form subjektiver Beziehung verlangt, da erweist sich wiederum die Zusammenziehung von Absicht und Handeln in Gewißheit als wertlos, da letzteres hier unstreitig nicht ausreicht[11]).

Diese Tatsachen, die trotz dogmatischer Gleichordnung unter dem Begriff des Wollens doch eine rechtlich verschiedene Behandlung bedeuten, lassen die grundsätzliche Gleichstellung von Absicht und Nicht-Absicht innerhalb des sog. dolus directus als zweifelhaft und methodisch wertlos erscheinen. Sie zeigen aber gleichzeitig, daß man sich den Weg zur richtigen Würdigung der Unterscheidung zwischen Absicht und Nicht-Absicht verschließt, wenn man einen Begriff des Wollens konstruiert, der so verschiedene und rechtlich verschieden zu behandelnde Dinge zu einer einheitlichen Kategorie zusammenschließt.

---

[11]) Unrichtig daher Nagler in Leipziger-Komm. Vorbem. IV A 3 vor § 51.

Demgegenüber geht die Vorstellungstheorie einen anderen Weg. Während Ausgangspunkt der Betrachtung für die Willenstheorie die Fälle der Absicht sind, denen das Handeln in Gewißheit angeschlossen und gleichgestellt wird, liegt der Grundfall der Vorstellungstheorie im Handeln mit der Vorstellung des sicheren Erfolgseintritts bei unbeabsichtigten Nebenfolgen. Dabei wird im Gegensatz zur Willenstheorie die Vorstellung, daß jener Erfolg notwendig eintreten werde, die Vorstellung eigener notwendiger Kausalität also, als das Entscheidende angesehen.

Dabei bedarf es heute kaum noch des Hinweises, daß es nicht etwa die Vorstellung als solche ist, die den Schuldvorwurf gegenüber dem Täter begründet, wonach dann letztlich ein Mangel des Intellekts zum Schuldobjekt gemacht würde. Gegenstand des Vorwurfes ist vielmehr auch hier ein Willensakt, ist das „T r o t z d e m - Wollen" der Tat. Die Vorstellungen werden somit nicht als solche dem Täter zum Vorwurf gemacht, sondern entscheidend ist sein V e r h a l t e n d e n V o r s t e l l u n g e n g e g e n ü b e r. Denn sie bilden, wie oben bereits angedeutet, die Tätigkeitsreize, die durch das Medium des Willens in Handlungen umgesetzt werden, oder sie bilden sie nicht. Und gerade dieses Nicht-Reagieren auf Vorstellungen, die nach der Erwartung der Rechtsordnung und nach ihrem Befehl Handlungsmotive bilden sollen, stellt nach der Vorstellungstheorie den eigentlichen Gegenstand des Schuldvorwurfes dar. Daß der Täter die von der Vorstellung des Verbotenseins seiner Handlung ausgehenden tathemmenden Motive nicht beachtet, sie innerlich zurückgewiesen und seine Tat trotzdem gewollt hat, gereicht ihm zur Schuld (Motivtheorie). Schuld ist danach Unbotmäßigkeit.

Neben den bisher erörterten, vom Täter verursachten und damit seinem Willen grundsätzlich unterworfenen Tatumständen enthält nun der Tatbestand auch solche, die der Täter als gegeben vorfindet und die er daher i. S. eines Bewirkens gar nicht wollen kann. Hierher gehören die Eigenschaften des Tatobjekts (Mensch, fremde Sache, Wild), des Tatmittels (gefährliches Werkzeug, falscher Schlüssel) und des Täters selbst (Beamter).

Die Frage, ob auch diese Tatumstände Inhalt des Willens werden k ö n n e n, bildet einen der Hauptstreitpunkte zwischen den Vorsatztheorien; sie ist allerdings in ihrer Gesamtheit nicht zu entscheiden. Vielmehr wird zu differenzieren sein.

Zunächst steht fest, daß diese als gegeben vorgefundenen Umstände nicht in dem Sinne „gewollt" werden können, wie es bei dem vom Täter gestalteten Charakter der Tat oder dem Erfolg der Fall ist. Denn es handelt sich hier um ein tatsächliches Sein, das zwar intellektueller Einsicht zugänglich ist, nicht dagegen dem gestaltenden Willen. Der Mörder kann nicht „wollen", daß sein Opfer ein Mensch sei, der Dieb nicht, daß die Sache eine fremde sei, usw.

Aber die Frage ist in dieser Form bereits polemisch entstellt. Sie kann richtig gesehen nur dahin gehen, ob diese Tatsachen nicht als solche, nicht als Eigenschaften in ihrem So-Sein, sondern in ihrer Verknüpfung mit der Tat, als Bestandteile und Eigenschaften der Gesamthandlung doch Inhalt des Handlungswillens werden können[12]).

Man wird diese Frage, jedenfalls soweit es sich um rein tatsächliche Eigenschaften handelt, zum mindesten nicht grundsätzlich verneinen können. Wer ein Glas Wein trinken will, der „will" eben Wein und nicht Wasser trinken, und gerade diese Eigenschaft des Getränkes, die als solche von seinem Willen unabhängig ist, wird durch die Verknüpfung mit der Handlung zum Inhalt seines Willens. So „will" also der Mörder einen Menschen töten, der Bankerotteur Geschäftsbücher fälschen usw.

Weniger eindeutig ist die Sachlage bereits, wenn es sich um normative Tatbestandselemente handelt, d. h. um die Zuordnung von Wertungen, deren Vorhandensein dem Täter nicht erstrebenswert sein kann. Will der Täter eine „fremde" Sache wegnehmen, will er eine „unzüchtige" Handlung vornehmen? Doch würde man auch hier noch evtl. von einer notwendigen Einheit und Verknüpfung von Handlung und Eigenschaft und damit von einer Aufnahme dieser Elemente in den Handlungswillen sprechen können.

Nahezu unmöglich aber dürfte es sein, die Beziehung des Willens auch auf die Widerrechtlichkeit der Tat, auf ihre negative Bewertung durch die Rechtsordnung nachzuweisen. Das Sprachgefühl sträubt sich dagegen, daß der Täter das negative rechtliche Urteil über sein Tun nicht nur in sein Bewußtsein, sondern auch in seinen Willen aufgenommen haben soll. Doch auch da könnte vielleicht behauptet werden, der Täter wolle zwar nicht das Verbotensein, wohl aber das Verbotene.

Diese ganze Fragestellung ist jedoch letztlich überflüssig, wenn der Nachweis möglich ist, daß es für das Wesen des Vorsatzes nicht darauf ankommt, ob der Handlungswille des Täters die Summe aller Tatbestandsmerkmale umfassen kann oder nicht, daß also das Wesentliche des Vorsatzes nicht in dem Willensinhalt, sondern in dem Element der Vorstellung vom Verbotensein der Tat liegt.

Dieser Nachweis sollte in der Tat möglich sein. Er scheint mir vor allem darin zu liegen, daß es der Willenstheorie trotz aller Bemühungen nicht gelungen ist, den Beweis des Vorsatzes als einer Schuldform mit dem Umfaßtsein aller Tatbestandsmerkmale durch den Willen begriffsnotwendig zu verknüpfen, eine Tatsache, die sich vom Boden der Vorstellungstheorie nahezu von selbst anbietet. Denn das W o l l e n bestimmter Handlungen als solches kann die vorsätzliche Schuld des Täters niemals begründen und rechtfertigen,

---

[12]) In der Verkennung dieser Fragestellung liegt der Grund dafür, daß man gerade in dieser Frage häufig aneinander vorbeigeredet hat.

sondern ebenso wie die Elemente des objektiven Tatbestandes die Funktion haben, die rechtliche Mißbilligung gegenüber dieser Handlung zum Ausdruck zu bringen, so besteht die einzige Aufgabe des Vorsatzes darin, dem Täter durch die Vorstellung der einzelnen Tatumstände das Verbotensein seines Tuns zum Bewußtsein zu bringen. Selbst wenn man also davon sprechen könnte, daß der die Tat veranlassende Willensentschluß die Handlung mit allen ihren Elementen und Eigenschaften umfaßt, so würde dennoch nicht dieser Wille das für den Vorsatz Entscheidende sein, sondern allein die Vorstellung des Täters, durch den Willen und seine Verwirklichung das rechtliche Gebot zu übertreten. Der als Motiv wirkende Vorstellungsinhalt würde dann auch zum Inhalt des Handlungswillens werden.

Die Frage nach dem Inhalt des Willensaktes ist demnach nur eine zeitlich wie rangmäßig sekundäre. Denn die für den Vorsatz als Schuldform entscheidende Feststellung ist die, daß der Täter in dem Bewußtsein, daß die Verwirklichung des Entschlusses verboten ist, trotzdem den Willen zur Tat zur Ausführung gebracht hat. Das Objekt der Betrachtung wird damit an den Punkt zurückverlegt, der für das Wesen der Schuld entscheidend ist: den Verstoß gegen die Norm.

Sehen wir also den Vorsatz nicht als eine isolierte psychische Beziehung des Täters zu seiner Tat, sondern in seinem sinnvollen Zusammenhang mit dem Schuldvorwurf, so zeigt sich zunächst, daß nicht eigentlich der Vorsatz als subjektive psychologische Beziehung des Täters zur Tat den Gegenstand des Schuldvorwurfs bildet, sondern das Handeln mit dem Vorsatz, und zwar nur deswegen, weil der Täter unter Zurückweisung der Gebote der Rechtsordnung andere Vorstellungen zum Motiv seines Handelns erhoben hat.

Insoweit können wir also grundsätzlich der Vorstellungstheorie folgen, da sie gegenüber dem künstlichen Versuch der Willenstheorie, Absicht und Handeln in Gewißheit durch das gemeinsame Merkmal des Wollens des Erfolges zusammenzuschließen, eine natürlichere und sinnvollere Erklärung für die strafrechtliche Zurechnung der nichtbeabsichtigten Nebenfolgen darstellt und imstande ist, den Nachweis des Vorsatzes als einer Schuldform einwandfrei zu führen. Sie kann überdies, wie unten zu zeigen sein wird, auch den dolus eventualis zwangloser in das Vorsatzsystem einfügen.

In einem anderen Punkte dagegen ist gegen die Vorstellungstheorie der gleiche Vorwurf der Einseitigkeit zu erheben, der die Willenstheorie trifft. Denn die Anhänger der Vorstellungstheorie übertragen nunmehr ihre für den Fall des Handelns in Gewißheit gefundenen Ergebnisse ohne weiteres auf die anderen Fälle vorsätzlichen Handelns, d. h. aber auch auf das Handeln in Absicht, und gelangen so zu der gleichen Zusammenziehung von Absicht und Nicht-Absicht zum Begriff des dolus directus wie die Willenstheorie. Ihr bilden die beiden Fälle deswegen eine notwendige, logische Einheit, weil sie das entscheidende Merkmal des Vorsatzes auch hinsichtlich der Beziehung zum verursachten Erfolg nicht in dem Wollen des Erfolges, sondern ausschließlich in der Vorstellung eigener Kausalität erblickt. Diese ist aber beim Handeln in Absicht scheinbar in der gleichen Weise vorhanden wie beim Handeln in Gewißheit.

Mit dieser Vereinigung beider Fälle unter dem Merkmal der Vorstellung eigener Kausalität wird jedoch nun umgekehrt die besondere Bedeutung der Willensbeziehung in den Fällen der Absicht verkannt und Ungleiches gleich behandelt. Denn daß es, wenn man das Wesen des Vorsatzes in einem Willensakt unter Zurückweisung der von der Vorstellung des Verbotenseins ausgehenden Motive erblickt, etwas Verschiedenes sein muß, ob der Täter den verpönten Erfolg geradezu erstrebt oder ob er ihn nur als unvermeidlich in Kauf nimmt, leuchtet ein. Die Bedeutung und Berechtigung dieser Unterscheidung zeigt sich denn auch, wenn es an die Wertung der Intensitätsstufen des Vorsatzes geht. Je geringer die Intensität der Wahrscheinlichkeit eines verpönten Nebenerfolges, um so geringer im Normalfall die Strafwürdigkeit[13]). Wer eine Gewißheit in Kauf nimmt, um sein eigenes Ziel zu erreichen, zeigt in der Regel ein größeres Maß aktueller Rücksichtslosigkeit oder Gleichgültigkeit gegenüber dem geschützten Rechtsgut, als wer eine bloße Möglichkeit in Kauf nimmt. Daher wird von den meisten Autoren auch mit Recht eine Abstufung dieser Fälle nach Intensitätsgraden, vor allem zwischen Gewißheit und Möglichkeit, aber auch zwischen Wahrscheinlichkeit und Möglichkeit gemacht, eine Abstufung, die durch die verschiedene Behandlung sicherer und nur möglicher Nebenfolgen zum mindesten implizite anerkannt ist.

Dieser Maßstab versagt jedoch, wenn der verpönte Erfolg als solcher direkt erstrebt wird. Hier kommt schon in dieser Tatsache eine so starke Geringschätzung der Rechtsgüter und Verachtung der rechtlichen Gebote zum Ausdruck, daß es auf den Grad der Wahrscheinlichkeit der Erfolgsverursachung nicht mehr ankommen kann. Wer die Absicht zu töten hat, der wird wegen vorsätzlicher Tötung auch dann bestraft, wenn er die Aussicht, den erstrebten Erfolg durch die Handlung wirklich zu erreichen, sehr gering anschlägt.

---

[13]) Das wird zwar vereinzelt bestritten. Wenn man aber — und zwar mit Recht — den stärksten Fall der Gewißheit der Rechtsverletzung wegen der Intensität der Erfolgsaussichten heraushebt, so muß der gleiche Gedanke auch für die Gradation zwischen Wahrscheinlichkeit und Möglichkeit Gültigkeit besitzen.

Diese Tatsache, die die richtige Grenzlinie zwischen Absicht und Nicht-Absicht (seien es Fälle der Gewißheit oder nur der Möglichkeit) aufzeigt, wird nun zwar im Ergebnis allgemein, auch von den Anhängern der Vorstellungstheorie anerkannt. Aber welch komplizierter Wendungen bedarf es, um den Versuch zu unternehmen, diese einfache Tatsache von der Vorstellungstheorie her zu begründen[14].

Wir können demnach zu einer befriedigenden Deutung der Vorsatzelemente nur dann kommen, wenn wir von der Grundlage der Vorstellungstheorie her zwischen dem direkten Erstreben des verbotenen Erfolges und dessen bloßem Inkaufnehmen unterscheiden, den Fällen der Absicht die der Nicht-Absicht gegenüberstellen und damit die Zusammenfassung von Absicht und Handeln in Gewißheit zum dolus directus aufgeben. Terminologisch wünschenswert wäre es dabei, als dolus directus nur die Fälle der Absicht zu bezeichnen, die Fälle des Inkaufnehmens von Nebenfolgen dagegen als dolus indirectus. Jedoch sind beide Begriffe durch den bisherigen Sprachgebrauch derart belastet, daß ihre Verwendung in diesem neuen Sinne untunlich erscheint.

III.

Diese Modifizierung der Vorstellungstheorie durch die Einfügung eines besonderen emotionalen Elementes in den Fällen der Absicht bedarf freilich noch näherer Erläuterung.

Wenn wir mit der Vorstellungstheorie das Wesen des Vorsatzes in der Ueberwindung oder Zurückweisung der von der Vorstellung des Verbotenseins ausgehenden Motive erblickt haben, so wurde doch festgestellt, daß dies allein nicht Vorsatz begründet, sondern der Willensakt in Gestalt des Trotzdem-Wollens hinzukommen muß. Vorsatz ist also das Wollen der Handlung im Bewußtsein ihres verbotenen Charakters. Dieses Wollen kann sich als gestaltender Faktor, wie oben gezeigt, nur auf die vom Täter zu beeinflussenden Teile des Tatbestandes erstrecken, auf die Handlung und ihren äußeren Charakter sowie auf den Erfolg. Diese Willensbeziehung zum Erfolg ist jedoch keineswegs notwendiges Vorsatzelement. Denn auch der unbeabsichtigte Erfolg wird ja dem Täter zum Vorsatz zugerechnet, wenn er ihn nur vorausgesehen und in Kauf genommen hat. Es kommt demnach zunächst auf den Gegenstand des

---

[14]) Vgl. Engisch a. a. O., S. 139. Wenn dort argumentiert wird: Wer sich durch die Vorstellung motivieren lasse, habe sich eben auch nicht von ihr abhalten lassen, so ist darauf zu verweisen, daß warnende Vorstellung und Motivinhalt etwas völlig verschiedenes sind. Der Täter wird nicht durch das Verbotensein zu der Tat bestimmt, wohl aber durch die nicht abgehalten.

Wollens (verbotener Erfolg, erlaubter Erfolg mit verbotener Nebenfolge) nicht an.

Mit dieser Feststellung ist jedoch der Weg zu einer Berücksichtigung der Absicht innerhalb der Vorstellungstheorie keineswegs verschlossen. Denn die bisherigen Erörterungen betrafen zunächst nur die subjektive Beziehung des Täters zu den von seinem Willen unabhängigen Tatumständen und den nicht beabsichtigten Nebenfolgen. Die Frage, ob es sinnvoll und zulässig ist, das für das Kausalbewußtsein bei den unbeabsichtigten Nebenfolgen Festgestellte auf die Fälle der Absicht zu übertragen, ist zwar gestellt, jedoch noch nicht beantwortet. Sie bezieht sich, das kann gar nicht deutlich genug gesagt werden, ausschließlich auf die subjektive Beziehung zum beabsichtigten Erfolg, wobei die Tatsache, daß diese Fälle einer Sonderbehandlung bedürfen, unstreitig ist. Diese Sonderbehandlung der Absichtsfälle aber läßt sich vom Standpunkt der reinen Vorstellungstheorie her nicht befriedigend erklären. Denn die Uebertragung der Grundsätze jener Theorie auf den Fall des direkten Erstrebens des Erfolges würde ja bedeuten, daß der Inhalt des Vorsatzes auch hier durch die Vorstellung bestimmt wird, durch das eigene Handeln einen von der Rechtsordnung mißbilligten Erfolg herbeizuführen, eine Tatsache, die als Motiv für die Unterlassung der Tat hätte wirken sollen. Ist das aber richtig, kommt es also, auch wenn der Erfolg direkt erstrebt wird, entscheidend nur auf das Bewirkungsbewußtsein an, so kann eben nicht erklärt werden, warum hier anders als in den Fällen der Nicht-Absicht nicht die Intensität der Erfolgswahrscheinlichkeit für die Vorsatzstufen von Bedeutung ist, sondern die Feststellung der auf den konkreten Erfolg gerichteten Absicht in jedem Fall direkten Vorsatz begründet. Es kann daher die Prämisse der Vorstellungstheorie nicht zutreffen, daß es insoweit stets das Bewußtsein der Erfolgsverursachung sei, das in diesem Punkt das Wesen des Vorsatzes ausmache. Vielmehr trifft die Vorstellungstheorie hier der gleiche Vorwurf wie die Willenstheorie, der Vorwurf nämlich, um des Zieles eines einheitlichen Dogmas willen die strukturellen Verschiedenheiten der Vorsatzfälle geleugnet und damit Ungleiches gleich behandelt zu haben. Denn in der Tat bestehen eben zwischen dem Absichts-Vorsatz und dem bloßen Inkaufnahme-Vorsatz grundsätzliche Unterschiede. Die subjektive Bestimmungsnorm, deren Verletzung vorsätzliches Tun bedeutet, enthält weder ein bloßes Verbot, das Verbotene zu erstreben, noch lediglich das Verbot, das Verbotene zu bewirken. Vielmehr stehen das Finalitätsverbot, wobei es auf die Wahrscheinlichkeit der Erfolgsverursachung nicht ankommt, und das Kausalitätsverbot, wobei der Grad der Wahrscheinlichkeit der Verursachung eine wesentliche Rolle spielt, als zwei Auswirkungen der Grundnorm: Du sollst nicht . . . . .! nebeneinander[14a]. Im ersten Fall entscheidet die Willensbeziehung zum Erfolg, die Wissensbeziehung ist von sekundärer Bedeutung, im zweiten fehlt es am Erfolgsstreben. Hier muß daher die Wahrscheinlichkeit der Erfolgsbewirkung für den Vorsatz wesentlich sein. Demgegenüber betont die Vorstellungstheorie einseitig das kausale, die Willenstheorie das finale Moment. Eine Rettung des Dogmas ist nur möglich, indem man den Dingen Gewalt antut.

Demnach ist also Vorsatz das Wollen der Tat im Bewußtsein der Elemente ihres Verbotenseins. Die Vorstellung dieser Elemente soll nach dem Willen der Rechtsordnung das Motiv zur Unterlassung der verbotenen Handlung bilden. Gehört zu diesen Elementen ein verbotener Erfolg, so wird der Vorsatz nicht nur durch die Vorstellung eigener Verursachung konstituiert, sondern auch das Erstreben des Erfolges begründet Vorsatz ohne Rücksicht auf die Aussicht der Erfolgsverwirklichung.

Mit diesen Feststellungen, durch die Absicht und Inkaufnahme nebeneinandergestellt werden, scheint zunächst der Boden der reinen Vorstellungstheorie verlassen zu sein. Denn ist der deliktische Erfolg erstrebt, so ist für den Vorsatz eben nicht die Vorstellung ausschlaggebend, jenen durch die Tat herbeizuführen, nicht sie soll nach dem Willen der Rechtsordnung als Gegenmotiv wirken, wie es bei der Inkaufnahme unbeabsichtigter Folgen der Fall ist, sondern das Erstreben als solches stellt die Normverletzung dar.

Dennoch läßt sich auf einer höheren Ebene die Vereinigung beider Erscheinungsformen des Vorsatzes wiederherstellen. Denn beide Inhalte der Bestimmungsnorm, das Finalitäts- wie das Kausalitätsverbot, entstammen aus der gleichen Grundnorm. Das verbindende Merkmal besteht also darin, daß in beiden Fällen der Täter im Bewußtsein des Normverstoßes handelt, im einen Fall im Bewußtsein, durch Verursachung des nichtbeabsichtigten Erfolges das Verbot der Rechtsordnung zu übertreten, im anderen in der Vorstellung, verbotene Erfolge zu erstreben. Dieses Bewußtsein des Normverstoßes aber, das das Wesen des Vorsatzes bedeutet, soll — und damit kehren wir zum Grundgedanken der Vorstellungstheorie zurück — nach dem Willen der Rechtsordnung das bestimmende Motiv zur Unterlassung des Verbotenen sein. Es läßt sich also feststellen, daß es erst in zweiter Linie darauf ankommt, was Inhalt des Willensaktes und der Vorstellung im einzelnen war; im Mittelpunkt der Vorsatzlehre steht die Vorstellung des Täters vom Verbotensein seiner Tat.

[14a]) Diese Tatsache vermag die Lehre vom finalen Handlungsbegriff, da sie auf die Finalität des Handelns abgestellt ist, hier aber die Kausalität entscheidet, auf deren Vermeidung u. U. der Gestaltungswille des Täters ausdrücklich, wenn auch vergeblich gerichtet war, befriedigend nicht zu erklären.

IV.

Mit der Feststellung allerdings, daß den Fällen des eigentlichen direkten Wollens in Gestalt der Absicht nur solche der Nicht-Absicht gegenüberstehen und damit das einheitliche Gebilde des dolus directus nicht in der behaupteten Form besteht, ist in dem Streit zwischen Vorstellungs- und Willenstheorie noch nicht endgültig Stellung genommen. Denn die psychologische Einstellung des Täters, die allen Fällen der Nicht-Absicht gemeinsam ist, besteht ja darin, daß er zur Erreichung seiner eigenen Ziele das sichere oder mögliche Verbotensein der Handlung oder den sicheren oder möglichen Eintritt weiterer Erfolge für unbeachtlich erklärt, diese Dinge also „in Kauf nimmt". Diese Formulierung aber — aus der Eventualvorsatzlehre als eine solche der Einwilligungstheorie geläufig — soll dort so viel besagen, als daß der Täter einen möglichen unbeabsichtigten Erfolg durch das Inkaufnehmen in seinen Willen aufnimmt, und damit eventuell „will", eine These, die die Richtigkeit des Ausgangspunkts: Vorsatz ist gleich Wollen, bestätigen soll. Ist nun eine emotionale Beziehung dieser Art das gemeinsame Merkmal aller Fälle der Nicht-Absicht und damit vielleicht doch der Nachweis zu erbringen, daß letztlich die emotionale Einstellung des Täters zu seiner Tat und ihren Wirkungen das entscheidende Kriterium des Vorsatzes bildet, daß nicht die Vorstellung eigener Kausalität, sondern doch die emotionale Wertung des Erfolges den Vorsatz begründet? Bedeutet also jenes „Inkaufnehmen" die Einbeziehung unbeabsichtigter Tatsachen in den Willen?

Diese Frage ist trotz aller Bemühungen der Willenstheorie zu verneinen. Zunächst ergab sich, da an der abschließenden Gliederung des Vorsatzes in dolus directus und dolus eventualis festgehalten wurde, die Aufgabe, die Fälle sicherer Voraussicht unbeabsichtigter Nebenerfolge als solche des Wollens zu erweisen. Diese Frage bildet das eigentliche Streitobjekt zwischen Vorstellungs- und Willenstheorie. Das Ergebnis, das erreicht werden mußte, ist hier erreicht worden. Die Willenstheorie behauptet, daß der unbeabsichtigte Nebenerfolg als notwendiger Bestandteil der Gesamttat ebenso gewollt sei, wie der beabsichtigte Erfolg. Bei der Vorstellung bloßer Möglichkeit des Erfolgseintritts war eine ähnliche Argumentation ausgeschlossen. Trotzdem mußte hier von den Anhängern der Willenstheorie eine subjektive Beziehung in Gestalt des Wollens ebenfalls hergestellt werden, sollte nicht der dolus eventualis als systemwidrig erscheinen. Das geschah nach der überwiegenden Meinung in der Weise, daß dieser mögliche Nebenerfolg vom Täter „in Kauf genommen" werden muß.

Ohne hier der späteren Untersuchung über den Umfang des dolus eventualis vorgreifen zu wollen, kann dennoch bereits zu der Frage Stellung genommen werden, ob dieses „Inkaufnehmen" in der Tat als Willensbeziehung angesprochen werden darf. Denn könnte es als eine solche bewiesen werden, so würde damit tatsächlich die Willenstheorie als eine mögliche Deutung der Vorsatzelemente feststehen, da nichtbeabsichtigte Tatbestandsvoraussetzungen jeder Art, seien sie als sicher oder nur als möglich angenommen, vom Täter ja in Kauf genommen werden, um seine eigentliche Absicht verwirklichen zu können.

Die Frage ist jedoch zu verneinen. Der Begriff des „Inkaufnehmens" stellt zunächst nur ein Bild für eine bestimmte psychologische Situation dar, für die Situation nämlich, daß um der Erreichung des beabsichtigten Zieles willen der Täter die von der Vorstellung des Nebenerfolges ausgehenden tathemmenden Motive innerlich abweist, den Entschluß zu handeln also trotzdem faßt. In dieser Zurückweisung sich anbietender Motive liegt aber keine Willensbeziehung zu ihnen. Daß eine Vorstellung nicht Gegenmotiv geworden ist (sei es die Vorstellung sicherer oder nur möglicher Nebenfolgen) beweist nicht, daß sie deshalb Motiv geworden wäre oder sonst in den Willen des Täters aufgenommen[15]). Das Inkaufnehmen stellt demnach kein Wollen jener Tatsachen in irgendeiner Form dar, sondern kennzeichnet gerade die psychologische Situation, die die Grundlage der Vorstellungstheorie bildet. Das bedeutet, daß unbeabsichtigte Nebenerfolge vom Wollen nicht erfaßt, sondern nur als Objekt von das Handeln begleitenden, jedoch als Gegenmotiv nicht wirksamen Vorstellungen von Bedeutung sind. Und ebensowenig kann die Rede davon sein, daß die „kämpfende Ueberwindung" jener Motive die erforderliche Willensbeziehung zu ihnen herstellt, wie gelegentlich behauptet worden ist[16]).

So stehen sich also in der Tat zwei Fälle des Vorsatzes gegenüber: der der Absicht, dessen entscheidendes Merkmal die emotionale Einstellung des Täters zum Erfolg als Erstreben des Verbotenen ist, und der der Nicht-Absicht, bei dem nicht irgendeine Willenseinstellung des Täters, sondern allein die Vorstellung eigener Kausalität den Vorsatz begründet. Die grundsätzliche Unterscheidung innerhalb des Vorsatzes ist die zwischen Absicht und Nicht-Absicht.

V.

Was in den vorstehenden Ausführungen über die unbeabsichtigten Nebenfolgen gesagt worden ist, gilt entsprechend auch für die vom Täter unabhängigen Deliktselemente, nur daß hier eine Unterscheidung zwischen Absicht und Nicht-Absicht nicht denkbar ist, sondern sich nur Gewißheit und Möglichkeit gegenüberstehen. Ihr Vorhandensein bildet also beim Vorsatz den Inhalt der Vorstellung, die nach der Erwartung der Rechtsordnung Motiv für die

[15]) Gut: Engisch, S. 229.
[16]) Vgl. Bünger, ZWSt. 6/339 f.

Unterlassung der Tat hätte sein sollen. Sie können zum Vorsatz dann zugerechnet werden, wenn der Täter sie als gewiß oder möglich vorhanden sich vorgestellt und trotzdem gehandelt hat. Im ersten Fall (Gewißheit) liegt je nach der Willensrichtung bezüglich des Erfolges Absicht oder Handeln in Gewißheit vor, im letzteren ohne Rücksicht auf den Gegenstand des Wollens dolus eventualis. Es besteht demnach keine Veranlassung, bezüglich der Folgen der Tat und dem Bewußtsein vorhandener Tatbestandsmerkmale eine verschiedene rechtliche Behandlung vorzunehmen, wie das vereinzelt geschehen ist[17]).

Da nun in jedem Fall vorsätzlichen Handelns vom Täter verursachte Elemente neben solchen stehen, die der Täter vorfindet, so ergibt sich für die Gruppierung der Vorsatzfälle folgendes:

Absicht liegt nur dann vor, wenn das verbotene Tun direkt erstrebt wurde und gleichzeitig die vom Willen unabhängigen Elemente als sicher gegeben angesehen worden sind. Das gleiche gilt beim Handeln in Gewißheit. Hier muß sowohl der unbeabsichtigte Nebenerfolg wie auch der Komplex der nicht zu verursachenden Momente als sicher gegeben angesehen werden. Dolus eventualis liegt endlich vor, wenn entweder der unbeabsichtigte Nebenerfolg oder das Vorhandensein der vorgefundenen Tatsachen als nur möglich angenommen werden.

VI.

Die wichtigste Folgerung aus diesen Sätzen ist die Erkenntnis, daß der angebliche Zusammenhang zwischen den Fällen der Absicht und denen der Gewißheit der Rechtsverletzung tatsächlich nicht besteht und damit die Zäsur innerhalb des Vorsatzbereiches an einer falschen Stelle gemacht worden ist. Es stehen sich nicht dolus directus und dolus eventualis in dem Sinne gegenüber, daß Absicht und Handeln in Gewißheit den einheitlichen Begriff des dolus directus bildeten. Den richtigen Einschnitt innerhalb der Vorsatzformen stellt vielmehr prinzipiell die Unterscheidung zwischen Absicht und Nicht-Absicht dar, die das Handeln in Gewißheit des Eintritts unbeabsichtigter Folgen zunächst mit dem dolus eventualis auf eine Stufe stellt als einen Fall des Inkaufnehmens und damit als einen mit der Absicht nicht gleichzusetzenden Sonderfall des Vorsatzes. Diese Unterscheidung ist allein rechtlich bedeutungs- und sinnvoll, weil sie den Strukturunterschied, der durch den dolus directus i. S. der Willens- und Vorstellungstheorie verwischt worden ist, aufzeigt.

Mit dieser Feststellung des Strukturunterschiedes zwischen den Fällen der Absicht und denen der Nicht-Absicht ist zugleich die Frage nach dem Grad der Verwerflichkeit des Handelns in

---

[17]) Vgl. dazu Rosenfeld ZStW 32/496 f.

Gewißheit gestellt. Denn es ist nunmehr zu entscheiden, ob die prinzipielle Gleichstellung von Absicht und Handeln in Gewißheit wenigstens im Ergebnis der Gleichbestrafung berechtigt oder statt dessen das Löffler'sche[18]) System der Dreiteilung der Schuldformen einzuführen ist.

Die Frage wird auch de lege ferenda im ersten Sinne zu entscheiden sein. Denn wenn auch nicht zu verkennen ist, daß die auf Herbeiführung gerade des verbotenen Erfolges gerichtete Absicht den stärkeren Grad rechtsfeindlicher Einstellung und Willensaktivität bedeutet, demgegenüber das bloße Inkaufnehmen einer Rechtsverletzung etwas Geringeres ist, so ist doch andererseits hervorzuheben, daß in dem Inkaufnehmen einer nach Meinung des Täters unvermeidlichen Verletzung fremder Rechtsgüter ein so hohes Maß von aktueller Gleichgültigkeit und Rücksichtslosigkeit liegt, daß sie in der Regel den Fällen der Absicht gleichgestellt werden können, oder doch die Wertunterschiede so gering sind, daß ihnen durch die Strafzumessung Rechnung getragen werden kann[19]).

Es kommt hinzu, daß nach unserem Ausgangspunkt der Vorstellungstheorie das Handeln in Gewißheit als selbständige Form vorsätzlichen Handelns neben der Absicht steht und die Absicht als Sonderform nur dort Bedeutung hat, wo eine Unterscheidung zwischen beabsichtigten und nichtbeabsichtigten Folgen der Tat überhaupt denkbar ist. Bei den übrigen Delikten ist das Handeln mit der Vorstellung gewisser Rechtsverletzung die Normalform des Vorsatzes, so daß auch aus diesem Grunde eine gesetzliche Differenzierung zwischen Absicht und Handeln in Gewißheit nicht als wünschenswert erscheint.

Mit dieser Feststellung ist jedoch nichts darüber gesagt, daß zwischen dem Handeln in Gewißheit und dem Handeln im Bewußtsein bloßer Möglichkeit keinerlei Unterschiede zu machen wären und damit die Löffler'sche Dreiteilung der Schuldformen, die das Handeln in Gewißheit und das Handeln im Bewußtsein der Möglichkeit zusammenfaßt, wenigstens insoweit die richtige wäre. Zwar vereint beide das Merkmal, daß keine Absicht vorliegt und Tatsachen oder Nebenfolgen in Kauf genommen werden. Aber der Umstand, daß das im einen Fall mit dem Bewußtsein der Notwendigkeit, im anderen mit dem der bloßen Möglichkeit geschieht, läßt eine rechtlich verschiedene Behandlung durchaus als möglich, ja als wahrscheinlich erscheinen. Darüber wird unten eingehender zu reden sein.

VII.

Damit ergibt sich für den Aufbau des Vorsatzes und seiner Elemente folgendes: Vorsatz ist weder nur Wollen noch nur Vor-

---

[18]) Die Schuldformen des Strafrechts (1895), und ÖZ. 2/131 ff.

[19]) Die Meinungen sind geteilt. Siehe Engisch, S. 171 ff., 174. Daselbst weitere Nachweise.

stellung, sondern ist Wollen mit bestimmten Vorstellungen, ist Wollen der Handlung in Kenntnis der ihr Verbotensein ausmachenden Umstände. Auf der Willensseite besitzt sachliche Berechtigung allein die Unterscheidung zwischen Absicht und Nicht-Absicht, oder allgemein zwischen (direktem) Wollen und Nicht-Wollen des Erfolges. Diese Unterscheidung ist hier nicht nur möglich, sondern auch notwendig. Denn die Sonderbehandlung der Absichtsfälle kann anders nicht erklärt werden. Im übrigen, d. h. bezüglich der vom Täter unabhängigen Elemente des Tatbestandes und bezüglich der unbeabsichtigten Nebenfolgen entscheidet die Vorstellung des Täters, und zwar für die Bewertung der Stärkegrade des Vorsatzes deren Intensität. Hält der Täter jene Faktoren für sicher gegeben bzw. eintretend, so steht sein Vorsatz den Fällen des direkten Wollens wertmäßig gleich, ohne doch dort auszureichen, wo echte Absicht gefordert wird. Hält dagegen der Täter jene Faktoren nur für möglich, so liegt dolus eventualis und damit eine geringere Form des Vorsatzes vor. Die Bedeutung dieser Unterscheidung liegt neben dem gesetzgeberischen Problem de lege lata vor allem darin, daß bei der Absicht der Wahrscheinlichkeitsgrad ihrer Verwirklichung ohne Bedeutung ist, während bei den Nebenfolgen und den vorhandenen Tatsachen zwischen Gewißheits- und Möglichkeitsvorstellung zu unterscheiden ist. Einen einheitlichen dolus directus, der Absicht und Gewißheit des Eintrittes von Nebenfolgen als etwas gleiches zusammenfaßte, wie es sowohl die Willens- wie die Vorstellungstheorie annehmen, gibt es demnach nicht.

B. Die Grenzen des Vorsatzbereichs

I.

In den vorstehenden Ausführungen ist die Existenz einer Vorsatzform, die in der Vorstellung bloßer Möglichkeit der Rechtsverletzung und dem Trotzdem-Wollen unter Inkaufnahme des Risikos besteht, vorausgesetzt, aber nicht bewiesen. Ein solcher Beweis mag angesichts der nahezu einmütigen Anerkennung des dolus eventualis durch Rechtslehre und Rechtsprechung[20]) überflüssig erscheinen. Jedoch wird gerade die Besinnung auf die Grundlagen des Eventualvorsatzes, dessen Berechtigung im übrigen durchaus nicht so selbstverständlich ist, wie es zunächst den Anschein hat, die entscheidenden Argumente für seinen Umfang abgeben, eine Frage, die bei voller Aktualität und rechtlicher Bedeutung auch heute noch heillos umstritten ist. Zudem umschließt auch, wie bereits hervorgehoben, die denen des direkten Wollens gegenübergestellten Fälle der Nicht-Absicht nur ein negatives Band, eben die Tatsache, daß hier Nebenfolgen nicht beabsichtigt sind, sondern

[20]) Abweichend aus neuerer Zeit nur: Liepmann, Reform des deutschen Strafrechts, 1921.

die Kausalität des Handelns — wenn auch in verschiedenen Stufen der Wahrscheinlichkeit — lediglich erkannt und in Kauf genommen wird.

Es ergibt sich damit einmal die Frage, wie innerhalb der Fälle der Nicht-Absicht zu differenzieren und wertmäßig einzuordnen ist, wobei sich die Unterscheidung zwischen Gewißheit und Möglichkeit der Nebenfolge von selbst anbietet. Zum anderen aber gilt es, da Vorsatz und Fahrlässigkeit aneinandergrenzen, jedoch begrifflich streng zu scheiden sind, die Grenzlinie zwischen dolus eventualis und bewußter Fahrlässigkeit, oder sagen wir vorsichtiger: zwischen Vorsatz und Fahrlässigkeit zu bestimmen. Die erste dieser Fragen ist leicht zu beantworten. Innerhalb aller Fälle des Inkaufnehmens nicht beabsichtigter Erfolge oder des sonstigen Verbotenseins haben wir zwischen der Vorstellung sicherer und der nur möglicher Rechtsverletzung zu unterscheiden, wobei wir die Frage, welche sachliche Bedeutung dieser Unterscheidung zukommt, bereits oben insofern praktisch entschieden haben, als das Handeln in Gewißheit der Rechtsverletzung dem Handeln in Absicht rechtlich gleichzustellen ist. Die strukturellen Unterschiede zwischen den beiden Fällen des Inkaufnehmens bestehen ausschließlich in der verschiedenen Bewertung der Erfolgsaussichten durch den Täter. In einem Falle ist subjektive Gewißheit erforderlich, ein Zustand also, bei dem der Zweifel schweigt, im anderen Fall nur Vorstellung der Möglichkeit. Auf den objektiven Grad der Wahrscheinlichkeit dagegen kommt es niemals an.

Damit ist aber nicht nur eine äußere Verschiedenheit, sondern gleichzeitig ein Wertungsgesichtspunkt angedeutet. Zwar lassen sich alle diese Fälle als solche fehlender Absicht zusammenfassen, doch ist nicht zu verkennen, daß diese Zusammenfassung rein negativ und das Objekt des Inkaufnehmens verschieden ist, und zwar sowohl hinsichtlich der nichtbeabsichtigten Nebenfolgen wie in bezug auf die vorhandenen Tatbestandselemente[21]).

Dabei ist, wie oben bereits festgestellt, der Fall der Gewißheit wertmäßig dem des direkten Wollens so genähert, daß seine prinzipielle Gleichstellung mit dem dolus directus berechtigt erscheint. Für die graduell geringeren Fälle des Inkaufnehmens einer nur möglichen Rechtsverletzung gilt das jedoch nicht. Sie, d. h. aber der dolus eventualis, bedürfen daher besonderer Untersuchung. Nur von ihnen soll im folgenden noch die Rede sein.

Dabei gilt es zunächst, die Existenzfrage des dolus eventualis zu entscheiden, ob denn überhaupt das Handeln mit der Vorstellung nur möglicher Rechtsverletzung dem Täter zum Vorsatz zugerechnet werden kann, ob also die strafrechtliche Norm neben dem Verbot,

[21]) Anders nur die Vertreter der Dreiteilungslehre der Schuldformen (Löffler a. a. O., Miricka, Formen der Strafschuld).

bei Vorstellung sicherer Rechtsverletzung zu handeln, auch das Verbot enthält, zu handeln, wenn dem Täter der deliktische Charakter seines Tuns oder der Eintritt unbeabsichtigter Nebenfolgen nur als möglich erscheint. Von der Beantwortung dieser Frage ist die Existenz des dolus eventualis als einer Vorsatzform abhängig.

Die Antwort aber kann, da das Gesetz schweigt, nur aus dem Wesen des Vorsatzes als einer Schuldform getroffen werden. Liegt in dem Handeln mit der Vorstellung der Möglichkeit eine gleiche, Verschulden begründende Gleichgültigkeit gegenüber dem geschützten Rechtsgut, und kann überhaupt zwischen der Vorstellung sicherer und möglicher Rechtsverletzung qualitativ unterschieden werden mit der Folge, daß der erste Fall zum Vorsatz, der zweite zur Fahrlässigkeit gezählt werden müßte?

Die erste Frage hat freilich de lege lata kaum praktische Bedeutung, da die Zugehörigkeit des dolus eventualis zum Vorsatzbereich zum mindesten gewohnheitsrechtlich anerkannt ist. Dieser Zustand hat aber auch innere Berechtigung. Denn innerhalb der Fälle der Nicht-Absicht kann zwischen dem Inkaufnehmen einer unbeabsichtigten gewissen und einer nur möglichen Nebenfolge kein qualitativer, sondern nur ein quantitativer Unterschied gemacht werden, der durch unendlich viele Nuancen von der subjektiven Gewißheit bis zur Vorstellung entferntester Möglichkeit gekennzeichnet ist.

Angesichts einer solchen Situation kann aber die Rechtsordnung ihre Norm, die, wie oben gezeigt, neben dem Finalitäts- auch das Kausalitätsverbot enthält, nicht nur auf den Fall subjektiver Gewißheit abstellen, sondern muß neben das Verbot, bei Kenntnis gewisser Rechtsverletzung zu handeln, das Verbot des Handelns bei der Vorstellung bloßer Möglichkeit setzen. Inhalt der an den Täter gerichteten Bestimmungsnorm ist daher das Verbot, die Handlung bei Kenntnis ihres sicheren oder möglichen deliktischen Charakters vorzunehmen. Der Vorsatz umfaßt seinem Begriff nach sowohl die Fälle sicheren Wissens und sicherer Erwartung wie auch — dolus eventualis — die Fälle bloßer Möglichkeit. Das wird nur ganz vereinzelt abgelehnt.

Diese Feststellung hat nun zur notwendigen Voraussetzung die Annahme, daß die strafrechtliche Norm der sog. Verletzungsdelikte nicht nur ein Verletzungsverbot, sondern auch ein Gefährdungsverbot enthält, also neben der Verletzung auch die Möglichkeit der Verletzung strafrechtlich generell untersagt ist. Diese Konsequenz ist auf dem subjektiven Gebiet der Bestimmungsnorm durch die Anerkennung des dolus eventualis unabweislich. Denn da Gefährdung mögliche Verletzung[22]) bedeutet, so ist das Bewußtsein des

[22]). Nicht nur wahrscheinliche oder nahe Möglichkeit. Denn auch innerhalb der Gefahren ist zwischen stärkeren und schwächeren Fällen zu unterscheiden. Vgl. Engisch S. 402.

Täters, durch sein Handeln möglicherweise eine Rechtsverletzung zu bewirken, gleich dem sog. Gefährdungsvorsatz, ist jedenfalls gleich dem Gefährdungsbewußtsein, und zwar gleichgültig, ob alle Möglichkeiten (auch sehr entfernte) für die Begründung des Vorsatzes ausreichen oder nicht. Die an den einzelnen gerichtete Norm verbietet also neben der Verletzung auch die Gefährdung geschützter Interessen, oder allgemein ausgedrückt: das Tätigwerden bei Möglichkeit der Rechtsverletzung. Die Uebertretung dieses Verbotes bedeutet Vorsatz. Man hat dagegen eingewendet[23]), daß ja damit kein Verletzungs-, sondern ein bloßer Gefährdungsvorsatz strafrechtliche Haftung wegen eines Verletzungsdeliktes nach sich ziehe. Daran ist jedenfalls soviel richtig, daß die Möglichkeit der Verursachung eines verbotenen Erfolges als Gefährdung anzusehen ist und damit das Bewußtsein jener Möglichkeit einen Gefährdungsvorsatz darstellt, während bei der Möglichkeit des Vorliegens vorhandener, vom Willen des Täters unabhängiger Tatumstände von einer „Gefährdung" nicht eigentlich gesprochen werden kann. Jeder Gefährdungsvorsatz ist aber gleichzeitig eventueller Verletzungsvorsatz. Beide sind begrifflich identisch, weil Gefährdung = mögliche Verletzung ist. Wer daran Anstoß nimmt, muß die Existenz eines eventuellen Verletzungsvorsatzes überhaupt leugnen. Denn auch wenn man innerhalb des Bereiches der Möglichkeit Grenzen für den Eventualdolus zieht: solange es einen dolus eventualis als Vorsatzform bei bloßer Möglichkeitsvorstellung gibt, solange tritt Bestrafung wegen eines Verletzungsdelikts auf Grund eines Gefährdungsvorsatzes ein, der eben gleichzeitig als eventueller Verletzungsvorsatz bezeichnet und anerkannt wird. Und es wäre völlig willkürlich, wollte man den Teil des Gefährdungsvorsatzes, der als dolus eventualis anerkannt ist, deswegen nicht als Gefährdungsvorsatz bezeichnen.

II.

Ist damit erwiesen, daß auch die Vorstellung der Möglichkeit des Verbotenseins jedenfalls grundsätzlich Vorsatz begründet, so ergibt sich als weitere Frage die, ob jede Vorstellung der Möglichkeit dazu ausreicht oder ob innerhalb des Bereiches der Möglichkeit die Grenzlinie zwischen Vorsatz und Fahrlässigkeit festgelegt werden kann oder muß.

Diese Frage nach den Grenzen des dolus eventualis gehört zu den umstrittensten der Vorsatzlehre; und was in dem Streit zwischen Willens- und Vorstellungstheorie rein theoretisch bleibt, das gewinnt hier unmittelbare praktische Bedeutung.

Die beiden Hauptmeinungen, die sich in dieser Frage gegenüberstehen, stimmen darin überein, daß sie nicht den gesamten

[23]) Stooss, ZStW. 15/201, v. Bar, Gesetz und Schuld, S. 326.

Bereich des Zweifels zum Vorsatz ziehen wollen. Sie unterscheiden sich lediglich in den Kriterien, die für die Grenzziehung innerhalb dieses Gebietes verwendet werden. Die von der Vorstellungstheorie ausgehende Wahrscheinlichkeitslehre[24]) läßt die Intensität der Wissensbeziehung, den Grad der Wahrscheinlichkeit, mit dem das Verbotensein vom Täter erkannt wird, entscheiden. Die Waage der Ungewißheit wird hier durch das geringste Mehr, das die ungünstige Möglichkeit des Ausgangs als wahrscheinlicher erscheinen läßt, als die günstige, zugunsten des Vorsatzes heruntergezogen, die kontinuierlichen Uebergänge an dieser Stelle durchschnitten[25]). Aus dem Vorsatzbereich werden damit die Fälle bloßer Möglichkeit ausgeschaltet. Sie gelangen ausschließlich auf Grund dieses — vielleicht minimalen — Mehr in das Gebiet der sog. bewußten Fahrlässigkeit.

Demgegenüber weist die Einwilligungstheorie[26]) darauf hin, daß angesichts der rein quantitativen Uebergänge zwischen Wahrscheinlichkeit und Möglichkeit nur die emotionale Einstellung des Täters zu dem möglichen ungünstigen Ausgang entscheiden könne. Er müsse bei vorhandener Vorstellung von der Möglichkeit den ungünstigen Ausgang positiv gewertet, gebilligt, in Kauf genommen haben. Das Gewicht, das hier die Waage zugunsten des Vorsatzes herunterzieht und den Fall aus dem Bereich bloßer Möglichkeit heraushebt, ist die Wertung dieser Möglichkeit durch den Täter.

Bei der Entscheidung der sich aus dieser Sachlage ergebenden Fragen erscheint es zunächst problematisch, ob die Entscheidung über den Umfang des dolus eventualis und das zu seiner Abgrenzung zu verwendende Kriterium nicht bereits — jedenfalls grundsätzlich — durch die oben getroffenen Feststellungen über Wille und Vorstellung präjudiziert ist. Ein Blick auf die Literatur läßt freilich eher das Gegenteil vermuten. Denn auch die Anhänger der Vorstellungstheorie lassen beim dolus eventualis häufig emotionale Momente entscheiden[27]), während umgekehrt Anhänger der Willenstheorie für die Bestimmung des Umfanges des Eventualvorsatzes den Gedanken der Wahrscheinlichkeit heranziehen[28]).

Tatsächlich aber muß das, was für den dolus directus Gültigkeit besitzt, auch im Gebiet des dolus eventualis als einer echten Vorsatzform richtig sein. Sieht man das entscheidende Merkmal des Vorsatzes in der Vorstellung des Verbotenseins, und zwar vor

---

[24]) Hauptvertreter (freilich mit starken Nuancierungen): H. Mayer, Grünhut, Exner, Sauer, Grossmann.

[25]) Auch hier z. T. erhebliche Abweichungen. Qualifizierte Wahrscheinlichkeit verlangt z. B. Grossmann, Die Grenze von Vorsatz und Fahrlässigkeit (1924), S. 53.

[26]) Sie ist wohl als die herrschende anzusehen. Ihr folgen insbesondere v. Hippel, Frank, Nagler, Mezger (mit Einschränkung) und das RG.

[27]) Vor allem Frank selbst, Komm. § 59 V.

[28]) Vgl. etwa Engisch S. 133.

allem auch dann, wenn es sich um Nebenerfolge handelt, die als sicher eintretend angenommen werden und bei denen diese Tatsache allein unstreitig den Vorsatz begründet, dann können nicht hier emotionale Merkmale für die Zuordnung zum Vorsatzbereich maßgeblich sein, dann können nicht zwei Fälle völlig gleicher Vorstellungsqualität und -intensität nach emotionalen Gesichtspunkten in Vorsatz und Nicht-Vorsatz aufgegliedert werden. Es kann vielmehr lediglich die Frage sein, ob der Vorsatz die Vorstellung der Gewißheit der Rechtsverletzung voraussetzt oder ob die Vorstellung der Möglichkeit genügt. D. h. aber: entweder gehört das Handeln mit der Vorstellung möglicher Tatbestandsverwirklichung überhaupt nicht in das Vorsatzgebiet oder aber der gesamte Bereich des Zweifels, der Möglichkeit einer Tatbestandsverwirklichung, begründet dolus eventualis, ohne daß vom Standpunkt der Vorstellungstheorie eine weitere Differenzierung nach emotionalen Gesichtspunkten möglich wäre.

Mit dieser Feststellung, die den Weg zur Einwilligungstheorie von der Vorstellungstheorie her verschließt, ist jedoch keineswegs für die aus der Vorstellungstheorie entwickelte Wahrscheinlichkeitsauffassung Stellung genommen. Sie entgeht zwar zunächst dem Vorwurf der Inkonsequenz insofern, als sie innerhalb des Gebietes des Zweifels nicht Willens-, sondern Vorstellungsmomente entscheiden läßt, und zwar die Intensität der Wissensbeziehung. Jedoch erscheint dieser Versuch, dem das Bestreben zugrunde liegt, die Grenzlinie nach Strafwürdigkeitsgesichtspunkten zu bestimmen, und der damit jede begrifflich exakte Unterscheidung zwischen Vorsatz und Fahrlässigkeit aufgibt, unberechtigt. Denn entweder verbietet die Strafrechtsnorm nur ein Verhalten mit der Vorstellung sicherer Rechtsverletzung; dann gibt es keinen dolus eventualis. Oder aber die Norm ist gerichtet auch auf die Unterlassung von Handlungen mit der Vorstellung möglicher Rechtsverletzung. Dann aber muß es willkürlich und dogmatisch unberechtigt erscheinen, innerhalb des Bereiches der Möglichkeit qualitative Unterscheidungen zu treffen, wo lediglich quantitative vorhanden sind. Denn es ist zwar ohne weiteres zuzugeben, daß das Sichhinwegsetzen über die Vorstellung wahrscheinlicher Rechtsverletzung einen stärkeren Grad von aktueller Gleichgültigkeit gegenüber dem geschützten Rechtsgut erkennen läßt, als es bei der Vorstellung bloßer Möglichkeit der Fall ist. Doch spricht das nicht für, sondern eher gegen die Wahrscheinlichkeitstheorie. Denn die Tatsache, daß der Wahrscheinlichkeitsstärke des unbeabsichtigten Erfolges eine verschiedene Motivationsstärke entspricht und daher das Sichhinwegsetzen über die Vorstellung der Wahrscheinlichkeit — ceteris paribus — ein stärkeres Maß aktueller verbrecherischer Energie fordert und beweist, als es bei der Vorstellung bloßer Möglichkeit der Fall gewesen wäre, diese Tatsache beweist lediglich das Vorhandensein gradueller, nicht begrifflicher Unterschiede und berechtigt deswegen gerade nicht, die weniger starken Fälle als aliud aus dem Bereich des Vorsatzes zu verweisen und damit die qualitative, eine wesentlich andere rechtliche Behandlung fordernde und ergebende Unterscheidung zwischen Vorsatz und Fahrlässigkeit mit Hilfe rein quantitativer Kriterien zu treffen. Es kommt noch hinzu, daß die Begriffe Wahrscheinlichkeit und Möglichkeit selbst ohne feste Grenzen sind, und, da von der Einschätzung durch den Täter auszugehen ist, der Richter vor unlösbaren Beweis-Aufgaben stehen würde.

Umgekehrt ist aber auch den Anhängern der Willenstheorie der Weg zu den Kriterien der Vorstellungsintensität grundsätzlich verschlossen, jedenfalls in dem Sinne verschlossen, daß die Grenzen des Vorsatzbereiches nicht von der Beschaffenheit und Intensität des Willens, sondern der Vorstellung abhängig seien. Lediglich in dem Sinne könnte hier die Wahrscheinlichkeit von Bedeutung sein, daß sie als Indiz für das Vorhandensein einer erforderlichen emotionalen Einstellung in Betracht kommt.

Demgemäß wird auch von den Anhängern der Willenstheorie überwiegend die Einwilligungstheorie für das Gebiet des dolus eventualis vertreten[29]). Diese läßt konsequent ein emotionales Moment, eine subjektive Stellungnahme des Täters zum möglichen Erfolg, entscheidend sein, wobei z. T. der gesamte Bereich der Möglichkeit gemeint wird, z. T. aber auch der wahrscheinliche Erfolg als auch ohne jene Einwilligung zum Vorsatz gehörig angesehen wird. Bei Kenntnis der Möglichkeit müsse, damit Vorsatz gegeben sei, der Täter in den eventuellen Erfolg eingewilligt, oder er müsse ihn in Kauf genommen haben; sei das nicht der Fall, habe der Täter die ungünstige Möglichkeit innerlich abgelehnt, so liege nur bewußte Fahrlässigkeit vor.

Diese Meinung erscheint zunächst als Fortführung der Gedanken der Willenstheorie konsequent. Wenn der Vorsatz Wille ist, so muß in den Fällen möglicher Erfolgsverwirklichung der eventuelle Wille entscheiden. Jedoch hält diese Beweisführung kritischer Untersuchung nicht stand.

---

[29]) Eine eigenartige Kombination beider Gesichtspunkte vertritt Mezger (Lehrbuch S. 346), indem er bei den vom Willen des Täters unabhängigen und von ihm vorgefundenen Merkmalen Wahrscheinlichkeit ihres Vorliegens, beim Erfolg dagegen die evtl. Einwilligung entscheiden läßt. Dem liegt offenbar die Vorstellung zugrunde, daß der Täter jene vorgefundenen Merkmale nicht „wollen" und daher auch nicht evtl. wollen kann. Diese Ueberlegung ist jedoch nicht zwingend. Denn wenn jene Merkmale nach der Vorstellung des Täters sicher gegeben sind, so ist gerade Mezger der Meinung, der Täter wolle z. B. die Sache „als fremde" wegnehmen. Erstreckt sich dort sein Wille auf die Existenz jener Tatsachen, so ist kein einleuchtender Grund vorhanden, bei ihrem evtl. Vorliegen anders zu entscheiden. Auch hier könnte also der dolus eventualis davon abhängig sein, daß der Täter die Möglichkeit des Gegebenseins gebilligt oder in Kauf genommen hat.

Das gilt einmal bezüglich der Willensqualität jener Einstellung zum möglichen Erfolg selbst. Wir haben oben die Feststellung getroffen, daß das Inkaufnehmen eines unbeabsichtigten Erfolges — auf der Grundlage der allein möglichen Deutung des Willensbegriffes — als echte Willensbeziehung nicht angesehen werden kann, sondern das Bild des Inkaufnehmens lediglich die psychische Situation kennzeichnet, die die Grundlage der Vorstellungstheorie ist. Aber selbst wenn man mit v. Hippel u. a. diese Einstellung als Wollen i. w. S. bezeichnen oder unter Verzicht auf den Gedanken des „Wollens" hier die einfache Bewertung des Erfolges durch den Täter für entscheidend erklären wollte, so gewährt dieser Gesichtspunkt doch kein sachlich geeignetes Instrument, innerhalb der Fälle möglicher Rechtsverletzung dolus eventualis und bewußte Fahrlässigkeit abzugrenzen. Denn entweder hält der Täter den ungünstigen Erfolg für möglich, ist sich also über den Ausgang seines Handelns im ungewissen, wie er auch im einzelnen die Wahrscheinlichkeitsakzente verteilen mag. Dann hat er eben, wenn er trotz dieser Vorstellung handelt, die Gefahr, die Möglichkeit, das Risiko, in Kauf genommen. Daß er — trotz Möglichkeitsvorstellung handelnd — dennoch nicht die herbeigeführte Gefährdung und damit die Möglichkeit jedes Ausgangs als für seine Motivation unbeachtlich erklärt haben könnte, ist ausgeschlossen. Oder aber der Täter beruhigt sich bei der Ueberzeugung, es werde schon gut ausgehen, er „vertraut" also auf den Nicht-Eintritt des Erfolges. Dann fehlt es überhaupt an einer wirklichen Vorstellung von der Möglichkeit der Erfolgsverursachung, an dem Urteil: Der Erfolg k a n n eintreten, und schon deswegen und nur deswegen liegt kein Vorsatz vor, nicht jedoch wegen der fehlenden emotionalen Einstellung zum möglichen Erfolg.

Diese Sätze, die eine Einbeziehung des gesamten Bereiches der Möglichkeit in den Rahmen des dolus eventualis bedeuten, bedürfen im folgenden näherer Erläuterung. Dazu sind zunächst die verschiedenen Spielarten der Einwilligungstheorie kurz zu kennzeichnen. Denn nach dem bisher Gesagten könnte der Eindruck entstehen, als seien die Unterschiede zur Einwilligungstheorie in der Formulierung der h. M. durchaus nicht erheblich. Denn es wird danach in den Fällen des Zweifels die ungünstige Möglichkeit dem Täter dann zum Vorsatz zugerechnet, wenn er sie „in Kauf genommen hat". Da wir nun glauben, oben bewiesen zu haben, daß dieses Inkaufnehmen keineswegs eine wirkliche Willensbeziehung bezeichnet, sondern nur die psychologische Situation der Ablehnung der von der Vorstellung des Verbotenseins ausgehenden Motive bedeutet, so besteht zwischen der Vorstellung der Möglichkeit und deren Inkaufnehmen notwendige Identität. Wer mit der Vorstellung handelt, daß sein Tun möglicherweise einen verpönten Erfolg haben wird, der nimmt, wenn er trotzdem handelt, diese Möglichkeit in

Kauf, der ist bereit, den bösen wie den guten Ausgang gegen sich gelten zu lassen und läßt es darauf ankommen. Und es ist Haarspalterei, wollte man die Auffassung vertreten, er habe hier zwar die Möglichkeit, nicht aber den Eintritt der einen Möglichkeit in Kauf genommen.

Es ist also in einem solchen Falle keineswegs denkbar, daß der Täter die Möglichkeit nicht in Kauf genommen hätte, solange eben nur das Bewußtsein der Möglichkeit des Erfolgseintritts besteht und nicht durch das Urteil: Der Erfolg wird nicht eintreten![30]) (Fahrlässigkeit) ausgeschlossen wird. Insoweit würde zwischen der Einwilligungstheorie und unserer Auffassung völlige Uebereinstimmung bestehen. Soweit jedoch über dieses Inkaufnehmen des Risikos hinaus eine weitere Wertung des ungünstigen oder günstigen Erfolges durch den Täter das entscheidende Kriterium zwischen Vorsatz und Fahrlässigkeit bilden soll, kann sie vom Boden der hier vertretenen Auffassung keine Berechtigung beanspruchen. Doch wird sich dieses Ergebnis auch unabhängig von unserer Grundthese als richtig erweisen.

III.

Es besteht zunächst die Auffassung, daß der Täter angesichts der Ungewißheit des Ausgangs nicht schon dann vorsätzlich gehandelt habe, wenn er die Möglichkeit eines ungünstigen Erfolges als für seine Motivation unbeachtlich erklärt, also trotzdem handelt, sondern es soll darüber hinaus eine positive Einstellung zur ungünstigen Möglichkeit notwendig sein, während die innere Ablehnung dieser Möglichkeit Vorsatz ausschließen und lediglich die Annahme bewußter Fahrlässigkeit rechtfertigen soll.

So führt etwa das RG. in einigen Entscheidungen[31]) aus, daß das Inkaufnehmen des als möglich vorgestellten Erfolges zum Eventualvorsatz nicht ausreiche, der Täter vielmehr den ungünstigen Erfolg für den Fall, daß er eintrete, innerlich gebilligt haben müsse. Diese Formulierung ist jedoch selbst dann nicht zur befriedigenden Grenzziehung zwischen Vorsatz und Fahrlässigkeit geeignet, wenn man reine Strafwürdigkeitserwägungen entscheiden läßt und damit auf einen eigentlichen Begriff des Vorsatzes verzichtet. Denn wenn der Täter als mögliche Folge seines Handelns einen deliktischen Erfolg voraussieht, so ist er damit gezwungen, zu dieser Möglichkeit innerlich Stellung zu nehmen. Er kann dabei entweder das sich

[30]) In der Formulierung entspricht das der von v. Liszt (Lehrbuch 1927. S. 246) geäußersten Meinung. Ueber die sachliche Bedeutung dieser Worte v. Liszts besteht allerdings Streit. Vgl. Engisch S. 103 ff.

[31]) RGSt. 33/4, 72/43. Daneben stehen andere Entscheidungen, in denen der hier vertretene Standpunkt anklingt. Vgl. RGSt. 53/342, 55/126, 58/197, 60/166, die die Auffassung E. Schäfers in Gürtner I, S. 61, verständlich machen.

aus dieser Möglichkeit aufdrängende Motiv, unter diesen Umständen nicht zu handeln, zurückweisen und die Tat trotzdem ausführen. Dann handelt er mit dolus eventualis, ohne daß ein weiterer positiver Akzent, eine Einwilligung in diese ungünstige Möglichkeit, erforderlich wäre. Denn das entscheidende Vorsatzelement, Nicht-Beachtung des Warnungsmotivs möglicher Rechtsverletzung, ist davon unabhängig. Oder aber er kann — unter pflichtwidriger Außerachtlassung der notwendigen Sorgfalt — seine Zweifel über den Ausgang der Tat beseitigen, also zu der Folgerung kommen, daß ein ungünstiger Ausgang nicht zu erwarten sei. Dann fällt ihm lediglich Fahrlässigkeit zur Last, leichtfertige Verkennung der wirklichen Sachlage.

Eine weitergehende positive Akzentuierung des ungünstigen Erfolges ist aber nicht nur nicht erforderlich, sondern auch mit einer kriminalpolitisch vernünftigen Abgrenzung des Vorsatzbereiches nicht zu vereinbaren. Denn was sollte und könnte Inhalt dieser „Billigung" sein, die über das Inkaufnehmen des Risikos, durch das die Entscheidung über günstig oder ungünstig dem Zufall überlassen wird, durch das der Täter „es darauf ankommen läßt", hinausgehen soll?

Die Einwilligungstheorie ist jedenfalls den eindeutigen Nachweis dafür schuldig geblieben. Ihr erster Versuch, die Unterscheidung mit Hilfe der sog. hypothetischen Einwilligunsgstheorie und der ersten Frank'schen Formel vorzunehmen, ist mit Recht überwiegend abgelehnt worden. Denn hier wurde der Versuch unternommen, die tatsächliche Stellungnahme des Täters zur Möglichkeit durch die hypothetische zur Gewißheit zu ersetzen. Wie hätte sich der Täter gegenüber der Gewißheit des ungünstigen Erfolges verhalten? — so lautete die Frage, und wenn der Richter der Ueberzeugung sei, daß der Täter auch der Gewißheit gegenüber gehandelt hätte, so läge dolus eventualis vor, andernfalls lediglich Fahrlässigkeit. Daß damit, soweit die Einstellung des Täters gegenüber der Gewißheit Beweisthema sein soll, eine völlige Verschiedenheit der Beurteilungsobjekte eintritt, leuchtet ohne weiteres ein und ist in der wissenschaftlichen Diskussion oft genug betont worden[32]). Es mag in der Tat so sein, daß die Gewißheit des unerwünschten Erfolges den Täter von seiner Handlung abgehalten hätte, daß er also zwar bereit war, die Möglichkeit des Erfolgseintrittes in Kauf zu nehmen, eine Möglichkeit, die ihm die Chance auch des günstigen Ausgangs gab, daß aber die völlige Unvermeidlichkeit des Erfolges ein tathemmendes Motiv für ihn gewesen wäre.

Dennoch ist auch in diesen Fällen dolus eventualis gegeben. Denn es ist nicht entscheidend, wie sich der Täter in einer a n d e r e n Situation verhalten hätte, und die Gewißheit wäre eine

[32]) Vgl. Kohlrausch a. a. O., S. 198 ff. Weitere Nachweise bei Engisch a. a. O., S. 192.

solche, sondern wie er sich der Möglichkeit gegenüber tatsächlich verhalten hat.

Inkaufnehmen der Möglichkeit ist aber Inkaufnehmen auch der äußersten ungünstigen Folge und damit dolus eventualis. Die abweichende Meinung gibt praktisch den ganzen dolus eventualis preis, indem sie das Verhalten des Täters gegenüber der Gewißheit entscheiden läßt und damit Fälle des Zweifels, des wirklichen dolus eventualis, überhaupt nicht mehr kennt. Sie ersetzt das tatsächliche Bewußtsein der Möglichkeit durch das fiktive der Gewißheit und kommt damit zu einem rein hypothetischen Urteil.

Aber auch soweit diese Formel Franks nur als Beweismittel von Bedeutung sein soll, vermag sie Entscheidendes nicht zu besagen. Denn es ist eben etwas Verschiedenes, ob sich der Täter der Gewißheit oder nur einer Möglichkeit gegenübersieht. Wer zugunsten seiner Pläne eine Möglichkeit in Kauf zu nehmen bereit ist, der wird es vielleicht gegenüber einer Wahrscheinlichkeit oder gar Sicherheit nicht mehr sein. Die notwendige Prämisse dieses Schlusses aber, daß nur derjenige eine für den Vorsatz ausreichende Gleichgültigkeit oder Rücksichtslosigkeit gegenüber dem geschützten Rechtsgut besitzt, der bereit ist, zur Erreichung seiner Ziele sogar eine Gewißheit in Kauf zu nehmen, ist eine unbewiesene und unbeweisbare Behauptung.

Von den Anhängern der herrschenden positiven Einwilligungstheorie dagegen wird die Auffassung vertreten, daß über die Vorstellung der Möglichkeit und das Inkaufnehmen dieser Möglichkeit hinaus eine positive „Einwilligung" in den ungünstigen Erfolg zum Vorsatz erforderlich sei. Aber hier bleibt gerade die Frage offen, in welchen psychologischen Formen die Billigung des ungünstigen Erfolges sich ausdrücken soll und ob damit auch kriminalpolitisch befriedigende Grenzlinien festgelegt werden.

In den meisten Fällen des Inkaufnehmens wird der Täter das Vorliegen einer solchen Ungewißheit bedauern, ebenso wie ihm auch der ungünstige Erfolg unerwünscht ist, da er ihm keinerlei erstrebenswerte Vorteile bringt. Er wird also zu der ungünstigen Möglichkeit nicht „ja" sagen. In den übrigen Fällen ist ihm beides gleichgültig. In beiden Fällen aber kann von einer wirklichen positiven Wertung und Einstellung gegenüber dem ungünstigen Ausgang nicht die Rede sein. Im ersten liegt im Gegenteil eine ausgesprochen negative Einstellung vor, die nur deswegen keine motivatorische Kraft besitzt, weil sie sich gegenüber der Wertung des erstrebten Erfolges als zu schwach erweist. Denn eine positive Wertung würde, soweit der Täter auf die Herbeiführung des Erfolges hinwirkt, Absicht voraussetzen, soweit er das nicht kann, jedenfalls ein Hoffen oder Wünschen. Beides liegt aber in den Fällen des Inkaufnehmens mit Beziehung auf den unbeabsichtigten Erfolg sicher nicht vor, und zwar weder im Fall der Unerwünschtheit noch im Fall der Gleichgültigkeit, so daß nach dieser Meinung stets Vorsatz entfallen müßte. Er bliebe beschränkt auf die sehr seltenen Fälle, in denen der Täter den ungünstigen Ausgang seines Handelns begrüßt, ihm dieser lieber ist als der günstige, weil er damit zwei Fliegen mit einer Klappe schlägt. Ausgeschieden aus dem Vorsatzbeweis bliebe also vor allem der Fall völliger Gleichgültigkeit gegenüber dem Ausgang, ein kriminalpolitisch untragbares Ergebnis.

Ja, nicht einmal bei G e w i ß h e i t des unerwünschten Erfolges liegt eine derartige positive Wertung dann vor, wenn der Täter diesen Erfolg lediglich in Kauf nimmt, nur daß hier die Probleme, da diese Fälle von den Anhängern der Willenstheorie ja als solche direkten Wollens angesehen werden, nicht praktisch werden.

Der Täter wird also — abgesehen von den seltenen Fällen, in denen er den ungünstigen Ausgang geradezu erhofft — sich gegenüber dem unbeabsichtigten Nebenerfolg entweder gleichgültig verhalten — und daß hier dolus eventualis vorliegt, sollte kaum zweifelhaft sein — oder aber er wird sich sagen: Es tut mir leid, daß es so kommen wird (Gewißheit des Nebenerfolges), oder: Es sollte mir leid tun, wenn es so käme (dolus eventualis). Auf jeden Fall aber ist mir mein beabsichtigtes Ziel wichtiger, und ich handele trotzdem. Das ist die typische Situation vorsätzlichen Handelns, und zwar ohne daß eine positive Bewertung des ungünstigen Ausgangs erforderlich wäre. Die Gleichgültigkeit gegen das Schicksal des geschützten Rechtsgutes, das aufs Spiel zu setzen die Rechtsordnung verbietet, ist das Entscheidende.

Es ist nun bemerkenswert, wie jene positive Einwilligungstheorie beim Handeln in Gewißheit und im Bewußtsein bloßer Möglichkeit zu völlig verschiedenen Methoden greift. Beim Handeln in Gewißheit ist die innere Einstellung zum Erfolg unstreitig bedeutungslos, obwohl auch hier ein Erstreben des Erfolges nicht vorliegt. Hier genügt nach einmütiger Auffassung das Bewußtsein, durch das eigene Handeln den verbotenen Erfolg notwendig zu verursachen. Beim dolus eventualis aber muß dann entsprechend an Stelle des Bewußtseins notwendiger Kausalität das Bewußtsein möglicher Kausalität ausreichen, und die abweichende Auffassung der Einwilligungstheorie ist letztlich von der Vorstellung einer Zweitrangigkeit des Eventualvorsatzes bestimmt, die es erforderlich macht, das Minus an Wahrscheinlichkeitsstärke durch eine emotionale Einstellung auszugleichen.

Vollends aber versagt jenes emotionale Kriterium bei den Deliktsvoraussetzungen, die als vom Willen des Täters unabhängig gar nicht erstrebt werden können und denen gegenüber demgemäß eine positive Wertung deswegen nicht in Betracht kommt, weil sie dem Täter ungünstig sind. Sieht sich der Täter der Möglichkeit gegenüber, die gefundene Sache sei nicht herrenlos, sondern verloren, rechnet er mit der Möglichkeit, das mißbrauchte Kind sei noch nicht 14 Jahre alt oder die Frau vielleicht verheiratet, sagt er sich, daß das zu erlegende Wild vielleicht in fremdem Jagdgebiet steht, dann soll diese Ungewißheit über verboten oder erlaubt nach dem Willen der Rechtsordnung ein Motiv für ihn sein, die Handlung zu unterlassen. Folgt er diesem Motiv bewußt nicht, so liegt darin der Vorwurf vorsätzlichen Handelns begründet. Einer positiven Bewertung der Möglichkeit der Deliktsrealisierung bedarf es nicht. Sie würde auch, wenn überhaupt bei solchen Merkmalen, deren Existenz für den Täter ja niemals erwünscht, sondern nachteilig ist, denkbar, das Gebiet des Vorsatzes in kriminalpolitisch unerwünschter Weise einschränken, indem hier der dolus eventualis praktisch ausgeschaltet wäre.

Ist so erwiesen, daß eine positive Billigung oder Einwilligung in den ungünstigen Ausgang nicht gefordert werden kann, und zwar selbst dann nicht gefordert werden kann, wenn man rein kriminalpolitische Gesichtspunkte für die Aufteilung des Gebietes des Zweifels maßgeblich sein läßt, so läßt die Formulierung anderer Autoren die Deutung zu, daß jedenfalls die Wertung der Erfolgsmöglichkeiten insofern von negativer Bedeutung sei, als Vorsatz dann ausgeschlossen werden müsse, wenn der Täter die ungünstige Möglichkeit innerlich abgelehnt, die günstige positiv gewertet habe. Damit würden wenigstens die Fälle der Gleichgültigkeit gegenüber dem Ausgang im Gegensatz zu der bisher erörterten Auffassung noch zum Vorsatz zu zählen sein. Vorsatz sei dann nicht gegeben, wenn der Täter auf den günstigen Ausgang vertraut oder ihn erhofft habe. Freilich: der eigentliche Ausgangspunkt der Einwilligungstheorie ist damit bereits verlassen. Denn nicht die positive Einstellung zu dem Erfolg, dessen Verursachung dem Täter zum Vorsatz zugerechnet werden soll, entscheidet, sondern die Wertung seines Gegenteils.

Was zunächst die Behauptung betrifft, daß das Erhoffen des günstigen Ausgangs trotz vorhandenen Bewußtseins der Möglichkeit auch des ungünstigen Ausgangs Vorsatz ausschließe, so kann nicht eingesehen werden, warum den Täter bei vollem Bewußtsein, alles dem Zufall zu überlassen, der Vorwurf vorsätzlichen Handelns nicht treffen soll, wenn er sich nur dabei sagt: Hoffentlich geht es gut aus! Daß ihm der günstige Ausgang lieber wäre als der ungünstige — und eine solche Einstellung wird ja allein durch diese innere Stellungnahme angezeigt — vermag im Gebiet des Zweifels Entscheidendes nicht zu besagen. Seine „Liebe" war jedenfalls nicht groß genug, um ihn zur Unterlassung der riskanten Tat zu veranlassen. Dabei mag zugegeben werden, daß zwischen den Fällen völliger Gleichgültigkeit gegenüber dem Resultat und denen, bei denen der Täter auf einen günstigen Ausgang hofft, Strafwürdigkeitsunterschiede bestehen. Diese Erwägung bildet ja auch die letzte Begründung für den Versuch der Einwilligungstheorie, die Fälle des Hoffens auf einen günstigen Ausgang aus dem strengeren Vorsatzbereich auszusondern. Aber trotz dieses Hoffens sagt sich der Täter doch: Die Möglichkeit, daß es auch anders kommen kann, besteht. Tritt statt des erhofften der ungünstige Erfolg ein, so kann ich es auch nicht ändern. Daß das aber eine Mißachtung der Rechtsordnung und Rücksichtslosigkeit gegenüber dem geschützten Rechtsgut ist, kann wohl ernstlich nicht bestritten werden. Die Feindseligkeit gegenüber dem Rechtsgut mag geringer sein, wenn der Täter hofft und damit zum Ausdruck kommt, daß ihm der ungünstige Ausgang unerwünscht ist. Aber die Wertschätzung des verletzten Gutes war jedenfalls nicht groß genug, um ihn von der Verfolgung seiner Ziele abzuhalten. In der Tatsache, daß er es darauf ankommen läßt, daß er die Entscheidung dem Zufall überläßt, kommt eine für den Vorsatz ausreichende Gleichgültigkeit zum Ausdruck, da die Möglichkeit der Verletzung des Rechtsguts für den Täter keine reale handlungsbestimmende Bedeutung hat. Und ebensowenig sollte bestritten werden, daß es eine solche ist, die ihrer Struktur und Intensität nach nicht zum Bereich der Fahrlässigkeit, sondern zu dem des Vorsatzes gehört.

Schwieriger ist die Entscheidung, wenn man auf die psychologische Erfahrungssituation verweist, in der sich der Täter gegenüber dem Bewußtsein der Möglichkeit einer Rechtsverletzung sagt: Ach was, es wird schon gut gehn!, er also gewissermaßen die Vorstellung der ungünstigen Möglichkeit aus seinem Bewußtsein verdrängt, da sie ihm unangenehm ist und evtl. ein tathemmendes Motiv werden könnte. Aber auch hier kann mit der an den Anfang gestellten These eine befriedigende Entscheidung getroffen werden. Denn entweder ist es in der Tat so, daß der Täter die Möglichkeit ungünstigen Ausgangs völlig aus seinem Bewußtsein ausschaltet, sich also bei der Abwägung des Entschlusses zur Tat nur noch der Vorstellung der Unmöglichkeit des ungünstigen Ausgangs gegenübersieht, wenn er also m. a. W. von dem problematischen Urteil: Der Erfolg kann eintreten! zu dem assertorischen: Der Erfolg wird nicht eintreten! fortschreitet[33]). Dann ist unzweifelhaft auch u. E. Vorsatz ausgeschlossen, und es kann den Täter nur noch der Vorwurf treffen, leichtsinnig die wirkliche Situation, die Erfolgschancen, nicht richtig erkannt und eingeschätzt zu haben. Oder aber, und das wird der Regelfall sein, er trifft die Feststellung: Es wird schon gut gehn! in dem Bewußtsein, daß er bei an sich gegebenem Risiko sich auf sein Glück verlassen, daß er es „darauf ankommen lassen" müsse. Dann aber bleibt trotz jener Worte das Bewußtsein, ein Risiko einzugehen, bestehen, ein Risiko etwa, wie es jeder Spieler

[33]) Vgl. Engisch S. 183 ff. In diesem Sinne wohl auch Liszt, Lehrbuch (1921), S. 174, und Liszt-Schmidt, Lehrbuch, S. 246.

eingeht, der auf den günstigen Ausgang hofft, aber sich doch stets auch des ungünstigen bewußt bleibt. Dann aber liegt in Wahrheit nur ein Fall der Hoffnung vor, der Täter überläßt die Entscheidung seinem Glück und damit dem Zufall, so daß keine Bedenken bestehen, hier einen Fall des dolus eventualis anzunehmen. Denn das bewußte (und selbstverständlich verbotene) Aufsspielsetzen fremder Rechtsgüter steht rechtlich der bewußten Verletzung gleich. Wer etwa mit dem anvertrauten Geld spekuliert, begeht eine Untreue, mag er auch selbstverständlich hoffen, die Spekulation werde gut auslaufen.

Dieses Ergebnis ist aber auch von unserem Ausgangspunkt, der Vorstellungstheorie, aus das allein richtige. Denn wenn man wirklich Ernst macht mit deren Lehre und in den Fällen der Nicht-Absicht die Zurückweisung der von der Vorstellung des Verbotenseins ausgehenden Motive als das wesentliche Vorsatzelement ansieht, gleichzeitig aber anerkennt, daß die Norm ein Handlungsverbot auch gegenüber der Vorstellung bloßer Möglichkeit der Rechtsverletzung enthält, dann kann man nur entweder das Verhalten des Täters gegenüber der Vorstellung der Möglichkeit als für den Vorsatz unbeachtlich erklären, oder aber man muß das Inkaufnehmen als dolus eventualis anerkennen, kann dann aber nicht Unterschiede der emotionalen Einstellung innerhalb jener Fälle machen, sondern muß, solange nur wirklich die Vorstellung der Möglichkeit vorhanden ist, immer dolus eventualis annehmen. Es sei denn, man würde unter Verzicht auf jeden echten Vorsatzbegriff sich mit einer nach Strafwürdigkeitsgesichtspunkten zu treffenden Zerreißung der Kette begnügen, einer Zerreißung, das kann gar nicht deutlich genug gemacht werden, die für viele Fälle den Sprung von der Vorsatzstrafe zur Straflosigkeit bedeutet.

IV.

Zusammenfassend ist daher festzustellen, daß es ohne Bedeutung für den Eventualvorsatz ist, ob der Täter die Möglichkeit des unerwünschten Erfolges innerlich abgelehnt oder die des günstigen erhofft hat. Denn solange er mit der Möglichkeit auch des ungünstigen Erfolges rechnet, kann die innere Ablehnung, die gegenüber der Tatsache und dem Bewußtsein, die Ursache für diesen möglichen Erfolg zu setzen, keinerlei Gewicht besitzt, strafrechtlich nicht von Belang sein. Entscheidend ist vielmehr, daß der Täter das Risiko eines ungewissen und damit möglicherweise ungünstigen Ausgangs in Kauf genommen und diese seiner Vorstellung nach nicht ausgeschlossene Möglichkeit hingenommen hat, um sein beabsichtigtes Ziel zu erreichen[34]). Es ist richtig, daß er hier nicht die Ge-

[34]) Der einzige Fall eines evtl. Wollens ist daher der, daß der Täter den Erfolg beabsichtigt, aber nur mit der Möglichkeit der Absichtsverwirklichung rechnet.

wißheit der Verletzung, sondern lediglich eine Gefährdung in Kauf genommen hat, ja es mag zugegeben werden, daß er bei Gewißheit des Erfolgseintrittes nicht gehandelt hätte. Aber das ist bedeutungslos, denn jeder Gefährdungsvorsatz ist zugleich eventueller Verletzungsvorsatz und damit, weil das Aufsspielsetzen geschützter Rechtsgüter ebenso verboten ist wie die sichere Verletzung, geeignete Grundlage für die Bestrafung wegen des vorsätzlichen Verletzungsdelikts. Wenn aber die innere Ablehnung des ungünstigen Erfolges die Wirkung einer Ueberzeugung vom Nicht-Eintritt des Erfolges zur Folge hat, wenn der Täter vom problematischen Urteil: Der Erfolg kann eintreten! zu dem assertorischen: Der Erfolg wird nicht eintreten! fortschreitet, dann ist das Gebiet des Zweifels verlassen, dann wird kein Risiko, keine Möglichkeit eines ungünstigen Ausgangs mehr in Kauf genommen, und es entfällt damit der Vorsatz.

V.

Eines der wesentlichen Argumente der Einwilligungstheorie, das an sich gegen die Wahrscheinlichkeitstheorie gerichtet ist, aber die hier vertretene Auffassung in der gleichen Weise trifft, bildet nun die Erwägung, daß das Sich-Begnügen mit der Feststellung einer Wahrscheinlichkeits- oder gar Möglichkeitsvorstellung und der Verzicht auf eine emotionale Beziehung zum Erfolg gerade den vorsichtigen und überlegenden Täter ungerecht belaste. Denn wer ängstlich und vorsichtig alle Möglichkeiten bedenke, werde mit dem Vorwurf vorsätzlicher Rechtsverletzung getroffen, wer dagegen, ohne sich Gedanken zu machen, in den Tag hineinlebe, komme mit dem Vorwurf der Fahrlässigkeit davon[35]).

Diese Beweisführung hält jedoch kritischer Untersuchung nicht stand. Ihr ist zunächst und vor allem vorzuwerfen, daß sie ein Widerrechtlichkeitsproblem in das Vorsatzgebiet verlagert, die Frage nämlich, wie sich der einzelne gegenüber der Möglichkeit einer Rechtsverletzung verhalten darf. Diese Verwechslung hat sich besonders verhängnisvoll für die Vorsatzlehre ausgewirkt. Denn die Situation der Gefährdung, die der Vorstellung der Möglichkeit der Erfolgsverursachung auf objektivem Gebiet entspricht, wirft zunächst einmal die Frage auf, ob unter solchen Umständen ein Handeln von der Rechtsordnung schlechthin verboten ist, wie wir oben zunächst annahmen, oder nicht vielmehr gewisse Risiken erlaubt sind. Diese Frage ist aus der Tatbestandslehre geläufig und mündet in die Feststellung aus, daß jedes soziale Leben notwendig gewisse Gefahren mit sich bringt, die — soll nicht jedes Gemeinschaftsleben unmöglich gemacht werden — nicht zu pönalisieren sind, sondern als notwendige Uebel auch von der Rechtsordnung

---

[35]) So schon Frank, ZStW. 10/210, Engisch, S. 182, v. Liszt, Lehrbuch (1921), S. 185.

in Kauf genommen werden müssen. Dem subjektiven Inkaufnehmen einer Gefährdung durch den Täter kann also ein objektives durch die Rechtsordnung entsprechen, das nicht erst das Verschulden, sondern bereits das Verbotensein der Tat ausschließt, so daß die Frage des Eventualvorsatzes keine Rolle mehr spielt. Wer sich derart sozial adäquat verhält, handelt rechtmäßig, mag er auch Gefahr und Verletzung herbeigeführt und vorausgesehen haben.

Damit ist zunächst in den Fällen sozial adäquater Gefährdung das Vorsatzproblem als nicht akut festgestellt. Denn ist dem Täter erlaubt, ein Risiko dieser Art einzugehen, dann durfte er eben so handeln und die Tatsache, daß er in Kenntnis der Möglichkeit einer Rechtsgutverletzung gehandelt hat, hat keine Bedeutung mehr.

Zum anderen aber gibt es Fälle, bei denen die Möglichkeit einer Rechtsverletzung so minimal ist, daß sie als „quantité negligeable" behandelt werden darf. Keine „Möglichkeiten" i. S. der Eventualdoluslehre und keine Gefahren im strafrechtlich erheblichen Sinne sind also solche, mit denen man nicht zu rechnen braucht, weil sie außerhalb jeder Normalität und menschlichen Erfahrung liegen. Wer aus einem Gewehr einen Schuß abgibt, kann die Möglichkeit nicht vollkommen ausschließen, daß dabei der Lauf platzt und Umstehende verletzt. Denkt der Täter an diese Möglichkeit, so hat er sich — tritt wirklich ein derartiger Fall ein — dennoch nicht vorsätzlicher Körperverletzung schuldig gemacht. Denn solche minimalen Risiken sind durch die Rechtsordnung nicht verboten, sie brauchen nicht in Rechnung gestellt zu werden, so daß auch hier die Vorsatzfrage keine Bedeutung mehr besitzt[36]).

Die Grenze dieser erlaubten Risiken festzulegen, ist an sich keine Frage der Schuldlehre und gehört daher nur bedingt in diesen Zusammenhang. Jedoch mag kurz darauf hingewiesen werden, daß diese Grenze durch den Begriff der „im Verkehr erforderlichen Sorgfalt" maßgeblich mitbestimmt wird, und zwar von der negativen Seite her. Denn die Feststellung, daß der Täter in concreto die im Verkehr erforderliche Sorgfalt außer acht gelassen hat, setzt die Verpflichtung voraus, daß er gegenüber der Möglichkeit einer Verletzung gewisse Vorkehrungen zu treffen hat, um Gefährdungen zu begegnen. Risiken einzugehen ist also nur im unbedingt erforderlichen Ausmaß erlaubt, der Täter hat alles zu tun, die Gefahr zu mindern oder ganz zu vermeiden. Hat er das jedoch getan, so trifft ihn kein Vorwurf, auch wenn trotzdem die Situation der Gefährlichkeit nicht beseitigt und eine Verletzung aus ihr entstanden ist, weder der Vorwurf rechtswidrigen noch auch der schuldhaften Handelns.

[36]) Das verkennt die Polemik Engisch's a. a. O., S. 181 f. gegen die sog. objektive Theorie. Das Sich-Beruhigen bei der Vorstellung minimaler und daher nicht zu beachtender Wahrscheinlichkeit schließt, wenn objektiv berechtigt, schon die Widerrechtlichkeit, sonst den Vorsatz aus.

Liegt jedoch auf objektivem Gebiet wirklich ein Fall verbotener Gefährdung vor, ein Fall also, in dem der Täter das erlaubte Risiko überschritten hat, so kann nicht der geringste Zweifel bestehen, daß denjenigen, der die so begründete Möglichkeit des verbotenen Erfolges und die Ueberschreitung des zulässigen Risikos erkennt und sich durch diese Vorstellung nicht von seinem Handeln abhalten läßt, ein generell schwererer Schuldvorwurf trifft als denjenigen, der fahrlässig aus der Möglichkeit die Gewißheit macht, der Erfolg werde nicht eintreten, oder der an eine solche Möglichkeit überhaupt nicht gedacht hat. Denn wer mehr weiß und erkennt, den trifft stets eine andere Verpflichtung und Verantwortung als denjenigen, der sich keine Gedanken gemacht hat. Wer eben als vorsichtiger und ängstlicher Mensch die Möglichkeit einer Rechtsverletzung sich vorstellt, der soll — und das allein ist ja das Entscheidende — sich durch diese Vorstellung zur Unterlassung seiner Handlung motivieren lassen. Und er wird durchaus nicht ungerecht belastet, wenn ihm aus der bewußten Verletzung einer rechtlichen Pflicht ein Vorwurf gemacht wird. Denn die Vorstellung der Möglichkeit der Rechtsverletzung begründet ja nicht als solche den Vorsatz, sondern das Trotzdem-Handeln. Hat der vorsichtige und ängstliche Täter die von ihm erwartete rechtstreue Gesinnung, so wird ja gerade die bei ihm vorhandene Vorstellung der Möglichkeit ihn motivieren, und damit entfällt jeder Vorwurf ihm gegenüber. Ja, seine Aengstlichkeit und Vorsicht wird ihm nicht zum Nachteil, sondern zum Segen, da sie ihn durch Unterlassung einer widerrechtlichen Handlung auch vor dem Vorwurf fahrlässigen Tuns bewahrt. Hat er jedoch die rechtstreue Gesinnung nicht und übertritt er die von der Möglichkeitsvorstellung ausgehende Warnung, so ist er im Gegensatz zum leichtsinnigen und gedankenlosen Täter bewußt schuldig geworden.

Wer etwa — wie in dem oft behandelten Beispiel Franks — im Bett raucht und dadurch einen Brand entfesselt, der wird in aller Regel überhaupt nicht das Bewußtsein einer wirklichen Möglichkeit haben, sondern wird zu der Feststellung gekommen sein: Da ich vorsichtig bin, ist ein Brand ausgeschlossen. Oder aber er wird allenfalls eine so entfernte Möglichkeit angenommen haben, daß er sie, und zwar mit Recht, als quantité negligeable behandelte. Sollte aber der Täter wirklich an die begründete Möglichkeit einer Brandstiftung gedacht und sich dennoch dieser Erkenntnis gegenüber gleichgültig gezeigt haben, weshalb sollte er dann weniger schuldhaft erscheinen als etwa der Chemiker, der um seiner Versuche willen die Gefahr, einen Brand zu verursachen, in Kauf nimmt?

Vollends ohne Bedeutung aber ist der Hinweis auf gewisse Fälle, in denen durch bloßes Nicht-Wollen des ungünstigen Erfolges der Vorsatz trotz Möglichkeits- oder Wahrscheinlichkeitsvorstellung ausgeschlossen sein soll.

Erwähnt sei hier zunächst der Fall des Arztes, der das Risiko einer gefährlichen Operation zur Rettung des Patienten eingeht, und ferner die Fälle, in denen Arbeitgeber, Kapitäne, Dienstvorgesetzte ihre Untergebenen zu gefährlichen Arbeiten anweisen, dabei mit der Möglichkeit eines Verunglückens rechnend. Diese Fälle beweisen, obwohl sie solche des Zweifels, der Möglichkeit unglücklichen Ausgangs, des Inkaufnehmens eines Risikos sind, für die Vorsatzlehre nicht das geringste. Denn der Vorsatz ist hier nicht deswegen ausgeschlossen, weil die emotionale Einstellung des Täters nicht auf den ungünstigen Ausgang gerichtet ist, sondern allein deswegen tritt Straflosigkeit ein, weil die Inkaufnahme derartiger Risiken von der Rechtsordnung erlaubt ist[37]). Diese Fälle beweisen also nur wieder die oben festgestellte Tatsache, daß es Fälle des erlaubten Risikos gibt, daß die Rechtsordnung in vielen Fällen gestattet, im Rahmen sozialer Adäquanz und Notwendigkeit Handlungen vorzunehmen, die gefährlich, ja sogar sehr gefährlich sind und damit die Möglichkeit eines unglücklichen Ausgangs in sich schließen. Die Lösung dieser Fragen liegt daher allein im Bereich der Widerrechtlichkeit. Ist dagegen in solchen Fällen das Inkaufnehmen des Risikos nicht erlaubt, sind die Grenzen des Notwendigen und sozial Adäquaten überschritten, so besteht auch hier nicht das geringste Bedenken, bedingten Vorsatz anzunehmen, wenn der Täter sich der Möglichkeit des ungünstigen Ausgangs bewußt war und trotzdem handelte. Und im übrigen: Was kann es bedeuten, wenn man hier Vorsatz ausschließt, weil es beim Täter an der emotionalen Einstellung zum ungünstigen Erfolg gefehlt habe? Es würde das lediglich die Zuweisung der Fälle zum Bereich der Fahrlässigkeit bedingen, wobei dann auch hier wieder die gleiche und allein entscheidende Frage akut wird, ob nämlich die Inkaufnahme eines solchen Risikos im konkreten Fall gestattet war oder nicht, ob also der Täter eine Verpflichtung zur Sorgfalt verletzt.

Die Richtigkeit dieser Entscheidung zeigt sich aber auch, wenn man den gegenteiligen Fall betrachtet, also z. B. annimmt, der Arzt habe die Operation in der Hoffnung vorgenommen, der Patient werde dabei ums Leben kommen.

Ist dann die Vornahme der Operation objektiv nach den Regeln der ärztlichen Heilkunst notwendig oder auch nur zulässig, und hat der Täter auch bei der Operation die Regeln seines Berufes beachtet, so ist sein Verhalten rechtmäßig, erlaubt, auch wenn die

---

[37]) Den gleichen Fehler der Verlagerung des Widerrechtlichkeitsproblems in den Vorsatzbereich machen auch jene Autoren, die etwa ausführen: psychologisch reiche der Vorsatz bis zur Vorstellung entferntester Möglichkeiten. Zur strafrechtlichen Schuld werde er jedoch nur, wenn die Grenze überschritten sei, wo sich der pflichtgetreue Staatsbürger zur Unterlassung einer Handlung motivieren lasse durch die Vorstellung der Möglichkeit (vgl. Hauser GS. 54/161 ff., Sturm, Strafrechtl. Verschulden, S. 67)

Operation tötlich ausgeht. Es kann daher gar nicht mehr darauf ankommen, ob er subjektiv zur Rettung oder Vernichtung des Patienten tätig geworden ist, und wie er im einzelnen die Wahrscheinlichkeitsakzente verteilt hat.

Liegt dagegen eine Verletzung der Regeln der Heilkunst vor, so ist bei Beabsichtigung und sicherer Voraussicht des tötlichen Ausgangs ohne weiteres vorsätzliche Tötung gegeben. Stellt sich dagegen der Täter lediglich die Möglichkeit dieses Ausgangs vor und erkennt er die Tatsache fehlender medizinischer Indikation, so handelt er u. E. stets vorsätzlich, wenn diese Vorstellung für ihn nicht Gegenmotiv wird. Auf seine emotionale Einstellung zum Erfolg, auf die Hoffnung auf einen günstigen Ausgang, kommt es nicht an. Denn nicht nur das Töten, sondern auch das Aufs-Spiel-Setzen fremden Lebens ist durch die §§ 211 ff. verboten[38]).

Wir kommen damit gegenüber diesen Einwendungen zu dem Ergebnis, daß in all den Fällen, in denen man nur mit Hilfe einer positiven emotionalen Einstellung des Täters zum günstigen Erfolg zu gerechten Entscheidungen zu kommen vermeinte, der maßgebende Gesichtspunkt schon bei der Widerrechtlichkeit liegt. Denn entweder ist es erlaubt, Risiken einzugehen. Dann kann weder die dadurch herbeigeführte Gefährdung noch die daraus resultierende Verletzung eine objektive strafrechtliche Verantwortlichkeit ergeben. Oder aber das Risiko war verboten, der herbeigeführte Zustand der Gefährdung nicht rechtmäßig. Dann sind bei ungünstigem Ausgang die objektiven Haftungsvoraussetzungen gegeben, und die Annahme eines Vorsatzes setzt nichts weiter voraus, als daß dem Täter die — begründete — Möglichkeit der Rechtsverletzung bewußt war.

Zusammenfassend ist damit für die Frage des Umfanges des Eventualvorsatzes festzustellen: Dolus eventualis bedeutet Handeln mit der Vorstellung möglicher Rechtsverletzung. Der gesamte Bereich des Zweifels gehört also zum Vorsatz. Seine Grenze liegt einmal dort, wo der Zweifel aufhört und das Bewußtsein beginnt, der Eintritt des ungünstigen Erfolges sei unmöglich, oder dort, wo die Möglichkeit ungünstigen Ausgangs so gering veranschlagt wird, daß sie nicht in Rechnung gestellt zu werden braucht.

VI.

Die Rechtfertigung unserer Auffassung wäre nicht umfassend, wenn nicht noch gleichzeitig ein Blick in das Nachbargebiet der Fahrlässigkeit geworfen und das Gebäude des Vorsatzbegriffes auch nach dieser Seite hin genügend abgestützt würde. Dabei ist daran zu erinnern, daß es u. E. wie einen festen Begriff des Vorsatzes so

[38]) Für das Gebiet der Fahrlässigkeit — auch der bewußten — weist schon Exner, Das Wesen der Fahrl. (1910), S. 193 auf diesen meist nicht genügend berücksichtigten Gesichtspunkt hin.

auch einen der Fahrlässigkeit gibt und die Berechtigung der hier vertretenen Ansicht daher nur dann zu erweisen ist, wenn feststeht, daß in den Bereich des Vorsatzes keine Fälle gezogen sind, die wesensmäßig als solche der Fahrlässigkeit anzusprechen sind, und umgekehrt.

Man pflegt den angrenzenden Bereich der Fahrlässigkeit als bewußte Fahrlässigkeit zu bezeichnen und will damit zum Ausdruck bringen, daß anders als bei der unbewußten Fahrlässigkeit der Täter hier die Vorstellung von der Möglichkeit der Rechtsverletzung gehabt hat. Mit dieser These ist unsere Auffassung aber in der Tat nicht vereinbar. Denn wenn wir zum Vorsatz alle Fälle ziehen, in denen der Täter das echte Bewußtsein möglicher Rechtsverletzung hatte und trotzdem unter Inkaufnahme des Risikos handelte, so fallen in den benachbarten Bereich der Fahrlässigkeit, die wir als bewußte dann nur noch bedingt werden bezeichnen können, nur solche Fälle, in denen dem Täter das Bewußtsein der Möglichkeit der Rechtsverletzung entweder überhaupt fehlte, er also an die Unmöglichkeit glaubte, oder aber er zwar die Möglichkeit als gegeben erkannte, sie jedoch so gering veranschlagte, daß er — irrtümlich — überzeugt war, sie als unbeachtlich behandeln zu dürfen. Im letzten Fall kann auch nach unserer Auffassung von einer „bewußten" Fahrlässigkeit hier vielleicht noch gesprochen werden. Im übrigen aber gehören die Fälle der „bewußten" Fahrlässigkeit zum dolus eventualis.

Diese Bestimmung der sog. bewußten Fahrlässigkeit entspricht nun einer oft gebrauchten Formulierung, die bei völlig anderem Ausgangspunkt auf der Vorsatzseite das Wesen der Fahrlässigkeit darin erblickt, daß der Täter die Chancen der Möglichkeit einer Rechtsverletzung zu gering veranschlagte und deshalb nicht auf die Vorstellung i. S. einer Unterlassung seiner Handlung reagierte[39]).

Das gemeinsame Merkmal dieser Auffassungen ist die Erkenntnis, daß das Wesen der Fahrlässigkeit im Irrtum über die Verletzung rechtlicher Gebote besteht, das gemeinsame Merkmal aller Formen der Fahrlässigkeit also die unbewußte Verletzung der Rechtsnorm ist. Diese Auffassung, die allerdings zur herrschenden Vorsatzlehre in auffälligem Gegensatz steht, kann von uns unbedingt unterstrichen werden. Denn es ist in der Tat so, daß der Wesensunterschied zwischen Vorsatz und Fahrlässigkeit darin besteht, daß der vorsätzlich handelnde Täter in dem Bewußtsein handelt, Unrecht zu tun, während die Fahrlässigkeit durch das Fehlen dieses Bewußtseins, durch ein gutes Gewissen gekennzeichnet ist[40]). Das bedeutet aber, daß es einen Wesensunterschied zwischen bewußter

---

[39]) Vgl. Beling, Unschuld, S. 35 ff., R. Schmidt, Grundriß, S. 98.

[40]) Binding, Normen II, S. 132 ff., 337; Engelmann, Rechtsbeachtungspflicht, S. 21; R. Schmidt a. a. O., S. 99.

und unbewußter Fahrlässigkeit nicht gibt, vielmehr alle Fahrlässigkeit ihrem Wesen nach gekennzeichnet ist durch das Fehlen des Bewußtseins, Unrecht zu tun. Alle Fahrlässigkeit ist unbewußte Fahrlässigkeit. Nur so ist eine klare und sachlich befriedigende Scheidung zwischen vorsätzlicher und fahrlässiger Schuld möglich.

Dieser Unterschied entspricht aber völlig der Abgrenzung zwischen dolus eventualis und Fahrlässigkeit, wie wir sie oben getroffen haben. Wer im Bewußtsein möglicher Rechtsverletzung trotzdem handelt, den trifft der Vorwurf vorsätzlichen Handelns mit Recht, weil er die Vorstellung hatte, unerlaubte Risiken einzugehen, weil er im Bewußtsein des Normverstoßes handelte. Hier wäre eine Einengung nur durch Einengung der Norm möglich, die dann gegenüber bestimmten Risiken keine Unterlassung des Handelns mehr fordern würde. Wer sich dagegen mit der Vorstellung beruhigt, der Erfolg werde nicht eintreten, oder wer die Möglichkeit des Erfolgseintritts als quantité negligeable behandelte, auch wenn sie objektiv keine solche war, dem fehlt jenes Bewußtsein, und ihm kann daher lediglich Fahrlässigkeit zur Last fallen. So und nur so ist die von uns behauptete qualitativ-begriffliche Abgrenzung zwischen Vorsatz und Fahrlässigkeit möglich.

Vorsatz ist demnach bewußte Schuld und der Ausgangspunkt für sein Verständnis kann nur das Bewußtsein sein, Unrecht zu tun. Er setzt also nicht unter anderem auch das Bewußtsein des Normverstoßes voraus, sondern ist seinem Wesen nach bewußter Normverstoß. Die Vorstellung von der Norm, die sowohl das Erstreben wie das Bewirken des Verbotenen verbietet, soll nach dem Willen der Rechtsordnung Motiv für die Unterlassung sein. Es ist aus diesem Grunde auch systematisch unrichtig, die Darstellung der Vorsatzlehre mit der Kenntnis der einzelnen Tatumstände zu beginnen und dieser dann die Feststellung anzufügen, neben der Kenntnis jener Elemente bedürfe es auch noch des Bewußtseins der Rechtswidrigkeit. Sondern umgekehrt hat jede Vorsatzlehre mit der Feststellung zu beginnen, daß Vorsatz bewußte Schuld, Handeln im Bewußtsein des Verbotenseins sei. Die Kenntnis der Einzeltatumstände ist zwar erforderlich, aber nur von sekundärer Bedeutung. Sie ist nur deswegen notwendig, weil diese Einzeltatumstände zusammengenommen gerade die rechtliche Mißbilligung der Tat zum Ausdruck bringen und ihre Kenntnis daher dem Täter die Elemente für das Bewußtsein der Rechtswidrigkeit liefert. Die Grundlage und der Ausgangspunkt aber ist die Vorstellung von der rechtlichen Norm und ihrer Verletzung durch die Tat. Von dieser Grundlage aus aber erweist sich auch die Verknüpfung der Vorsatzlehre mit der Vorstellungstheorie als wesentlich und notwendig. Denn das Bewußtsein der Rechtswidrigkeit hat in der Vorsatzlehre nur dann seinen Platz, wenn man das Handeln als bewußte Zurückweisung der tathemmenden Motive betrachtet, die von der Norm ausgehen.

VII.

Erst nach Abschluß all dieser Untersuchungen kann zu der Frage nach dem Wesen des Vorsatzes endgültig Stellung genommen werden.

Vorsatz ist nach dem Ergebnis unserer Erörterungen bewußte Normverletzung, ist Handeln mit dem Bewußtsein sicheren oder möglichen Normverstoßes. Dieses Bewußtsein verknüpft den Vorsatz mit dem Schuldvorwurf, macht ihn aus einer rein psychologischen Beziehung zur Schuldform. Er ist gekennzeichnet durch den Tatentschluß, der im Bewußtsein des Verbotenseins der Handlung und unter Abweisung der von dieser Vorstellung ausgehenden Motive gefaßt und ausgeführt wird. Ob alle jene als Inhalt der Vorstellung bedeutsamen Momente bei der Ausführung auch Inhalt des Willensentschlusses werden, ist dabei letztlich nicht entscheidend.

Die Grenzen des Vorsatzes werden einmal durch das Merkmal des Bewußtseins festgelegt. Nur die *bewußte* Normverletzung begründet Vorsatz, die unbewußte evtl. Fahrlässigkeit. Bewußtsein aber heißt Vorstellung von den die Widerrechtlichkeit der Tat begründenden Momenten als der Grundlage für das Bewußtsein der Widerrechtlichkeit, Bewußtsein von der Norm und ihrer Verletzung durch die konkrete Tat.

Zum anderen aber sind Inhalt und Grenzen des Vorsatzes bestimmt durch den Inhalt der Norm selbst. Diese enthält zunächst ein doppeltes Verbot: Einmal das Verbot, rechtswidrige Erfolge zu erstreben, zum anderen das Verbot der Bewirkung solcher Erfolge. Dabei wird im ersten Fall der Vorsatz dadurch gekennzeichnet, daß das betätigte Zweckstreben als solches ohne Rücksicht auf den Grad der Erfolgsaussichten die Vorsatzstrafe nach sich zieht, während im zweiten das Bewußtsein der Verursachung unbeabsichtigter Folgen Vorsatz begründet. Im letzteren Falle und nur in ihm ist wieder zu unterscheiden zwischen der Vorstellung notwendiger und nur möglicher Kausalität. Beide reichen nach unseren Feststellungen zur Bejahung des Vorsatzes aus, nur daß im letzteren die mindere Form des dolus eventualis vorliegt. Oder allgemein und nicht beschränkt auf die Fälle der Erfolgsverursachung ausgedrückt: Der Bereich des Vorsatzes erstreckt sich bis zu den Fällen, in denen der Täter noch mit dem Bewußtsein handelt, durch sein Verhalten möglicherweise eine Rechtsverletzung zu bewirken.

Die Erscheinungsformen des Vorsatzes sind damit das Handeln mit direktem Wollen, mit dem Bewußtsein notwendiger und mit dem Bewußtsein möglicher Normverletzung, wobei sich der Fall der Absicht bezüglich eines verbotenen Erfolges als Sonderfall aus dem Bereich sicherer Rechtsverletzung heraushebt.

VIII.

Diese Feststellungen lassen einen Vorsatzbegriff entstehen, dessen Ausdehnung sehr weit ist und in dem normativ sehr verschiedene Fälle zusammengefaßt sind. Zwischen der Willensintensität der Absicht und des direkten Wollens und der Inkaufnahme entferntester, aber noch relevanter Möglichkeiten liegt ein solcher Raum, daß die Frage berechtigt erscheint, ob es richtig ist, wie bisher innerhalb des Vorsatzbereiches nur qualitative Unterschiede anzuerkennen. Denn nach dem heutigen Zustand wird (abgesehen von ganz seltenen Ausnahmen, z. B. § 164) grundsätzlich zwischen dolus directus und dolus eventualis überhaupt nicht unterschieden. Wo es aber dennoch geschieht, da nur in der Weise, daß der dolus eventualis völlig aus dem Bereich der Strafbarkeit ausscheidet. Beides erscheint gleich problematisch.

Zunächst legt der große Raum zwischen direktem Wollen und Inkaufnehmen entfernter Möglichkeiten es nahe, zwischen diesen Fällen quantitative Unterschiede auch gesetzgeberisch anzuerkennen. Wer den Tod eines Menschen beabsichtigt und wer bei einer Brandstiftung die sehr entfernte Möglichkeit, daß die Bewohner des Hauses nicht mehr gerettet werden können, in Kauf nimmt, der hat zwar in beiden Fällen „vorsätzlich" gehandelt, aber die normativen Unterschiede beider Fälle liegen so auf der Hand, daß es sinnvoll erscheint, ihnen durch eine generelle Möglichkeit der Strafherabsetzung bei bedingtem Vorsatz Rechnung zu tragen. Das Vorbild dazu enthält für einen Einzelfall bereits jetzt das Gesetz selbst in Gestalt des § 164, dessen Abs. 5 eine niedrigere Sonderstrafe für den dolus eventualis androht. Eine solche Regelung legt aber auch die Erwägung nahe, daß im dolus eventualis der Gefährdungsvorsatz mit Verletzungserfolg getroffen wird. Der die Rechtsverletzung riskierende Täter ist nicht der gleiche Sünder wie der in Gewißheit der Verletzung handelnde oder der Täter mit Verletzungsabsicht. Diese Erwägungen dürfen aber nicht, wie es de lege lata geschieht, zu einer Zerreißung des Vorsatzes führen, indem das Bestreben nach Ausscheidung entfernterer Möglichkeiten einer Rechtsverletzung eine Zäsur innerhalb des Handelns mit der Vorstellung der Möglichkeit herbeigeführt und einen Teil dieser Fälle in den Bereich der Fahrlässigkeit verwiesen hat. Es wäre vielmehr nur de lege ferenda zu fordern, für alle Fälle des dolus eventualis eine generelle Strafmilderung vorzusehen, die entweder fakultativ zu gestalten wäre oder besser noch, sie grundsätzlich vorzusehen mit der Ergänzung durch eine fakultative Strafschärfung.

Weniger eindeutig liegen die Dinge bei der völligen Ausscheidung des dolus eventualis aus dem strafbaren Bereich bei den Absichts-

und Wissentlichkeitsdelikten. Soweit diese Ausscheidung die echten Absichtsdelikte betrifft, bei denen das besondere Motiv des Täters dem Delikt erst seine Eigenart gibt, ist die Regelung kaum problematisch. Die gewinnsüchtige Absicht, die Schädigungsabsicht dienen dem Gesetzgeber dazu, besonders strafwürdige Motivlagen zu kennzeichnen. Hier ist weder die Einbeziehung des dolus eventualis noch auch das Inkaufnehmen notwendiger Nebenfolgen als strafbegründend am Platze. Anders in den Fällen der Wissentlichkeit. Jedoch kann hier die Entscheidung nicht generell, sondern nur bei dem einzelnen Delikt erfolgen. Der § 164 StGB. enthält ein positives Beispiel dafür, wie eine derartige Differenzierung bei Einbeziehung des gesamten Vorsatzes aussehen könnte. Er zeigt aber zugleich auch, wie der Gesetzgeber im Abs. 5 eine Sonderstrafdrohung für den dolus eventualis, wie wir sie hier generell vorgeschlagen haben, bereits geschaffen hat. Denn die Fälle der Gewißheit sind durch Abs. 1 ja bereits erfaßt.

Eine solche Regelung würde die kriminalpolitischen Ziele, die für das geltende Recht zu einer unbefriedigenden Einengung des Vorsatzbegriffes geführt haben, in auch dogmatisch befriedigender Weise verwirklichen.

Das Recht des Kriegsverbrechers auf rechtliches Gehör

Von Dr. Walter Schätzel, Professor in Mainz

Das Völkerrecht befindet sich in einem Stadium rascher Fort- und Umbildung. Es ist juristischer geworden. Viele Rechtsfragen, die in früheren Hand- und Lehrbüchern kaum erwähnt sind, tauchen heute als wichtige Probleme auf, werden für das Schicksal zahlreicher Einzelpersonen entscheidend. Zu den Vorwürfen, welche deutschen Angeklagten häufig gemacht werden, gehört auch der, daß sie feindliche Personen ohne jedes gerichtliches Verfahren bestraft, vielleicht sogar getötet haben. Es ist bekannt, daß gewisse Erlasse der deutschen Heeresleitung solche Exekutionen vorschrieben. Es soll hier ganz davon abgesehen werden, ob der materielle Inhalt dieser Befehle vertretbar war — häufig war er es nicht —, sondern nur die rein prozessuale Frage untersucht werden, ob jede Person, der Verstöße gegen das Kriegsrecht zur Last gelegt werden, einen Anspruch auf ein förmliches gerichtliches Verfahren hat oder ob gegen sie einfache Akte der Kommandogewalt zulässig sind. Wir wollen diese Beschuldigten hier „Kriegsverbrecher" nennen, ohne daß darin ein moralischer Vorwurf liegen soll. Jeder weiß, daß Akte höchster Vaterlandsliebe und Hingabe von der Gegenseite aus gesehen als „Kriegsverbrechen" gewertet werden können.

Wir werden die Prüfung unserer Frage am besten historisch vornehmen. Dabei brauchen wir in der Geschichte nicht allzu weit zurückzugehen. Es kann nicht dem geringsten Zweifel unterliegen, daß jahrhundertelang irgendein gerichtliches Verfahren wegen des Vorwurfs des Kriegsverbrechens nicht erforderlich war. Es wäre auch überflüssig gewesen, denn nach ältestem Kriegsrecht stand das Leben jedes gefangenen Feindes sowieso zur Verfügung des Siegers. Er konnte ihn töten oder als Sklaven, servus, aufbewahren. Es machte daher nicht den geringsten Unterschied, ob und in welcher Weise der Gefangene feindlich tätig geworden war. Immerhin ist zu bemerken, daß uns schon aus dem Altertum einige Fälle überliefert sind, in welchen es der Sieger für angebracht hielt, sich eines förmlichen Gerichtsverfahrens zu bedienen. So berichtet Herodot[1]) von einem solchen Vorkommnis aus der Zeit des Perserkönigs Kambyses. In der Stadt Memphis in Aegypten war im Jahre 524 v. Chr. ein persischer Herold, der die Stadt zur Ueber-

[1]) Herodot Geschichte Buch 3 Kap. 13.

gabe auffordern sollte, samt seiner Begleitung umgebracht worden. Kambyses ließ darauf nach der Einnahme der Stadt die zehnfache Zahl der angesehensten Bürger durch seine Richter zum Tode verurteilen. Ausführlich ist der Bericht von Thukydides über den Prozeß von Platää im Jahre 427 v. Chr.[2]). Die Platäer, obgleich äolischen Stammes, hatten sich Athen angeschlossen und wurden deshalb von den stammverwandten Thebanern mit besonderem Haß verfolgt. Sie wurden im Peloponnesischen Krieg von den Lakedämoniern und Thebanern belagert und mußten sich schließlich, da athenische Befreiungsversuche mißlangen, ergeben. Sie taten dies unter der Bedingung, daß die Lakedämonier über sie ein gerechtes Gericht abhielten. Sie wurden darauf von diesen vor ein Gericht gestellt. Thukydides gibt eingehend die Plädoyers der beiden Seiten wieder. Das Ergebnis war, daß sämtliche männliche Platäer zum Tode verurteilt und hingerichtet wurden.

Diese beiden Fälle sind jedoch seltene Ausnahmen. Sonst sind Verfahren dieser Art nicht üblich gewesen, namentlich auch nicht gegen die feindlichen Könige und Feldherren, obgleich sie nach antiker Sitte meistens getötet wurden, doch hatte diese Tötung keinerlei strafrechtlichen, sondern religiösen Charakter und ist aus der alten Uebung des Dankopfers herzuleiten.

Im Mittelalter lassen sich Prozesse dieser Art nicht feststellen. Jeanne D'Arc ist zwar 1431 in Rouen wegen einer ganzen Reihe von Anklagepunkten zum Tode verurteilt worden, unter denen sich auch rein kriegsrechtliche befanden, wie das Verbot, Gefangene zu machen, doch ist das ganze Verfahren in der Form eines Ketzerprozesses nach den Vorschriften des kanonischen Rechts durchgeführt worden, es besagt also für das Kriegsrecht selbst und sein Verfahren nichts. Der spanische Dominikaner Franciscus de Victoria zur Zeit Karls V.[3]) ermahnt den Sieger, wenn er den Besiegten bestraft, sich streng als Richter zu fühlen, der für seinen Richterspruch Gott verantwortlich ist, doch ist dabei offenbar nicht an die Innehaltung eines Verfahrens als vielmehr an die verhängte Strafe gedacht. Auch Grotius, der eingehend von der Bestrafung des schuldigen Kriegsgegners handelt[4]), erwähnt mit keinem Wort die Notwendigkeit eines förmlichen Strafverfahrens. Selbst Vattel[5]), der Gründer des modernen Völkerrechts, wie es bis zum ersten Weltkrieg bestand, kennt diese Frage noch nicht, ja man kann aus seinen Worten schließen, daß er ein Verfahren nicht für nötig hält, da nach seiner Meinung der Sieger jeden Gefangenen, der sich eines

[2]) Thukydides, Geschichte des Peloponnesischen Krieges Buch 3 Kap. 52.

[3]) Franciscus de Victoria Relectiones theologicae. Relectio De jure belli.

[4]) Grotius De jure belli ac pacis 1625 Buch II Kap. 20 De poenis.

[5]) Vattel Droit des Gens 1758 Buch 3 § 152.

Kriegsverbrechens schuldig gemacht hat, einfach als Sklaven verkaufen kann.

Die entscheidende Wendung ist mit der Großen französischen Revolution eingetreten. Sie wandte sich unter anderem gerade gegen die willkürliche Uebung des absoluten Königstums, Verbrecher und politische Gegner ohne jedes Verfahren abzutun oder einzukerkern. Daher betonte sie mit größter Schärfe die Notwendigkeit strafrechtlicher Verfahren. Jeder Beschuldigte hatte danach einen Anspruch auf ein Urteil. In den Grundrechten kommt dieser Gedanke an verschiedenen Stellen zum Ausdruck. „Tout homme est présumé innocent jusqu'à ce qu'il ait été déclaré coupable"[6]. „Nul homme ne peut être accusé, arrêté, ni detenu que dans les cas déterminés par la loi et selon les formes qu'elles ont prescrites"[7]. „Tout acte exercé contre un homme hors des cas et sans les formes que la loi détermine, est arbitraire et tyrannique"[8]. „Ceux qui solliciteraient, expédieraient, signeraient, exécuteraient ou feraient exécuter des actes arbitraires, sont coupables et doivent être punis"[9].

Diese Grundrechte waren zunächst gedacht als Bindungen des staatlichen Gesetzgebers gegenüber seinen eigenen Untertanen und bedeuteten damit eine Richtschnur und Schranke für die innerstaatliche Gesetzgebung. Innerhalb des folgenden Jahrhunderts setzten sie sich fast durchweg in ganz Europa durch. Dagegen hatten diese Sätze zunächst nichts mit dem Völkerrecht zu tun. Immerhin lag der Gedanke einer entsprechenden Anwendung dieser Prinzipien auf analoge Fälle kriegsrechtlicher Beschuldigung nahe. Wenn jeder Mörder und Räuber einen Anspruch auf einen ordentlichen Prozeß hatte, war nicht einzusehen, warum er einem feindlichen Untertan, welcher der Spionage oder Freischärlerei beschuldigt wurde, vorenthalten werden sollte. In der Tat finden wir seit jener Zeit solche kriegsrechtlichen Prozesse, wenn sie zunächst auch noch selten waren. Eine gewisse Berühmtheit hat der während des Unabhängigkeitskrieges von amerikanischer Seite gegen den englischen Major André durchgeführte Prozeß erlangt, der von den Engländern heimlich zu Verhandlungen mit dem amerikanischen General Arnold entsandt, und von den Amerikanern festgenommen, kriegsgerichtlich verurteilt und gehängt wurde[10]. Auch Napoleon I. hat sich gegenüber irgendwie hervorragender Gegner durchweg des .Mittels eines Kriegsgerichts bedient. So sind z. B.

[6] Allgemeine Menschrechte von 1789 Art. 9.

[7] a. a. O. Art. 7.

[8] Allgemeine Menschrechte von 1793 Art. 11.

[9] a. a. O. Art 12.

[10] Vgl. zu diesem Prozeß Bluntschli, Das moderne Völkerrecht 1868 § 628; Georg Friedrich von Martens, Précis du Droit des Gens moderne de l'Europe 1788 Buch 8 Kap. 4; Oppenheim, International Law 2. Aufl. 1912, Bd. 2, S. 198.

Andreas Hofer, die Schillschen Offiziere und der Buchhändler Palm auf diese Weise zum Tode verurteilt und hingerichtet worden. Aber das waren Ausnahmefälle, deren Bedeutung durch das Verfahren hervorgehoben werden sollte. Niemand hat damals noch daran gedacht, in jedem Fall einer Spionage oder einer Freischärlerei ein Kriegsgericht einzuberufen.

Im Laufe des 19. Jahrhunderts dringt die rechtsstaatliche Idee bei allen zivilisierten Staaten weiter durch. Daraus ergeben sich Rückwirkungen für das Völkerrecht. So finden wir in den amerikanischen Kriegsartikeln von 1863, die von dem Professor Lieber verfaßt waren, folgende Bestimmung[11]):

„Whenever feasible, Martial Law is carried out in cases of individual offenders by Military Courts."

Die Vereinigten Staaten sind die ersten gewesen, welche daran gedacht haben, im Kriege Angeklagten eine solche prozessuale Sicherung zu geben. Es wird zwar der formelle Prozeß vor einem Kriegsgericht noch nicht zwingend vorgeschrieben, er soll nur stattfinden, wenn es tunlich ist, aber der entscheidende Anfang ist damit gemacht. Es ist immerhin der Prozeß als die Regel aufgestellt.

Die Doktrin hat diese Regel sofort übernommen. Der Einfluß zeigt sich z. B. in dem bekannten Völkerrechtsbuch von Bluntschli, der zwar noch nicht den allgemeinen Grundsatz kategorisch aufstellt, aber an zahlreichen Stellen von kriegsgerichtlicher Verurteilung spricht[12]). Dementsprechend war dann namentlich auch die tatsächliche Uebung im deutsch-französischen Krieg von 1870/71. Das Generalauditoriat, also die höchste militärgerichtliche Anklagebehörde, gab unter dem 25. Juli 1870 Anweisungen, daß im Laufe des Krieges in allen Fällen, in denen die Schuld zweifelhaft wäre oder Zeugen zu hören seien, ein gerichtliches Verfahren durchzuführen sei, während in den Fällen der augenscheinlichen Schuld die Vollstreckungen ohne Prozeß vorgenommen werden könnten[13]). Danach ist in diesem Kriege verfahren worden. Nach dem Kriege haben zwischen den Völkerrechtlern der beiden Länder umfangreiche Diskussionen über die Zulässigkeit dieser oder jener Maßnahme stattgefunden. Viele Beschuldigungen sind namentlich von französischer Seite erhoben worden. Der erwähnte Erlaß des Generalauditoriats ist jedoch nicht angegriffen worden, ein Beweis, daß sein Inhalt der Ueberzeugung der damaligen Zeit entsprach.

Wenige Jahre nach dem deutsch-französischen Krieg, 1874, hat in Brüssel eine erste Konferenz zum Zwecke der Kodifizierung des Landkriegsrechts stattgefunden, die besonders die Erfahrungen

[11]) Art. 12 der Kriegsartikel, abgedruckt als Anhang zu dem Völkerrechtsbuch von Bluntschli 1868.

[12]) Bluntschli a. a. O. §§ 598, 602, 610, 625, 636.

[13]) Loening, Das Generalgouvernement im Elsaß 1874, S. 91.

dieses Krieges berücksichtigen und verarbeiten sollte. Sie brachte denn auch in prozessualer Beziehung einen Fortschritt. Der Artikel 20 des von ihr ausgearbeiteten Entwurfs bestimmte:

„L'espion pris sur le fait sera jugé et traité d'après les lois en vigueur dans l'armée qui l'a saisi."

Die Diskussion über diesen Artikel gibt volle Klarheit über die damals herrschenden Auffassungen. Die kleinen Staaten hatten nämlich Bedenken geäußert, ausdrücklich ein Recht auf Tötung des Spions anzuerkennen, da Spionage nach herrschender völkerrechtlicher Auffassung keine verbotene Handlung ist. Dem traten jedoch die Vertreter der großen Militärmächte entgegen. Der deutsche Bevollmächtigte, der General Voigt-Rhetz, erklärte[14]:

„Si l'on supprime ce paragraphe, on met de fait l'espion hors la loi. La clause est destinée à lui donner le droit d'être jugé et de se défendre. S'il n'y a pas de règle à cet égard, il sera fusillé ou pendu sans jugement. Loin donc de constituer une aggravation c'est un adoucissement que de dire qu'il doit être jugé."

Diesen Ausführungen wurde von keiner Seite widersprochen, vielmehr wurden sie von dem russischen Vertreter im gleichen Sinne unterstützt. Er erklärte:

„Il s'agit simplement de dire que lorsqu'on prend un espion, on le livre à la justice. Il y a parité pour tous les Etats. D'ailleurs l'article proposé est une garantie d'humanité. L'espion saisi sera jugé. Si l'on se taisait, il risquerait d'être fusillé sur place, dans l'ardeur de la lutte, sans que sa culpabilité fut constaté."

Auf diese Ausführungen erfolgte von anderer Seite nur der Einwand, daß die Militärgerichtsbarkeit in manchen Staaten noch nicht entsprechend entwickelt sei. Daher wurde die anfängliche Fassung, welche nur vorsehen wollte, daß der Spion der Justiz zu überliefern sei, dahin ergänzt, daß die Worte et traité hinzugefügt wurden. Nach den Debatten muß man annehmen, daß dieses „et" eigentlich ein „ou" bedeutete, so daß der Staat die Wahl hatte, ob er den Spion vor Gericht stellen oder anders behandeln wollte.

Noch an einer anderen Stelle ist in Brüssel die Frage des gerichtlichen Verfahrens aufgetaucht. Art. 46 des Vorentwurfs wollte ausdrücklich den Aufstand der Bevölkerung eines besetzten Gebietes verbieten und unter Strafe stellen. In dieser Bestimmung sollte es heißen, die Bevölkerung könnte être déférée à la justice. Wäre diese Bestimmung durchgegangen, so wäre für einen zweiten Fall ein Prozeßverfahren vorgesehen gewesen. Der Artikel stieß

---

[14]) Wiedergabe der Diskussion der Brüsseler Konferenz nach den offiziellen Protocoles de la Conférence de Bruxelles séance No. 3.

jedoch wegen seines materiellen Inhalts auf Widerspruch, so daß er im endgültigen Entwurf gestrichen wurde. Es blieb daher dort allein bei der Bestimmung über den Spion, während die Frage des gerichtlichen Verfahrens in keinem anderen Artikel berührt wird.

Einen Fortschritt, aber wieder nur in der Frage des Spions, brachte die Tagung des Instituts für Internationales Recht, die im Winter 1874/75 im Haag stattfand. Sie befaßte sich eingehend mit den Beschlüssen der Brüsseler Konferenz. Dabei zeigte es sich, daß für den Spion eine große Mehrheit unbedingt ein gerichtliches Verfahren verlangte. Diese Ansicht wurde dann auch in das sogenannte Manuel des lois et coutumes de la guerre sur terre aufgenommen, welches das Institut für Internationales Recht auf einer Sitzung in Oxford im Jahre 1880 endgültig beschloß. Dieses sah in Art. 25 im Falle des Spions allgemein ein gerichtliches Verfahren obligatorisch vor[15]). Bei dieser Gelegenheit wurde nun jedoch ein weiterer entscheidender Schritt vorwärts gemacht. Das Manuel enthält nämlich nach Aufzählung zahlreicher verbotener Kriegshandlungen folgende allgemeine Bestimmung:

> „Si des infractions aux règles qui précèdent ont été commises, les coupables doivent être punis d'après jugement contredictoire par celui des belligérants au pouvoir duquel ils se trouvent."

Wäre dieser Satz wirklich allgemeines Völkerrecht geworden, so hätte damit die Frage ihre endgültige Beantwortung gefunden und wäre in allen Fällen kriegsrechtlicher Beschuldigung von Einzelpersonen ein Prozeßverfahren erforderlich gewesen. Leider hat diese Ansicht sich jedoch damals noch nicht allgemein durchgesetzt. Die für den Spion aufgestellte Regel entsprach zwar offensichtlich der Meinung der Zeit. Denn wenn der Brüsseler Entwurf mangels Ratifikation auch niemals geschriebenes Völkerrecht geworden ist, so gab er doch die Ansichten wieder, die damals herrschend waren. Er kann daher als Symptom für den Stand des Völkergewohnheitsrechts der damaligen Zeit gewertet werden. Es zeigt sich auch darin, daß die für den Spion aufgestellte Regel widerspruchslos in die gebräuchlichsten Hand- und Lehrbücher der folgenden Jahre aufgenommen wurde[16]). Anders ist jedoch die Vorschrift des Oxforder Manuels zu werten, die ganz allgemein ein gerichtliches Verfahren vorschreibt. Das Institut für Internationales Recht hat sich niemals damit begnügt, das geltende Völkergewohnheitsrecht zu ermitteln, sondern hat es sich zur weiteren Aufgabe gestellt, es zu entwickeln und Vorschläge in dieser Richtung zu machen. Diese Bestimmung

---

[15]) Zu den Verhandlungen des Instituts vgl. Annuaire de l'Institut de Droit International Band 5, S. 159 ff.

[16]) Friedrich von Martens, Traité de Droit International, übersetzt von Leo 1883, Band 3, 249; Rivier, Lehrbuch des Völkerrechts 1889, S. 239; Fiore, Le Droit International, übersetzt von Chrétien 1890, § 1020.

nun, welche allgemein das Gerichtsverfahren vorschreiben wollte, entsprach sicher nicht den Vorstellungen der damaligen Zeit, da man diese Frage bislang eben einfach übersehen hatte, sondern war ein gut gemeinter Vorschlag eines juristischen Gremiums, bei dem es sich zeigen mußte, ob er von der Oeffentlichkeit aufgegriffen würde. Leider ist dies nicht der Fall gewesen. Die Bedeutung der Frage für die Rechtssicherheit des Individuums war noch nicht erkannt. In den Lehrbüchern der damaligen Zeit wird sie überhaupt nicht erwähnt.

Wieder einen Entwicklungsabschnitt stellt die Erste Haager Friedenskonferenz von 1899 dar. Ihr dienten die Brüsseler Beschlüsse als Unterlage. Während dort aber die Bestimmung über das gerichtliche Verfahren gegen den Spion alternativ gefaßt ist, hat man sich nun entsprechend den Oxforder Vorschlägen des Instituts für Internationales Recht zu einer unzweideutigen kategorischen Bestimmung entschlossen. Art. 30 lautet:

> „L'espion pris sur le fait ne pourra être puni sans jugement préalable."

Damit war die Frage des Spions endgültig geklärt. Bei dieser Bestimmung ist es auch in der Folge geblieben. Die Anordnung, Spione ohne gerichtliches Verfahren zu töten, ist seitdem ein offensichtlicher Verstoß gegen allgemein anerkanntes Völkerrecht.

Verallgemeinert wurde die Frage des Verfahrens aber damals noch nicht. Wir finden keine größere Diskussion darüber in den Protokollen. Trotzdem ist sie offenbar schon erkannt und mindestens inoffiziell besprochen worden. Auffallend ist nämlich die Kommissionsbegründung zu Art. 30, die folgendermaßen lautet[17]):

> „A propos d'art. 30 on a fait remarquer que l'exigence d'un jugement préalable à l'application de la peine est en cas d'espionage comme en tous autres cas une garantie toujours indispensable."

Man ist zu dem Verdacht verführt, daß hier die Kommission oder der Berichterstatter eine Meinung fast heimlich einführen wollte, über die noch nicht laut gesprochen werden durfte, weil sie auf entschiedenen Widerspruch gestoßen wäre. Jedenfalls ist es nicht möglich, aus diesen empfehlenden Worten auf eine feste Auffassung und Stellungnahme der Konferenz selbst zu dieser Frage zu schließen.

Nur an einer anderen Stelle der Landkriegsordnung taucht die Frage des gerichtlichen Verfahrens auf, nämlich bei dem auf Ehrenwort freigelassenen Kriegsgefangenen, der es verletzt hat und wieder ergriffen wird. Von ihm heißt es in Art. 12:

> „Tout prisonnier de guerre, libéré sur parole et repris portant les armes contre le Gouvernement envers lequel il s'était engagé

---

[17]) Protocoles de la Conférence de la Paix Teil 3, S. 41.

d'honneur, ou contre les alliés de celui-ci, perd le droit au traitement des prisonniers de guerre et peut être traduit devant les tribunaux."

Wenn es hier auch heißt, er „könne" vor die Gerichte gezogen werden, so ist doch offenbar der Sinn der Bestimmung, daß sich dieses „kann" nur darauf bezieht, ob der verletzte Staat überhaupt einschreiten will. Tut er dies aber, so muß es durch kriegsgerichtliches Verfahren geschehen.

Die Zweite Haager Friedenskonferenz beließ es bei den beiden Fällen des Art. 12 und Art. 30, also bei dem obligatorischen gerichtlichen Verfahren für den Spion und den ehrenwortbrüchigen Kriegsgefangenen. Bei dieser Gelegenheit ist nunmehr aber die grundsätzliche Frage angeschnitten worden. Der niederländische Delegierte hatte nämlich den Antrag eingebracht, in die Landkriegsordnung einen neuen Artikel 45 a folgenden Inhalts einzufügen[18]):

„Il est interdit de frapper un habitant d'un territoire occupé par la peine de mort, sans une sentence d'un conseil de guerre."

Damit war das Problem in seiner Allgemeinheit aufgeworfen. Der niederländische Antrag wollte im Grunde nicht mehr, als was das Oxforder Manuel von 1880 schon vorgeschlagen hatte, nur daß er entschiedener formuliert war. Bezeichnend ist jedoch das Schicksal dieses Vorstoßes. Der Antrag fand so wenig Unterstützung, daß der niederländische Delegierte es vorzog, ihn zurückzuziehen, und es darüber gar nicht zu einer allgemeinen Debatte kam. Der Vorgang kann nur so gedeutet werden, daß von vornherein eine ganz große Mehrheit gegen diese Bestimmung war und daß der niederländische Delegierte es vermeiden wollte, diese Mehrheit sichtbar werden zu lassen, was dem Gedanken aufs schwerste geschädigt hätte und geradezu zu der gegenteiligen Feststellung geführt hätte, daß es eben nicht in allen Fällen eines Verfahrens bedürfte. Dieser gegenteilige Satz ist nun zwar nicht ausgesprochen worden, die Vorgänge der Zweiten Haager Friedenskonferenz lassen aber nicht den geringsten Zweifel darüber offen, daß dies tatsächlich die Meinung der großen Mehrheit der Konferenzteilnehmer gewesen ist.

Das Schrifttum der damaligen Zeit ist zwar dem Gedanken der gerichtlichen Aburteilung der Kriegsverbrecher günstig gesinnt[19]), ist jedoch weit davon entfernt, sich zum Wortführer weitergehender Forderungen zu machen. Ullmann stellt z. B. ohne jede Kritik fest, daß ohne den Art. 39 auch der Spion ohne jede Formalität erschossen werden könnte[20]).

Diesen Ansichten entsprach die Praxis während des ersten Weltkriegs. In Deutschland war die Frage wenigstens teilweise

[18]) Actes et Protocoles de la Deuxième Conférence de la Paix Teil 2.
[19]) Oppenheim a. a. O. Band 2 §§ 129, 257.
[20]) Ullmann, Völkerrecht 2. Aufl. 1908, S. 480.

in § 3 des Einführungsgesetzes zum Militärstrafgesetzbuch geregelt, in dem es hieß:

„Eine Bestrafung in Gemäßheit des Militärstrafgesetzbuchs kann nur auf Grund eines gerichtlichen Erkenntnisses erfolgen."

Daraus wurde von der herrschenden Meinung hergeleitet, daß es entscheidend darauf ankam, ob die dem Angeklagten vorgeworfene Handlung unter einen im Militärstrafgesetzbuch enthaltenen Tatbestand fiel oder nicht. Tat sie dies, so wurde das Gerichtsverfahren für obligatorisch gehalten. Dieser Ansicht ist allerdings von Oetker widersprochen worden[21]), der sich darauf berief, daß das Völkerrecht, abgesehen von den geregelten Fällen des Spions und des wortbrüchigen Kriegsgefangenen, ein strafrechtliches Verfahren nicht vorschrieb. Er ist mit seiner Ansicht jedoch nicht durchgedrungen. Anderseits sah die deutsche Gesetzgebung für die nicht im Militärstrafgesetzbuch geregelten Fälle auch Maßnahmen ohne gerichtliche Mitwirkung vor. Es war dies in der sogenannten Ausländerverordnung geschehen[22]), die in § 18 bestimmte:

„Durch vorstehende Bestimmungen wird die Befugnis der kommandierenden Offiziere nicht ausgeschlossen, Ausländer, die im Kriege verräterischer Handlungen gegen die deutschen oder verbündeten Truppen sich schuldig machen, wenn sie auf frischer Tat betroffen werden, ohne vorgängiges gerichtliches Verfahren nach dem bisherigen Kriegsgebrauch zu behandeln."

Der Gegensatz der Worte „ohne vorgängiges gerichtliches Verfahren" und „nach dem Kriegsbrauch" lassen erkennen, daß hier nicht von dem materiellrechtlichen Kriegsbrauch gesprochen ist, der strafrechtlichen Charakter hat, sondern vom Verfahren. Die Verordnung will also besagen, daß Ausländer, welche ein nicht im Militärstrafgesetzbuch geregeltes Verbrechen begangen haben, bei Ergreifung auf frischer Tat ohne militärgerichtliches Verfahren getötet werden durften. Immerhin zeigt die Fassung des Paragraphen, daß hier eine Ausnahme gemeint war. Die Regel blieb auch in diesen Fällen das kriegsgerichtliche Verfahren. Alle Fälle von irgendwie größerer Tragweite oder grundsätzlicher Bedeutung, wie z. B. die der Miß Edith Cavell oder des Kapitäns Fryat, sind jedenfalls in der Form eines ordentlichen Prozesses abgehandelt worden.

Auch der erste Weltkrieg hat Veranlassung gegeben, über viele Fragen des Kriegsrechts zu diskutieren. Eigenartigerweise hat die Frage des militärgerichtlichen Verfahrens jedoch das Schrifttum nicht näher interessiert. Wir finden nur gelegentliche wenig über-

21) Oetker, Kriegsbrauch und Strafrecht in Gerichtssaal Bd. 85 (1917), S. 417.

22) Kaiserliche Verordnung über das außerordentliche kriegsrechtliche Verfahren gegen Ausländer und die Ausübung der Strafgerichtsbarkeit gegen Kriegsgefangene vom 28. Dezember 1899.

zeugende und niemals näher begründete Bemerkungen. So sagt Fauchille[23]):

„L'habitant, incriminé de trahison, ne doit pas être puni sans jugement préalable, il est justitiable des conseils de guerre."

Aber das ist eine von ihm aufgestellte These, für die er nicht die geringste Begründung anzugeben vermag und die mit den Ergebnissen der Zweiten Haager Friedenskonferenz in offenem Widerspruch steht. Im übrigen bezieht sich seine Bemerkung nur auf die Fälle des Kriegsverrats, nicht aber auf andere Tatbestände, wie z. B. Freischärlerei. Bei seinen sehr ausführlich gehaltenen Darlegungen zu diesem Tatbestand sucht man vergeblich nach einer Aeußerung, in welcher Weise Freischärler verfolgt werden können. Anscheinend hat er die ganze Bedeutung der Frage nicht überblickt. So gibt er z. B. einen ausführlichen Katalog aller der Tatbestände, die er als Kriegsverbrechen ansieht[24]), darunter findet sich jedoch nicht der Fall, daß der Gegner es an dem erforderlichen Verfahren hat fehlen lassen.

Von deutschen Schriftstellern ist aus der Zeit zwischen den beiden Kriegen Strupp zu nennen, in dessen Wörterbuch des Völkerrechts zu dieser Frage folgendes geäußert wird[25]):

„Kriegsverrat wird im allgemeinen mit der Todesstrafe geahndet. Von der Truppe, die den Kriegsverräter auf frischer Tat betrifft, wird Kriegsverrat ohne gerichtliches Verfahren nach Kriegsbrauch geahndet; sonst nur nach vorangegangenem, wenn auch abgekürztem gerichtlichem Strafverfahren."

Diese Ansicht gibt im Grunde die Rechtslage wieder, wie sie 1870 war und berücksichtigt nicht einmal die deutsche Gesetzgebung, die in einem weiteren Umfange das gerichtliche Verfahren vorschrieb.

Nicht viel zu entnehmen ist der Bemerkung von Hold-Ferneck[26]), daß Zivilpersonen, die sich feindlicher Handlungen schuldig gemacht haben, vor Militärgerichte gestellt werden „könnten". Es bleibt zweifelhaft, was damit gemeint ist. Will der Verfasser sagen, daß es zwar im Belieben des Okkupanten liegt, ob er einschreiten will, daß er aber, wenn er es tut, sie Militärgerichten zuführen muß?

Zwischen den beiden Weltkriegen liegt die Abfassung des Genfer Kriegsgefangenenabkommens von 1929, das jedoch in der Verfahrensfrage auch nicht vorwärts hilft. Es bestimmt in Art. 46:

---

[23]) Fauchille, Traité de Droit International Public 8. Aufl., Teil 2 (1921), S. 211.

[24]) Fauchille a. a. O. Teil 2 Buch 1 Kap. 3. Auch Kataloge anderer völkerrechtlicher Autoren enthalten unter den Kriegsverbrechen nicht Verletzung der Verfahrensbestimmungen. So z. B. Friedrich von Martens a. a. O. Band 3, S. 110; Oppenheim a. a. O. Band 2 Kap 6 Nr. IV.

[25]) Strupp, Wörterbuch des Völkerrechts Band 1 1924, S. 777.

[26]) Hold-Ferneck, Lehrbuch des Völkerrechts 1932 Band 2, S. 275.

„Les prisonniers de guerre ne pourront être frappés par les autorités ou les tribunaux de la Puissance détentrice, d' autres peines que celles qui sont prévues pour les mêmes faits à l'égard des militaires des armées nationales."

An dieser Fassung stört das Wort „autorités". Es ergibt sich daraus mit Notwendigkeit, daß der gerichtliche Weg nicht in allen Fällen zwingend vorgeschrieben ist. Die einzige Garantie besteht darin, daß der Kriegsgefangene prozessual nicht schlechter behandelt werden darf als der eigene Soldat. Dieser wird aber nach den nationalen Gesetzen im allgemeinen Anspruch auf ein Prozeßverfahren haben, so daß auf diesem Umwege für den Kriegsgefangenen schließlich doch eine gewisse Garantie herauskommt. Völlig ungesichert ist jedoch die Stellung der Zivilpersonen geblieben, ja das Kriegsgefangenenabkommen läßt für sie sogar den ungünstigen Schluß zu, daß, wenn der Kriegsgefangene nicht einmal in allen Fällen einen Anspruch auf ein Gerichtsverfahren habe, sie das um so weniger verlangen könnten, da die Entwicklung deutlich zeige, daß der Kriegsgefangene im allgemeinen vor der Zivilperson bevorzugt wird.

Die Rechtsfrage war daher auch bei Ausbruch des zweiten Weltkriegs noch nicht in der Weise geklärt, daß nach Völkerrecht in jedem Fall ein kriegsgerichtliches Verfahren vorgeschrieben gewesen wäre. Daß dies die tatsächliche Rechtslage war, habe ich nach gründlicher Prüfung der Frage im Jahre 1940 in der Zeitschrift für Wehrrecht vertreten[27]. Waltzog ist der gleichen Ansicht gewesen[28]; auch er hat erklärt, daß das Völkerrecht ein Verfahren nicht vorschriebe, es daher Sache der Gesetzgebung jedes Staates sei, die Frage nach Belieben zu regeln.

In Deutschland war es nun so, daß die Kriegsstrafverfahrensordnung von 1938 in § 1 tatsächlich allgemein ein kriegsgerichtliches Verfahren vorschrieb[29], doch ist dieser Rechtszustand im Laufe des Krieges durch verschiedene Erlasse, z. T. durch geheime Befehle geändert worden. Soweit diese Befehle sich nur auf das Verfahren bezogen, wird sich kaum ihre Völkerrechtswidrigkeit erweisen lassen.

Wie die tatsächliche Uebung der Gegnerstaaten während des zweiten Weltkrieges gewesen ist, läßt sich von deutscher Seite zur Zeit noch nicht übersehen. Die Nachkriegszeit zeigt erkennbar das Bestreben, alle diese Fälle in den Formen kriegsgerichtlicher

---

[27]) Schätzel in Zeitschrift für Wehrrecht Aufsatz Freischärler 1940, Band 5, S. 22.

[28]) Waltzog, Recht der Landkriegsführung 1942, S. 17.

[29]) RGBl. 1939 I, S. 1457: § 1 Abs. 4: „Auch Ausländer, die sich strafbarer Handlungen gegen die deutschen oder verbündeten Truppen schuldig gemacht haben, dürfen nicht ohne gerichtliches Verfahren bestraft werden."

Prozesse abzuwickeln, wobei vielleicht weniger die Rücksicht auf die Angeklagten als die größere propagandistische Wirkung von ausschlaggebender Bedeutung ist. Daß während der Kriegshandlungen selbst immer diese Formen gewahrt sind, ist zum mindesten nach den Aussagen deutscher Flüchtlinge für den östlichen Kriegsschauplatz mehr als unwahrscheinlich.

In den Nachkriegsprozessen ist die Frage der Formverstöße wiederholt aufgetaucht. Es sind in zahlreichen Fällen Freischärler und Spione ohne gerichtliches Verfahren erschossen worden. In den großen Nürnberger Prozessen ist diese Frage nur ganz am Rande behandelt worden. Dort überwogen die Vorwürfe materiellrechtlicher Verstöße in einem so hohen Maße, daß diese Formalfragen dagegen ganz zurücktraten. Immerhin hat z. B. im Göring-Prozeß der französische Anklagevertreter diese Frage in seinem Plaidoyer berührt und in bezug auf die französischen Widerstandskämpfer erklärt, sie hätten vielleicht nach den bestehenden völkerrechtlichen Bestimmungen zum Tode verurteilt werden können, sie seien jedoch „ermordet" worden[30]). Die Wendung zeigt, daß es bei diesen Anklagereden mehr auf die propagandistische Wirkung als auf juristische Genauigkeit ankam, denn ein Studium dieser Frage hätte auch den französischen Anklagevertreter unschwer davon überzeugen können, daß ein Prozeßverfahren gegen Freischärler vom Völkerrecht nicht vorgeschrieben war. Das Gericht ist im Göring-Prozeß auf diese Frage überhaupt nicht eingegangen. Sie ist dann wieder in dem Prozeß gegen die sogenannten Südostgenerale aufgetaucht. Auf dem Balkan war es in besonders zahlreichen Fällen vorgekommen, daß gefangengenommene Freischärler und Aufständische nicht kriegsgerichtlich abgeurteilt, sondern in besonderen Lagern interniert und bei Ueberfällen auf deutsche Soldaten dann ohne Verfahren „zur Vergeltung" erschossen wurden. Diese Tatbestände sind im Prozeß der Südostgenerale erörtert worden, das Urteil hat jedoch zu dieser prozeßrechtlichen Frage überhaupt keine Stellung genommen, sondern nur die materiellrechtlichen Beschuldigungen nachgeprüft. Man kann daher negativ feststellen, daß keine Verurteilung wegen Nichtinnehaltung von Verfahrensvorschriften erfolgt ist. Noch einmal ist dann die Frage im Prozeß gegen das Oberkommando der Wehrmacht zur Sprache gekommen. In dem Urteil dieses Prozesses heißt es[31]):

„Es ist in diesem Verfahren geltend gemacht worden, es gäbe keine Regel des Völkerrechts, die vorschriebe, daß Freischärler vor ein Gericht gestellt werden müssen, daher sei dieser Befehl, der die willkürliche Entscheidung eines Offiziers ge-

---

[30]) Deutsche Uebersetzung der Anklagerede des französischen Anklagevertreters F. de Menthon „Gerechtigkeit", S. 28.

[31]) Amtl. Protokoll des Nürnberger OKW.-Prozesses, S. 9903.

nügen läßt, um über das Schicksal eines Freischärlers zu entscheiden, nicht rechtswidrig. Es ist tatsächlich zweifelhaft, ob nach dem Völkerrecht ein Gerichtsverfahren erforderlich ist."

Die Ausdrucksweise des Gerichts ist vorsichtig und zurückhaltend. Im Endergebnis hat es jedenfalls wegen dieses Tatbestandes nicht verurteilt und damit anerkannt, daß das Völkerrecht ein Prozeßverfahren nicht vorschreibt.

Damit wäre die von uns gestellte Frage für das zur Zeit maßgebende Kriegsrecht entschieden. Trotz aller Anläufe in der Entwicklung hat sich bisher nicht der Satz durchzusetzen vermocht, daß jeder Kriegsbeschuldigte einen Anspruch auf ein geregeltes gerichtliches Verfahren hat. Die Feststellung des Rechtszustandes hat manchen deutschen Angeklagten vor Verurteilung gerettet. Es ist wohl zu erwarten, daß weitere schwebende Verfahren, in denen die gleiche Frage von Bedeutung ist, in gleicher Weise entschieden werden. Gleichwohl ist der damit geradezu sanktionierte Rechtszustand alles andere als befriedigend. Es ist daher zu begrüßen, daß die 17. internationale Rote-Kreuz-Konferenz, die vom 20. bis 30. August 1948 in Stockholm stattfand, ein Abkommen ausgearbeitet hat, das die Zivilpersonen in Kriegszeiten unter ähnliche Schutzbestimmungen stellen will, wie es nach dem Genfer Kriegsgefangenenabkommen von 1929 bereits rechtens ist. (Convention pour la Protection des Personnes Civils en temps de guerre.) Der Entwurf dieses Abkommens sieht im weiten Umfange die Einrichtung einer besonderen Gerichtsbarkeit zum Schutze der Zivilbevölkerung vor. Insbesondere heißt es kategorisch in Art. 61[32]):

„Une condamnation ne pourra être prononcée qu'après une procédure régulière."

Findet kein Gerichtsverfahren statt, so werden als „mesures de sécurité" nur „résidence surveillée" oder äußerstenfalls Internierung zugelassen. Ganz allgemein wird der Schutzmacht das Recht einer Beteiligung an jedem gerichtlichen Verfahren eingeräumt wie in dem Verfahren gegen Kriegsgefangene. Es wäre dringend zu wünschen, daß sich die Staaten entschlössen, diese Vorschläge in geltendes Recht umzusetzen. Die geschichtlichen Ereignisse zeigen, daß jeder in die Lage kommen kann, bald Okkupant, bald Okkupierter zu sein und daß daher bei allen das gemeinsame Interesse bestehen sollte, ihre Bevölkerung gegen die Gefahren des Krieges, soweit sie sich durch solche Bestimmungen vermindern lassen, zu schützen. Der Völkerrechtswissenschaft ist jedenfalls ganz klar die Aufgabe gestellt, für die Ausbildung dieser Normen zu kämpfen und dafür zu sorgen, daß sich der rechtsstaatliche Gedanke auch im Kriege durchsetzt.

---

[32]) Comité Internationale de la Croix-Rouge, Projets de Conventions revisées ou nouvelles protégeant les victimes de la guerre Genf 1948, S. 136.

Der materielle Gehalt der strafrechtlichen Rechts- und Pflichtnormen

Als Antrittsvorlesung gehalten von Dietrich Oehler

Immer wieder ist in den letzten Jahrzehnten im Strafrecht die Frage nach dem materiellen Gehalt der Rechtswidrigkeit und der Schuld nach der Grenze zwischen den beiden gestellt worden.

Ist die Rechtswidrigkeit objektiv oder subjektiv zu fassen? Welche Funktion steckt in dem Unwert- und in dem Schuldurteil? Dabei klingt die Frage nach dem Wesen des Rechts überhaupt an. Für das Strafrecht ist es in dieser Zeit besonders wichtig, sich über die Grundauffassung von Unrecht und Schuld wieder Klarheit zu verschaffen, nachdem ein Trümmerfeld von Meinungen vor uns liegt und selbst die einstmals gesichertsten Begriffe ins Wanken geraten sind.

Im allgemeinen stehen sich folgende Ansichten über das Wesen des Rechts, bzw. des Unrechts gegenüber[1]: Das Unrecht wird von der sog. Imperativtheorie subjektiv aufgefaßt. Dagegen erhebt sich die Meinung, nach der das Unrecht grundsätzlich auf objektiver Wertung beruht, die Bestimmungsfunktion des Rechts in der Schuld erst zur Geltung kommt. Die Anhänger der Kelsenschen Schule sehen in dem Recht überhaupt keine Imperative mehr, sondern nur hypothetische Urteile, die den bedingten Willen des Staates zu einem menschlichen Verhalten ausdrücken. Diese letzte Theorie hat im Strafrecht nur wenig Fuß fassen können.

Die praktische Auswirkung des jeweiligen Standpunktes zieht sich durch das ganze Strafrecht. Kann dem Unzurechnungsfähigen Notwehr entgegengesetzt werden? Rechtfertigt oder entschuldigt der Notstand? Auch der Charakter des normativen Schuldbegriffs ist ganz und gar von der Ausgangsstellung abhängig. Und nicht zuletzt hängen die subjektiven Tatbestandsmerkmale eng mit der begrifflichen Erfassung des Unrechts zusammen.

Die Imperativtheorie geht — wie etwa bei Merkel — von dem Recht als einer geistigen Macht im Leben der Menschen aus und sieht in dem Recht einen Komplex von Geboten und Verboten, die sich an den Menschen richten. Das Unrecht stellt demzufolge eine Verletzung dieser Normen dar. Da sich diese Normen sinnvoll aber nur an einsichtige Menschen richten können, so werden nur Zurechnungsfähige

[1] Dazu auch Wegner, Kriminelles Unrecht, Staatsunrecht und Völkerrecht, Hamburg 1925, S. 38 ff.

als taugliche Normadressaten gefolgert. Es kann danach grundsätzlich ein Schuldloser nicht unrecht handeln. Dieses Ergebnis ist von manchen, weil es mit dem positiven Straf- und Zivilrecht schwer vereinbar ist, konstruktiv umgangen, trotzdem bleibt der Ausgangspunkt der gleiche.

Demgegenüber haben zunächst Ihering und später wirkungsvoll für das Strafrecht Mezger[2]) und Eb. Schmidt[3]) eine objektive Rechtswidrigkeitslehre vertreten.

Das Recht sei objektive Lebensordnung, Unrecht Verletzung derselben. Die Norm, die dahinter stehe, sei adresselos. Hierzu wird auf den logischen Vorgang hingewiesen, daß jede Bestimmung erst eine Bewertung voraussetze, denn sonst könne jene nie zum Imperativ werden. Erst, wenn ich wisse, wozu ich bestimme, könne ich überhaupt bestimmen. Damit wird die Norm ihres notwendigen imperativischen Charakters entkleidet. Das Unrecht ist Widerspruch gegen das Recht als Bewertungsnorm, die Schuld Widerspruch gegen das Recht als Bestimmungsnorm.

James Goldschmidt[4]) hat scharfsinnig das objektive Unrecht subjektiv begründet und soweit in einer Synthese subjektive wie objektive Unrechtslehre vereint. Er meinte, daß neben jedem Satze des Privatrechts, durch den dem einzelnen eine Rechtspflicht auferlegt werde, ein Satz des „materiellen Justizrechts" stände, durch den der Richter den Betroffenen zur Ausführung der Verpflichtung zwingen könne. „So stände neben jeder Rechtsnorm, die von dem einzelnen ein bestimmtes äußeres Verhalten fordert, unausgesprochen eine Norm, die dem einzelnen auferlegt, sein inneres Verhalten so einzurichten, wie es nötig ist, um den von der Rechtsordnung an sein äußeres Verhalten gestellten Anforderungen entsprechen zu können." Das materielle Justizrecht stellt demnach die physische Macht des Staates dem Rechte zur Seite, die Pflichtnorm die psychische Macht des Pflichtmotivs. Die Rechtswidrigkeit liegt damit zwar in der objektiven Sphäre der Rechtsordnung, ist aber subjektiv durch einen adressierten Imperativ, der sich an den einzelnen richtet, begründet.

Wir wollen nun zur Entwicklung der eigenen Ansicht kommen, nachdem der kurze Ueberblick den Streitstand ganz einfach umrissen hat. Prüfen wir einmal die Meinung, nach der das Unrecht auf einer objektiven adresselosen Bewertungsnorm, die Schuld dagegen auf der Bestimmungsnorm des Rechts ruht, so ist schon der Ausgangspunkt angreifbar. Es ist gar nicht sicher, daß jeder Bestimmung eine Bewertung als logisches Prius vorausgehen muß, wobei auf einen formalen Imperativ hingewiesen werden kann. Es kann auch in der Bestimmung zugleich eine Bewertung stecken, wenn durch die Be-

[2]) Zuletzt wieder, Strafrecht, Allg. Teil, 2. Aufl., 1948, S. 70 f.
[3]) v. Liszt-Schmidt, Lehrb., 26. Aufl., S. 174.
[4]) Frankfestgabe 1930, I, S. 428 ff., schon in: Der Notstand ein Schuldproblem, 1913, S. 16 f.

stimmung des einzelnen die Bewertung vollzogen wird. Wenn das Unrecht nur auf objektiver Wertung ruht, ist nicht einzusehen, wie diese Wertung den Menschen in der Ebene des Unrechts überhaupt ansprechen soll. Es ist eine abstrakte Wertung durch das Recht, die beziehungslos zum betroffenen Menschen im Raum schwebt. Unklar ist, wie sie sich plötzlich in z. B. ein Notwehrrecht des Angegriffenen umwandeln kann. Die Tat des Notwehrübenden wird nicht nur nachträglich rechtmäßig gewertet, sondern ist direkt erlaubt. Diese Erlaubniserteilung durch das Recht ist aber mit der abstrakten Wertung von Recht und Unrecht systematisch nicht vereinbar. Auch ist die Anwendung von Sicherungsmaßregeln auf einen Unzurechungsfähigen als Folge einer Bewertungsfunktion des Rechts nicht zu erklären. Nähme die Rechtsordnung nur eine objektive Bewertung ohne imperativen Charakter vor, dann würde das in bezug auf die Rechtswidrigkeit zu der Kelsenschen Anschauung führen müssen, nach der der Rechtssatz nur ein hypothetisches Urteil ist. Wie sollte denn das Recht im voraus sonst anders bewerten können, als durch eine bedingte Aussage? Daß das Recht nicht erst nachher bewerten darf, ist offenkundig, denn im Moment jeder Handlung muß Recht oder Unrecht feststehen. Ebenso sicher ist aber, daß die Rechtsordnung. wenn das Unrecht nur auf objekiver Wertung ruht, nicht erst im Augenblick der Handlung bewerten kann. Das Recht hat einmal eine feststehende Wertordnung gegeben, an der sich jede Einzelerscheinung mißt. Damit findet die Bewertung der Einzelhandlung bereits bei der Aufstellung der Wertordnung im voraus statt. Das Bild der adresselosen Norm will das hypothetische Urteil zwar überwinden, ist aber ein Widerspruch in sich. Die Rechtsordnung hängt nicht im Raume, sondern ist für den Menschen da. Sie gibt nur adressierte Normen aus, da die Wertskala sich immer achtunggebietend an den Menschen richten will. Die objektive Bewertungsordnung würde Rechtswerte erzeugen, denen Rechtsunwerte entsprächen. Der Mensch würde zunächst von diesem Wertreich gar nicht angesprochen werden, sondern er würde sich der beziehungslos zu ihm dastehenden Rechtswerte oder Unrechtswerte bemächtigen, gleichsam sie wie Marionetten herabziehen. Erst in zweiter Linie träte die Rechtsordnung und nur unter bestimmten Voraussetzungen und mit besonderen Einschränkungen imperativisch an den Menschen heran. Jedenfalls wendete sie sich an einen Unzurechnungsfähigen gar nicht und an einen Entschuldigten vergeblich. Diese Gruppe von Menschen hätte es nur mit den von der Rechtsordnung einmal emittierten Werten zu tun, die für sie wie Geister in der Luft schwebten. Wie wäre aber dann die Ausführungshandlung des geisteskranken Scharfrichters oder des unzurechnungsfähigen Soldaten zu beurteilen? Diese könnten durch das Recht zu ihrem gerechtfertigten Handwerk nicht bestimmt werden, sondern ihre Handlung würde nur objektiv als rechtmäßig bewertet werden. Wie diese Menschen aber zu der Bemächtigung der

Rechtfertigung kämen, wäre ungeklärt, denn es bliebe dem Zufall überlassen, welche Rechts- oder Unrechtswerte sich der einzelne aneignete. Die Rechtsordnung würde in der objektiven Sphäre keinen Einfluß auf den Menschen nehmen wollen[5]). Das Ergebnis ist hiernach merkwürdig. Die Rechtsordnung ist zum Teil nur noch Taxator, ja, gegenüber schuldlosen Menschen allein, obwohl sie ihnen unter Umständen eine Rechtfertigung ihrer Handlung imperativisch zur Seite stellt.

Aber auch in bezug auf die Schuld stößt die Theorie, die die Bewertungsnorm auf die Rechtswidrigkeit, die Bestimmungsnorm auf die Schuld bezieht, auf Schwierigkeit. Wäre die Schuld nur das Nichtbestimmtsein durch die Norm, muß sich jene in Vorsatz und Fahrlässigkeit erschöpfen. Denn es dürfte keine Bewertung des psychischen Tatbestandes stattfinden. Das ist aber im Hinblick auf die Entschuldigungsgründe gar nicht haltbar, denn hier bewertet das Recht den Motivationsvorgang.

Gegen die Imperativtheorie, die e i n e Bestimmungsnorm hinter der Rechtswidrigkeit und der Schuld sieht, muß auf das Gesetz hingewiesen werden. Dieses kennt Unrecht Unzurechnungsfähiger, wie sich aus der Notwehrregelung ergibt[6]); auch alle Gesetze, die die strafbare Rauschtat und die limitierte Akzessorietät der Teilnahme anerkennen, müssen von jener Annahme ausgehen, denn sonst läge überhaupt keine sog. mit Strafe bedrohte Handlung vor.

Die Schwierigkeiten beheben sich, wenn man ähnlich wie J. Goldschmidt zwei Normen annimmt; die eine — die Rechtsnorm — richtet sich auf das äußere, die andere — die Pflichtnorm — auf das innere Verhalten. Beide Normen haben zugleich eine Bewertungs- und Bestimmungsfunktion. Neben der Bestimmung des einzelnen wird die Bewertung vorgenommen. Einmal wird neben der Bestimmung die äußere Handlung bewertet, andermal wird neben der Bestimmung der Motivationsprozeß einer Wertung unterworfen. Nun könnte der Einwand erhoben werden, daß jede Bestimmungsnorm irgendwie auf dem Umweg über die seelische Seite des Menschen wirken muß. Und diese ist ja gerade durch die Rechtsnorm nicht berührt. Jedoch haben wir es hier mit einer juristischen und nicht mit einer psychologischen Erscheinung zu tun. Dem Recht ist das Motiv des rechtmäßigen Handelns gleich. Züchtigt der Lehrer das unartige Kind, um sich zugleich an dem Vater zu rächen, dann ist die Handlung rechtmäßig, obwohl die ganze innere Tatseite auf eine rechtswidrige Handlung zielt. Das heißt, die Rechtsnorm hat nur die äußere Handlung zum Objekt. Ihr ist der Weg, auf dem sie über die Seele des Menschen wirksam wird, ganz gleichgültig. Es wird eben hierbei nur

[5]) Gerland, Deutsches Reichsstrafrecht, 1932, S. 64, Anm. 2, sagt, daß hinter dem „Es soll" ein „Du sollst" stehen müsse, ohne das „Du sollst" keinen greifbaren Inhalt hätte.

[6]) Die Annahme von Sachwehr (§ 228 BGB.) an Stelle von Notwehr scheitert an dem Begriff der Sache.

nach juristischer Betrachtung verfahren. Deshalb kann sich die Rechtsnorm auch an den Unzurechnungsfähigen richten. Hat sie nur die Regelung des äußeren Verhaltens zum Ziel und ist dem Gesetz der Weg über die Seele gleichgültig — wie auch der Fall des geisteskranken Scharfrichters zeigt — so kann die Wirksamkeit der Rechtsnorm keine Zurechnungsfähigkeit voraussetzen. Darin liegt zugleich eine tiefe Achtung vor dem Menschen. Alles, was Menschenantlitz trägt und eines Willensausdrucks fähig ist — auf die strafrechtliche Wertung des Wollens kommt es nicht an — wird als Mensch und nicht als Sache wie ein Tier gewertet. Weil auch in dem unzurechnungsfähigen Menschen stets noch der Mensch in der Rechtsordnung — im Gegensatz zum Tier — gesehen wird, muß er sich auch gefallen lassen, daß sein äußeres Verhalten wie das jedes anderen bestimmt wird. Das ist sozusagen die negative Seite des Menschseins. Man kann an der Verpflichtung Schuldunfähiger im BGB., z. B. § 829, ganz allgemein zeigen, daß auch ein Unzurechnungsfähiger durch sein Handeln verpflichtet werden kann. Daß es sich hier um Billigkeitshaftung handelt, ändert an deren Verpflichtungscharakter nichts. Das Gesetz fingiert für die Rechtsnorm bezüglich des äußeren Verhaltens jeden als tauglichen Normadressaten, weil es in ihm in jedem Falle noch einen Menschen im Rechte sieht.

Die Pflichtnorm spricht in ihrer Bestimmungsfunktion den Menschen im Innern an und verlangt, daß seinen volitiven Vorstellungen kein Unrecht entspringe. In dem „du sollst dich innerlich so und so verhalten" liegt die Willensbestimmung. Die Bewertungsfunktion der Pflichtnorm offenbart sich in der Frage, ob demjenigen, der sich nicht hat bestimmen lassen, ein Vorwurf dafür zu machen ist. Diese Pflichtnorm ist nicht so selbständig, daß sie im Strafrecht allein für sich existieren könnte. Dann wäre sie nämlich moralischer Natur. Sie ist vielmehr an die zugehörige Rechtsnorm und dadurch an eine objektiv bestimmte Handlung geknüpft, damit sie gegen deren Begehung in dem Menschen wirke. Würde die Pflichtnorm selbständig sein, müßte ihre Nichtbeachtung strafrechtliche Folgen haben, ohne daß eine Rechtswidrigkeit bestände. Das würde der Fall sein, wenn man — aber m. E. unzutreffend[7]) — den absolut untauglichen Versuch für strafbar ansieht[8]). Ebenso unmöglich ist die Bestrafung eines Teilnehmers nach der rein subjektiven Theorie nur im Hinblick auf seinen animus ohne Rücksicht auf das Maß seiner Ausführungshandlung. Wohin diese Theorie führen kann, zeigt das zu mißbilligende Urteil des Reichsgerichts im 74. Bande, S. 84, nach welchem die A., die als Schwester der Kindesmutter selbst das uneheliche Kind in der Badewanne ertränkt, nur Täterin sein soll, wenn sie die Tat

---

[7]) M. E. Mayer, Lehrbuch, S. 364; v. Liszt-Schmidt, Lehrbuch, Allg. Teil, 1932, S. 312.

[8]) Neuestens dazu Mezger, Strafrecht, Allg. Teil, Studienbuch, 1948, S. 171 f.

als eigene wollte. Hier wird keine Tat mehr, sondern der böse Wille bestraft. Sowohl beim untauglichen Versuch als auch bei der Täter- und Teilnehmerschaft, die allein im animus besteht, liegt kein Verstoß gegen eine Rechtsnorm des äußeren Verhaltens vor. Nähme man diesen an, müßte man gegen den, der vor unzuständiger Behörde im Glauben zu schwören irgendwelche Worte sagt (Mangel an Tatbestand und untauglicher Versuch), und gegen den, der einen Rat zum Morde mit dem animus auctoris erteilt und sich dann ruhig zu Hause hinsetzt, Notwehr zulassen[9]. Das ist aber unmöglich. Die Pflichtnorm ist — entgegen Goldschmidts Annahme — akzessorischer Natur, sie hat für sich keine strafrechtliche Bedeutung[10].

Die Pflichtnorm richtet sich nur an den Zurechnungsfähigen; denn hier handelt es sich um die psychische Beziehung zur Tat, um die höchst persönliche Verantwortung des einzelnen Menschen, um das personalistische Element des Verbrechens[11]. Mißbilligt das Recht das psychische Verhältnis von Täter zur Tat, wird der Betroffene wegen des Zurückbleibens hinter den Anforderungen des Rechts dergestalt verantwortlich gemacht, daß ihm ein Leid zugefügt wird. Dieses kann selbstverständlich die schuldhafte Tat nie aus der Welt schaffen[12], sie bleibt existent. Dagegen inhibiert die Notwehr schon sich entwickelndes Unrecht — auch eines Unzurechnungsfähigen. Der Empfang der Rechtsnorm muß deshalb bei einem solchen Menschen fingiert werden, wenn Recht nicht vor Unrecht zurückweichen soll; der Adressat der Pflichtnorm muß aber wirklich tauglich sein, denn nur so erhält die Strafe als rechtliche Mißbilligung der psychischen Beziehung des Täters zu seiner Handlung ihren Sinn. Das Gesetz bestraft infolge des Grundsatzes des Schuldstrafrechtes grundsätzlich niemanden wegen einer Handlung, zu der das

---

[9]) Der Einwand, rechtswidriger Angriff sei nicht dasselbe wie rechtswidrige Handlung greift nicht durch. Ist der Angriff nicht immer Versuch, so ist der unvollendete Versuch doch immer rechtswidriger Angriff. Aber davon abgesehen genügen weder die Gefährdung des angegriffenen Rechtsgutes (Nagler, LK 1944, S. 276) — was soll übrigens beim absolut untauglichen Versuch gefährdet sein? — noch der nach außen erweckte Eindruck eines strafbaren Beginnens (dazu Mezger, Allg. Teil, 1948, S. 171), um das Handeln tatbestandsmäßig, rechtswidrig zu machen. Nach dem Gesetz muß die Handlung einen Anfang der Ausführung „enthalten". Dazu H. Mayer, SJZ., 1949, Sp. 176 ff.

[10]) Anderer Ansicht Goldschmidt, Frankfestgabe I, S. 434 ff.

[11]) Sauer, Grundlagen des Strafrechts, S. 85, weist auf die Parallele in der Individualethik hin.

[12]) Olivecrona, Karl (schwed.) Gesetz und Staat, Kopenhagen, Leipzig 1940, S. 126 ff., 140 ff., betont das ganz besonders, da für ihn die Rechtsordnung eine tatsächliche Erscheinung ist und deshalb der Sinn der Strafe nicht in der Vergeltung, sondern in der Beförderung der Moralbildung liegt.

juristische Willenselement fehlt[13]), außer wenn gewisse weitere Erfolge aus der schuldhaften Handlung kausal hervorgehen.

Wie unterscheiden sich nun Rechtsnorm und Pflichtnorm material? Eine Norm kann eine positive wie negative Fassung haben, etwa du sollst edel, gut sein, oder du sollst nicht töten, nicht ehebrechen usw. Die Gestaltung ist für den Gehalt wichtig. Die Rechtsnorm, die sich an das äußere Verhalten des Menschen richtet, kann nur positiv gefaßt sein. Goldschmidt gibt ihr dagegen das negative Gewand „du sollst nicht töten". Jedoch ist es unmöglich, daß die Rechtsnorm das äußere Verhalten mit „du sollst nicht töten" anweist, denn dieser Imperativ trifft im Falle des Scharfrichters, des Soldaten, der Notwehr usw. gar nicht zu. Die beiden ersten sollen gerade töten. Das verlangt der Staat von ihnen. Lautet die Rechtsnorm wirklich so, wie Goldschmidt sagt, dann wäre die Tötung durch den Scharfrichter und Soldaten an sich Mord, denn diese verstieße gegen das Rechtsgebot. Allerdings wären die Handelnden gerechtfertigt. Alle sog. Rechtfertigungsgründe besagten aber implicite[13a]), daß Unrecht an sich hier vorliege, nur infolge besonderer Rechtslage nicht anzunehmen sei. Diese Folge zeigt die Bedenklichkeit des Ausgangspunkts in der negativen Gestaltung der Rechtsnorm. Ein Unrecht „an sich", das im Enderfolg Recht ist, gibt es nicht[14]). Unrecht an sich anzunehmen, hieße einen logischen Fehlschluß begehen, denn Unrecht ist schon die Folge einer Wertung und nichts „an sich Seiendes" mehr. Wie hier das Unrecht plötzlich transzendenten Charakters sein sollte, wäre nicht erkärlich.

Gehen wir doch von der Gegebenheit aus, daß der Gesetzgeber mit seinem Strafgesetz Handlungen treffen will, die den Staat, die Gemeinschaft oder den einzelnen angreifen. Weil die Maßstäbe dafür, was Rechtsgut ist, sehr wandelbar sind, spiegeln die einzelnen Strafgesetze die verschiedenartigsten Tatbestände wider. Eines ist jedenfalls sicher, daß der Gesetzgeber niemals mit seinem Gesetz Verhaltensweisen treffen oder auch nur berühren will, die den Trägern der Rechtsgüter nützlich sind. Das Gesetz kann also nie bezwecken, daß für den einzelnen oder den Staat förderliche Handlungen behindert werden. Das bedeutet, daß das Gesetz durch die Beschreibung der Tatbestände nur solche Handlungen treffen will, die geeignet sind, überhaupt eine Gefahr oder Verletzung des einzelnen oder der Gemeinschaft oder des Staates herbeizuführen. Insbesondere ergibt sich dies aus dem Teil des Strafzwecks, der sich auf das Verhüten inkriminierter Handlungen bezieht. Die Unvollkommenheit jedes Ge-

[13]) Für § 330 a StGB. and. A. Welzel, Das Deutsche Strafrecht, 1947, S. 225, der die Rauschtat als Stück des Unrechtstatbestandes ansieht, das nicht vom Vorsatz umfaßt zu werden braucht. Mit § 59 aber m. E. unvereinbar. Kohlrausch-Lange, 38. Aufl., § 330 a III.

[13a]) Trotz aller Gegeneinwände, vgl. v. Liszt-Schmidt, S. 186, Anm. 16.

[14]) Dazu vgl. auch Nagler, Frankfestgabe I, S. 339 f.; v. Liszt-Schmidt, 26. Aufl., S. 155 f. Vorzüglich Sauer, Grundlagen des Strafrechts, S. 235 f.

setzes verhindert, daß die immanente Beschränkung des Tatbestandes zum Ausdruck gebracht wird. Es dürfte aber hierfür die Tatsache, daß es sich um ein Strafgesetz handelt, genügen. Damit erhält die Tatbestandsmäßigkeit durch den Zweck des Strafgesetzes eine innere Einschränkung. Dadurch fallen z. B. die Tötung des Scharfrichters und des Soldaten und alle von einem Rechtsstaat gebotenen Handlungen überhaupt nicht erst unter das Strafgesetz[15]). Ihre Rechtmäßigkeit steht nie außer Zweifel; es mangelt bereits am Tatbestand.

Nichtsdestoweniger gibt es aber auch Rechtslagen, die nicht nur ein Problem des Tatbestandes darstellen. Bei Notwehr, Notstand, Einwilligung kann man gewiß nicht sagen, daß der Sinn des Strafgesetzes diese Sachverhalte überhaupt nicht treffen will, da ihre Regelung sich aus der einzelnen Interessenabwägung, nicht aus dem Gesetzessinn schon ergibt. Auch für diese letzten Fälle heißt die Rechtsnorm nicht „du sollst nicht töten", sondern das Recht sagt vielmehr „du darfst töten oder verletzen". Hieran zeigt sich wieder, daß die negative Gestaltung der Rechtsnorm für alles äußerliche Verhalten gar nicht zutrifft. Es gibt nun einmal kein gerechtfertigtes Unrecht, sondern nur Recht oder Unrecht. Das Recht wird nicht am Unrecht gemessen[16]), sondern dieses fängt da an, wo das Recht aufhört. Ein sog. Rechtfertigungsgrund macht Unrecht nicht zu Recht, auch zerstört er nicht erst den Schein des Unrechts, sondern das Recht besteht von vornherein. Diese Auffassung ist aber nur möglich, wenn die Rechtsnorm positiv heißt: du sollst rechtmäßig handeln. Dieser Norm entspricht der Notwehr- und Notstandübende. In diesem „du sollst rechtmäßig handeln" steckt zugleich die Möglichkeit, z. B. für den Notwehrübenden, sich zu wehren oder nichts zur Verteidigung zu unternehmen. Beides ist rechtmäßig. Anders in dem Falle des Scharfrichters oder Soldaten, die keine Wahl haben zwischen Nichttöten und Töten, sondern töten müssen, wollen sie nicht gegen eine Rechtspflicht verstoßen. Hier zeigt sich die ganz verschiedene Struktur zwischen der Notwehr, dem Notstand usw. und diesen Rechtslagen, in denen überhaupt keine Tatbestandsmäßigkeit gegeben ist, weil sie durch den Zweck des Strafgesetzes ausgeschieden werden.

Nach allem ist der Begriff der Rechtfertigungsgründe oder Unrechtsausschließungsgründe verfehlt. Denn hier wird nichts gerechtfertigt, hier liegt immer Recht vor. Der Ausdruck Rechtmäßigkeitsgründe wäre besser. Nicht die Rechtswidrigkeit darf nach dem Tat-

---

[15]) „Die soziale Adäquanz" Welzels a. a. O., S. 35, geht im Auschluß der Tatbestandsmäßigkeit zu weit, da jener Begriff einer festen Umreißung mangelt. Die Auffassungen über das, was sozial adäquat ist, wandeln sich im historischen Geschehen zu rasch. Der rechtmäßige Befehl des Rechtsstaats, z. B. an den Scharfrichter, den Soldaten, ist dagegen ein fester Begriff.

[16]) Wie es Schopenhauer in „Welt als Wille und Vorstellung" § 62 tut, da er dem Recht gegenüber dem Unrecht nur einen sekundären Platz einräumt.

bestand geprüft werden, sondern erst müssen die Rechtmäßigkeitsgründe untersucht werden und dann, wenn keiner vorliegt, ist die Rechtswidrigkeit zu bejahen.

Der äußere Tatbestand kann auf dem Wege zur Erkenntnis der Rechtswidrigkeit[17]) nicht typisiertes Unrecht sein, aber auch noch nicht ohne weiteres den Schein des Unrechts darstellen. Woran soll denn Typik oder Schein gemessen werden? Etwa an der Quantität? Das millionenhafte Umbringen und Verletzen anderer Menschen im Kriege, die Vielzahl der rechtmäßigen Beleidigungen, Verletzungen, Beschädigungen usw. sprechen dagegen. Wo liegen hier Regel oder Ausnahme? Der Tatbestand erfaßt Lebensvorgänge, bei denen die Typik in der gleichmäßigen Potenzialität zum Rechtmäßigen oder Unrechtmäßigen liegt. Der Richter ist auf den Januskopf des Tatbestandes von vornherein hingewiesen. Für alle anderen Verhaltensweisen des Menschen vermutet der Gesetzgeber unwiderleglich die Rechtmäßigkeit; nirgends aber vermutet der Gesetzgeber für den Tatbestand die Unrechtmäßigkeit, auch nicht widerleglich. Ueberall muß in den Tatbeständen „widerrechtlich" ergänzt werden. Es wird nicht verkannt, daß es einige wenige Tatbestände gibt, die schwerlich anders als rechtswidrig zu denken sind, wie z. B. die Blutschande, Doppelehe usw. Trotzdem stehen sie mit den überwiegend andersgearteten Tatbeständen in einer Reihe und tragen theoretisch auch die doppelte Wertungsmöglichkeit in sich. Nur ist die Unbestimmbarkeit des Tatbestandes in bezug auf Recht oder Unrecht nach der Wahrscheinlichkeit nicht so groß, wie etwa bei der Tötung oder Körperverletzung. Der Tatbestand stellt die unterste und oberste Grenze möglichen Unrechts dar, er ist aber als solcher völlig ungewertet im Sinne von Recht und Unrecht[18]). Der Tatbestand ist deshalb nur ein Grenzwert zwischen unabdingbar rechtmäßiger und rechtlich verschieden bewertbarer Verhaltenweise. Weder zum licet noch zum non licet zeigt der Tatbestand irgendeine Tendenz. Er ist beiden theoretisch gleich nah und fern. Das konkrete Rechts- oder Unrechtsurteil wird ohne Umweg über typisiertes oder scheinbares Unrecht und Rechtfertigungsgründe direkt gefällt[19]).

Somit wird die logische Unmöglichkeit des gerechtfertigten oder ausgeschlossenen Unrechts vermieden. Auch entspricht allein diese systematische Auffassung der positiven Fassung der Rechtsnorm be-

---

[17]) Vgl. v. Liszt-Schmidt, 26. Aufl., S. 185, Anmerkung. 14.

[18]) So auch Graf zu Dohna, Der Aufbau der Verbrechenslehre, 3. Aufl., 1947, S. 29.

[19]) Dazu, daß es nur Recht oder Unrecht — kein drittes — geben kann, ausgezeichnet Sauer „Grundlagen des Strafrechts" 1921, S. 235 f Selbstverständlich gibt es noch rechtlich ungewertete menschliche Handlungen, wenn man sie in der Etappe sieht, wo die Erkenntnis des Rechts oder Unrechts noch nicht eingesetzt hat. Beurteilt man die Handlungen aber von der statischen Ordnung der endgültig vollzogenen Wertung aus. dann gibt es nur Recht oder Unrecht, keine Indifferenz. A. A. Nagler, Frankfestgabe I, S. 343.

züglich des äußeren Verhaltens. „Du sollst rechtmäßig handeln" ist die allgemeingültige Form strafrechtlicher Rechtsnorm. Für den Einzelfall enthält sie ein Verbot des Tötens oder ein Tötendürfen usw.[20]). Gerade beim Dürfen ist wesentlich, daß sowohl das Nichttöten wie das Töten z. B. bei Notwehr gleich rechtmäßig sind. Hieran zeigt sich die Einheitlichkeit aller Rechtmäßigkeit, die keine Scheidung in anfängliche Rechtmäßgkeit und solche, die durch Rechtfertigung erst entstanden ist, duldet. Die negative Fassung der Rechtsnorm schafft aber einen Doppelcharakter der Rechtmäßigkeit, nämlich solche, die durch und durch rechtmäßig ist, und solche, die intelligibel unrecht ist. Heißt die Rechtsnorm „du sollst rechtmäßig handeln". dann ist denkbar, daß alles Unrecht in der Rechtmäßigkeit einmal aufginge, nämlich dann, wenn der Rechtsnorm voll entsprochen wird[21]). Daß auch dann getötet, verletzt usw. werden wird — aber rechtmäßig — ist selbstverständlich. Damit ist in jedem Falle das Unrecht als Negation des Rechts aufgefaßt. Zusammenfassend ist zu dem Bisherigen zu sagen, daß die Rechtsnorm eine selbständige, positiv beinhaltete, mit Bestimmungs- und Bewertungsfunktionen ausgerüstete Norm ist, die sich an jeden Menschen richtet. Sie regelt allein das äußere Verhalten des Menschen in bezug auf andere, auf Gemeinschaften oder den Staat. Ihr sie leitender Zweck ist die ausgleichende Abwägung der Interessen innerhalb der Rechtsgemeinschaft[22]).

---

[20]) Die Fälle des Tötensollens waren oben überhaupt aus der strafrechtlichen Betrachtung des Tatbestandes ausgeschieden. Hinter dem Tötendürfen bei Notwehr, Notstand usw. steht nur das allgemeine Gebot des Rechtmäßig-Handelnsollens, nicht etwa das des Tötensollens.

[21]) Es kann die Frage hier nicht behandelt werden, inwieweit subjektive Elemente zur Begründung des Unrechts heranzuziehen sind. Diese ganze Lehre ist m. E. viel zu stark in ihrer Bedeutung überschätzt und ausgebaut worden. Sie hat z. T. das Strafrecht richtig zersetzt, indem der Schutz der objektiven Lebensordnung durch die Abhängigkeit vom subjektiven Elementen immer unsicherer wurde. M. E. vermag ein subjektives Merkmal die Rechtswidrigkeit weder zu begründen noch auszuschließen. Sehr richtig, H. Mayer, SJZ. 1949, Sp. 173 f. Damit ist das Unrecht aber nicht etwa im Sinne der liberal-rechtsstaatlichen Auffassung nur objektive Interessenverletzung, denn dadurch, daß die Rechtsnorm verpflichtenden Charakter hat, ist das Unrecht subjektiviert. Vgl. auch Wegner, Einführ. in d. Rechtswissensch., 1948, 2. Aufl., S. 222; Frankfestgabe I, S. 128 f., etwas gegen Kriminelles Unrecht usw. a. a. O., S. 38 ff. abgewandelt. Die Rechtsnorm richtet sich an das äußere Verhalten des Menschen. Wenn jemand meinen Mantel von der Garderobe abhängt oder mit meinem Pferdewagen angefahren kommt und ich für die Frage der Rechtswidrigkeit erst prüfen muß, ob es sich um einen Diebstahl oder einen furtum usus handelt, dagegen wenn ein Fremder auf meinem Fahrrade oder in meinem Auto daherkommt, ich ihn gleich niederschlagen kann, dann vermag ich keinen sinnvollen Grund für diese Unterscheidung einzusehen. Vgl. hierzu Goldschmidt, Frankfestgabe I, S. 458 ff., insbes. 462, Anm. 1 am Ende; Sauer, Grundlagen des Strafr., S. 345 ff.

[22]) Dazu besonders Sauer, Grundl. d. Strafr., S. 72 ff., 85; Jur. Elementarlehre, Basel 1944, S. 51, 102, Goldschmidt in Frankfestgabe I, S. 440.

Ganz anderer Natur ist die Pflichtnorm. Diese wird — wie wir sahen — nur existent, wenn die Rechtsnorm übertreten wird. Sie lautet nicht — analog der Rechtsnorm — du sollst pflichtmäßig handeln, denn die Pflichtnorm steht nur hinter der rechtswidrigen Handlung. Wenn sie aber lauten würde, du sollst pflichtmäßig handeln, dann würde sie in dieser allgemeinen Fassung auch unzulässigerweise den Willen bei rechtmäßigem Handeln beeinflussen wollen. Sie muß negativ heißen: du sollst nicht töten wollen usw., d. h. du sollst den verbotenen Erfolg in deinem Willen nicht aufnehmen, bzw. die von dir geforderte Sorgfalt nicht außer acht lassen, damit du keinen tötest[23]. Bei dieser Fassung der Pflichtnorm ist es ausgeschlossen, daß die Norm für rechtmäßige Tötung auch gilt. Tötungen, die vom Rechtsstaat befohlen sind, fallen sowieso nicht unter das Strafrecht, und sonstige rechtmäßige Tötungen schließen jede negative Pflichtnorm im voraus aus. Die Struktur der Pflichtnorm ist also ganz anders als die der Rechtsnorm. Jene ist grundsätzlich negativen Inhalts. Würde der Rechtsnorm einmal ganz entsprochen, dann ginge alles Handeln in einem Reiche allgemeiner Rechtmäßigkeit auf. Würde der Pflichtnorm voll entsprochen, dann löste sich aller böser Wille noch lange nicht in einem allgemeinen guten Willen auf, da die innere Einstellung bei rechtmäßigen Handlungen nicht Objekt rechtlicher Pflichtnormen sein darf. So kann die Pflichtnorm nicht absolut verallgemeinert werden. In ihrer negativen Struktur liegt das unaufhebbare personalistische Element entgegen dem ontologischen in der positiven Rechtsnorm, die einen idealen Seinszustand menschlicher Gesellschaft anstrebt.

Der Pflichtnorm wird aber nie ganz entsprochen werden, da sie in ihrer Bestimmungsfunktion berechtigt übertreten werden kann, wenn der Täter schuldlos handelt. Der Vorsatz und die Fahrlässigkeit als psychologische Beziehungen zur Tat sind die Aeußerungen für die Mißachtung der Pflichtnorm in ihrer Bestimmungsfunktion. Deshalb gehören Pflichtnorm und Vorsatz bzw. Fahrlässigkeit unlösbar zusammen. Trennt man sie, indem man entweder beide Schuldelemente — wie in der finalen Handlungslehre[24] — oder nur eines

[23] Verwickelter ist der Gehalt der Pflichtnorm, wenn die Schuld noch besondere Merkmale enthält, wie die Ueberlegung, Absicht, Gewinnsucht usw. Diese Merkmale färben die Pflichtnorm insoweit, als die Vorstellung des Erfolges nicht allein hinderndes Motiv ist, sondern noch weitere Zwecke gegenmotivatorische Kraft haben sollen. Die Pflichtnorm verbietet dann nicht um des Erfolges, sondern um eines weiteren Zieles willen. Damit wird die Schwere der Schuld verstärkt oder verringert. Dadurch, daß der Blick so stark auf Vorsatz und Fahrlässigkeit und auf die äußere Gestalt des Tatbestandes gebannt war, suchte die Lehre nach dem diesen Schuldmerkmalen Entsprechenden in dem Tatbestand. Dabei liegt es doch nahe, in ihnen allein Elemente zu sehen, die der Schuld einen besonderen Farbton geben. Die Lehre von den subjektiven Unrechtselementen ließ diesen Gedanken durch die Objektivierung ganz zurücktreten. Dazu Sauer, Grundl. d. Strafr., S. 641 f.; Goldschmidt, Frankfestgabe I, S. 461 ff.

[24] Welzel, Das Deutsche Strafrecht, 1947, S. 21 f.

— wie es Maurach tut[25]) — aus der Schuld herausnimmt, dann stößt die Pflichtnorm ins Leere. Der Vorsatz bzw. die Fahrlässigkeit stellen dann nicht mehr Uebertretungen rechtlicher Verhaltensgebote dar, sondern sind ganz einfach psychische Fakta, diesseits der Schuld. Damit entbehrt der Schuldbegriff seines materialen Gehalts, da er das Objekt der Verantwortung nicht mehr in sich selbst trägt. Er ist eine Nuß ohne Kern geworden.

Die enge untrennbare Zusammengehörigkeit zwischen Pflichtnorm und Vorsatz bzw. Fahrlässigkeit zeigt sich vor allem am Irrtum. Versagt mangels falscher Vorstellung die Einsicht in die Pflichtnorm, so fällt der Vorsatz weg. Der Jäger, der einen Menschen für ein sich bewegendes Wild hält, will niemanden töten und befolgt das Pflichtgebot: du sollst nicht töten wollen.

Ganz anders liegen die Fälle, wenn ein Entschuldigungsgrund gegeben ist. Stößt auf der Planke des Karneades, der eine den andern hinunter, dann will jener diesen töten. Oder schwört ein Zeuge einen Meineid, weil die Offenbarung der Wahrheit für ihn dauernde Lebensgefahr bedeutet[26]), dann will er meineidig werden. Damit bleibt der Vorsatz als solcher bestehen[27]). Bezeichnend hierfür ist ebenfalls, daß derjenige, der in Notwehrüberschreitung sich befindet auch vorsätzlich, nicht nur fahrlässig handeln kann[28]). Das RG. betont dies ausdrücklich an einer Stelle[29]). Im Hinblick auf die limitierte Akzessorietät der Teilnahme muß auch an dem juristischen Vorsatz und der juristischen Fahrlässigkeit in diesen Fällen des Entschuldigungsgrundes festgehalten werden. Ein in Notwehrexzeß Handelnder kann nach limitierter Akzessorietät angestiftet werden. Um hier festzustellen, ob es sich überhaupt um eine vorsätzliche Tat handelt[30]), muß auf den juristischen Vorsatz zurückgegriffen werden. Es handelt sich hierbei nicht etwa um einen sog. natürlichen Vorsatz. Er spielt beim Kind, Geisteskranken oder Irrenden eine Rolle. Dieser natürliche Vorsatz ist nicht wie der juristische das Nichtbestimmtsein durch die Pflichtnorm, sondern weiter nichts, als die Willensgrundlage der Handlung, ohne die nur eine Reflexbewegung vorliegt. Dieser natürliche Vorsatz zielt auf die Körperbewegung hin, die notwendig sein soll, den Erfolg herbeizuführen, z. B. der angestiftete irrende Jäger hebt das Gewehr, um auf das vermeintliche Wild zu schießen. Diese Willenstendenz ist sowohl bei den kausalen wie finalen Tätig-

[25]) Maurach, Schuld und Verantwortung im Strafr., 1948, S. 36 ff.

[26]) RG. 66, 98.

[27]) Vgl. dazu auch Wegners scharfsinnige Unterscheidung von „Tatvorsatz" und der Schuldform Vorsatz in Festschrift für Leo Raape, 1948, S. 414 ff., insbes. S. 416.

[28]) Frank, StGB., 18. Aufl., § 53, II; Ohlshausen, 12. Aufl. (stärker in den früheren Auflagen betont), § 53, Anm. 16. A. A. Schönke, StGB., 3. Aufl. 1947, § 53, VI.

[29]) RG. 21, 191.

[30]) Es soll hier unentschieden bleiben, ob es Anstiftung zur fahrlässigen Tat gibt.

keitsworten[31]) — z. B. einerseits „töten", andererseits „dem Wilde nachstellen" — vorhanden[32]). Nur bezieht sich der natürliche Wille bei der kausalen Beschreibung allein auf den die Kausalkette auslösenden körperlichen Akt, mit dem die Tendenz zu weiteren durch ihn herbeizuführenden Erfolgen gegeben ist, bei der finalen Beschreibung dagegen auf die gesamte Tätigkeit, die die tatbestandsmäßige Handlung erfordert. Liegt der juristische Vorsatz vor, so bedarf es zur Individualisierung der strafbaren Handlung nicht des unsicheren Zurückgreifens auf den Handlungswillen — wie es z. B. nötig ist, um festzustellen, ob der angestiftete Geisteskranke bei limitierter Akzessorietät eine „vorsätzliche" Tötung begangen hat. Da man hierbei sowieso höchstens von einem Vorbedacht sprechen kann, bleibt immer ein Unbestimmbarkeitsfaktum bei der notwendigen Willenskonkretisierung. Wird eine Tat mit juristischem Vorsatz begangen, dient die Willensgrundlage der Handlung nur dazu, um diese als Folge eines menschlichen Willensaktes zu kennzeichnen. Fehlt der juristische Vorsatz oder die juristische Fahrlässigkeit, übernimmt unvollkommen der Wille zur Handlung die jenen sonst zufallende Funktion, die Willensausfälle näher zu bestimmen.

Es ergibt sich somit, daß der juristische Vorsatz und die Fahrlässigkeit als Formen des Nichtbestimmtseins durch die Pflichtnorm auch immer dann gegeben sind, wenn der Täter entschuldigt ist. Das Recht erlaubt unter gewissen Voraussetzungen, den Pflichtanruf zu negieren. Ganz anders ist es bei der Rechtsnorm. Sie verlangt rechtmäßiges Handeln, damit das Recht nicht Ausnahme vom Unrecht sei. Dieses bleibt auch nicht an sich bestehen, wie der Vorsatz etwa beim Notstand, sondern es existiert überhaupt nicht, sobald die Handlung rechtmäßig ist. Das liegt an der obenerwähnten ontologischen Struktur der Rechtsnorm im Gegensatz zur personalistischen der Pflichtnorm. Sie kann durch einen Entschuldigungsgrund in ihrer Bestimmungsfunktion nicht aufgehoben werden, sondern bleibt weiter existent. Das Recht erwartet allerdings in gewissen bedrängten psychischen Lagen nicht, daß der Bestimmung durch die Pflichtnorm genügt wird. Deshalb wird dann der Vorwurf dafür, daß sich der Mensch nicht hat bestimmen lassen, ausgeschlossen. Damit sind aber die Voraussetzungen der Bestimmung durch die Pflichtnorm nicht beseitigt. Anders bei der Rechtsnorm. Liegt eine Notwehrsituation oder ein Angriffsnotstand vor, z. B. ein verirrter Skifahrer dringt im Schneesturm in eine verschlossene Alpenhütte ein, dann erwartet das Recht nicht nur nicht, daß sich der Notwehrübende verprügeln läßt, oder daß der Skifahrer das Eigentum des andern

[31]) Die Unterscheidung stammt von H. v. Weber, Grundriß d. Dtsch. Strafr., 2. Aufl., 1948, S. 54 f.

[32]) Binding, Normen, 2. Aufl., 1914, 2. Band, S. 481 ff., 485, 492 betont schon klar den willensgetragenen Handlungsbegriff gegenüber der unzureichenden natürlichen Kausalität.

über sein Leben setzt, sondern die Tendenz des Rechts geht dahin, daß Recht nicht vor Unrecht zurückweichen und daß menschliches Leben über das Eigentum gestellt werden soll. Es will allerdings die Entscheidung dem einzelnen selbst überlassen, da er der Betroffene ist. Man kann aber, wenn jemand in Notwehrüberschreitung einen andern totschlägt oder wenn bei einer in äußerste Not geratenen Expedition ein Teilnehmer verzehrt wird, nicht behaupten, daß das Recht einen solchen Zustand erstrebt. Es entschuldigt nur die Schwäche des Menschen, die aus dem Selbsterhaltungstrieb entstammt. Der Trieb, das eigene Dasein auf jeden Fall zu erhalten, die Lebensangst, die den Menschen in seiner ganzen Existenz in solcher Situation umfaßt, werden als stärker als der Anruf der Pflichtnorm erachtet. Das du sollst, denn du kannst, bleibt auch hier bestehen, nur macht der Staat den Menschen für die Schwäche des normwidrigen Handelns nicht verantwortlich. Im Verhältnis zu den andern Menschen ist die Verantwortung eine ganz andere, denn da hat der Mensch die Rechtsnorm durch Störung der Rechtsgüterordnung übertreten. Die Grenze dafür, wann der Mensch für die Mißachtung der Pflichtnorm verantwortlich gemacht wird, hat das Gesetz bei der Gefährdung der menschlichen Existenz gezogen. Diese wird durch die Bewertungsfunktion der Pflichtnorm, die eine Verantwortlichkeit für das Sichnichtbestimmenlassen wieder ausschließt, geschützt. Die Bewertungsfunktion äußert sich somit in Existenznormen — Eb. Schmidt spricht von Selbsterhaltungsnormen. Das Gesetz verlangt in den §§ 52 u. 54 StGB. als Voraussetzung für ihre Wirksamkeit Rettung von sich oder der Familie aus einer Gefahr für Leib und Leben. Es hält niemals wirtschaftliche Interessen für ausreichend, um den Täter zu entschuldigen. Immer handelt es sich um das Leben des Menschen, wenn das Gesetz davon ausgeht, daß der Trieb zum Selbstschutz den Pflichtnormanruf überhören könnte. Ergibt sich das Urteil der Rechtmäßigkeit aus dem Prinzip der Güterabwägung, so folgt die Schuld daraus, daß der Mensch sich durch die Pflichtnorm nicht hat bestimmen lassen und dieses nicht aus relevanter Angst um die vitale Existenz geschehen ist.

Das ist der Grundgedanke der §§ 52, 53 II, 54 StGB.[33]). Auch beim Eidesnotstand hat das Gesetz dieses Prinzip nicht verlassen, da es sich hier im erweiterten Sinne um Lebensgefahr handelt, in der der Schwörende sich befindet[34]). Nur in diesem engen Rahmen der

---

[33]) Die Wahrnehmung berechtigter Interessen kann niemals Schuldausschließungsgrund sein (A. A. neuerdings RG. 64, 23), da es sich hier primär um eine Interessenkollision und nicht um eine psychische Zwangslage handelt. Die Auffassung als Entschuldigungsgrund ist eine Mißachtung des Grundgedankens des entschuldigenden Notstandes.

[34]) Allerdings ist die gesetzliche Ausdrucksweise in § 157 StGB. nicht ganz klar, weil es hier heißt: Hat ein Zeuge sich schuldig gemacht. Sonst spricht das Gesetz nur von vorsätzlicher und fahrlässiger Handlung. Im § 157 meint es offensichtlich mit dem „schuldig" soviel wie vorsätzlich, denn hieße „schuldig" hier vorsätzlich und vorwerfbar, wäre der folgende

Existenzerhaltung entschuldigt das Recht das Sichnichtbestimmenlassen durch die Pflichtnorm. Jede Erweiterung dieser Grenze über die lebensmäßige Selbsterhaltung hinaus ist, um mit Liepmann zu sprechen, eine Knochenerweichung des Strafrechts. Diese Gefahr zeigt besonders die Entscheidung in RG. 58, 97 (auch 226), wo das Reichsgericht dem Ehemann nicht zumutet, die Unzucht seiner Frau zu unterbinden, weil er einen gewaltigen Skandal und eine Schädigung seiner Geschäftsinteressen befürchtet. Abgesehen davon, daß es sich hier m. E. um ein Problem der Rechtspflicht bei unechter Unterlassung handelt[35]), zeigt die Grundauffassung der Entscheidung die paralysierende Kraft der Zumutbarkeitslehre. Die Angst ist im wesentlichen ökonomischer Natur. Wird jene wie der vitale Existenztrieb geschützt, entfernt man sich von dem Gesetz. Die Verfolgung wirtschaftlicher Interessen kann niemals den Trieb zum Leben ersetzen. Hierin zeigt sich im übrigen ein starker Einschlag idealistischer Philosophie und konservativen Gedankenguts des vorigen Jahrhunderts in unserem Gesetz.

Dem RG. ist dagegen für eine andere Gruppe von Entscheidungen in gewisser Weise zuzustimmen, in denen es einen notstandsähnlichen Grund anerkennt. Wenn der Begünstiger sich mit einer Fremdbegünstigung zugleich der Strafe entziehen will, so ist der Mensch in einer dem Eidesnotstand ähnlichen Lage. Er ist in seinem freien Dasein durch die rechtmäßige staatliche Verfolgung gefährdet, die er in seinem Selbsterhaltungstrieb, aus dem er jede Gefahr für Leib und Leben abwehren will, verhindert. Deshalb ist die Ausdehnung des Grundgedankens der Notstandsregelung auf solche Fälle, wo es um die Selbstbewahrung menschlicher Existenz im Rahmen der Begünstigung geht, gerechtfertigt[36]). Aber nur für die persönliche Begünstigung ist diese vorsichtige Analogie zulässig, da der Täter hier in einem inneren Kampfe zwischen seinem Trieb zum existenziellen Dasein und der Pflichtnormbestimmung steht. Jetzt scheint das RG., wie RG. 66, 399 in Verbindung mit RG 63, 237 zeigt, seine ursprüngliche Ausweitung der Lehre von der Zumutbarkeit auf diesen engen Kreis der Selbstbegünstigung beschränken zu wollen[37]).

Es ist keinerlei Grund einzusehen, Vorsatz und Fahrlässigkeit in bezug auf die Entschuldigung verschieden zu behandeln[38]). Das Gesetz gibt dazu keinen Anhaltspunkt. Zudem handelt es sich bei der Fahrlässigkeit — außer bei dem Notwehrexzeß — nicht um eine Frage der Entschuldigung, sondern um den Fahrlässigkeitsbegriff selbst.

Strafausschluß unverständlich, zumal in den §§ 52 ff. StGB. immer davon die Rede ist, daß eine strafbare Handlung nicht vorhanden ist. Jedoch sieht man an dem Wortlaut des § 157, daß der Täter mit vollem juristischen Vorsatz handeln muß und trotz des Notstandes gegen die Bestimmung durch die Pflichtnorm verstößt, denn nur der Vorwurf wird gemildert.

[35]) Aehnlich H. Mayer, Das Strafr. d. dtsch. Volkes, S. 179 f.

[36]) Z. B. RG. 63, 235, 237; 70, 390.

[37]) Vgl. auch Mezger, Strafr., Allg. Teil 1948, S. 160 f.

[38]) Wie z. B. Kohlrausch-Lange, StGB., 38. Aufl., vor § 51, Anm. 4.

In ihm steckt selbst schon ein normatives Element, da die Sorgfalt von dem Täter nach einem persönlichen Maßstab gefordert wird. Die Vermischung von Fahrlässigkeitsbegriff und sog. Unzumutbarkeit in der bisherigen Lehre führte zur Ausuferung der Entschuldigung. Wir sehen deshalb, daß in den Entscheidungen betreffend Fahrlässigkeit dieselben falschen Gesichtspunkte wie in dem Kuppeleifalle richtunggebend sind. Wenn das RG. in dem Leinenfängerfall[39]) schon auf Notstand abstellt, dann ist dazu festzustellen, daß sich der Kutscher in keiner Lebensangst befindet. Er will vielmehr die wirtschaftlichen Nachteile der möglichen Lebensverletzung anderer nicht vorziehen. Aber auch andere als wirtschaftliche Interessen, wie z. B. ethische[40]) — in dem Fall, da der Vater sein Kind aus ethisch zu billigenden Gründen nicht in die Hand von Aerzten gibt — können die Lebensangst niemals ersetzen, die das Gesetz für den Notstand fordert. So wird die Verantwortung für das Ueberhören des Anrufs der Pflichtnorm nur in ganz geringem Umfang vom Gesetz ausgeschlossen. Der Begriff der Zumutbarkeit verschiebt den gesetzgeberischen Grund des Schuldausschlusses völlig, weil er viel zu weit ist. Der Begriff ist deshalb zu meiden. Die Ausweitung des Grundgedankens des Notstandes über die notwendige Erhaltung der Existenz hat zu einer Begriffsverwirrung in der Rechtsprechung und Wissenschaft geführt, die einer willkürlichen Handhabung des Strafrechts immer stärker Vorschub zu leisten begann. Als eine neue Entdeckung begrüßt, unterhöhlte die Lehre der Zumutbarkeit allmählich den ganzen Schuldbegriff. Bei der Fahrlässigkeit spielt der Gedanke der Vorwerfbarkeit über den § 53 Abs. 3 hinaus keine Rolle, bei dem Vorsatz nur im Rahmen der gesetzlichen Schuldausschließungsgründe und ihrer analogen Anwendung auf die Selbstbegünstigung.

Die Pflichtnorm beansprucht in ihrer Bestimmungsfunktion unbedingte Gültigkeit. Diese wird auch dann nicht aufgehoben, wenn das Gesetz auf Grund besonderer Bewertung den Schuldausspruch fallen läßt und deshalb keinen Vorwurf gegen den einzelnen erhebt. Denn die Bestimmungsfunktion der Pflichtnorm geht dahin, daß das Wollen des Erfolges verboten wird, womit der nähere Inhalt des Vorsatzes und der Fahrlässigkeit umgrenzt ist. Diese liegen im juristischen Sinne auch beim Entschuldigten vor, denn das Recht kann einen rechtswidrigen Erfolg nie wollen, wenn es auch diesen dem entschuldigten Menschen nicht vorwirft. Grundsätzlich ist deshalb, wenn der Mensch sich durch die Pflichtnorm nicht bestimmen läßt, auch der staatliche Vorwurf dafür gegeben. Deshalb sagt das Gesetz auch nur, „wer vorsätzlich oder fahrlässig handelt" und nicht, wer vorsätzlich schuldhaft den Erfolg herbeiführt. Der Vorwurf bedarf nur in den wenigen Fällen des Notstandes und der notstandsähnlichen Situationen einer besonderen Prüfung.

Wir kommen zum Schluß. Die positiv geartete Rechtsnorm, die das äußere Verhalten jedes Menschen anspricht, gewährleistet syste-

---

39) RG. 30, 25. 40) RG. 36, 78.

matisch, daß das Unrecht eine Negation des Rechts ist. Rechtmäßigkeit muß vor der Rechtswidrigkeit geprüft werden. Der äußere Tatbestand ist auf dem Wege zur Feststellung der Rechtswidrigkeit zunächst indifferent. Er stellt abstrakt typische Handlungsweisen dar, bei denen es ungewiß sein kann, ob sie rechtmäßig oder rechtswidrig sind. Die systematische Auffassung, daß das Unrecht durch die Rechtfertigungsgründe ausgeschlossen wird, deutet darauf hin, daß der Unterschied von intelligiblem und phänomenalem Charakter eines Dinges auf einen Rechtsbegriff unzulässig übertragen ist. Die Rechtsnorm ist selbständig gegenüber jedem Menschen gültig, weil die Rechsgüterordnung unabhängig vom Willen des einzelnen aufrechterhalten wird. Die Pflichtnorm tritt nur in Abhängigkeit von der übertretenen Rechtsnorm auf, da es keine strafrechtliche Schuld ohne rechtswidrige Handlung gibt. Das Recht erhebt dann keinen Vorwurf, wenn der Mensch aus Lebensangst sich durch die Pflichtnorm nicht bestimmen ließ. Die Rechtsnorm ist ontologischer, die Pflichtnorm personalistischer Struktur, weswegen auch jene positiv, diese grundsätzlich negativ geformt ist. Der Rechtsnorm schwebt ein Idealzustand absoluter Rechtmäßigkeit vor, in dem jene aufgehen würde. Die Seinsordnung würde dann der Rechtsnorm ganz und gar entsprechen. Die Pflichtnorm kann sich aber niemals in einem solch ideal geschauten Ordo auflösen. Gilt sie sowieso nur, wenn Unrecht vorliegt, so ist sie auch da unaufhebbar, wo das Recht auf einen Schuldvorwurf verzichtet. Deshalb bleiben auch trotz mangelnder Verantwortlichmachung Vorsatz und Fahrlässigkeit im juristischen Sinne bestehen. Weil die Pflichtnorm in jedem Falle hinter Vorsatz und Fahrlässigkeit steht, sind diese keine schuldfreien Merkmale und können deshalb nicht als inneres Spiegelbild der Handlung — wie in der finalen Handlungslehre — ohne weiteres zu jener gerechnet werden. Uebrig bleiben dann auf der Schuldseite ein Vorwurf ohne Inhalt, eine Schuld ohne Pflichtnorm. Diese hätte im Rahmen der Schuld gar kein Objekt, auf das sie einwirken könnte. Die Schuld, hinter der keine Pflicht steht, enthält kein Urteil mehr über den Willen, der sich gegen das Recht aufbäumt, sondern ist nur eine blutlose abstrakte Aussage über die psychische Zurechnung einer menschlichen Handlung. Die Schuld wird zu einem psychologischen Urteil und verliert den entscheidenden rechtlichen Charakter, der in dem Entschluß zur Auflehnung gegen die Rechtsordnung besteht. Die angebliche Denaturalisierung des Handlungsbegriffes führt zu einer Entsittlichung der Schuld.

Dagegen ist festzuhalten: Kern des Schuldbegriffs bleibt der gegen die Pflichtnorm revoltierende Wille. Ihn trifft das Unwerturteil des Rechts.

Um die sittliche Natur der Schuld kämpft in den zahlreichen Arbeiten seines gewaltigen Schaffens der Meister des Strafrechts und der Rechtsphilosophie, dessen bisheriges Lebenswerk der Verfasser mit diesen Zeilen in aller Bescheidenheit mitehren darf.

Naturrecht und Geschichte bei Josef Görres

Von Thomas Würtenberger, Mainz

Josef Görres, der große Politiker, Redner und Publizist war kein Mitglied der Juristenzunft. Aber als ein Mensch, der zeit seines Lebens der ganzen Fülle des Daseins aufgeschlossen war, scheute er niemals die Begegnung mit den Mächten des Rechts. Ja, in seinem vielstrebigen Handeln als Politiker fehlte keineswegs auch der persönliche Einsatz für die höchsten Güter des Menschen, für Freiheit und Wahrheit, für Recht und Gerechtigkeit. Damit aber nicht genug: Bei der immer wieder neu entfachten Auseinandersetzung mit den großen Fragen seines Zeitalters gelangte Görres nicht zuletzt auch zu wahrhaft philosophischen Einsichten in das Wesen des Rechts und der Gerechtigkeit. Freilich, seine juristisch zu nennenden Gedanken legte er nicht — wie viele seiner Zeitgenossen — im Rahmen eines philosophischen Systems nieder. Sie finden sich vielmehr zerstreut in seinen Büchern und Aufsätzen, Reden und Briefen, die dieser unermüdliche Publizist in so reichem Maße der Nachwelt hinterlassen hat. Wenn er vielfältige Gedanken über dieses oder jenes Grundproblem des Rechts äußerte, so mochte dies oft aus dem Zwang einer einmaligen Situation der Politik, mitunter auch aus der Stimmung des Kampfes gegen seine Gegner oder gegen überkommene geistige Mächte geschehen. Doch diese äußeren Antriebe zur Beschäftigung mit Recht und Gerechtigkeit taten der philosophischen Tiefe seiner juristischen Grundansichten keineswegs Abtrag. Ja, vielleicht gab gerade die jeweilige Aktualität diesen Aeußerungen über Recht und Gerechtigkeit eine besondere Lebendigkeit und Eindringlichkeit ihres Wahrheitsgehalts. Wie in seiner politischen Ueberzeugung, so machte Görres auch in seinem Rechtsdenken während seines Lebens mehrere Wandlungen durch, mag auch die ethische Grundsubstanz seiner Persönlichkeit stets unverändert geblieben sein. Jene Wandlungen dürfen uns aber nicht verwundern. Denn kaum lebte je ein Mensch in einer an politischen Kämpfen, sozialen Spannungen und geistigen Problemen reicheren Zeit als gerade Josef Görres. Als im Jahre 1776 die Nordamerikanischen Staaten die Menschenrechte verkündeten, erblickte Görres das Licht der Welt und im Jahre 1848, als Deutschland den revolutionären Versuch zur Neugestaltung seines staatlichen Daseins unternahm, beschloß er sein kämpferisches, bis zum letzten ausgeschöpftes Leben. Noch bedeutsamer für die Ausprägung seiner Rechtsanschauung waren wohl die tiefgreifenden Veränderungen des allgemeinen Zeitgeistes, die sich während seines Lebens in Deutschland und Europa vollzogen haben. In den Jugendjahren der Sieg der Aufklärungsideen in Frankreich, im Mannesalter das Aufkommen des geschichtlichen Sinnes in der Romantik, später dann das Wiederaufleben des religiösen Gefühls während der Restaurationsepoche —, um nur einige, auf seine geistige Entwicklung wirkende Einflüsse zu nennen.

Aus der großen Fülle einer fast das ganze Leben währenden Beschäftigung mit den Problemen des Rechts und der Gerechtigkeit soll nur ein Themenkreis ausgewählt werden, der Eigenart und Richtung des Görres'schen Rechtsdenkens in hellem Licht erstrahlen läßt: Naturrecht und Geschichte. Schlagwortartig kann man mit Naturrecht und Geschichte jene beiden Pole bezeichnen, zwischen denen das Rechtsdenken eines Josef Görres sich auf weiten Strecken seines Lebens bewegt hat. Denn während des Höhepunktes seines publizistischen Wirkens vollzog sich in Deutschland jene bedeutsame geistige Auseinandersetzung zwischen der Naturrechtslehre und der geschichtlichen Rechtsauffassung, die dem ganzen Zeitalter an der Wende vom 18. zum 19. Jahrhundert in so hohem Maße das Gepräge gab. Nicht nur in der Jurisprudenz, sondern auch auf anderen Feldern der Kultur und Wissenschaft vermochte der neuerwachte geschichtliche Sinn, mächtig gefördert durch die Bewegung der Romantik, dem überkommenen Vernunftdenken der Aufklärung den Rang streitig zu machen. Seit Herder konnte sich keine der führenden Persönlichkeiten des geistigen Lebens in Deutschland dem gewaltigen weltanschaulichen Ringen zwischen jenen beiden Kräften ganz entziehen. Das gilt für Goethe, Humboldt und Hegel ebensosehr wie für Savigny, Puchta und Bachofen.

In der Frühzeit seines geistigen Wirkens geriet Görres ganz in den Bannkreis der Naturrechtslehre des 18. Jahrhunderts. Als Jüngling begeisterte er sich für die politischen Ideen der Aufklärung, die in der französischen Revolution von 1789 den reichsten Niederschlag gefunden hatten. So begann er als Wortführer der republikanisch und kosmopolitisch gesinnten Bürgerschaft von Koblenz seine Laufbahn als Publizist. Schon damals unternahm er es, über Wesen und Grenzen des Naturrechts nachzudenken[1]). In seinem ersten wissenschaftlichen Werk behandelte er ein Problem, das vor ihm naturrechtlich orientierte Philosophen, wie Rousseau, Kant und Fichte, schon auf das stärkste beschäftigt hatte: das Ideal des ewigen Friedens[2]). Leitend war hier das der

[1]) Noch im Jahre 1811 schreibt Görres an Achim v. Arnim: „weiter habe ich .... meine Mathematik, Differentialrechnung inklusive wieder aufgefrischt, in der Mechanik viel getan, viel über das Licht experimentiert, die Studien zu meinem Mythenbuche fortgesetzt, über Naturrecht gelesen." (Ausgew. Werke u. Briefe, hg. v. Schellberg, 2. Bd.. 1912, S. 164).

[2]) Vgl. dazu L. Just, Josef Görres und die Friedensidee des 18. Jahrhunderts. (Görres-Festschrift 1926).

Aufklärung eigene Streben, die Mündigkeit des Menschen zu fördern und ihn zu einem Zustande des ewigen Friedens hinzuführen. In der damaligen Zeit bekannte sich Görres von ganzem Herzen zu den Forderungen der Naturrechtslehre des 18. Jahrhunderts. Denn ihn leitete der feste Glaube, daß es schlechthin allgemeinverbindliche und unveränderliche Grundnormen des Rechts geben müsse, denen Dasein und Handeln des Menschen unterworfen seien. Freiheit und Gleichheit aller Menschen sind jene Urrechte, die von der Allmacht der Vernunft abgeleitet werden. Weder Staat noch Gesellschaft dürfen diese Menschenrechte antasten. Klar erkannte Görres, daß das Naturrecht auf den sittlichen Charakter der menschlichen Persönlichkeit gegründet ist. So sagt er im Jahre 1800: „Dort in der moralischen Natur des Menschen hat die Natur die Grenzen des Staates angedeutet, weil doch einmal die Praxis solcher Grenzen bedarf, und sie muß der Staatsmann aufsuchen"[2a]. Folgerichtig berief sich Görres auch, wenn es gelegentlich galt, einzelne Rechte des Bürgers gegen die Staatsgewalt abzugrenzen, auf die von Rousseau ausgebildete Lehre vom Staatsvertrag. Getreu der Naturrechtsauffassung des 18. Jahrhunderts bekannte sich Görres immer wieder zu der Ueberzeugung, daß den Normen des Rechts und der Sittlichkeit, denen der Mensch in seinem Handeln unterworfen ist, der Charakter von unabänderlichen Naturgesetzen zukomme. So wird etwa das Leben des einzelnen wie der Völker von dem auch in die Welt des Rechts hineinragenden Prinzip des inneren Ausgleichs aller Gegensätze beherrscht: „Es gibt kein allgemeineres und mehr evidentes Naturgesetz als jenes, daß alle Dinge in der Welt wechselseitig sich ausgeglichen haben"[3]. Und einige Jahre später spricht Görres nochmals von diesem Grundsatz des Maßes und der Harmonie im menschlichen Dasein, von jenem „starken Weltgesetz, das Gott wie in die Natur so in die Gesellschaft hineingelegt, und das mit ruhig unscheinbarem Wirken und kaum sichtbaren Widerstande sich jedes Uebermutes leicht erwehrt und alles Maßlose zum eigenen Selbstmord treibt"[4]. Und schließlich erinnert er noch ein drittes Mal an jenes „unwandelbare Gesetz des moralischen Gleichgewichts", „daß allein was im sittlichen Ebenmaße sich begründet und auf dem festen Grunde würdig menschlicher Gesinnung ruht . . ., auf die Dauer sich behaupten kann"[5]. Der Gedanke des moralischen Ausgleichs führt auf der Ebene des Rechts zum Prinzip, daß alles in der Welt begangene Unrecht im Sinne einer höheren Wiedervergeltung seine Sühne finden muß. Görres zieht aus dieser Erkenntnis die Folgerungen für das rechtliche

---

[2a] „Resultate meiner Sendung nach Paris", 1800.
[3] Aufsatz in Friedr. Perthes „Vaterländ. Museum", 1810.
[4] „Deutschland und die Revolution", 1819.
[5] „Kotzbue und was ihn gemordet" in L. Börnes Zeitschrift Wage, 1819.

Handeln des Menschen: „Lerne jeder Gerechtigkeit üben in all seinem Tun und meiden die abscheuliche Unbilligkeit, an die uns alle eine gewaltsame Zeit gewöhnt. Schon so viele Jahrtausende hat die Geschichte dem öffentlichen und die Erfahrung dem besonderen Leben gepredigt: daß jedes Unrecht, was wir üben, durch geduldetes gebüßt werden muß; endlich sollten wir schon aus Klugheit auf die heilsame Lehre merken, nur Recht zu tun, damit auch Recht uns wieder werde"[6]).

Gemäß den Anschauungen der Aufklärungszeit gehörte es zu den unumstößlichen Gesetzen der Natur, daß die Menschheit auf der Bahn durch die Geschichte dem Ideal der Veredelung im Sinne höherer Humanität sich nähern müsse. Leitend war die Ueberzeugung, daß der Mensch seiner sittlichen Natur entsprechend die Fähigkeit zur Vervollkommnung seines Wesens besitze. In diesem Geiste schrieb Görres: „Ich glaube an ein immerwährendes Fortschreiten der Menschheit zum Ideale der Kultur und Humanität"[7]). Er befand sich hier ganz in Uebereinstimmung mit Herder, der gesagt hatte: „Ueberall . . . finden wir die Menschheit im Besitz und Gebrauch des Rechtes, sich zu einer Art von Humanität zu bilden, nachdem sie solche erkannte"[8]). Humanität ist für Görres ein absoluter Wert, der überall auf Erden verbindliche Anerkennung fordert: „Eines ist's freilich, was allen Völkern über den ganzen Umkreis der Erde gemein ist, Humanität nämlich; aber dies eine wie alles andere in der Natur, nicht in eine kompakte, scharf abgeschnittene Masse gegossen, sondern ab- und zunehmend, steigend und fallend, in immer wechselnder Schlangenlinie durch alle Völker sich hinwindend"[9]).

In den letzten zwei Jahrzehnten seines Lebens vollzog sich im Rechtsdenken Görres' eine bedeutsame Umbildung seiner naturrechtlichen Anschauungen, die wohl als Folge einer inneren Entwicklung seiner geistigen Persönlichkeit angesehen werden muß. Denn damals offenbarte sich bei Görres eine immer stärker werdende Hinwendung zum Religiösen. Die Person Gottes wurde das oberste Leitbild seines Denkens und Handelns. Sein geistiges Dasein war erfüllt vom Weltbild des christlichen Humanismus[10]). So ist es kein Wunder, wenn Görres jetzt den Versuch gemacht hat, das Recht in den religiösen Kosmos der Welt einzuordnen und es mit der Person Gottes in enge Verbindung zu bringen. Wenn der Anteil des Rechts an der göttlichen Schöpfungsordnung erkannt wird, so muß es mächtig an Unverbrüchlichkeit seiner absoluten

---

6) „Rheinischer Merkur" (18.—24. 1814).

7) Im „Roten Blatt".

8) Herder, Ideen zur Philosophie der Geschichte (15. Buch I).

9) „Resultate meiner Sendung nach Paris", 1800.

10) Vgl. dazu Dempf, A. Schelling, Baader, Görres (Geistige Welt, 1947, S. 10 ff.).

Geltung gewinnen. Es verdient hervorgehoben zu werden, daß auch andere Zeitgenossen, wie etwa E. M. Arndt, von ähnlichen Gedanken erfüllt waren. Denn für Arndt gehört das Recht sowohl der Erde als auch dem Himmel an[11]). Immer wieder betont nun auch Görres diesen Ewigkeitswert des Rechts: „Unsterblich ist nichts auf Erden als das Recht, die Wahrheit und die ewige Ordnung"[12]). So ist für ihn das Recht etwas Heiliges, das aller menschlichen Willkür und Gewalt letztlich entzogen ist. „Recht und Gerechtigkeit sind Gottesmächte, die sich von Menschenhänden nicht entthronen lassen." Weil das Recht aber — wie Görres kurz vor seinem Tode einmal ausgeführt hat[12]) — zum Wesen des Menschen gehört, kann es diesem niemals gelingen, sich dem Bannkreis des Rechts zu entziehen und dem Walten der Gerechtigkeit zu entrinnen. So ruft er einmal aus: „Alle Eure Weisheit . . . . . wird zuschanden und Eure Klugheit wird zum Spotte und reicht nicht zum anderen Tage aus, entfernt Ihr Euch von jener Linie des Rechts und der Wahrheit, die Gott Euch gezeichnet"[13]). So gibt also der Glaube an die Verankerung des Rechts und der Gerechtigkeit in Gott dem Menschen auf seiner Lebensbahn einen festen inneren Halt. Görres befindet sich hier in Uebereinstimmung mit jenem vom Mittelalter überlieferten Ideal der christlichen Sittenlehre, jenem Gebote des „iuste vivere", das aus dem Glauben an Gott seine Kraft zieht. In seinem eigenen bewegten Leben hat Görres sich mehr als einmal zu dieser christlichen Grundhaltung bekannt. So schrieb er im Jahre 1819 aus der Verbannung: „Ich werde nichts tun, was ich nicht vor Gott und meinem Gewissen verantworten kann, aber sie sollen einmal erfahren, was ein Mann vermag, der auf dem Recht und der Wahrheit steht und sich nicht erschrecken läßt"[14]). Es ist auch kein Zufall, wenn Görres bei vielen seiner Aussprüche immer wieder das Recht in einem Atem mit der Wahrheit nennt. Recht und Wahrheit bilden eine höhere Einheit, was schon in der griechischen Philosophie und in der mittelalterlichen Rechtsethik mehrfach klar zum Ausdruck gebracht worden war[15]). Auch in dieser Verbindung von Recht und Wahrheit offenbart sich die Verwurzelung des Rechts in Gott. Denn für Görres' Weltanschauung hat das bekannte Goethe-

[11]) Vgl. dazu Schönfeld, W. Die Rechtswissenschaft im Spiegel der Metaphysik, 1943, S. 220 mit weiteren Nachweisen.

[12]) Vgl. Würtenberger, Th. Der Mensch im Recht bei Josef Görres (Die Besinnung, 1948, S. 18 ff.).

[13]) „Rhein. Merkur" (24.—30. III. 1814).

[14]) Brief v. 8. 10. 1819 an seine Familie in Koblenz.

[15]) Bekannt ist das Wort des Sophokles „Das Rechte ist die Wahrheit stets". Im deutschen Rechtsdenken nennen z. B. die langobardischen Gesetze „Justitia" und „Veritas" in einem Atem (vgl. dazu Schönfeld, W. Das Rechtsbewußtsein der Langobarden, 1934, S. 13 ff.).

wort volle Geltung, daß „das Wahre mit dem Göttlichen identisch" sei[16]).

Wenn Görres das Wesen von Recht und Gerechtigkeit in der engen Verbundenheit mit Gott erblickt, so entfernte er sich allein dadurch schon stark vom Naturrecht der Aufklärung. Für die Naturrechtslehre des 18. Jahrhunderts war die von aller göttlichen Offenbarung gelöste menschliche Vernunft allein die Instanz, die über Recht und Unrecht entscheidet. Jetzt wurde aber bei Görres der „Ueberstieg ins Göttliche" (Erik Wolf) vollzogen und Gott als metaphysischer Urgrund zum Maß aller Dinge des Rechts erhoben. Wenn auch jetzt noch Recht und Gerechtigkeit auf die Person des Menschen bezogen wurden, so war nicht mehr das auf sich selbst gestellte und als vernünftig gedachte Individuum der Aufklärung, sondern eben der Mensch als Geschöpf und Ebenbild Gottes zum Leitprinzip des Rechtsdenkens erhoben. So kann sich die christliche Naturrechtslehre des 19. und 20. Jahrhunderts mit Fug und Recht auf Josef Görres als einen ihrer bedeutendsten Vorkämpfer beziehen. Es ist hier das Entscheidende, daß Görres zeit seines Lebens den festen Glauben an die absolute Geltung jener höheren Werte des Rechts und der Gerechtigkeit niemals verloren hat.

Aber das stete Festhalten an den Grundüberzeugungen einer jeden Naturrechtslehre schloß keineswegs aus, daß Görres in seinem Rechtsdenken jenen vielfältigen geistigen Strömungen Raum gegeben hat, die schließlich die Aufklärungszeit mit ihren naturrechtlichen Bestrebungen ablösen sollten. Die Geschichte seiner Persönlichkeit offenbart den Wandel vom Rationalisten der Jugend zum Romantiker des Mannesalters. Ja, es war Görres sogar vergönnt, in der Heidelberger Romantik eine führende Rolle zu spielen. Damit reihte sich Görres ein in die breite Front jener, die seit Ende des 18. Jahrhunderts den Kampf gegen den Verstandesglauben der Aufklärung eröffnet hatten. Angesichts dessen konnte es aber nicht ausbleiben, daß auch das Görres'sche Rechtsdenken eine neue Prägung seines Wesens erfahren mußte.

Das erste geistige Ereignis des neuen Zeitalters war die auf Grund des veränderten Lebensgefühls vollzogene Hinwendung zur Geschichte. Denn jetzt öffneten sich all jene tieferen Gründe des Lebens, die auf dem Wege rein abstrakten Denkens nicht auszuschöpfen waren. Die Geschichte wurde in ihrem Verlauf als unzerstörbare Individualität gesehen und aus ihrem ewigen Werden verstanden. Allem Geschehen in der Welt liegen organische oder, wie Görres sagt, „bildsame" Kräfte zugrunde. Diese organischen Kräfte schließen in Natur und Geschichte alle Glieder und Teile zu

---

16) Goethe, Versuch einer Witterungslehre, 1825 (Soph. Ausg. II 12, S. 74).

einer inneren Ordnung zusammen und ermöglichen die lebendige Entwicklung des Ganzen. Dieses organische Denken, das vor Görres bereits im geistigen Werk eines Herder, Kant und Schelling seine Prägung gefunden hatte, mußte sich auch auf die Vorstellungen vom Wesen des Rechts auswirken. Auch auf dem Felde des Rechts wird jetzt allem mechanisch Wirkenden, allem Toten und Starren der Kampf angesagt; denn jenes Zeitalter liebte das organisch Werdende, das stets Lebendige und das sich innerlich Wandelnde. Aus mehreren Aeußerungen können wir die neue, von der Romantik her bestimmte Auffassung vom Charakter des Rechts bei Görres deutlich feststellen. So heißt es einmal bei ihm: „Aber freilich nicht das tote Recht, das auf dem Papiere steht, kann sich geltend machen; nur allein das, was aus dem Herzen ins Leben eingedrungen, wird dort leicht siegreich werden"[17]. Die lebendigen Kräfte müssen auch in der staatlichen Verfassung zum Ausdruck kommen. Es ist vor allem die Sorge, die Verfassung als rechtliche Grundordnung könne erstarren und so die innere Entwicklung des Rechtslebens hemmen. So fordert er bei der Betrachtung der „künftigen deutschen Verfassung" im Jahre 1814: es müsse „fortschreitendes, sich immer selbst ergänzendes Leben in die Verfassung" gebracht werden, „damit diese, als bleibende gesetzt, nicht erstarre . . . ."[18]. An dieser Stelle kommt auch jener Grundzug des Romantischen zum Ausdruck, daß alles Gewordene ein ewiges Werden ist und alle Dauer in der Verwandlung ruht[19]. Schließlich wird es keineswegs verwundern, wenn sich bei Görres auch jener so häufig gezogene Vergleich zwischen der Entwicklung von Recht und Staat einerseits und dem Leben des Menschen anderseits findet. Denn er sagt einmal: „Eine Verfassung und ein Recht kann absterben wie ein Menschenleben, spät oder früh; aber man soll sie nicht mit Gewalt erwürgen, weil dies unter allen Mordtaten die größte und strafbarste ist"[20]. Daß Görres in jenem Kampf gegen das Tote und Starre im Recht nicht allein gestanden hat, beweisen die Aussprüche zweier zeitgenössischer Denker. Denn Fichte erklärte 1812: „Jene Anderen fassen den Begriff des Rechts auf als einen toten, wir als einen lebendigen, bildenden, umzubildenden . . . . ."[21]. Und Adam Müller stellte dem zwar begrifflich scharfen, aber „starren und toten" römischen Recht die „lebendige" Idee des deutschen Rechts gegenüber[22].

Das neue innere Verhältnis zur Geschichte und den Gesetzen ihres organischen Werdens kam im Görres'schen Rechtsdenken noch

---

17) „Deutschland und die Revolution", 1819.

18) „Rheinischer Merkur" (18.—24. 8. 1814).

19) Vgl. dazu Gravenkamp, C. Der Geist der Tradition im Deutschland um 1800 (Geistige Welt, 1947, S. 33).

20) „Rheinischer Merkur" (30. 3. 1815).

21) System der Rechtslehre, 1812 (S. W. Nachlaß II, S. 499).

22) Vgl. F. Bülow, Einleitung zu A. Müller: Vom Geiste der Gemeinschaft, 1931 (Kröner), S. XL.

an anderen Punkten zu deutlich fühlbarer Geltung. Es war für seine Haltung zum Recht entscheidend, daß er schon früh mit dem Kreise der Romantiker in Verbindung gekommen war. Mit Achim von Arnim und Clemens Brentano traf er schon 1806 und 1807 in Heidelberg zu gemeinsamem Streben zusammen. Voller Begeisterung wandte er sich im Verein mit jenen hervorragenden Repräsentanten der Romantik den bisher noch wenig erschlossenen Gebieten der Geschichte zu. Vor allem unter Brentanos Einfluß erlebte Görres die „Wendung zum Mittelalter, zum Altdeutschen und Volkhaften"[23]). Durch innige Versenkung in die Zeit des germanischen Altertums mühte er sich um die Wiederbelebung längst versunkenen Geistesgutes. Zusammen mit Arnim und Brentano gab er die „Einsiedlerzeitung" heraus, in der neben den ersten altgermanischen Studien der Brüder Grimm auch Görres' schöne Abhandlung über die Nibelungen erschien. Im Jahre 1807 konnte Görres auch die „Deutschen Volksbücher" veröffentlichen. Ueberall zeigt sich hier das neue Verhältnis zum Wesen des Volkes. Die Geschichte verwirklicht sich in den Völkern und Nationen, die als Individuen besonderer Prägung erscheinen. Das Volk offenbart sich für Görres als ein im Werden begriffenes, organisches Ganzes, als eine natürliche Einheit, die alle einzelnen zusammenschließt. So sagt er einmal: „Jeder Volksstamm ist ein völlig geschlossenes und gerundetes Ganzes; alle Glieder umschließt ein gemeinsames Band der Blutsverwandtschaft; alle wie sie eine Sprache reden äußerlich, so müssen sie auch innerlich eine Gesinnung haben und zusammenhalten für einen Mann . . . Dieser Trieb, der alle Glieder in ein Ganzes knüpft, ist ein Naturgebot, das allen künstlichen Verträgen vorangeht"[24]).

Wie viele seiner Zeitgenossen verknüpfte auch Görres diesen neuen Volksbegriff mit der Welt des Rechts. Lesen wir in Görres' Schriften und Reden, so finden wir oft erstaunliche Anklänge an einzelne Erkenntnisse der Historischen Rechtsschule. Das ist kein Wunder, wenn wir bedenken, welch große geistige Gemeinschaft die Begründer der Historischen Rechtsschule, Savigny und die Brüder Grimm, mit Männern wie Josef Görres verbunden hat. Auch Görres war des Glaubens, daß ähnlich wie Sprache, Dichtung, Wissenschaft und Kunst auch das Recht eine Schöpfung des Volksgeistes darstelle. Wie vor allem für Savigny war auch für Görres das Recht nur eine besondere Erscheinung des Volkslebens[25]). Mehr als einmal sprach Görres vom „Geiste des Volkes" als von einem schöpferischen Prinzip, das sowohl das Dasein des einzelnen als auch das Schicksal der Gemeinschaft in allen ihren Lebensäußerungen

[23]) Benz, E. Die deutsche Romantik, 4. A., 1940, S. 307.

[24]) Ausgew. Werke u. Briefe (hg. v. Schellberg, 1911, Bd. 1, S. 509).

[25]) Vgl. zur Volksgeistlehre statt vieler E. Wolf, Große Rechtsdenker der deutschen Geistesgeschichte, 2. A., 1944, S. 461 ff. u. ö.

beherrscht. Auch Görres war der festen Ueberzeugung, daß das Recht am geistigen Dasein des Volkes entscheidenden Anteil habe. Das muß sich vor allem bei der Entstehung und Fortbildung des Rechts offenbaren. Was aus dem Geiste des Volkes ins Rechtsbewußtsein der Menschen gehoben wird, hat eine Macht, die sich nicht mehr unterdrücken läßt. In diesem Sinne tat Görres die Aeußerung: „Außer den allgemeinen Maximen des Rechts gibt es ein besonderes Einverständnis unter verwandten Geistern, das auch ein spezifisches Privatrecht zwischen ihnen begründet, und dies von der Gesamtheit ausgesprochen, wird nationelle Meinung. Es gibt kein Mittel, eine solche Meinung, die ohne Selbsttäuschung und Verblendung und Leidenschaft ganz von selbst im Geiste eines Volkes sich gebildet hat, zurückzuhalten . ."[26]). Es verdient hervorgehoben zu werden, daß Görres seine Auffassung über die Verwurzelung des Rechts im Volksgeiste schon im selben Jahre 1810 geäußert hat, in dem Savigny den Entschluß zu einer wissenschaftlichen Darlegung des Verhältnisses von Volk und Recht gefaßt hat, wenn er auch seine berühmte Programmschrift „Vom Beruf unserer Zeit für Gesetzgebung und Rechtswissenschaft" erst im Jahre 1814 erscheinen ließ[27]). Diese geistesgeschichtlichen Zusammenhänge lassen sich nur daraus erklären, daß in diesem Punkt jene beiden deutschen Denker in ihrer Gedankenwelt von einem gemeinsamen geistigen Untergrund getragen waren, mag auch ihre Stellungnahme zu den sonstigen Zeitfragen eine jeweils verschiedene gewesen sein. Auf jeden Fall muß der Anteil der Heidelberger Romantik, zu deren führenden Köpfen Josef Görres gehört hat, an der Bildung der Auffassung vom Recht innerhalb der Historischen Rechtsschule hoch veranschlagt werden[28]). Es darf auch nicht übersehen werden, daß Savigny und Görres seit langem in reger geistiger und freundschaftlicher Verbindung gestanden hatten. Im Jahre 1801 war Savigny auf seiner Rheinreise mit Görres bekannt geworden; 1805 suchte er den neugewonnenen Freund auf der Rückreise von Paris in seinem Koblenzer Hause auf; 1808 bemühte sich Savigny, allerdings vergeblich, Görres einen Ruf an die Universität Landshut zu verschaffen; im Mai 1814 sah sich Savigny durch den von Görres herausgegebenen „Rheinischen Merkur" „ganz in Entzücken versetzt" und wenig später war Görres ihm „recht lieb und achtenswert geworden"; im Jahre 1818 trafen beide zum letzten Male in Görres' Hause zu-

---

[26]) Aufsatz in Friedr. Perthes' „Vaterländischem Museum", Hamburg 1810.

[27]) Vgl. dazu Zwilgmeyer, F. Die Rechtslehre Savignys, 1929. S. 48, Anm. 2 mit weiteren Nachweisen.

[28]) Die Bedeutung der Heidelberger Romantik für das Rechtsdenken wird von Schönfeld, W. D. Rechtswissenschaft, S. 551, wohl überschätzt. Vgl. auch Funk, Ph. Von der Aufklärung zur Romantik, 1925, S. 200.

sammen[28a]). Die Uebereinstimmung mit den Grundauffassungen der Historischen Rechtsschule zeigt sich im Rechtsdenken Görres' auch darin, daß dieser der engen Verbindung zwischen Recht und Sprache gedacht hat. Schon im Jahre 1800 gab er gelegentlich seiner Ueberzeugung Raum, daß alle „Sitten und Gesetze" von „Sprache und Nationalgeist abhängig sich herleiten"[29]). Sicherlich zeigt sich Görres hier von Montesquieu, mehr aber noch von Herder und Hugo beeinflußt, die als erste Recht und Sprache auf ihre geistige Verwandtschaft hin untersucht hatten[30]). Und Görres selbst wurde einer jener Verkünder zur Zeit der Romantik, die in Sprache, Geschichte und Volk eine große schöpferische Einheit gesehen haben. „Sprache ist das große Band, das Individuen aneinanderbindet . . . ., sie . . . . gibt dem Ganzen jenen durchgehenden Ton von zustimmender Konkordanz, der das bildet, was man gewöhnlich Nationalität zu nennen pflegt. Mehr als sonst etwas, belehrt uns die Erfahrung aller Zeiten, hängt die Kultur der Sprache mit der Kultur eines Volkes zusammen"[31]).

Mit manchem der Romantiker, wie etwa Franz Baader, teilt Görres auch die Abneigung gegen das Uebermaß an Gesetzgebung, in dem sich die Aufklärung so sehr gefallen hatte. Jener, der das organisch Werdende und langsam Wachsende verehrt, muß die gesetzgeberische Tat oft geradezu als Vergewaltigung der Wirklichkeit ansehen. Kein Wunder, daß aus dieser romantischen Haltung heraus einer jeden Neuschöpfung des Rechts, ja schließlich der Rechtsetzung überhaupt größte Skepsis entgegengebracht wurde. Bereits im 18. Jahrhundert erhob Herder die Stimme seines Unmuts über die Sucht der Aufklärung, alles Leben durch Gesetze ordnen und regeln zu wollen. Und man glaubt Herder zu hören, wenn sich später auch Görres gegen das Streben der Aufklärer wendet, die sich brüsteten, „Bibeln, Gesetzbücher, Verfassungen, Philosophien, alles über Nacht hervorzubringen". Wenn nach den napoleonischen Kriegen in Deutschland der Versuch gemacht wurde, in neugeschaffenen Verfassungen das politische Leben in den deutschen Staaten zu gestalten, so warnt Görres in überlegenen Worten davor, sich vorschnell an ein solch großes Werk zu wagen. So läßt er in dem Gespräch „Der Kaiser und das Reich" im Jahre 1814 den Raugrafen die Worte sprechen: „Ich muß lachen, wenn ich sehe, wie man Verfassungen wie Seifenblasen bläst, daß sie schwellen und schillern in bunten und wechselnden Lichtern, aber dann mit einem Ruck zerplatzen . . . . Ueber Nacht soll ein solches Werk fertig werden

[28a]) Vgl. dazu: Stoll, A. Der junge Savigny, 1927, S. 266, 352; ders., F. K. Savigny. Professorenjahre in Berlin, 1929, S. 106. 113, 175, 250.

[29]) „Resultate meiner Sendung nach Paris", Koblenz, 1800.

[30]) Vgl. die Nachweise bei Zwilgmeyer, a. a. O., S. 6 Anm. 7 und S. 48 Anm. 4.

[31]) „Resultate meiner Sendung nach Paris", 1800.

und ganz dastehen, haltbar und fest auf lange Zeiten, und man bedenkt nicht, daß Jahrhunderte daran bauen müssen, daß es allmählich aus dem Innern eines Volkes erwachsen und aufgrünen muß und in stiller Wirksamkeit sich allmählich stärken"[32]. Gerade diese Schlußworte erinnern an Savignys Grundhaltung zum Problem der Rechtsentstehung, die er in seiner Schrift „Vom Beruf unserer Zeit für Gesetzgebung und Rechtswissenschaft" zur selben Zeit niedergelegt hat. Denn für Savigny entsteht das Recht aus dem innersten Wesen des Volkes selbst und seiner Geschichte. Ueberall wird das Recht erzeugt, „durch innere stillwirkende Kräfte, nicht durch die Willkür eines Gesetzgebers"[33].

Wenn für Görres unter dem Einfluß der Heidelberger Romantik die Geschichte zum großen Erlebnis wurde, so konnte nicht ausbleiben, daß die Ueberlieferung, die Tradition den Charakter einer heiligen Macht annahm. Denn die Verehrung der Ueberlieferung wurde für ihn geradezu zur Religion[34]. Auch hierin berührte er sich auf engste mit Savigny. „Der von Görres und Savigny geprägte Traditionsbegriff nimmt von einem überwältigenden Gefühl vom Dasein und Wert des Vergangenen seinen Ausgang, von der Ueberzeugung, daß nicht jedes Zeitalter für sich und mit Willkür eine Welt hervorbringt, sondern daß dies in ununterbrochener Uebereinstimmung mit der gesamten Vergangenheit geschieht"[35]. Görres hat diesen Gedanken über das Wesen der Tradition einmal in die Worte gefaßt: „Es ist unsere eigene dunkele verschleierte Vergangenheit, die uns begrüßt. Das ist der wunderbare Zauber, den das Alter übt, tiefer noch als das Andenken unserer Kindheit regt es uns, wie die ferne Zukunft im Schoß des Weibes dunkel sich und schweigend regt, so liegt auch die Ahndung der Vergangenheit wie ein verborgener Kern in uns. Darin liegt der Grund der religiösen Gefühle, die das Altertum in uns erweckt; auf dem Grabeshügel der Vergangenheit werden wir geboren"[36]. Wenn Görres also zutiefst überzeugt war, daß Tradition nicht nur etwas Gewordenes und Vergangenes ist, sondern auch den Keim und Antrieb zum Neuen, zur Zukunft in sich trägt, so mußte dies auch in seinem Rechtsdenken zum Ausdruck kommen. Und so war es auch in der Tat. Denn Görres nahm mehrfach zu der Frage Stellung, welche Wege beim Neubau einer deutschen Verfassung zu beschreiten seien. Nochmals lehnt er in seinem Aufsatz „Der deutsche Reichstag" es ab, eine Verfassung aus abstrakten Prinzipien, die die wahre Wirklichkeit des politischen Lebens verfehlen müssen, zu konstruieren. „Deutschlands Verfassung

[32] „Der Kaiser und das Reich", 1814.

[33] Savigny, F. C. v. Vom Beruf unserer Zeit für Gesetzgebung u. Rechtswissenschaft, 1814 (Zit. nach J. Stern, Thibaut u. Savigny, 1914, S. 79).

[34] Vgl. zum folgenden Gravenkamp, C., a. a. O., S. 32. Ferner: Benz, E., a. a. O., S. 311.

[35] Gravenkamp, a. a. O., S. 32.

[36] Zit. nach Gravenkamp, a. a. O.

darf nicht gebildet werden, wie man in letzten Jahrzehnten meinte Verfassungen bilden zu können. Man glaubte nämlich, an allgemeinen Begriffen, welche man für ein System hielt, genug zu haben, und wähnte, aus einem Gedachten müsse auch notwendig ein Wirkliches folgen." Und nun warnt Görres ausdrücklich mit beredten Worten davor, im Verfassungswerk die Verbindung mit dem bewährten Ideengut der geschichtlichen Vergangenheit ohne Grund preiszugeben. Denn er fährt fort: „Und indem zu diesem Dünkel gewöhnlich eine schmähliche Leichtfertigkeit, ja Verderbtheit des Gemütes kam, so warf man freventlich die alten Grundfesten nieder, welche auf der innersten Lebensgewohnheit eines Volkes ruhen, und wollte nach neuer Bauweise auch das sichtbar und tastbar darlegen, was im sicheren Schoß der Erde als ungesehener Anker liegen muß. Ein solches Neues meinten wir aber freilich nicht, als wir eine neue deutsche Verfassung forderten. Die alten Gesetzgeber verstanden es besser, auf das Alte Neues zu bauen, und nicht umzureißen, was stehen sollte. Der Mensch fußt — und Dank sei es seiner guten Natur — mit tiefen Wurzeln in der Vergangenheit seines Daseins, und sie erstrecken sich weit unter ihrem Boden weg in uralte Zeit, aus der sie noch die unsichtbare Kraft ziehen. Das Volk, welches seine Vergangenheit von sich wirft, enblößt seine feinsten Lebensnerven allen Stürmen der wetterwendischen Zukunft. Wehe also uns, wenn unsere neue Gestalt so neu würde, daß sie nur aus dem Bedürfnisse der Gegenwart ihr Dasein schöpfte!"[36a]). Und doch ist Görres frei davon geblieben, den Rangwert der Vergangenheit für den Neubau der Verfassung allzusehr zu überschätzen. Er sah das entscheidende Problem aller Verfassungsgesetzgebung in dem steten Bemühen, das bewährte Altüberkommene mit dem Gegenwärtigen und Zukünftigen harmonisch zu vereinigen. Denn ein anderes Mal betont er ausdrücklich: „In solcher Verfassung wird die Vergangenheit geehrt und zugleich den Forderungen der Gegenwart genüge getan. Es wird das neue Pfropfreis nicht dem alten verwelkten und hohen Stamme eingeimpft, sondern aus dem Samen, den er zurückgelassen, steigt er selbst wieder in erneuter Jugend, Kraft und Schönheit auf"[37]).

Es wäre ein verhängnisvoller Irrtum zu glauben, Naturrecht und Geschichte seien sich im Rechtsdenken eines Josef Görres als schroffe Antithesen gegenübergestanden. Wer die geistigen Grundlagen seiner rechtlichen Weltanschauung genau verfolgt, muß erkennen, daß bei ihm der Glaube an überzeitliche Rechtsprinzipien durchaus vereinbar ist mit der Erkenntnis von der geschichtlichen Entstehung allen Rechts. Denn es muß immerhin auffallen, daß Görres, als er sich zur Auffassung bekannte, daß das Recht in seiner Bildung und Fortentwicklung vom Geist des Volkes geformt werde, die „allgemeinen Maximen des Rechts" ausdrücklich ausgenommen

---

36a) „Der deutsche Reichstag" (Rheinischer Merkur Nr. 116).
37) „Der Kaiser und das Reich", 1814.

hat[38]). Und später konnte er im Jahre 1814, also z. Z. der Gründung der Historischen Rechtsschule, deren Programm mit seiner Grundauffassung weitgehend übereinstimmte, deutlich erklären: „Recht und Gerechtigkeit werden nicht mit räumlichen noch zeitlichem Maße gemessen."[39]). Damit sind die obersten Maßstäbe des Rechts und der Gerechtigkeit einem jeden Wandel durch die Geschichte entzogen; denn es handelt sich hier um ewige und unverrückbare Werte, die für alle Zeiten und Völker denselben Wahrheitsgehalt besitzen. An diesem Punkt zeigt sich uns nochmals die enge Verwandtschaft der Görres'schen Rechtsauffassung mit den rechtsphilosophischen Grundansichten Savignys. Denn auch für diesen stand der individuelle Volksgeist, der nach seiner Meinung der wahre Rechtsschöpfer ist, keineswegs im Widerspruch zum Gedanken der allgemeinen Menschheit und ihrer unvergänglichen Rechte[40]). Gerade diese Beispiele lehren uns, daß aller Anlaß besteht, jene vielgehörte These von der Naturrechtsfeindlichkeit der Historischen Rechtsschule einer Revision zu unterziehen. Denn „es bestehen zwischen Historischer Schule und Naturrecht weit mehr Verbindungsfäden, als man prima facie glauben möchte"[41]). Das ist keineswegs ein reiner Zufall. Denn jener, der als Historiker das ewige Werden und Vergehen der Formen des Rechts durch die Jahrhunderte verfolgt, wird immer wieder das tiefe Bedürfnis in sich tragen, nach den festen unverrückbaren Maßstäben des Absoluten im Geschichtsablauf Ausschau zu halten. Hinwendung und Liebe zur Geschichte brauchen niemals Verfallen in einen unfruchtbaren Relativismus der Werte zu bedeuten. Das beweist niemand mehr als ein Rechtsdenker wie Josef Görres, der mit Glück und Erfolg den Versuch einer organischen Verbindung zwischen Naturrecht und Geschichte unternommen hat.

---

[38]) Vgl. den in Anm. 26 genannten Ausspruch.

[39]) „Nachwort zu Kutusows Aufruf von Kalisch" (Rheinischer Merkur v. 8. 8. 14).

[40]) Vgl. Conrad, H. Aus der Entstehungszeit der Historischen Rechtsschule (Zeitschr. der Sav. Stiftung f. Rechtsgesch. Germ. Abt., 1947, S. 268).

[41]) Koschaker, P. Europa und das römische Recht, 1947, S. 275.

Bibliographie

Schriften von Wilhelm Sauer

in zeitlicher Reihenfolge[1]:

1. Schließen sich Diebstahl und Sachbeschädigung begrifflich aus? Halle 1908.
2. Gesetz und Rechtsgefühl. Zugleich ein Beitrag zur Lehre von der materiellen Rechtswidrigkeit im Strafrecht. 1911 (Z. f. Strafr. Bd. 33).
3. Zur Grundlegung des Rechts und zur Umgrenzung des strafrechtlichen Tatbestands. 1914 (Z. f. Strafr. Bd. 36).
4. Selbständige Rechte Dritter im Strafverfahren. 1915 (Z. f. Strafr. Bd. 37).
5. Die Ehre und ihre Verletzung. Kritische Untersuchungen über Tatbestand und Rechtswidrigkeit der Beleidigung. Berlin, 1915.
6. Der Zueignungsbegriff. 1917 (Goltd. Arch. f. Strafr. Bd. 63).
7. Die Möglichkeit eines juristischen Grundgesetzes. 1919 (Z. f. Rechtsphilos. Bd. 2).
8. Die Prozeßvoraussetzungen. 1919 (Leipz. Z. f. dtsch. Recht Bd. 13).
9. Die Begründung der Prozeßrechtswissenschaft. 1919 (Z. f. Strafr. Bd. 40)
10. Grundlagen des Prozeßrechts. Stuttgart, 1919. — 2. Aufl. mit einem Nachtrag über die Neuere Entwicklung der Allgemeinen Prozeßrechtslehre 1929. 670 S. *(Hauptwerk)*.
11. Das Wesen der Ehre. 1920 (Logos Bd. 9).
12. Rechtswissenschaft und Als-Ob-Philosophie. 1920 (Z. f. Strafr. Bd. 41).
13. Neukantianismus und Rechtswissenschaft in Herbststimmung. Eine Antikritik. 1921 (Logos Bd. 10).
14. Grundlagen des Strafrechts nebst Umriß einer Rechts- und Sozialphilosophie. Berlin, 1921. 685 S. *(Hauptwerk)*. Neuaufl. unten zu 97.
15. Der Weg zu neuen Einsichten. 1921 (Z. f. Strafr. Bd. 42).
16. Logik und Rechtswissenschaft. 1922 (Leipz. Z. f. dtsch. Recht Bd. 16).
17. Das Juristische Grundgesetz. Stuttgart, 1923.
18. Philosophie der Zukunft. Eine Grundlegung der Kultur. Stuttgart, 1923 — 2. Aufl. 1926. 428 S. *(Hauptwerk)*.
19. Neue Horizonte der Kopernikanischen Wendung. Ein transzendentalphilosophischer Beitrag zur Lehre von den Grundgesetzen und von den Werten (Festschr. d. Universität Königsberg zu Kants 200. Geburtstag) Auch selbständig ersch. Leipzig, 1924.
20. Übersicht über die gegenwärtigen Richtungen in der deutschen Rechtsphilosophie (ArchRWPh. Bd. 17). Auch selbständig ersch. Berlin, 1924.
21. Kants Einfluß auf das Straf- und Prozeßrecht. 1924 (Z. f. Strafr. Bd. 45).
22. Der Einfluß Kants auf die Rechtswissenschaft. 1924 (DJZ. v. 1. 4. 1924).

[1] Aus der Reihe der Besprechungen seien hervorgehoben die „Ständigen Literaturberichte über Rechts- und Sozialphilosophie“ für die Zeitschrift für die gesamte Strafrechtswissenschaft von 1916 bis 1932 (Bd. 38—52) sowie für das Archiv für Rechts- und Wirtschafts-, später: Sozial-)Philosophie, deren Schriftleiter Sauer von 1925 bis 1934 war.

23. Der Einfluß Kants auf die Rechtsphilosophie. 1924 (Leipz. Z. f. dtsch. Recht).
24. Il presente e l'avvenire della Filosofia del diritto in Germania. 1924 (Rivista internazionale di Filosofia del diritto IV, 3, Roma).
25. Grundlagen der Gesellschaft. Eine Rechts- und Sozialphilosophie. Berlin, 1924. 506 S. *(Hauptwerk)*.
26. Zur Lehre von der Beleidigung mit besonderer Rücksicht auf den deutschen Strafgesetzentwurf. 1925 (Z. f. Strafr. Bd. 46).
27. Die Verjährung. Bemerkungen zum Strafgesetzentwurf. 1925 (GerS. Bd. 91).
28. Lo stato presente della scienza del diritto penale. 1925 (Rivista penale).
29. Kritik des prozessualen Denkens. 1926 (ArchRWPh. Bd. 19).
30. Soziologie contra Sozialphilosophie. 1926 (Jahrb. f. Soziologie Bd. 2).
31. Kultur der Persönlichkeit. 1926 (Zeitschr. Kultur und Pädagogik, Königsberg).
32. Aufgaben der Rechtsphilosophie. 1926 (DJZ. v. 15. 10. 1926).
33. Hauptströmungen in der modernen Rechtsphilosophie. 1926 (Jur. Wochenschr. 1926, H. 22/3).
34. Gesellschaft, Kultur, Recht. 1926 ff. Artikel im Handwörterbuch f. Arbeitswissenschaft, Halle.
35. Beziehungen zwischen Psychologie und Soziologie. 1926 (ArchRWPh. Bd. 19).
36. Zur materialen Wertethik. 1926 (ArchRWPh. Bd. 19).
37. Grundlagen der Wissenschaft und der Wissenschaften. Eine logische und sozialphilosophische Untersuchung. Berlin 1926. 2. Aufl. Basel 1949. 437 S. *(Hauptwerk)*.
38. Das herrenlose Grundstück. Eine Untersuchung zu BGB. § 928 mit rechtsphilosophischen Perspektiven. 1925 (ArchRWPh. Bd. 18).
39. Spinoza. Eine juristische Betrachtung zu seinem 250. Todestag. 1927 (DJZ. v. 1. 3. 1927).
40. Fruchtbarkeit der Rechtsphilosophie. Ziele unserer Wissenschaft. 1927 (ArchRWPh. Bd. 20).
41. Die Strafe als Steigerung von Pflichten. Zugleich einige Mitteilungen über den Strafvollzug in der Strafanstalt in Insterburg. 1928 (GerS. Bd. 97).
42. Der Strafzweck nach Auffassung der Entwürfe. 1928 (DJZ. 33, H. 13)
43. Der italienische Strafgesetzvorentwurf v. 1927. 1928 (GerS. Bd. 97).
44. Zur 25. Auflage des Lisztschen Lehrbuchs. 1928 (ArchRWPh. Bd. 21).
45. Zur Lebensanschauung unserer Studenten. Auf Grund einer Klausurarbeit in rechtsphilosophischen Seminarübungen. 1928 (ArchRWPh. Bd. 21).
46. Vom Problem der Rechtsgeschichte. 1929 (ArchRWPh. Bd. 22).
47. Die Wirklichkeit des Rechts. Berlin, 1929. Auch in ArchRWPh. Bd. 22.
48. Lehrbuch der Rechts- und Sozialphilosophie. Berlin, 1929. 347 S. — Spanisch, Barcelona, Buenos Aires 1933. — Neuauflage unten zu 98. *(Hauptwerk)*.
49. Die grundsätzliche Bedeutung der höchstrichterlichen Rechtsprechung in Praxis und Wissenschaft. 1929 (Festschr. f. d. Reichsgericht).
50. Der universale Gedanke in der Rechtsphilosophie. 1929 (Festschr. f. Del Vecchio).
51. Die Rechtsphilosophie des Pessimismus. 1929 (ArchRWPh. Bd. 22).

52. Strafvollzug und Vollstreckungsrecht. 1929 (Z. f. Strafrechtswiss. Bd. 49).
53. Kausalität und Rechtswidrigkeit der Unterlassung. 1930 (Festg. f. Frank, Tübingen).
54. Strafbemessung und Persönlichkeit. Zur kriminalbiologischen Revision strafrechtlicher Grundbegriffe. 1930 (Z. f. Strafrechtswiss. Bd. 50).
55. Strafrechtliche Probleme in monadologischer Betrachtung. Ein Beitrag zur Rechtsmonadologie. 1931 (GerS. Bd. 100, S. 154—228).
56. Persönlichkeit und Werk. Über die Voraussetzungen wissenschaftlicher Schöpfungen und über die Grenzen berechtigter Kritik. 1931 (ArchRWPh. BD. 23/4). Auch selbständig ersch.
57. Vorsatz, Irrtum, Rechtswidrigkeit. Unzulängliches in Lehre, Praxis und Reform. 1931 (Z. f. Strafrechtswiss. Bd. 51, S. 164 ff.).
58. Zu Hegels 100. Todestag. 1931 (DJZ. v. 1. 11. 1931).
59. Hegel und die Gegenwart. 1931. Zu seinem 100. Todestag (ArchRWPh. Bd. 25).
60. Die materielle Rechtskraft des Zivil- und Strafurteils. 1932 (Festg. f. Richard Schmidt).
61. 25 Jahre Rechtsphilosophie. 1932 (Jur. Wochenschr. H. 1, S. 51).
62. Stand und Zukunftsaufgaben der Rechtsphilosophie. 1933 (selbstdg. und ArchRWPh. Bd. 26).
63. Kriminalsoziologie. 3 Bde. 1933. Berlin. 818 S. *(Hauptwerk).*
64. Wendung zum nationalen Strafrecht. 1933 (selbstdg. und GerS. Bd. 103, S. 1).
65. Die Revolution in rechts- und sozialphilosophischem Lichte. 1933 (DJZ. v. 1. 5. 1933 und ArchRWPh. Bd. 26, H. 4).
66. Revolution und Rechtsphilosophie. 1933 (Reichsverwaltungsblatt v. 1. 6. 1933).
67. Aufgaben und Gefahren der Strafrechtsreform. 1933 (Deutsches Recht H. 6).
68. Das Strafrecht nach der Denkschrift des preußischen Justizministers. 1933 (DJZ. 1933, H. 26).
69. Schöpferisches Volkstum als national- und weltpolitisches Prinzip. 1933 (selbstg. und in ArchRSozPh. Bd. 27, H. 1).
70. Tendenze contemporanee della filosofia giuridica e sociale tedesca. 1934 (Rivista internazionale di filosofia del diritto Bd. 14, S. 1).
71. Das Weltgewissen. 1934 (ArchRSozPh. Bd. 27, H. 2).
72. Der kriminalistische Dienst vor neuen Aufgaben. 1934 (Deutsches Strafrecht I S. 20).
73. Die Ethisierung des Strafrechts. 1934 (Deutsches Strafrecht I, H. 6).
74. Recht und Volksmoral. 1934 (ArchRSozPh. 28, H. 2).
75. Anlage und Umwelt als Verbrechensursachen. In: Zeitschrift der Akademie für deutsches Recht 1935, H. 8, S. 520—533.
76. Le droit vivant; La structure du droit dans ses rapports avec les autres règles de la vie sociale et les lois de la réalité. 1936 (Annuaire de l'Institut International de Philosophie du Droit et de Sociologie Juridique, Bd. 2).
77. Rechts- und Staatsphilosophie. Eine systematische Einführung in das lebende Recht mit besonderer Berücksichtigung der Strömungen im Ausland. Stuttgart 1936. 496 S. *(Hauptwerk).*
78. Regierung und Rechtsprechung. 1935/6 (Deutsche Justiz H. 5).

79. Lebendes Recht und lebende Wissenschaft. In: Recht und Staat H. 119, Tübingen, 1936 (47 S.).
80. Zur kriminalsoziologischen Methode. Gutachten für den Römischen Kongreß für Kriminologie. In: Beiträge zur Rechtserneuerung. 1939 H. 8 S. 322/34. — In Rivista di diritto penitenziario Bd. 17, 1939 Nr. 3.
81. Tatbestand und Rechtswidrigkeit, Heilbehandlung und Einwilligung. 1939, Gerichtssaal Bd. 113 S. 79/122.
82. Das Verhältnis von Kriminologie und Strafrecht. 1939. In: Deutsches Strafrecht Bd. 6 S. 276/83.
83. Das Unterlassungsdelikt, seine Stellung im Gefährdungs- und Willensstrafrecht 1940, Gerichtssaal 114 S. 279/331. — Italienisch in Rivista penale 1941 mit Einleitung von Battaglini.
84. Juristische Methodenlehre. Zugleich eine Einleitung in die Methodik der Geisteswissenschaften. Stuttgart (Enke) 1940. 624 S. *(Hauptwerk).*
85. Juristische Elementarlehre in Leitsätzen für Theorie und Praxis. Basel 1944. 160 S.
86. Zum Begriff der Kollektivschuld. Deutsche Rechtszeitschrift. 1947 S. 48.
87. Humanitäts- und Organisationsverbrechen. Zur Weiterbildung des Strafrechts. In: Die Spruchgerichte, Beilage zum Zentraljustizblatt für die Britische Zone. Hamburg I Nr. 1 u. 2. 1947, S. 6—9.
88. Zum Begriff der Verbrechensplanung. Ein Gutachten. Zugleich zur Weiterbildung des Strafrechts. Ebda. (wie zu 87). I Nr. 6 S. 57/9.
89. Einheit des Rechts bei Anwendung von Auslandsrecht. Zur Praxis der Spruchgerichte. Auf Grund eines Vortrags in Detmold am 7. 12. 1947. Ebda. (wie zu 87) II. Nr. 2. 1948. S. 33—36.
90. Zur Methodik und Grundlagenforschung in den Geisteswissenschaften. In: Forschungen und Fortschritte. Berlin, 21/3, H. 19/21. 1947. S. 299/10.
91. Reine und monumentale Wissenschaft. In: Das Auditorium, herausgeg. von Dozenten und Studenten der Universität Münster. 1948. Nr. 1.
92. Von der Notwendigkeit der Rechtsphilosophie in Unterricht und Praxis. Deutsche Rechtszeitschr. 1948. S. 200/1.
93. Die Gerechtigkeit im Organisationsstrafrecht. Eine rechtsphilosophische und rechtspolitische Rück- und Vorschau. In: Die Spruchgerichte (wie oben 87) 1948 H. 2/3.
94. Moderne Wandlungen der Verbrechenslehre. Bspr. der gleichnamigen Schrift von Rich. Busch. DRZ. 1949 H. 5.
95. Völkerrecht und Weltfrieden. Fundamente zur völkerrechtlichen Neuordnung. Stuttgart (Kohlhammer) 1948. 266 S. (erschienen April 1949).
96. Grundprobleme der Rechtsprechung nach deutschem und englischem Rechtsdenken. Juristische Rundschau 1949 H. 5 S. 129/32 (Berlin).
97. Allgemeine Strafrechtslehre. 2. völlig neue Aufl. der Grundlagen des Strafrechts. Berlin, 1949, 264 S.
98. System der Rechts- und Sozialphilosophie. Vorlesungen zugleich über Allgemeine Philosophie und Soziologie. 2. völlig neue Aufl. des Lehrbuchs der Rechts- und Sozialphilosophie. Basel, 1949 520 S. *(Hauptwerk).*
99. Reine und angewandte Kriminologie. Ein System der juristischen Tatsachenforschung. Berlin, 1949. *(Hauptwerk).*
100. Zur Zeit noch nicht veröffentlicht: Allgemeine Prozeßrechtslehre. — Metaphysik. — Beethoven. — System des Strafrechts. — System des Völkerrechts. — Die deutsche Idealgestalt. — Menschenschicksale; Studentengeschichten. — Selbstdarstellung.

Kolibri 360 GmbH
Ferdinand-Jühlke-Straße 7
99095 Erfurt, Deutschland
produktsicherheit@kolibri360.de